南京航空航天大学管理预测、决策与优化研究丛书

数据驱动的在线闭环质量设计理论与方法

欧阳林寒　著

科 学 出 版 社
北 京

内 容 简 介

本书简述了产品质量设计的基本内容和要求，在经典的质量设计理论框架下，从数据驱动的视角系统地研究了离线到在线闭环质量设计的理论与方法。第 1 章介绍了质量概念的演化、质量控制的发展和质量数据分析的现状。第 2 章从数据驱动和质量模型的角度详细介绍了质量设计的内涵和相应的理论基础。第 3~4 章从模型结构不确定性的角度，探索了单一模型和组合模型在质量设计中的应用。第 5 章从贝叶斯层次模型和贝叶斯模型平均两个方面进行了模型的设计与优化。第 6~7 章重点考虑最优化性、稳健性、可靠性和经济性的优化策略，并将稳健统计量融入质量建模。第 8 章从正态和非正态角度研究了质量响应间存在强相关性的质量建模问题。第 9 章围绕闭环视角下的质量更新和质量风险评估，从数据质量和稳健性两个角度构建了相应的更新策略和评估方法。

本书可供质量管理领域的试验设计人员阅读，也可作为相关专业研究生的参考书。

图书在版编目（CIP）数据

数据驱动的在线闭环质量设计理论与方法 / 欧阳林寒著. —北京：科学出版社，2023.2

（南京航空航天大学管理预测、决策与优化研究丛书）

ISBN 978-7-03-071630-9

Ⅰ. ①数… Ⅱ. ①欧… Ⅲ. ①产品质量－质量模型－研究 Ⅳ. ①F273.2

中国版本图书馆CIP数据核字（2022）第 033039 号

责任编辑：陶　璇 / 责任校对：张亚丹

责任印制：张　伟 / 封面设计：无极书装

科 学 出 版 社 出版

北京东黄城根北街 16 号

邮政编码：100717

http://www.sciencep.com

北京建宏印刷有限公司 印刷

科学出版社发行　各地新华书店经销

*

2023 年 2 月第　一　版　开本：720×1000　1/16

2023 年 2 月第一次印刷　印张：21 1/2

字数：430 000

定价：198.00 元

（如有印装质量问题，我社负责调换）

序　一

高质量发展是中国式现代化的重要标志之一。党的二十大报告中指出高质量发展是全面建设社会主义现代化国家的首要任务，同时也明确要加快建设制造强国、质量强国[①]。我国全面质量管理领域的开创者和奠基人、中国工程院院士刘源张曾指出“质量创新是消费者权益的最大保护”。随着经济全球化发展趋势的增强，产品质量已经成为国际市场竞争的焦点。

在企业生产制造过程中，产品质量特性通常会受到随机因素和系统因素的影响。根据现代质量管理与质量工程的主流观点，波动是影响产品质量问题的根本原因。因此，在产品研发设计和生产制造过程中，必须最大限度减小各类波动因素对产品质量的影响。产品质量设计是质量管理与质量工程领域的重要内容，田口玄一博士曾提出“产品质量首先是设计出来的，其次才是制造出来的”。通过产品质量设计来减小、抑制产品实现过程中的波动已成为持续性质量提升活动中的核心内容。

南京航空航天大学欧阳林寒研究员及其团队一直从事产品质量设计方面的研究，围绕产品研发设计以及生产制造环节中的质量控制与质量设计问题，不断进行相关理论研究与突破，取得了一系列面向产品质量设计的质量管理和质量工程理论成果。同时，又将相关理论成果应用于企业实际生产中，为企业质量管理活动提供了可借鉴的思路与手段。

该书首先介绍了质量控制技术的发展阶段、质量设计的基本原理，并从单一建模和组合建模的角度对数据驱动下的质量模型展开研究。其次，针对质量设计中的模型不确定性问题，该团队将贝叶斯层次模型、贝叶斯模型平均和稳健贝叶斯模型等方法与质量设计相结合，研究不同贝叶斯质量建模方法下的模型参数估计问题。对于在线质量设计过程中数据背离正态假设和数据污染问题，该团队提出了基于多重统计量的稳健设计方法，为正态模型偏离情形下质量建模问题提供

---

① 习近平. 高举中国特色社会主义伟大旗帜　为全面建设社会主义现代化国家而团结奋斗——在中国共产党第二十次全国代表大会上的报告. http://www.gov.cn/gongbao/content/2022/content_5722378.htm，2022-10-16.

了解决思路与方法。此外，针对产品质量特性间的强相关性导致质量模型参数估计不精确的问题，该团队将似不相关建模技术与质量设计相结合，解决了相关质量特性下的质量建模问题。最后，该团队在离线质量设计与在线质量设计的基础上，构建了考虑数据质量的失效模式与影响分析策略，提出了质量风险模型以评估质量风险、预防质量故障，从而进一步提高产品质量设计水平。

该书是欧阳林寒研究员及其团队在产品质量设计理论研究和实践经验的基础上总结提炼形成的。该书从离线和在线两个视角对质量设计展开研究，针对质量设计过程中存在的模型不确定性、数据分布非正态性、质量特性间强相关性等问题展开了深入研究分析，并取得了一系列的研究成果。这是一部在新时代发展背景下数据模型工具与质量设计相结合的学术著作，对提升我国制造业质量水平具有重要的理论意义和应用价值。

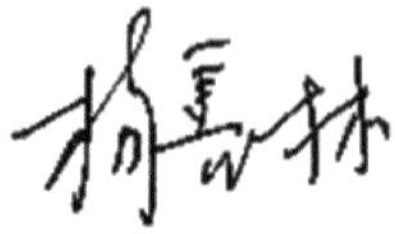

中国工程院院士

合肥工业大学教授

序　二

“物勒工名，以考其诚，工有不当，必行其罪，以究其情”，我国从春秋战国时期的商鞅变法时就已建立以物勒工名为主体的质量责任体系。历代变法以富国强兵为目的，质量发展作为富国强兵的重要手段和重要标志，是变法的题中之义。在21世纪的今天，质量发展问题更是国家工作的重中之重。习近平总书记在党的二十大报告中强调，“高质量发展是全面建设社会主义现代化国家的首要任务”①。作为我国迈向第二个百年目标的开局规划，“十四五”规划将高质量发展作为新时代的发展主题。为深入推进质量强国建设，加强对质量工作的统筹领导与组织协调，2022年8月国务院专门成立国家质量强国建设协调推进领导小组。2023年2月，中共中央、国务院印发的《质量强国建设纲要》中明确指出，加快质量技术创新应用，推进质量设计、试验检测、可靠性工程等先进质量技术的研发应用②。无论是在摆位，还是质量技术本身，“质量设计”得到了前所未有的关注。因此无论是国家战略还是具体的战略部署，高质量已经成为中国式现代化进程中的主旋律。

经济的高质量发展，企业是主体。高效的质量设计是实现企业高质量发展的重要步骤，质量设计能力和水平同时也体现了一个国家制造业的核心竞争力。迈入21世纪以来，随着信息技术的发展，数据正在成为重组全球要素资源和改变全球竞争格局的关键力量。质量管理大师爱德华兹·戴明曾说：“任何人都必须用数据来说话。”质量设计是一门与时俱进的技术，如何融合数据技术以更好地适应新时代发展特征，是当前质量设计领域急需解决的问题。

围绕数据驱动下的质量设计理论与方法这一研究主题，欧阳林寒研究员及其团队近年来始终坚持理论与实践相结合，针对离线与在线质量设计中的特点和难

---

① 习近平. 高举中国特色社会主义伟大旗帜 为全面建设社会主义现代化国家而团结奋斗——在中国共产党第二十次全国代表大会上的报告. http://www.gov.cn/gongbao/content/2022/content_5722378.htm，2022-10-16.

② 中共中央，国务院. 质量强国建设纲要. http://www.gov.cn/zhengce/2023-02/06/content_5740407.htm，2023-2-6.

点，以减小质量特性的波动为总目标，系统地研究了质量设计的理论、方法和实现技术，《数据驱动的在线闭环质量设计理论与方法》是上述创新性成果的集中呈现。该书从构造质量设计模型、参数优化策略及整合离线与在线设计等角度出发，综合考虑数据特征、建模技术及优化方法等方面，对数据驱动下的质量设计理论与方法进行深入研究。

首先，该书针对质量设计中的模型不确定问题，从单一建模技术与组合建模技术角度出发，结合贝叶斯变量筛选方法构建质量模型，降低模型不确定性对质量设计的影响。其次，针对质量设计中的优化策略构建问题，该团队探讨了多重效应质量设计中基于最优化性和稳健性、基于最优化性和实现误差及基于最优化性和经济性三类优化策略。同时考虑到在实际应用中出现的正态模型偏离、数据污染及多重相关特性问题，该团队融合质量损失理论、响应曲面方法及似不相关回归模型等技术，提出基于稳健统计的质量设计方法，这对构建精确和稳健的质量设计模型具有重要的研究意义。最后，针对如何利用在线数据更新离线设计问题，该团队提出在线稳健过程设计的贝叶斯方法，为在线过程设计优化、过程参数更新提供系统决策依据。此外，在研究评估质量风险和预防质量故障方面，该团队采用失效模式与影响分析方法构建质量风险评价模型以实现高质量设计。

该书突破传统质量设计理论框架，结合时代发展的新特征，研究数据技术驱动下的质量设计，提出了一系列新的建模、优化理论与方法，对质量设计理论创新和企业质量水平提升具有重要学术与应用价值。在此，我诚挚地向广大读者推荐该书，相信读者可以从中挖掘到不同的价值。同时，衷心地祝愿欧阳林寒研究员及其团队在质量设计领域有更多的创新成果，不断丰富和发展我国的质量设计理论，为质量强国建设做出新的贡献。

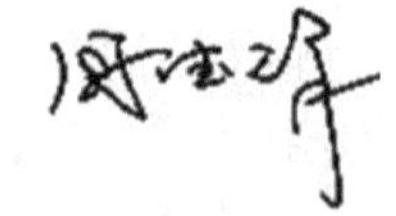

南京航空航天大学经济与管理学院院长

教育部“长江学者”特聘教授

教育部工业工程类专业教学指导委员会副主任委员

序　三

质量不仅是企业的生命线，更是国家综合实力的体现，关系着人民福祉和社会可持续发展。质量管理专家朱兰曾提到，“21 世纪将是质量的世纪”。当前，质量在我国获得了前所未有的重视，党的二十大报告中明确指出“加快建设制造强国、质量强国”，彰显了新时期我党对质量工作的高度重视。随着互联网、大数据、云计算、人工智能、区块链等技术的蓬勃发展，数据成为继土地、劳动力、资本和技术后的第五大生产要素，为质量管理飞速发展提供了新的机遇与空间。工业和信息化部于 2021 年 12 月末发布了《制造业质量管理数字化实施指南（试行）》。根据该指南，企业应加强数据工具的开发利用，充分运用数据分析建模与仿真工具提高质量水平，推进数据模型驱动的质量控制和质量改进。由此可见，在新时代发展背景下，基于数据驱动的质量管理已成为企业转型升级的重要趋势。

质量管理的发展经历了产品检验阶段、过程控制阶段与全面质量管理阶段。质量管理学界普遍认为：“产品质量首先是设计出来的，其次才是制造出来的。”欲从根本上消除产品缺陷，达到产品的最佳性能，必须实施质量设计技术。质量设计通过对产品或过程的输入变量与输出响应之间的关系进行分析，实现稳健参数设计，进而提高企业的产品质量水平。现有质量设计中虽然在质量建模、质量优化和质量评估等阶段已取得一定研究成果，但对于如何在质量数据的基础上有效实现在线闭环质量设计方面，尚需要进一步深入研究。在新时代发展背景下，基于数据驱动的统计建模方法给质量设计带来了新的思路，因此，研究数据驱动下的质量设计理论与方法是一项具有重要理论意义和现实价值的工作。

南京航空航天大学欧阳林寒研究员及其团队一直从事质量设计相关研究工作，他们结合在线控制的特点，针对产品质量建模、优化、在线更新和风险评估等各个阶段中的难点问题，深入开展了相关理论和应用研究工作。首先，在离线质量建模过程中，针对模型不确定性问题，该团队从单一建模和组合建模的角度出发，探析了各类建模技术在质量设计中的应用；同时该团队将贝叶斯方法融入质量建模方法中，利用贝叶斯层次模型、贝叶斯模型平均和稳健贝叶斯等方法分析建模不确定性对质量预测的影响。其次，在在线质量设计中，针对响应非正态分布、数据污染等问题，该团队从稳健统计量的角度出发，替换现有质量模型的位置参数和尺度参数，降低建模过程中非正态和数据污染的影响；此外，考虑到质量特性高度相关问题，该团队研究了似不相关建模技术在正态和非正态响应中的应用。最后，在充分挖掘质量数据的基础上，该团队提出了一系列的质量风险评估方法。

南京航空航天大学欧阳林寒研究员及其团队在经典质量设计理论框架下，从离线质量建模与在线质量设计两个方面出发，提炼出了数据驱动下质量设计所面临的一系列关键科学问题，采用统计模型法、仿真试验法、数值计算法等多种研究方法，系统地研究了数据驱动的质量设计理论与方法，并取得了一系列创新研究成果，对提升我国制造业的质量水平和竞争力具有重要的理论和实践意义。随着数字技术的发展与产品制造复杂程度的增加，质量设计将面临更多的机遇和挑战，期待欧阳林寒研究员及其团队在未来为我国质量事业发展做出更大的贡献。

天津大学讲席教授

国际质量科学院院士

教育部“长江学者”特聘教授

国家杰出青年基金获得者

前　言

全球经济竞争的焦点表现为以质量为核心的竞争，无论发达国家还是发展中国家都越来越重视质量，并出台了一些提升质量的政策规划，如美国的“再工业化”战略、德国的“工业 4.0”计划及我国的“中国制造 2025”。然而，目前我国制造业质量损失率仍然较高，2020 年由不合格产品造成的经济损失高达 1.2 万亿元。在质量工程领域已形成一个共识：产品质量首先是设计出来的，其次才是制造出来的。质量工程（quality engineering）一词是由日本质量专家田口玄一（Genichi Taguchi）博士提出的，他指出质量工程大致分为两部分：一是质量，特别是功能质量的评价方法；二是质量的改进方法，其核心是三次设计，即系统设计、参数设计和容差设计。众所周知，实现产品的持续性质量改进，不仅需要质量管理思想和方法的指导，更需要质量工程技术的支持。企业质量管理有三个基本要素：理念、知识和工具。理念是灵魂，知识是基础，工具是支撑。在大数据时代，扎实掌握统计学知识，熟练使用各种软件工具对于做好质量管理工作非常重要。因此，实现中国质量提升的关键之一在于有效地采用先进的质量工程技术。2021 年 12 月 30 日，工业和信息化部印发《制造业质量管理数字化实施指南（试行）》，明确指出了各企业应推进数据模型驱动的质量控制。质量控制是一个设定标准（根据质量要求）、分析结果、发现偏差，并采取纠正和预防措施的过程。在产品设计与开发阶段所采用的质量控制技术称为质量设计。

无论是基于物理试验设计还是基于计算机试验设计的质量改进，基于数据驱动的质量模型对提高产品质量、降低成本都有着重要作用。质量模型通常是指在分析和优化改进过程中可替代那些比较复杂和费时的数值分析的近似数学模型，也称为响应面模型、元模型。在设计与开发阶段，研究如何根据试验数据构建质量模型是实现质量改进的基础，研究如何融入多效应的优化策略是关键，研究如何实现在线调整和质量评价是保证。然而，在现实生产中，试验误差、过程误差、模型结构或参数不确定性等因素给建立精确的质量模型带来了极大的挑战。例如，当构建质量模型时，假设的某单一模型结构并不能拟合过程的输入输出关系时，后续的变量筛选和参数估计都会产生相应的误差；当某一生产过程的误差服从非正态分布，则经典的变量筛选和参数估计方法无法使用。因此，从数据驱动的角度出发，研究如何根据试验数据构建质量模型、优化质量策略及进行质量调整，极具现实意义。本书的主要目标是采用数据驱动的方法，系统研究离线质量设计和在线质量设计中的模型构建、优化策略构建和动态调整策略构建，以丰富质量设计的理论与方法。本书的内容是根据质量建模、质量优化和质量调整的路线撰写而成的。具体从基于单一模型、组合模型、贝叶斯模型平均分析质量响应与设计变量间的关系，并从最优性、稳健性和经济性等角度构建优化策略，最后将数据质量融入在线调控策略中，以实现质量预测、质量优化、质量监控的一体化。

本书在资料收集和著作过程中，得到了国家自然科学基金项目重点项目（“全生命周期质量工程理论与方法”71931006）以及业界有关人员的大力支持和帮助，衷心感谢国家自然科学基金委员会、南京航空航天大学及相关企业对本专著的大力支持！衷心感谢科学出版社，它为本书的出版做了大量的精心细致的工作！限于作者水平和经验，本专著一定还会有很多不尽如人意之处，恳请读者给予批评指正。

欧阳林寒

2022 年 3 月 3 日于南京

目　　录

第1章　绪　　论

随着国际市场竞争的日趋激烈以及我国制造业的升级换代，制造业如何以高质量、低成本、短周期而获得竞争优势，进而实现可持续发展，已成为工业界和学术界极为关注的问题。特别是进入21世纪以来，质量得到了前所未有的重视，著名质量专家朱兰曾说过，“21 世纪将是质量的世纪”。同时，站在“两个一百年”的历史交汇点，高质量发展成为我国社会发展的主旋律，如何推动实现全面高质量发展成为政府、行业及企业各项工作的重中之重。从现代质量工程的观点来看，产生质量问题的根本原因是波动（variation）。从制造业和服务业来看，推动企业的质量管理工作，提高产品或服务在国际市场上的竞争力，关键在于采用科学、先进的质量思想、工具和方法。2014 年 6 月，中国质量协会调研报告表明，约有 33%的被调查企业没有使用或局限性地使用了研发质量工程技术，而能够积极持续应用并有效提升研发质量和效率的企业比例也偏低。同时，实施卓越绩效、六西格玛、精益生产等先进质量管理方法的被调查企业比例为 58.5%，该水平远低于欧美发达国家。2015 年 5 月，国务院印发了我国实施制造强国战略的第一个十年行动纲领《中国制造 2025》，并明确提出了“创新驱动、质量为先、绿色发展、结构优化、人才为本”的方针，无论是在摆位上，还是在表述内容上，质量元素都得到了凸显[1]。

众所周知，产品质量不仅是企业的生命线，更是在全球市场上赢得顾客的关键，因此持续性质量改进已成为世界各大企业永恒追求的目标。实现产品的持续性质量改进，不仅需要质量管理思想和方法的指导，更需要质量工程技术的支持。例如，在微纳加工过程中，如何精准地构建加工质量与加工参数间的函数关系，并基于该函数关系优化加工参数。因此，实现质量为先的关键之一在于有效地采用先进的质量设计技术。

现代质量管理的主流观点认为：波动是产品产生质量问题的根本原因。尽管人们无法完全消除波动，但是可以减小和控制它。新的质量损失原理表明：只要质量特性偏离其设计目标值，就会造成质量损失，偏离越远，损失越大。因此，为了改进或提高产品质量、降低成本，就必须最大限度地减小和控制围绕设计目标值的波动。如何减小和控制产品实现过程中的波动，已经成为持续性质量改进活动中的核心内容[2, 3]。由于质量设计是从源头上查找并消除引起产品质量缺陷的因素，故其能够有效地减少波动并改变以往依靠检验进行事后质量管理的工作方式。因此，在学术界与工业界已形成一个共识：产品质量首先是设计出来的，其次才是制造出来的。

本章将主要介绍质量概念的演化、质量控制技术的发展阶段、基于统计模型的质量数据分析、在线闭环产品质量设计面临的挑战，以及本书的主要内容及逻辑关系。

1.1 质量概念的演化

随着工业的发展和人们对质量管理实践的不断深入，人们对质量的认识也在不断地变化和深化，质量的概念也在不断地发展、丰富和完善。大体上讲，人们对质量的认识经历了以下六个不同阶段[4]。

1）客观质量

人们最早使用的质量概念是通过设计规格（specification）来定义的，即满足规格（落入设计公差）要求的产品为合格/质量产品，不满足规格要求的产品为不合格品。实际上，该定义源于工程背景，通常称为客观质量（objective quality）。这是从生产者角度来定义的产品质量，此外规格有先进和落后之分，对于落后的规格，即使产品满足其规格要求，也不能被认为是质量好的产品。如何确定规格，往往是由生产者决定的，因此，最初的规格要求并不能反映顾客的各种需求和期望。

2）主观质量

随着市场的竞争和发展，顾客已逐渐成为市场的主体，而上述客观质量没有把经营中的市场因素联系起来，由此，产生了主观质量（subjective quality）的概念，即质量就是要满足顾客的需求。20 世纪 50 年代初期，美国著名质量专家戴明（W. E. Deming）在日本进行质量教育和培训时，根据市场竞争的需要，提出了主观质量这一概念，指导日本企业从管理到工程的每个细节都要着手为顾客考虑，实现企业真正地为顾客而存在。这正是 20 世纪 80 年代初期日本产品在国际市场上取得主导地位的主要原因之一。

3）动态质量

随着科学技术的快速发展，市场竞争的日趋激烈以及人类期望的不断提高，今天是顾客满意的产品，明天或许被顾客遗忘，于是动态质量（dynamic quality）的概念应运而生，即质量要连续不断地满足顾客需求。这一动态质量概念，正是近年来许多世界级公司所推崇的连续质量改进的企业文化的源泉。从狩野纪昭（Noriaki Kano）提出的顾客需求模型（Kano 模型）中，可以清楚地看到这一点，见图 1-1。

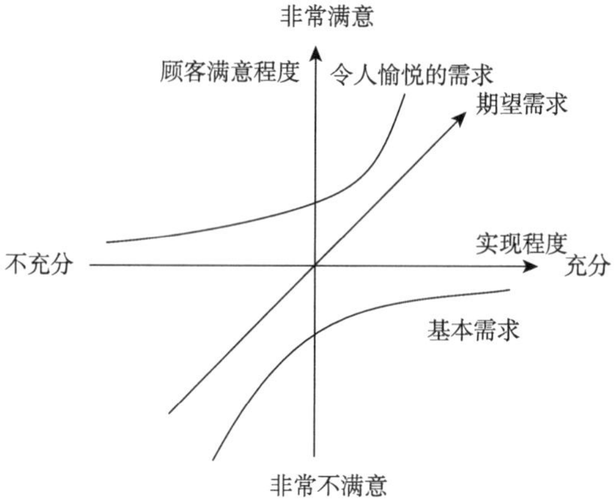

图 1-1　Kano 模型

Kano 把顾客需求划分为三个层次：基本需求、期望需求和令人愉悦的需求。基本需求是顾客潜意识的期望，它是明显的，无须表述的需求，如果不能满足这些需求，必然导致顾客的不满意；期望需求是顾客意识到的和期望的需求，满足顾客的期望需求，必将极大地提高顾客的满意度；令人愉悦的需求是指超越顾客期望的需求，往往能够给顾客带来意外的惊喜。我们应充分注意到模型中三要素的动态特性，今天是令人愉悦的质量，明天也许变成期望的质量，后天也许成为最基本的质量要求。同时我们也应该看到：任何一种产品在投放市场初期时，不管多么令人惊喜，最终都会成为一种基本需求。

4）全面质量

要真正做到连续不断地满足顾客的需求，仅仅要求质量是不够的，只有实现高质量和合理的价格“两位一体”才能真正使顾客满意。在合理的价格下要保证企业的利润、生存和发展，必须最大限度地降低成本、减少质量损失，因而西方质量专家把这种低投入下获得的高质量称为全面质量（total quality）。值得注意的是，不能把全面质量误解为产品实现全过程的质量总和，即产品开发、设计、制造、检验、售后服务等阶段的全部质量。全面质量是从质量到价格全面竞争的产物，它强调了经济的含义，反映了当代质量管理哲学，现在所进行的连续质量改进工作实际上正是朝着全面质量的目标而进行的，也就是连续全面质量改进。

5）多维度质量观

哈佛商学院的戴维·加文认为，质量是难以形容的，有的基于产品，有的基于用户，有的基于制造，有的基于价值。产品质量应从 8 个维度来描述：①性能（performance），是指产品应达到预期的功能目标；②特征（features），是指增加产品基本功能的产品属性，以区别于其他产品；③可靠性（reliability），是指产品在设计的使用寿命周期内一致地完成规定功能的能力；④符合性（conformance），是指产品设计时的规格，如果一个产品的某一维度在规格允许的容差范围之内，则它具有符合性；⑤耐用性（durability），是指产品能忍受压力或撞击而不会出现故障的程度；⑥可服务性（serviceability），是指产品易于修复，如果一个产品可以很容易地修复，则该产品具有很好的可服务性；⑦美感（aesthetics），是指一种主观感觉特征，反映的是顾客的主观偏好；⑧感知质量（perceived quality），是以顾客的感知为准的。尽管加文的多维度质量观被广泛引用，但它也不是没有遗漏，有学者认为质量概念还应该包括其他质量维度，如安全性。

6）国际标准化组织的质量观

为了给质量一个明确而又可操作的定义，国际标准化组织（International Organization for Standardization，ISO）在 ISO 9000 2015《质量管理体系——基础和术语》标准中，把质量定义为“客体的一组固有特性满足要求的程度”，并对定义进行详细的解释。这一定义看上去高度抽象而概括，但只要把握了特性和要求这两个关键词就很容易理解。它从特性和要求二者之间的关系来描述质量，即某种事物的特性满足某个群体要求的程度，满足的程度越高，质量也就越好。

固有的：其反义是赋予的，指在某事或某物中本来就有的，尤其是那种永久的特性。它是产品、过程或体系的一部分，而人为赋予的特性（如产品的价格）不是固有特性，不反映在产品的质量范畴中。

特性：指可区分的特征，它可以是固有的或赋予的，定性的或定量的。固有特性的类型包括技术或理化方面的特性（这些特性可以用理化检测仪器精确测定）、心理方面的特性、时间方面的特性、社会方面的特性、安全方面的特性等。

要求：是指明示的、通常隐含的或必须履行的需求或期望。明示的可以理解为规定的要求，是供需双方在业务洽谈和签订合同过程中，用技术规范、质量标准、产品图样、技术要求加以明确规定的内容，在文件中予以阐明。通常隐含的则是指组织、顾客或其他相关方的惯例或一般做法，所考虑的需求是不言而喻的。要求可由不同的相关方提出，可以是多方面的，特定要求可使用修饰词表示，如产品要求、质量管理要求、顾客要求等。

在理解质量术语时，还要注意以下几点内涵。

质量的广义性：质量的载体是实体，实体是可单独描述和研究的事物。实体可以是产品（硬件和软件），也可以是组织、体系或人，以及以上各项的任意组合。质量不仅指产品质量，也可以指某项活动或过程的工作质量，还可以指涉及人的素质、设备的能力、管理体系运行的质量。

质量的时效性：组织的顾客及其他相关方对组织的产品、过程和体系的需求和期望是不断变化的，组织应根据顾客和相关方的需求和期望变化，不断调整对质量的要求，并争取超越他们的期望。

质量的相对性：组织的顾客和相关方对同一产品的功能提出不同的需求；也可能对同一产品的同一功能提出不同的需求；需求不同，质量要求也就不同，但只要满足需求，就应该认为质量是好的。

质量的动态性：随着科学技术的发展，生活水平的提高，人们对产品、过程或质量体系会提出新的质量要求。因此，应定期评价质量要求，修订规范。对于不同顾客、不同地区，因自然环境条件不同，技术水平的不同，消费水平的差异，也会对产品提出不同的要求，产品应具有这种环境的适应性，以满足顾客明示或隐含的需求。

尽管不同的组织和个人对质量的理解和认识有所不同，但在一个组织内部对质量的认识必须统一，以形成共同的语言，这是进行交流、沟通、改进的基础。

随着人类社会的进步，人们对质量的认知也在不断变化，越来越接近事物的本质，并逐步被企业、社会理解和接受。因此，人们对质量的认知过程是永无止境的。

1.2 质量控制技术的发展阶段

ISO 9000 2015《质量管理体系——基础和术语》中明确指出：质量控制是质量管理的一部分，致力于满足质量要求。从狭义上讲，质量控制是一个设定标准（根据质量要求）、分析结果、发现偏差，并采取纠正和预防措施的过程。质量控制通常与质量工程技术密切相关，组织利用这些技术对产品形成和体系实施的全过程进行控制，找出不满足质量要求的因素并予以消除，以减少损失。从广义上讲，质量控制是指在产品实现过程中的不同阶段所采用的质量工程技术，见图 1-2。例如，在产品设计与开发阶段，所采用的质量工程技术称为质量设计（design for quality），也称离线质量控制；在生产制造阶段所采用的质量工程技术称为过程控制（process control），也称在线质量控制。按照时间顺序，质量控制技术在制造业中的应用大体上经历了三个阶段[4]：产品质量检验、过程控制和质量设计。

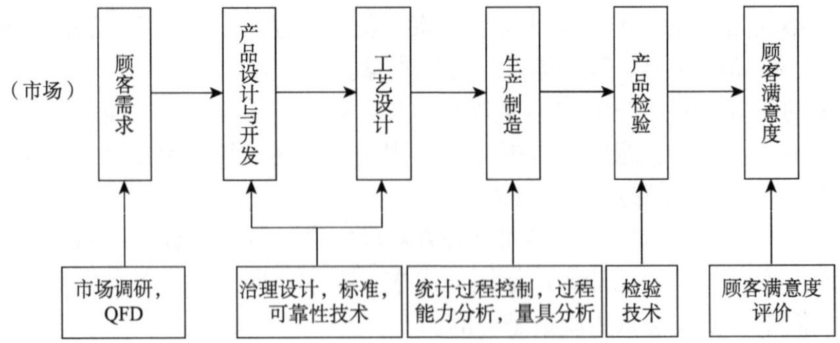

图 1-2 产品形成过程及相应的主要工程技术
QFD：quality function deployment，质量功能展开

第一个阶段，产品质量检验。抽样检验就是按照规定的抽样方案和程序，从一批产品或一个过程中抽取一部分样本进行检验，根据检验结果来判定产品批次或过程是否合格的活动。它兴盛于第二次世界大战期间，通过产品质量检验来保证产品质量，当时人们认为产品质量是检验出来的。严格地讲，抽样检验并不能提高产品质量。在产品检验过程中，检验所做的工作只是判定产品是否满足规格要求。

第二个阶段，过程控制。过程控制既包括统计过程控制（statistical process control，SPC），也包括自动过程控制（automatic process control，APC）或工程过程控制（engineering process control，EPC）。SPC 的基本理论和控制图技术是由休哈特于 1924 年首次提出的。SPC 主要应用于零件工业（part industry），监控生产过程是否正常运行，若发现异常现象，及时采取纠正措施，保证过程的正常运行。

第三个阶段，质量设计。要从根本上消除产品缺陷，达到产品的最佳性能，必须探索产品/过程输入与输出响应之间的关系。由于存在着大量的输入变量，以及真实产品/过程的复杂性，从理论上获得输入与输出之间的精确函数关系是相当困难的，有时甚至是不可能的。为解决这一问题，工程技术人员通过统计试验设计（design of experiment，DOE）的方法，使得了解和建模产品/过程输入与输出之间的复杂关系成为可能。试验设计最早由费舍尔（R.A. Fisher）提出，用于农业生产，主要关心农作物的平均产量；直到第二次世界大战后，试验设计的潜力才被工业界认知，随后以博克斯（G.E.P. Box）为代表的应用统计学家，为了实施质量改进，不仅开始向工程技术人员传授 SPC 技术，而且进行了大量试验设计的教育和培训。由此，统计在工业界的应用进入质量控制的第三个阶段。其目的不仅仅是发现产品缺陷，而是主动预防缺陷产品的出现。它是一种主动的管理方法，采用试验设计、响应曲面、广义线性模型等技术优化产品/过程的性能。直到

20 世纪 80 年代，在西方工业界，除一些大的化工公司外，并没有大规模地采用试验设计。田口方法在美国的传播，使工业试验设计重新焕发了生机，现已成为产品/过程改进中的焦点问题之一。表 1-1 给出了质量改进过程中质量控制技术在三个阶段的比较[4]。

表 1-1 质量控制技术在三个阶段的比较

阶段	产品质量检验	过程控制	质量设计
思想	质量检验	质量控制	质量设计
策略	被动	预防	主动
方法	探测缺陷	预防缺陷	消除缺陷
目标	控制废品	维护现状	优化
技术	抽样检验	过程控制	稳健设计
工具	抽样计划	控制图 或控制方程	试验设计
基础	以数据为基础	以信息为基础	以知识为基础
位置	检查点	在线	离线
应用	产品	过程	产品和过程
传播期	20 世纪 40 年代	20 世纪 60 年代	20 世纪 80 年代
方式	一批批产品	一条条生产线	一个个项目

质量控制技术的第三阶段质量设计是本书的主要内容。质量设计主要减少产品/过程的波动，是提高产品质量的主要手段，主要包含两个方面的内容：一方面是田口提出的三次设计，即系统设计、参数设计和容差设计，其中核心是参数设计，也称稳健设计（robust design）或稳健参数设计（robust parameter design）；另一方面是试验设计，即试验的设计、分析、建模与优化。近年来，这两个方面逐渐融合，如双响应曲面的各种拓展。特别是随着信息技术的发展，出现了计算机试验（computer experiment），这是试验设计发展的又一重要里程碑，也是该领域的热点问题之一。

1.3 基于统计模型的质量数据分析

开展质量设计的最有效方法是试验设计与稳健参数设计。20 世纪 30 年代，英国统计学家 Fisher 首先提出了试验设计的方法，主要应用于农业生产。然而，直到第二次世界大战之后，试验设计的潜力才被工业界了解和认识。Fisher 曾证明了可以利用部分析因设计来实现全因素试验设计，并保持统计意义不变[5]。由于析因设计能够极大地减少试验次数，从而有效地节约了试验费用和试验时间，因此上述研究成果极大地促进了试验设计的广泛应用。以田口为代表的质量工程技术人员进行了大量的工业试验设计与数据分析，积累了丰富的工程实践经验。在此基础上，田口发展了正交试验设计[6]。在以 Fisher、Box 为代表的统计学家和以田口为代表的质量工程专家的共同推动下，试验设计已经成为质量改进活动中最为重要的工具之一[7]。20 世纪 80 年代，田口进一步提出以正交试验设计和信噪比为基础的稳健参数设计。稳健参数设计是以试验设计为基础，并结合统计知识和工程技术发展起来的一种质量改进方法，它已经广泛地应用于机械、电子、化工、航天等行业的质量改进活动中，产生了巨大的经济效益[8]。响应曲面法（response surface methodology，RSM）作为稳健参数设计的重要方法之一，主要由以下三个阶段组成：试验设计、响应建模、过程优化[9]。响应曲面法是由统计学家 Box 和 Wilson 提出的，该方法首先通过试验设计探索因子与响应输出之间的关系，然后建立两者之间的响应曲面模型，并优化所构建的目标函数，从而确定最佳的因子水平组合[10]。由于试验设计与稳健参数设计所涉及的研究内容非常多，全面地了解各个方面的研究现状非常困难。稳健参数设计中响应曲面模型与优化策略的构建是影响质量设计的关键步骤，且该部分是本书的研究重点，故在此将围绕响应曲面（单一模型构建与组合模型构建）与优化策略这两个研究领域的国内外研究现状进行系统的综述与分析。

自从 20 世纪 80 年代田口在美国介绍稳健参数设计以来，众多统计学家和质量专家针对这一主题进行了深入的研究，产生了一系列的研究论文和专著。然而，田口方法在实现稳健参数设计方面存在很多不足之处[11]。一些研究者提出从响应曲面优化的角度解决稳健参数设计问题。由于响应曲面模型的构建在优化过程中起着至关重要的作用，故如何精确地构建响应曲面模型已逐渐成为学术界的研究热点问题之一。针对输入与输出间呈线性关系的制造过程，Shaibu 和 Cho[12]运用参数回归（即多项式模型）方法建立了高阶模型，并以均方误差（mean square error，MSE）作为优化指标确定过程的最佳参数组合。虽然高阶回归模型能够较好地刻画方差响应，但是该模型易出现过拟合的现象。当输入与输出关系并不表现为简单的线性关系时，多项式模型的拟合及预测性能会大大降低。针对该问题，Vining 和 Bohn[13]指出传统的参数回归方法不能准确地拟合方差响应，并提出了将非参数建模方法用于响应均值与方差的模型构建。同时，Vining 和 Bohn[13]采用了两种不同的非参数建模方法来拟合方差响应模型，验证了非参数回归模型在预测性能上优于二阶多项式回归模型。Boylan 和 Cho[14]指出当过程存在较大波动时，采用加权的最小二乘回归模型对输出响应建立模型，能够保证所构建的模型较好地逼近真实过程，从而获得最优设计。非参数回归模型的构建依赖于大样本及空间填充试验（space-filling design），而在响应曲面设计中，大多数的试验设计并非空间填充，如中心复合设计、D 最优设计等。针对非参数回归模型的不足，Pickle 等[15]提出将半参数回归模型用于响应曲面的构建中，该模型的优点在于融合了参数回归和非参数回归模型的优势。同时，Robinson 等[16]在试验轮次没有重复的情形下，采用了改进的半参数回归方法，分别构建了均值响应与方差响应模型，并验证了所提模型均优于参数回归与非参数回归模型。

随着顾客对产品需求层次的差异化以及企业之间竞争程度的加剧，在产品/工艺过程的设计中，往往需要同时考虑多个质量特性（即多响应）。Wan 和 Birch[17]针对多响应优化问题，运用半参数回归方法建立各响应的近似模型，并优化满意度函数确定过程的最佳参数组合。Waterman 等[18]对参数、非参数和半参数回归方法进行了系统研究与评述，并通过仿真试验比较了三种回归模型的差异及适用范围。然而，上述模型并没有考虑响应间存在相关的情形，Shah 等[19]针对响应间存在相关的多响应优化问题，采用似不相关回归（seemingly unrelated regression，SUR）模型对响应进行建模以降低响应相关性对优化结果的影响，然后优化满意度函数以确定最佳输入水平。随着研究的不断深入，输入与输出间的关系越趋复杂，如呈现高维、非线性等特点。如何结合复杂的元模型来拟合过程输入与输出间的关系，已引起了一些研究者的关注和重视。Lee 和 Kang[20]分析与比较了 Kriging 模型与多项式回归模型的预测性能，并指出 Kriging 模型预测性能优越的原因，即该模型可以根据试验样本选择合适的非线性函数，以逼近输入与输出间的非线性关系。同样，Chen 等[21]采用 Kriging 模型拟合响应与输入变量间的关系，验证了在过程呈高度非线性时，该模型在预测性能上优于传统的多项式回归模型。Jin 等[22]从试验样本大小与模型预测性能的角度，分析比较了径向基函数（radial basis function，RBF）、Kriging 模型及传统的多项式回归模型，指出在小样本的情形下，RBF 模型的预测性能显著优于其他两种回归模型。Zhou 与 Jiang[23]提出了基于梯度信息的最小二乘支持向量机模型，通过仿真案例表明，在建立支持向量机模型时，加入梯度信息将增加模型的预测精度。Su 等[24]提出了将人工神经网络模型用于响应曲面建模中，首先采用主成分分析法消除多响应间的相关性，进而对提取的主成分与输入变量建立响应曲面模型。同时，汪建均等[25]研究了非正态情形下的响应建模，分别建立了均值与散度的广义线性模型，弥补了传统参数回归的不足，即要求响应严格为正态分布。汪建均和马义中[26]进一步针对输出响应为动态且非正态的情形，提出了联合广义线性模型，该模型不仅能够有效区分具体噪声因子和潜在噪声因子对整个过程波动的影响，而且能够灵活地调节模型的截距和斜率。卿启湘等[27]将基于 Kriging 插值模型引入板料成形优化设计的复杂系统中，并基于初始化变量进行优化，采用Kriging插值模型对样本点和优化过程中形成的优化点重新构建响应曲面。

相比单一模型而言，组合模型的预测性能对样本点及试验设计的选择更加稳健和可靠[28]。因此，近年来组合模型成为响应曲面构建研究的热点之一。按照统计学派的分类，组合模型可分为贝叶斯组合模型和传统组合模型（即非贝叶斯组合模型）。Goel 等[29]指出组合建模本质上是解决模型不确定性的一种技术手段。Rajagopal 和 del Castillo[30]首次提出将贝叶斯组合模型用于响应曲面建模，以各子模型的后验概率作为权重进行组合，以解决模型不确定对过程优化的影响。针对贝叶斯组合模型中子模型集的确定问题，Fan 等[31]从优化算法的角度研究了贝叶斯组合模型，其所提的替代算法相比传统的 Occam 准则在计算时间与筛选子模型集上效率更高。研究结果表明，采用贝叶斯组合模型在计算结果误差率上要低于单一模型，从而说明了组合模型技术在响应曲面构建及分析中的有效性和准确性。然而，上述文献仅仅考虑了单一响应，并未研究系统中存在多个响应的问题。Ng[32]运用贝叶斯组合模型方法构建了多响应的曲面模型，并以二次损失函数为优化指标来解决多响应的稳健优化问题。同时，其在贝叶斯组合模型的基础上进行了追随试验，研究了追随样本点位置及数量的选择问题。

由于贝叶斯组合模型中的各子集模型都是多项式模型，故在高度非线性的建模问题上，其预测性能远不如线性问题的建模性能。Goel 等[29]首次将传统的组合模型用于稳健性建模中，比较了组合模型与单一模型的预测性能，并分析了组合模型的预测性能在不同类型的工程问题（低阶线性、低阶非线性、高阶线性和高阶非线性）中都表现较佳，从而验证了组合模型预测性能的稳健性。同时，Hamza 和 Saitou[33]采用传统的组合模型策略与协同进化方法分析了汽车的防撞性能试验，相应的最佳输入设置大大提高了汽车的防撞性能。在组合模型的构建中，子模型集的确定及各模型的权重是影响模型预测性能的两个关键因素。Zhang 等[34]提出了自适应的组合建模方法，该方法的子集模型不仅有传统的多项式模型，而且增加了能够较好拟合非线性问题的模型，如Kriging模型、支持向量机模型等。由于 Kriging 模型的优点主要在于其能较好地拟合高度非线性过程，Toal 和 Keane[35]针对输入输出过程为非线性情形下的响应建模问题，提出将不同类型的 Kriging 模型（即 Kriging 模型的变体）进行加权组合。无论是贝叶斯组合建模还是非贝叶斯组合建模，目的均是降低模型不确定对质量设计的影响[36]。

1.4 在线闭环产品质量设计面临的挑战

针对在线闭环产品质量设计，现行的质量设计技术面临着巨大的挑战，主要表现在以下四个方面。

首先，从产品质量的建模上，目前常用的建模方法是单一建模技术和组合建模技术。在单一建模技术中，模型参数和模型预测的不确定性对质量设计有着显著影响。由于试验误差存在普遍性，现有的单点估计法被广泛应用在优化设计中，但是该设计方法无法保证质量设计的可靠性。同时，在组合建模技术中，模型集的确定和组合子模型的权重是两大难点问题，如何充分考虑各模型间的优势是实现模型筛选的关键。从质量数据的收集到质量预测，采用新的建模方法和技术，将为质量设计中的质量建模提供新的机遇。

其次，从优化策略上看，质量设计通常针对顾客的需求、制造的可行性，存在着多个优化的目标或要求，如经济性、可靠性。从质量设计的观点来看，优化策略的构建与质量模型是密切相关的，因此基于质量模型的优化策略需要同时考虑模型不确定性和质量规格要求。因此，如何利用质量模型、质量规格要求，实现质量优化策略的构建也是值得研究的问题。

再次，由于现行的质量设计方法多是正态响应的假设，而在现实中，产品/过程的质量特性往往会出现非正态响应。事实上，质量特性的响应本身也是多维度的，如正态分布、指数分布、威布尔分布等，质量特性的多种分布特征在复杂产品/过程方面体现得尤为突出，因此，如何建立考虑非正态响应的新建模技术和方法，综合考虑质量特性的差异性，提升质量设计的有效性，是一个极具挑战性的问题。

最后，在现行的质量管理中，往往是独立地实现离线质量设计和在线质量设计，而忽略了离线与在线设计的整合对实现质量提升的作用。事实上，在线数据的获取成本降低使得动态更新离线设计的模型参数和模型结构变得可能，从而更新最优的输入参数设置。同时，基于质量数据对产品质量风险进行正确评估。

戴明指出：效率低下和质量不良的原因有85%在于组织的管理系统，而只有15%是由员工造成的。他强调质量的系统观，主张管理者必须掌握一套基本的知识体系才能采取正确的行动，并提出了深知识体系（profound knowledge system），包括对系统的认识、波动理论、知识理论和心理学知识。深知识体系是一个管理框架，它将统计原理应用于过程和系统，将知识理论用于预测，将心理学知识用于解决人的问题。戴明认为质量是组织经营和社会效益的首要推动力，并按反应链的理论进行传播。假设一个组织改进了质量，成本就会降低，资源就会得到更好的利用，这样也就提高了生产率，从而使组织因高质量和低价格获得市场份额，使组织能够更好地经营和发展。

高效的质量设计是实现企业高质量发展的重要步骤，同时，其能力和水平也体现了一个国家制造业的核心竞争力。现有的质量设计方法虽然在质量建模、质量优化和质量评估等阶段做了一系列的工作，但是在能够充分获取质量数据的背景下，实现在线闭环的质量设计，尚需要进一步深入研究。因此，研究数据驱动的在线闭环质量理论与方法，不仅将进一步完善和发展质量管理学科，而且对于提升我国制造业的质量水平和国际竞争力具有重要的战略意义和实用价值。

1.5 本书的主要内容和逻辑关系

为了体现在线闭环质量设计，本节将着重介绍各章的主要内容及章节之间的逻辑关系，以使读者有一个整体的系统观。

全书将质量设计置于经典的质量设计理论框架之下，并结合在线控制的特点，在前人研究工作的基础上，较深入地研究了质量设计阶段的质量建模、质量优化、在线质量更新和风险评估。全书的内容结构关系如图 1-3 所示。

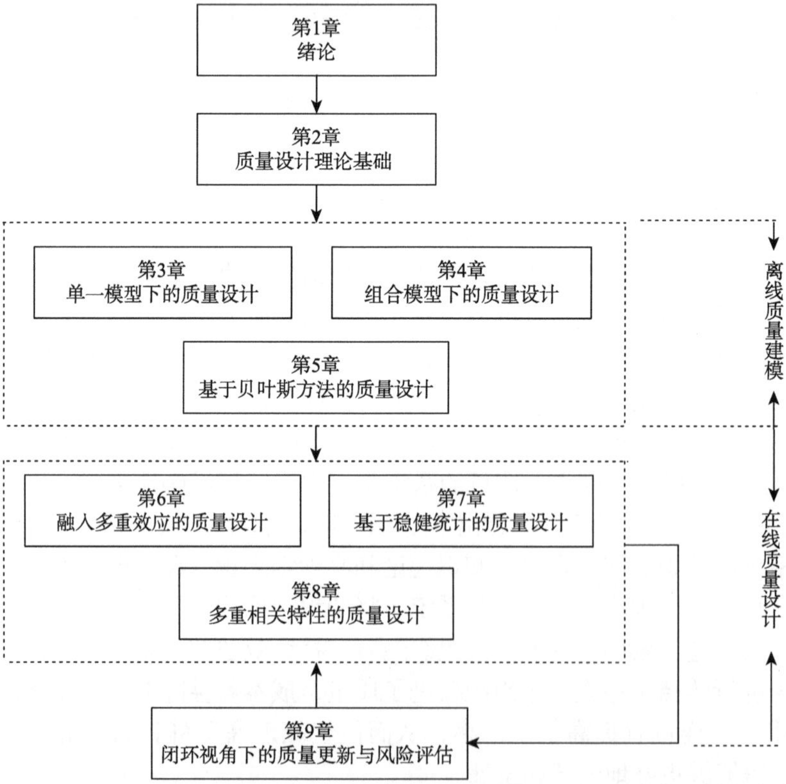

图 1-3 全书内容结构关系图

第 1 章首先介绍了质量的基本概念，然后介绍了质量控制的发展历程，在此基础上，分析了基于统计模型的质量数据分析现状和在线闭环质量设计面临的挑战，为全书搭建了一个基本的框架。第 2 章主要介绍了质量设计的理论基础。

在质量设计的质量建模中，无论是单一建模还是组合建模，其实质就是建立质量特性和设计变量的关系。第 3 章和第 4 章重点介绍单一建模和组合建模的方法。同时，第 5 章重点介绍了贝叶斯方法的质量建模方法，具体从贝叶斯层次模型、贝叶斯模型平均和稳健贝叶斯三个方面分析了建模不确定性对质量预测的影响。上述的质量建模方法为质量设计的质量模型构建提供了理论和方法上的支持。

第 6 章至第 8 章重点介绍了多重效应、稳健统计和多重特性的方法在质量优化策略中的应用。第 6 章指出在产品质量设计中，最优化性、经济性、可靠性等因素是优化策略的重要组成部分。并从模型参数不确定和模型结构不确定两个角度分析了相应的质量优化策略构建。第 7 章考虑了非正态和数据污染对质量设计的影响，具体从稳健统计量的角度替换了现有质量模型的位置参数和尺度参数，从而降低了建模对象对非正态和数据污染的影响。第 8 章重点从质量特性高度相关的角度，探讨了似不相关建模技术在正态和非正态响应中的应用。

第 9 章在离线质量设计的基础上，研究了离线质量设计和在线质量设计的整合机制，并分析了有效整合的前提条件。同时，在充分挖掘质量数据的基础上，提出了一系列的质量风险评估方法。

本书从离线质量设计和在线质量设计的角度，针对产品质量建模、优化、在线更新和风险评估等难点问题，采用统计模型法、仿真试验法、数值计算法等系统地研究了数据驱动的质量设计理论与方法。因此，本书的研究将进一步完善和发展质量管理，对提升我国制造业的质量水平和竞争力具有重要的理论和应用价值。

参考文献

[1] 夏妍娜，赵胜. 中国制造 2025：产业互联网开启新工业革命[M]. 北京：机械工业出版社，2016.

[2] 马义中. 减小和控制多元质量特性波动的理论和方法[D]. 西北工业大学博士学位论文，2002.

[3] Jensen W A. Confirmation runs in design of experiments[J]. Journal of Quality Technology，2016，48（2）：162-177.

[4] 马义中，欧阳林寒. 现代质量工程[M]. 北京：科学出版社，2018.

[5] Fisher R A. Design of Experiment[M]. Edinburgh：Oliver & Boyd，1935.

[6] Taguchi G，Chowdhury S，Wu Y. Taguchi's Quality Engineering Handbook[M]. Hoboken：John Wiley & Sons，2005.

[7] Box G E P，Draper N R. Empirical Model-Building and Response surfaces[M]. New York：John Wiley & Sons，1987.

[8] Shoemaker A C，Tsui K L，Wu C F J. Economical experimentation methods for robust design[J]. Technometrics，1991，33（4）：415-427.

[9] Steinberg D M. Discussion of "statistical engineering and variation reduction" [J]. Quality Engineering，2014，26（1）：65-69.

[10] Box G E P，Wilson K B. On the experimental attainment of optimum conditions[J]. Journal of the Royal Statistical Society. Series B（Methodological），1951，13（1）：1-45.

[11] del Castillo E，Colosimo B M，Alshraideh H. Bayesian modeling and optimization of functional responses affected by noise factors[J]. Journal of Quality Technology，2012，44（2）：117-135.

[12] Shaibu A B，Cho B R. Another view of dual response surface modeling and optimization in robust parameter design[J]. The International Journal of Advanced Manufacturing Technology，2009，41（7）：631-641.

[13] Vining G G，Bohn L L. Response surfaces for the mean and variance using a nonparametric approach[J]. Journal of Quality Technology，1998，30（3）：282-291.

[14] Boylan G L，Cho B R. Robust parameter design in embedded high-variability production processes：an alternative approach to mitigating sources of variability[J]. International Journal of Production Research，2013，51（15）：4517-4538.

[15] Pickle S M，Robinson T J，Birch J B，et al. A semi-parametric approach to robust parameter design[J]. Journal of Statistical Planning and Inference，2008，138（1）：114-131.

[16] Robinson T J，Birch J B，Starnes B A. A semi-parametric approach to dual modeling when no replication exists[J]. Journal of Statistical Planning and Inference，2010，140（10）：2860-2869.

[17] Wan W，Birch J B. A semiparametric technique for the multi-response optimization problem[J]. Quality and Reliability Engineering International，2011，27（1）：47-59.

[18] Waterman M J，Birch J B，Abdel-Salam A S G. Several nonparametric and semiparametric approaches to linear mixed model regression[J]. Journal of Statistical Computation and Simulation，2015，85（5）：956-977.

[19] Shah H K，Montgomery D C，Carlyle W M. Response surface modeling and optimization in multiresponse experiments using seemingly unrelated regressions[J]. Quality Engineering，2004，16（3）：387-397.

[20] Lee K H，Kang D H. A robust optimization using the statistics based on kriging metamodel[J]. Journal of Mechanical Science and Technology，2006，20（8）：1169-1182.

[21] Chen X，Ankenman B E，Nelson B L. Enhancing stochastic kriging metamodels with gradient estimators[J]. Operations Research，2013，61（2）：512-528.

[22] Jin R，Chen W，Simpson T W. Comparative studies of metamodelling techniques under multiple modelling criteria[J]. Structural and Multidisciplinary Optimization，2001，23（1）：1-13.

[23] Zhou X J，Jiang T. Enhancing least square support vector regression with gradient information[J]. Neural Processing Letters，2016，43（1）：65-83.

[24] Su H，Xie W，Zeng H. Multiple response optimisation based on the ANN theory of complex injection moulding process[J]. International Journal of Computer Applications in Technology，2014，50（3/4）：186-190.

[25] 汪建均，马义中，程志强，等. 基于 JGLM-RM 模型的动态稳健设计及其应用[J]. 数理统计与管理，2010，29（6）：1001-1008.

[26] 汪建均，马义中. 基于 GLM 的双响应曲面法及其稳健设计[J]. 系统工程与电子技术，2012，34（11）：2306-2311.

[27] 卿启湘，陈哲吾，刘杰，等. 基于 Kriging 插值和回归响应面法的冲压成形参数的优化及对比分析[J]. 中国机械工程，2013，24（11）：1447-1452，1458.

[28] Gu X，Lu J，Wang H. Reliability-based design optimization for vehicle occupant protection system based on ensemble of metamodels[J]. Structural and Multidisciplinary Optimization，2015，51（2）：533-546.

[29] Goel T，Haftka R T，Shyy W，et al. Ensemble of surrogates[J]. Structural and Multidisciplinary Optimization，2007，33（3）：199-216.

[30] Rajagopal R，del Castillo E. Model-robust process optimization using Bayesian model averaging[J]. Technometrics，2005，47（2）：152-163.

[31] Fan T H，Wang G T，Yu J H. A new algorithm in Bayesian model averaging in regression models[J]. Communications in Statistics-Simulation and Computation，2014，43（2）：315-328.

[32] Ng S H. A Bayesian-model averaging approach for multiple-response problem[J]. Journal of Quality Technology，2010，42（1）：52-68.

[33] Hamza K，Saitou K. A co-evolutionary approach for design optimization via ensembles of surrogates with application to vehicle crashworthiness[J]. Journal of Mechanical Design，2012，134（1）：1-10.

[34] Zhang J，Chowdhury S，Zhang J Q，et al. Adaptive hybrid surrogate modeling for complex systems[J]. AIAA Journal，2013，51（3）：643-656.

[35] Toal D J J，Keane A J. Performance of an ensemble of ordinary，universal，non-stationary and limit Kriging predictors[J]. Structural and Multidisciplinary Optimization，2013，47（6）：893-903.

[36] 欧阳林寒. 模型不确定下的稳健参数设计研究[D]. 南京理工大学博士学位论文，2016.

第 2 章　质量设计理论基础

产品产生质量问题的根本原因是波动，质量控制的目的就是减小、控制或抑制产品实现过程中的波动。本章将着重介绍波动产生的原因、质量特性分类及影响因素和质量设计。在此基础上，介绍基于数据驱动的质量模型构建，具体从单一模型和组合模型两个角度来展开。

2.1　产生质量问题的根本原因

2.1.1　波动的概念

SPC 的创始人休哈特认为[1]，在相同的生产条件下，不同产品之间的差异就是抽样波动，而且不同产品之间的质量是不同的。Juran 和 Gryna[2]不仅认同休哈特的波动概念，并且认为波动是生活中的一部分。Kane[3]利用统计学的术语，把波动定义为“过程测量值的离差”。Taylor[4]则把统计波动定义为“相同单位产品之间的差异”。Barker[5]则认为：这种差异（波动）丰富了人们的生活，但波动却是质量的大敌。

从波动的定义我们可以看到：波动就是变化、差异、不一致性。波动丰富了人们的生活，不断的波动和变化给万物带来了生机和活力，正是这种不断的变化（波动和更新）推动着自然界和人类社会持续向前发展。然而，当波动渗透到产品的形成过程中，它将成为影响产品质量的大敌。因此，在产品的设计和制造过程中，不断识别波动的根源，进而将其控制到最小限度就成了质量理论研究人员和实际工作者所面临的重要任务。

2.1.2　波动引起产品缺陷

在产品设计和制造过程中，形成的产品往往存在着缺陷。即使是合格品亦常常由于不同程度的缺陷而被划分为不同的等级。产品出现缺陷是其形成过程中一个极为普遍的现象。波音公司 *Advanced Quality System* 文件中表明[6]，如果假定每架飞机需要 200 万个零件，根据当前制造工业过程能力数据资料进行估算，在这 200 万个零件的生产中，将有 14 万个零件存在不同程度的缺陷。这将导致资源的极大浪费和巨大的质量损失。自然我们迫切期望在产品的形成过程中，这些缺陷能够被及时消除或减少到最低程度，进而改进产品质量，降低成本，提高企业的经济效益。要消除或减少缺陷，首先需要弄清楚缺陷产生的原因。为此，让我们做一个大胆的设想：如果产品的设计是好的，产品每个零件的尺寸与设计目标值全部吻合，每个零件的材料亦是一致均匀地符合要求，装配过程始终稳定于一个最优状态。那么，在这种理想的环境中形成的产品一定是完美无缺的。然而，在实际中这种理想的状态是难以达到的。即使在设计完好的情况下，每个零件的尺寸也常常围绕设计目标值产生不同程度的偏差，每个零件所使用的原材料也常常具有差异，各个装配环节的水平也存在偏差。正是在产品的形成过程中，各个阶段存在的这种差异、波动，导致了最终产品的缺陷。要提高产品质量，减少产品的缺陷，就必须在产品形成的各个阶段，最大限度地减小、抑制和控制波动。

2.1.3　波动产生的原因

我们知道，正是在产品形成的过程中，各个阶段波动的叠加，导致最终产品的缺陷，那么波动又是由什么引起的呢？事实上，波动无处不在，它是客观存在的，波动的来源主要有以下几种。

操作人员的差异。不同的操作人员具有不同的阅历、知识结构、天赋、心理特征及在专业技术训练中获得的不同技能，这些将导致不同的操作人员在工作过程中操作技术水平的差异。此外，即使是同一个人，在不同的时间内，由于心理因素的差异，操作水平也会存在差异。

原材料的差异。无论对购进的原材料有多么严格的要求，原材料在厚度、长度、密度、颜色、硬度等方面往往存在着微小差异；即使同一规格、同一型号的材料，从微观结构上看，也会存在差异。

机器设备的差异。任何机器设备都不可能是完全一样的，如轴承的轻微磨损、钻头的磨钝、调整机器出现的偏差、机器运转速度和进刀速度的变化等，都会具有微小的差异。

方法的差异。在工作过程中，不同的人可能采用不同的工作方法，即使同一个人，在不同的时间内，所用的工作程序，也不可能完全一致。

测量的差异。在测量过程中，由于量具、操作者、测量方法等方面的差异，测量系统的波动始终存在。

环境的差异。不同的季节温度、湿度等各不相同，即使同一季节、同一天，温度、湿度在不同的时间点也同样存在差异，因此，生产过程中温度、湿度、气压等的变化是始终存在的。

上述种种潜在的波动相互作用，注定了生产的产品与设计目标值之间要存在差异。日本田口博士把导致产品功能波动的原因进一步划分为三类。

（1）外部噪声：产品使用过程中，外部环境变化引起的噪声。

（2）老化或内部噪声：随着产品的储存或使用，逐渐不能达到其预先设计的功能。

（3）产品间的噪声：由于制造过程存在波动，每个产品之间都存在差异。

随着科学技术的不断进步，我们可以通过某些技术降低上述种种波动的幅度，从而达到减小、抑制和控制波动的目的。但试图完全消除上述波动，最终使波动为零是不可行的。这是因为：首先，我们无法穷尽影响整个产品形成过程中的波动源；其次，即使从宏观上能够消除这些差异，但微观结构上的差异也是难以消除和控制的。因此，我们必须承认波动是客观存在的。既然波动是客观存在的，那么只有尊重这种客观事实，在认识这种规律的基础上利用这种规律。

在任何过程中，那些不可识和不可控的因素称为过程的随机因素或偶然因素（random cause）。在随机因素干扰下，导致过程输出的波动，称为随机波动。由于这种波动的变化幅度较小，工程上是可以接受的。即使是这种较小的随机波动，我们也不希望它存在，因为它会对最终产品的质量产生一定的影响。但是，我们又不能从根本上消除它，就不得不承认它存在的合理性。也就是说，随机因素存在于任何过程中是一种正常现象。从这种意义上讲，也称随机因素为固有因素或者通常因素（common cause）。由此，我们称仅有随机因素影响的过程为正常的或稳定的过程，此时过程所处的状态为受控状态。正常的过程正是在这种状态下进行的。一旦这种状态遭到破坏，则称过程处于失控状态。此时就需要检查、修理，使之恢复到控制状态，并维持过程的运行。一个不可回避的问题是，如何监控过程是否处于控制状态。不难想到，过程的输出结果的好坏是过程是否处于控制状态最有力的证据。由于过程受随机因素的影响，其输出结果具有一定的偶然性，仅通过过程输出的个别观察值似乎难以揭示过程当前的运行状况。值得庆幸的是，在随机因素影响过程的同时，还存在着另外一类相对稳定的因素作用于过程，制约着过程的输出结果。例如，尽管原材料的微观结构具有微小的差异，但所选用的原材料的规格总是一定的；操作水平虽然有波动，但在客观上，操作者具有一定的技能；制造过程中使用的设备机器也是具有一定精度的。这些因素都是制造过程中相对稳定的因素，称为制约过程输出结果的系统因素（system cause）或控制因素（control factor）。正是系统因素的作用，使得过程输出结果的偶然性呈现出一种必然的内在规律性。通过过程输出结果的规律性，可以探测当前过程是否处于控制状态，即系统因素是否发生变异。一旦系统因素发生变异，则过程输出结果原有的规律将遭到破坏，从而判定过程失控。

2.2　质量特性分类及影响因素

2.2.1　三类质量特性

传统的质量定义认为产品在规格限内的质量损失为零，即没有质量损失，只有在规格限外的产品才会引起质量损失[7]。随着顾客对产品的质量要求越来越高，不仅不合格的产品会引起质量损失，合格的产品同样会造成质量损失，产品质量的好坏是由该产品对社会带来的损失大小决定的[8]。在田口博士新的质量定义中可发现：为了提高质量、降低成本，必须最大限度减少或控制产品制造过程的波动。田口博士根据产品质量特性的特点将它们分为望目特性、望小特性及望大特性，并分别定义了三种质量特性的质量损失函数。

1）望目特性

当产品的质量特性目标为 T 时，将损失函数 $L(Y)$ 在 T 处用泰勒公式展开得到：

$$L(Y)=L(T)+L'(T)(Y-T)+\frac{L''(T)}{2}(Y-T)^2+\cdots \tag{2-1}$$

根据质量损失的定义 $L(T)=0$，$L'(T)=0$，若不考虑二阶以上的项，则望目特性的质量损失可简化为

$$L(Y)=k(Y-T)^2 \tag{2-2}$$

同时，图 2-1 给出了望目特性的质量损失函数。其中，Δ 为所允许的质量波动范围；A 为产品超出功能界线造成的损失。

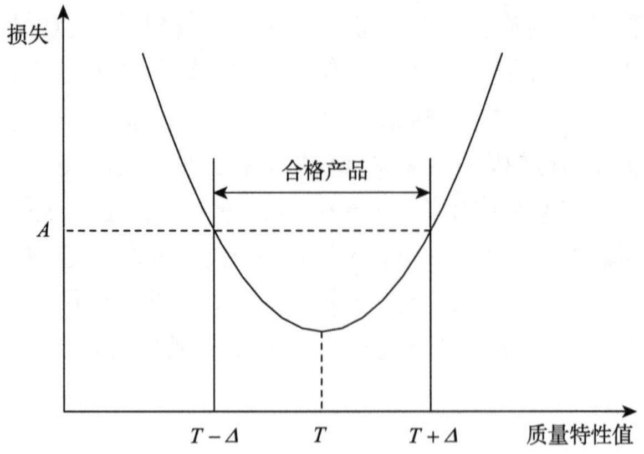

图 2-1　望目特性的质量损失函数

2）望小特性

当产品的质量特性为越小越好时，则该情形下的质量损失函数为

$$L(Y) = kY^2 \tag{2-3}$$

望小特性的质量损失函数如图 2-2 所示。

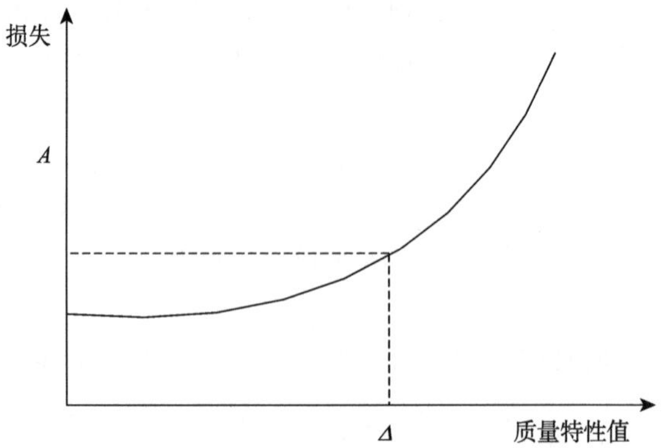

图 2-2　望小特性的质量损失函数

3）望大特性

当产品的质量特性为越大越好时，则该情形下的质量损失函数为

$$L(Y) = k/Y^2 \tag{2-4}$$

望大特性的质量损失函数如图 2-3 所示。

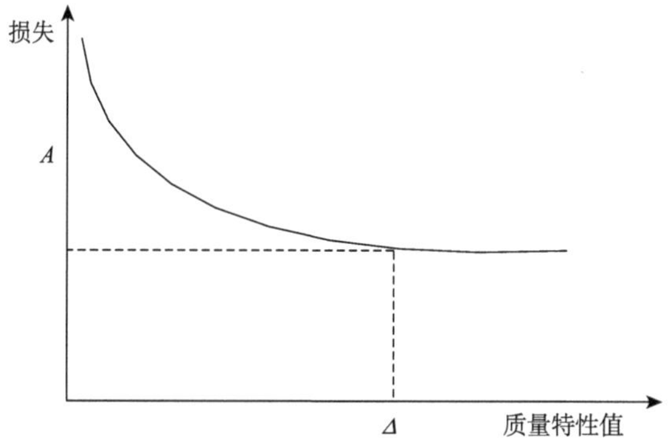

图 2-3　望大特性的质量损失函数

上述三种质量损失函数的定义说明产品不仅在规格限外（即不合格产品）会造成质量损失，在规格限内（即合格品）同样也会产生质量损失。质量损失会随着输出质量特性偏离设计目标值的增加而增加。文献[7]对索尼公司在两个不同的加工厂生产的彩色电视机质量进行比较，有力地验证了上述质量损失函数的适用性与正确性。

2.2.2　质量的影响因素

在产品的质量设计中，一些不确定因素的存在导致产品的真实质量特性与设计目标值并不一致，这些因素主要来源于产品的设计、制造等方面[9]。从设计的角度，可将这些因素分为可控因素和不可控因素。可控因素是指那些在设计及加工过程中可以由设计人员人为控制的因素，如加工零件的尺寸、加工时间、温度等，这些因素称为设计变量或可控因子。必须指出的是设计变量中也会存在变差。不可控因素是指在设计及加工过程中难以人为控制或需要花费较大成本并且对质量特性有影响的因素，这些因素称为噪声变量或噪声因子[10, 11]。稳健参数设计的核心思想在于如何确定可控因子水平，且在不增加产品质量成本的前提下，使得产品质量特性对噪声变量的变化不敏感，即达到稳健。

2.3　质 量 设 计

质量设计的概念最初是由朱兰提出的，是指开发产品以保证最终结果满足顾客需求的一种结构化的策划过程[12]，其基本思想就是在设计过程中融入顾客需求、确保设计质量、缩短设计时间、降低设计成本[13]。因此，本书所说的质量设计就是指产品（或过程）设计开发阶段，为了保证产品（过程）质量所采用的质量工程技术，试验设计是其基础。

质量设计的核心是把稳健性设计应用到产品和工艺设计过程中，使得在各种噪声的干扰下，质量特性值的波动尽可能地小。质量设计技术应用于产品形成的早期阶段，即在产品设计开发和工艺设计中，通过质量设计使产品或零部件的质量特性值波动尽可能小。在质量生成的先天阶段，其波动设计得越小，在后天环境中产品的抗干扰能力越强，质量也就越高，因此，质量设计是减小波动最有效的工具。

常用的质量设计技术包括经典的试验设计、田口方法、响应曲面法、双响应曲面法、广义线性模型、计算机试验等。这里仅介绍质量设计的基本原理、试验设计的实施过程等。

2.3.1 质量设计的基本原理

我们知道，在产品的实现过程中存在各种随机因素，时刻都在影响着产品的实现过程。由于条件的限制，这些随机因素又不可能采取常规的、直接的手段加以控制。试验设计则可通过有限因素的输入和所考察特性的输出，以及相应的统计分析，得到影响过程输出的重要输入因素及因素之间的交互作用，进而可根据试验所获得的各重要因素的最优水平搭配，达到控制随机因素减小波动的目的。其基本原理如图 2-4 所示。

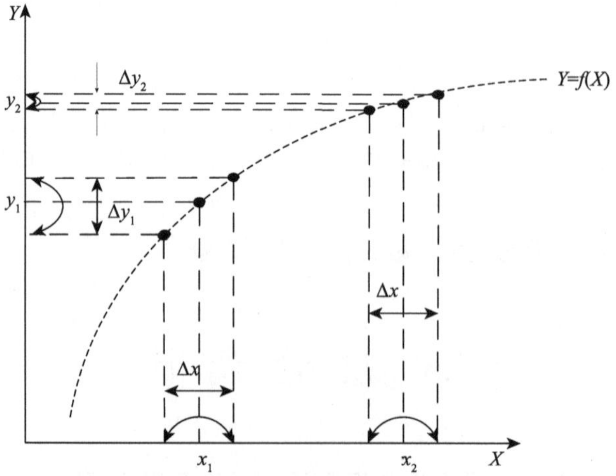

图 2-4 稳健设计的基本原理

质量设计的基本原理就是利用输入因素之间的交互作用，也就是非线性。方便起见，假设过程输出质量特性 Y 为单变量，质量特性 Y 与设计因素（控制因素）X 具有非线性关系 $Y=f(X)$。当设计因素 X 取 x_2 水平时，其响应 Y 的波动要比 X 取 x_1 水平时小得多，因而可通过调整可控因素 X 的取值，使得响应对噪声因素不敏感，达到减小输出 Y 的波动的目的。值得注意的是，当输出响应 Y 与可控因素 X 具有线性关系时，稳健设计方法失效。事实上，响应 Y 是与设计因素 X 相关的随机变量，当 X 取不同值时，响应 Y 是与 X 有关的随机变量 Y_x，因而产生了条件随机变量序列 $\{Y_x\}$。不失一般性，设 Y_x 服从正态分布，即 $Y_x \sim N(\mu_x, \sigma_x^2)$。因此稳健设计就是找 X 的取值 x_2，使在 $X=x_2$ 的条件下，输出 Y 的方差 $D(Y_{x_2})$ 达到最小。很显然，当 $\{Y_x\}$ 独立同分布时，即每个随机变量都具有相同的分布时，波动相同，则稳健设计失效。对于以上单变量的讨论，同样可以适用于 Y 为多变量的情况。

2.3.2　试验设计的实施过程

在试验对象确定之后，往往面临着许许多多待挑选的试验方案，挑选试验方案要考虑两个基本的准则：一是方案的代表性；二是方案的经济性。不难想到，如果把所有可能的方案都进行试验，虽然具有很好的代表性，但常常财力、物力、人力是不允许的，有时也是不可能的。如果仅从经济性出发选择方案，则往往这些方案不一定具有代表性，因而不可能达到预计的试验结果。那么如何挑选出既有代表性又符合经济要求的方案呢？这就需要我们对试验进行设计。例如，选取一个 8 因素 7 水平的试验，如果做全因子水平组合试验，那将不重复地进行 $7^8 = 5\,764\,801$ 次试验；若采用正交拉丁方设计，只需做 49 次。正交表使得各因素及水平的搭配科学合理，故 49 个试验在 7^8 中具有很好的代表性。因此，当因子较多时，采用拉丁方设计试验方案是行之有效的。

每一个试验设计都有自身的特点，但所有的试验都是按照共同的方式进行的。试验设计通常分为 8 个步骤：①准备试验；②选择试验设计方案；③实施试验；④分析试验结果；⑤确定是否接受试验结果；⑥进行确认试验；⑦确认是否进行补充试验；⑧执行改进后的方案。试验设计过程流程见图 2-5。

（1）准备试验。准备是进行试验的前提。要制订正确而周密的试验计划，需要一个具有多方面专长的试验小组，弄清存在的问题和所要达到的目标，目标应具体、可量化；选择输出的质量特性时，应尽可能反映问题的本质，尽可能定量、可测量。采用头脑风暴等方法广泛收集对试验输出特性可能产生影响的各种因子，并对因子进行初步筛选，对不能确定删除的因子应予以保留；选择输入因

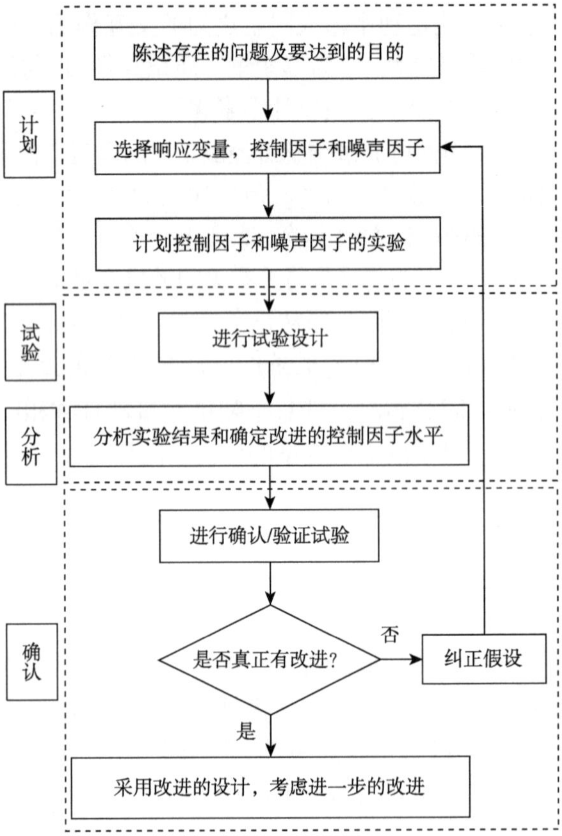

图 2-5 试验设计过程流程图

子的水平时，既要有一定的分散度，以利于检测因子的效应，也要有一定的集中度，以防止其他因子渗透进来。

（2）选择试验设计方案。选择试验设计方案就是选定一组能够有效地提供所需试验信息的试验因子水平的组合。选择试验设计方案的准则就是通过最少的试验次数，获得最佳的试验信息。因此，在选择一种特定的设计方案时，要考虑试验目的和所做的准备，如试验条件的限制、试验次数、试验中可能出现的问题及采取的对策等。在认清试验条件的限制时，应注意经费、时间、批次、工艺、输入变量类型等；试验次数及重复次数都必须确定，在选择试验次数时，应充分考虑设计方案所具有的代表性和误差的大小。一般来说，试验次数越多，设计方案的代表性越好；重复试验次数越多，误差越小，但每次试验都要付出代价。选择试验方案时，应根据所研究的对象，对所做的试验具体分析，常用的试验设计方案包括：因子法，如单因子试验、多因子试验，当因子个数较多时，通常采用正交试验；完全随机化法，如一元配置法；随机区块法，如拉丁方法；等等。每一种试验设计方案各有优劣。有经验的专家会结合试验目的、经济条件和统计原理选择合适的试验设计方案。

（3）实施试验。正确地进行试验对数据的完整性和分析结果的准确性是至关重要的。通常由过程操作员进行试验和测量试验结果。必须严格地按照试验程序进行试验，既要详细记录响应变量的数据，也要记录试验过程中的所有状况，包括人员、设备、材料、操作方法、环境等，对试验中的任何异常数据、现象都应予以记录，以备分析时采用。

（4）分析试验结果。分析试验结果的主要目的包括评估设计变量的影响，确定重要的设计变量，确定产生最佳输出结果的参数设置，检验试验结果的有效性。在分析试验结果时，首先找出对输出波动影响较大的设计变量，然后建立由主要设计变量和交互作用确定的、大致表示输入与输出之间关系的数学模型。利用参数设计，对于不可控因子找到其稳定区域，即输入因子的变动对输出不会产生过大影响的范围，从而减小波动，使可控因子设置在非可控因子的变动对输出产生极小甚至没有影响的水平上，实现稳健设计。

（5）确定是否接受试验结果。在分析中，试验结果可能表明某些试验有误，造成试验结果不能接受的主要原因包括：在试验过程中，发生了某些异常现象；进行的试验可能是正确的，但试验的代表性或选择的试验方案不合适；没有确定合适的输出特性或遗漏了重要的输入因子；等等。

（6）进行确认试验。如果试验结果被接受，就意味着由试验得出的数学模型可以用于对现有情况的改进，而这种改进必须在实际中予以确认，以验证因子的最佳水平组合是否真的有效。如果试验结果与模型预测结果大致相同，则认为方法是可行的。否则，返回到试验准备阶段。

（7）确认是否进行补充试验。在试验中，每项试验都是向“最佳”靠近，这里的“最佳”指的是试验结果可以预计的最佳值。有时，进一步的优化是可能的，经济上也是合算的，因此，可以决定进行补充试验。在完成试验的设计、实施、分析和确认后，应考虑下面几方面的问题：①在同一试验范围内寻求进一步的改进；②在初始试验范围之外寻求进一步的改进；③准备实施进一步的改进。

（8）执行改进后的方案。改进后的最佳参数水平确定之后，必须对关键参数实施控制，过程控制技术可以控制这些参数并监控过程的变化，以保证过程处于受控状态。当过程处于受控状态时，可以对过程能力进行分析，当满足过程能力要求后，仅要求定期检查，就能保证质量。

2.4 数据驱动的质量模型

2.4.1 基于 RSM 的质量设计

如前所述，质量设计是基于试验设计来实现的，而在试验设计中关键的步骤之一就是以数据驱动为依托，通过数据拟合出质量特性与影响因素间的关系，从而梳理质量设计的框架和方案。在该内容中，最具代表的是 RSM，它是以试验设计为基础的用于处理多变量问题建模和分析的一套统计处理技术。RSM 最早是由 Box 和 Wilson[14]提出的，且早于田口提出的三次设计法，但初期的 RSM 都没有考虑噪声因素，直至 20 世纪 80 年代 Myers 把噪声因素引入 RSM 后才在工程界得到了比较广泛的应用，并成为稳健设计的一种有力工具，受到学术界和工程界的重视[15]。

例如，若某产品的输出特性与温度（x_1）和压力（x_2）有关，则可以把观察的响应量 y 写成温度和压力的函数，即

$$y = f\left(x_1, x_2\right) + \varepsilon \tag{2-5}$$

其中，ε 为随机误差。若用 $E\left(y\right) = \eta$ 表示响应量的期望，则由 $\eta = f\left(x_1, x_2\right)$ 表示的曲面称为响应曲面。

响应建模方法可以同时考虑可控因子和噪声因子，利用组合表进行设计，将可控因子与噪声因子包含到一个模型中进行研究。假设某一生产过程中响应变量依赖于 m 个可控因子 $\boldsymbol{x}' = \left(x_1, x_2, \ldots, x_m\right)$ 和 s 个噪声因子 $\boldsymbol{z}' = \left(z_1, z_2, \ldots, z_s\right)$，共计 n 次试验。则同时考虑可控因子和噪声因子的响应模型可表示为

$$y = \beta_0 + \boldsymbol{x}'\boldsymbol{\beta} + \boldsymbol{x}'\boldsymbol{B}\boldsymbol{x} + \boldsymbol{z}'\boldsymbol{\gamma} + \boldsymbol{x}'\boldsymbol{\Delta}\boldsymbol{z} + \boldsymbol{\varepsilon} \tag{2-6}$$

其中，β_0 为截距；$\boldsymbol{\beta}$ 为一个包含可控因子主效应回归系数的 $m \times 1$ 向量；$\boldsymbol{B}$ 为一个 $m \times m$ 的矩阵，其主对角线元素为可控因子二次项的回归系数，其他元素为可控因子间的交互作用；$\boldsymbol{\gamma}$ 为一个包含噪声因子主效应回归系数的 $s \times 1$ 向量；$\boldsymbol{\Delta}$ 为一个可控因子与噪声因子间的交互作用，其为 $m \times s$ 的矩阵；$\boldsymbol{\varepsilon}$ 为随机变量，服从均值为 0，方差为 σ_{ε}^2 的正态分布。

其二阶拟合的回归模型可以表示为

$$\hat{y} = \hat{b}_0 + \boldsymbol{x}'\hat{b} + \boldsymbol{x}'\hat{\boldsymbol{B}}\boldsymbol{x} + \boldsymbol{z}'\hat{\boldsymbol{\gamma}} + \boldsymbol{x}'\hat{\boldsymbol{\Delta}}\boldsymbol{z} \tag{2-7}$$

通过对模型（2-6）求均值与方差，可以得到响应的期望模型和方差模型，其分别为

$$E(y)=\beta_0+\boldsymbol{x}'\boldsymbol{\beta}+\boldsymbol{x}'\boldsymbol{B}\boldsymbol{x} \tag{2-8}$$

$$\mathrm{Var}(y)=(\boldsymbol{\gamma}'+\boldsymbol{x}'\boldsymbol{\Delta})\mathrm{Var}(\boldsymbol{z})(\boldsymbol{\gamma}'+\boldsymbol{x}'\boldsymbol{\Delta})'+\sigma_\varepsilon^2 \tag{2-9}$$

其中，$\mathrm{Var}(\boldsymbol{z})=\boldsymbol{\sigma}_z^2\boldsymbol{V}$；$\boldsymbol{V}$ 为一个 $s\times s$ 正定对称矩阵。通常认为噪声因子方差为 $\boldsymbol{\sigma}_z^2$，且已知。若噪声因子间是不相关的，则 $\boldsymbol{V}$ 为单位矩阵。

在大部分的设计问题中，响应量和自变量之间的关系是未知的。因此RSM的第一步是求出拟合函数。通常在自变量的某个范围内用低阶多项式近似，如自变量的线性函数（即一阶多项式模型），或用较高阶的多项式模型。当然，多项式模型不一定对整个自变量空间的函数都是合理的近似，即模型存在不确定性问题，该问题将会在后面的章节中给出详细介绍。通常，基于RSM的稳健参数设计一般分为三个阶段：因素的筛选（即试验设计阶段）、响应曲面的构建和响应曲面的优化。先用少数几次试验筛选出影响产品质量特性（响应变量）或与噪声因素相互影响的可控因素，再进行试验设计，并收集数据。基于试验数据拟合出过程输出与输入间的函数关系。基于第二阶段的模型，构建优化策略，确定最优的可控变量值。

2.4.2　基于试验数据的统计模型

统计模型的准确性在很大程度上决定了优化策略的有效性。在RSM中，常采用的统计模型为多项式回归模型，该模型因其简单、易解释被广泛应用在质量设计中。然而，当有多个建模技术可考虑使用时，设计人员往往面临两种选择：一是筛选，即从众多的建模技术中选出一个最好的；二是组合，即将多个备选模型根据一定的组合准则进行组合。按照统计学派的分类，组合模型可分为贝叶斯组合模型和传统组合模型。无论是贝叶斯组合模型还是传统组合模型，其核心思想都是一致的，即将各子模型进行加权组合以用于后续分析。组合建模本质上是解决模型不确定性的一种技术手段，且组合模型相比单一模型在预测性能上更加稳健与可靠[16]。因此，近年来组合模型的研究成为响应曲面研究的热点之一。

2.4.2.1　单个建模技术

在RSM中，众多学者研究了各模型的性质，并从不同角度将其应用在质量设计中，如参数模型、非参数模型、半参数模型、Kriging模型、RBF模型等。在此重点介绍参数模型、非参数模型、半参数模型、Kriging 模型和 RBF 模型，为后续的组合建模提供备选模型。

（1）参数模型：对于参数模型，具体的阶数是基于样本数据的显著性检验确定的。以二阶参数模型为例，其基本形式为[17]

$$\boldsymbol{y}=\boldsymbol{X\beta}+\boldsymbol{\varepsilon} \tag{2-10}$$

其中，$\boldsymbol{y}$为一个$n\times1$的向量；$\boldsymbol{X}$为一个$n\times m$的模型矩阵；$m-1$为输入变量的维数；$\boldsymbol{\beta}$为一个$m\times1$模型参数向量；ε为$n\times1$的向量。

（2）非参数模型：在非参数模型中，对模型的参数一般采用局部拟合的方法。局部拟合方法主要包括核型方法和整体型方法两大类：核型方法主要有核光滑和局部多项式光滑；整体型方法主要有样条光滑和小波光滑等。本书主要介绍简单实用的核光滑局部拟合方法，如局部线性回归（local linear regression，LLR）[18]。

（3）半参数模型：半参数模型是介于参数模型与非参数模型的一种建模技术，其综合利用了两种模型的优点。模型稳健回归（model robust regression，MRR）是常用的半参数模型[19]。

（4）Kriging 模型：Kriging 把响应变量视为如下的随机过程[20]：

$$y(\boldsymbol{x})=\sum_{j=1}^{k}\beta_j f_j(\boldsymbol{x})+Z(\boldsymbol{x}) \tag{2-11}$$

其中，$j=1,2,\cdots,k$；f_j假设为已知函数；β_j为待估的未知常数；$Z(\bullet)$为一随机过程，表示为响应变量$y(\boldsymbol{x})$与假设的线性模型之间的偏离。

（5）RBF 模型：RBF 模型是一类以待测点与样本点之间的欧氏距离为自变量的函数，以径向函数为基函数（也称核函数），通过线性叠加构造模型。RBF 模型一般可表达如下[21]：

$$y(\boldsymbol{x})=\sum_{i=1}^{n}\beta_i\varphi\left(\left\|\boldsymbol{x}_0-\boldsymbol{x}_i\right\|\right) \tag{2-12}$$

其中，$\boldsymbol{x}_0$为预测点；$\boldsymbol{x}_i$为第i个训练样本点；$\|\ \|$为二阶范数；n和β_i分别为试验轮次和未知的插值系数；φ为径向基核函数。

2.4.2.2 组合建模技术

相比单一模型而言，组合模型的预测性能对样本点及试验设计的选择更加稳健和可靠。图 2-6 展示了统计模型构建的基本流程。

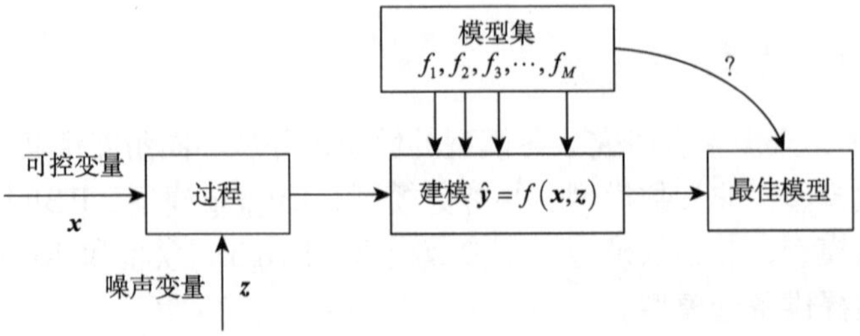

图 2-6　统计模型构建的基本流程

组合模型作为解决模型不确定性的重要手段之一，其基本思想是将各子模型采用一定的方式进行加权组合，以降低采用单一子模型拟合过程的风险。组合模型的基本形式[22]为

$$y(\boldsymbol{x})=\sum_{i=1}^{M}\omega_i f_i(\boldsymbol{x},\boldsymbol{\beta}_i)+\varepsilon \tag{2-13}$$

其中，M为模型的个数；ω_i为第i个模型的权重，$\boldsymbol{\beta}_i$为第i个模型的回归参数；ε为随机误差。图 2-7 展示了组合模型构建的基本流程。

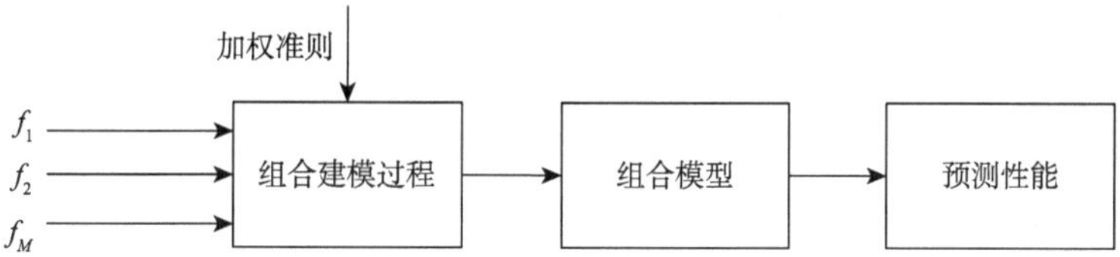

图 2-7　组合模型构建的基本流程

从图 2-7 可以看出，组合模型中最为关键的两个问题如下：①如何确定子模型集；②如何确定各子模型的权重。因为子模型集的确定及加权准则的选取都会影响组合模型的预测性能。

虽然现有的单个建模技术有很多，但每个模型都有其适用的范围，不同的过程、样本量等都会影响模型的适用性，因此根据某一次样本集来选择单个建模技术会提高选择不合适模型的概率[23]。为了提高模型预测性能的稳健性，本节简单介绍组合模型中现有的加权准则。

如图 2-7 所示，组合模型的预测性能在很大程度上取决于加权系数的确定。在贝叶斯组合模型中，子模型的权重为其后验概率；在传统组合模型中，子模型的权重往往是基于其预测误差来确定的。通常采用的方法包括：基于预测方差的权重准则；基于最小化交叉验证误差的权重准则；基于最小化预测残差平方和的权重准则[16]。必须指出的是，在基于最小化交叉验证误差的权重准则中，不同的误差指标对结果存在一定影响，如选择 MSE、预测误差平方和等。组合模型权重准则的基本思想就是单个模型在所选样本中性能越优越，则其在组合模型中所占权重越大。

参 考 文 献

[1] Shewhart W A. Economic Control of Quality of Manufactured Product[M]. Milwaukee：The Society for Quality Control，1989.

[2] Juran J M，Gryna F M. Quality Planning and Analysis[M]. 3rd ed. New York：MaGraw-Hill，1993.

[3] Kane V. Defect Prevention[M]. New York：Marcel Dekker，1989.

[4] Taylor W A. Optimization & Variation Reduction in Quality[M]. New York：MaGraw-Hill，1991.

[5] Barker T. Can variety and variation coexist?[J]. Quality Progress，1990，23（12）：46-48.

[6] Boeing Commercial Airplane Group. Advanced Quality System[C]. Segent 2A，2-8，1991.

[7] 茆诗松，周纪芗，陈颖. 试验设计[M]. 北京：中国统计出版社，2004.

[8] 陈立周. 稳健设计[M]. 北京：机械工业出版社，2000.

[9] Xu D，Albin S L. Optimizing settings by accounting for uncontrollable material and environmental variables[J]. IIE Transactions，2006，38（12）：1085-1092.

[10] Krogstie L，Ebro M，Howard T J. How to implement and apply robust design：insights from industrial practice[J]. Total Quality Management & Business Excellence，2015，26（11/12）：1387-1405.

[11] Guo X，Zhao X，Zhang W，et al. Multi-scale robust design and optimization considering load uncertainties[J]. Computer Methods in Applied Mechanics and Engineering，2015，283（1）：994-1009.

[12] Juran J M. Juran on Quality by Design：The New Steps for Planning Quality into Goods and Services[M]. New York：Free Press，1992.

[13] Hubka V. Design for quality and design methodology[J]. Journal of Engineering Design，1992，3（1）：5-15.

[14] Box G E P，Wilson K B. On the experimental attainment of optimum conditions[J]. Journal of the Royal Statistical Society. Series B（Methodological），1951，13（1）：1-45.

[15] Myers R H，Montgomery D C，Anderson-Cook C M. Response Surface Methodology：Process and Product Optimization Using Designed Experiments[M]. 3rd ed. Hoboken：John Wiley & Sons，2009.

[16] Goel T，Haftka R T，Shyy W，et al. Ensemble of surrogates[J]. Structural and Multidisciplinary Optimization，2007，33（3）：199-216.

[17] Myers R H，Montgomery D C，Vining G G，et al. Response surface methodology：a retrospective and literature survey[J]. Journal of Quality Technology，2004，36（1）：53-77.

[18] Vining G G，Bohn L L. Response surfaces for the mean and variance using a nonparametric approach[J]. Journal of Quality Technology，1998，30（3）：282-291.

[19] Wan W，Birch J B. A semiparametric technique for the multi-response optimization problem[J]. Quality and Reliability Engineering International，2011，27（1）：47-59.

[20] Lee K H，Kang D H. A robust optimization using the statistics based on kriging metamodel[J].

Journal of Mechanical Science and Technology，2006，20（8）：1169-1182.

[21] Elsayed K，Lacor C. Robust parameter design optimization using Kriging，RBF and RBFNN with gradient-based and evolutionary optimization techniques[J]. Applied Mathematics and Computation，2014，236（11）：325-344.

[22] Sloughter J M，Gneiting T，Raftery A E. Probabilistic wind speed forecasting using ensembles and Bayesian model averaging[J]. Journal of the American Statistical Association，2010，105（489）：25-35.

[23] Raftery A E，Kárný M，Ettler P. Online prediction under model uncertainty via dynamic model averaging：application to a cold rolling mill[J]. Technometrics，2010，52（1）：52-66.

第 3 章 单一模型下的质量设计

在质量设计过程中，一方面要考虑可控因素对产品/过程质量的影响；另一方面要使产品/过程对噪声因素的变异不敏感，即降低产品/过程的质量变异。在该过程中，工程人员可以采用统计模型分析试验数据，从而构建质量响应与影响因素间的映射关系。如第 2 章所述，在该阶段，学者们已从单一和组合的角度，探讨了各建模技术在质量设计中的应用。无论采用哪种建模技术，模型的不确定性都是实施质量设计必须考虑的因素。忽视模型不确定性，将会降低质量优化的效率，这是因为优化策略的构建完全依赖于质量响应与影响因素间的映射关系。模型的不确定性无论是对质量模型构建本身还是对优化策略构建都有着重要的理论意义和实践价值。针对基于单一模型的质量设计问题，本章将重点从参数点估计、预测区域估计、多重参数区间估计的角度，降低模型不确定性对质量设计的影响。

本章的结构安排如下：3.1 节提出基于模型参数点估计的质量优化策略。使用基于熵权理论和双响应曲面法的稳健设计方法，有效地实现产品的稳健设计，并结合两个实例对所提方法进行了实证研究。3.2 节在预测区域的条件下，提出一种新的基于多响应预测区域的模型不确定性优化策略。3.3 节提出基于多重参数区间的优化策略，具体从模型参数和噪声变量两个角度，分析区间估计对质量设计的优势。

3.1 模型参数点估计下的质量设计

稳健设计也称为参数设计，最早由田口博士系统地提出，采用内外表和信噪比分析的方法来实现质量设计[1]。稳健设计主要应用在产品设计或工艺设计阶段，通过优化设计参数，进而减小波动，从而提高产品/过程的稳健性[2]。该方法虽然得到了广泛应用，但是由于信噪比缺乏理论基础以及没有考虑可控因子间的交互作用等受到了 Nair[3]的质疑。为了解决这些问题，Vining 和 Myers[4]在 1990 年提出采用双响应曲面法解决稳健设计问题，其基本思想是分别拟合过程均值和方差的两个响应曲面。然后，优化所构建的目标函数，从而确定过程输入的最佳参数组合。Lin 和 Tu[5]在 1995 年提出最小化 MSE 的方法来解决稳健设计问题，但是该方法并没有考虑均值和方差的权重问题。Copeland 和 Nelson[6]在 1996 年提出将双响应问题转化为主响应与次响应的优化问题，其做法是将次响应作为约束条件，优化主响应。Kim 和 Lin[7]在 1998 年提出一种模糊建模的方法，通过构建响应的指数函数，在优化过程中，使响应的满意度达到最大。Kovach 等[8]在 2009 年讨论了在稳健设计中，如何更好地优先优化标准差。Ding 等[9]在 2004 年提出了加权的 MSE 方法，采用数据驱动和效率曲线的方法求得均值与标准差的权重。但是该方法必须先求出方案的理想点和画出效率曲线，故其计算过程十分复杂。何桢等[10]将田口过程能力指数和熵权理论相结合，通过各响应的熵权系数构造田口过程能力指数，进而实现产品的稳健设计。

在产品的稳健设计中，不仅要关注均值和标准差的优化，还要处理好均值和标准差的权重。由于目前对权重的确定往往是由工程人员主观确定的，并没有考虑响应本身所具有的信息。因此在优化过程中，优化结果受主观权重的影响较大，降低了优化结果的可信度

3.1.1　熵权理论

熵的概念是由德国物理学家克劳修斯于1865年提出的[11]，用来表示任何一种能量在空间中分布的均匀程度。后由信息论的创始人 Shannon 将熵的概念引入信息论。在信息论中，通常将信息量（熵）作为随机试验不确定性的度量，即相应的随机变量取值不确定的度量，这种度量就是作为随机向量的质量特性整体波动的度量。故信息量越大，体系结构越规则，功能越完善，熵就越小。熵值越大，代表指标在问题中提供的信息量越小，因此可利用熵来衡量某一评价指标对评价对象的影响程度，即权数。

根据熵的概念，可以定义第 i 个评价指标的熵为 $H_i=-\dfrac{1}{\ln n}\sum_{j=1}^{n}\dfrac{r_{ij}}{r_{i\cdot}}\ln\dfrac{r_{ij}}{r_{i\cdot}}$，$r_{ij}$ 为归一化后的指标值，$r_{i\cdot}$ 为第 i 个评价指标归一化后的总和。第 i 个指标的权重为 $(1-H_i)\Big/\left(m-\sum_{i=1}^{m}H_i\right)$，其中 m 为指标的个数。某个指标的熵越大，说明该指标值的变异程度就越小，其所反映指标的信息就越少。故该指标在评价体系的作用就越小，从而给予其较小的权重。熵权理论确定权重的本质在于实验所得的数据能够为决策者提供有价值的信息以评价各方案。当出现某个指标在各评价对象的数

据相同时，从信息熵的本质来看，该指标未向决策者提供任何有价值的信息。通常是将该指标删去，即该指标的权重为 0。在具体的评价过程中，由于方案具有多个指标，采用信息熵的思想对各指标赋权重，将会使评价结果更加真实。

3.1.2　双响应曲面法

Vining 和 Myers[4]在 1990 年采用双响应曲面法可以同时优化均值和标准差，该方法通过适当的试验设计，分别拟合质量特性的均值模型和标准差模型，然后构建优化函数以寻找最佳的输入参数。假设响应变量为 Y，可控变量为 $x_1, x_2, \cdots, x_k$，对响应变量 Y 重复测量，求出其均值与标准差。将响应均值与标准差作为输出变量，Vining 和 Myers[4]分别对其拟合出二阶多项式模型，如 $\omega_\mu(\boldsymbol{x}) = \beta_0 + \sum_{i=1}^{k}\beta_i x_i + \sum_{i=1}^{k}\beta_{ii}x_i^2 + \sum\sum_{i<j}^{k}\beta_{ij}x_i x_j + \varepsilon_u$ 和 $\omega_\sigma(\boldsymbol{x}) = \gamma_0 + \sum_{i=1}^{k}\gamma_i x_i + \sum_{i=1}^{k}\gamma_{ii}x_i^2 + \sum\sum_{i<j}^{k}r_{ij}x_i x_j + \varepsilon_\sigma$。因为采用均值和标准差模型实现质量优化，所以如何基于这两个模型构建优化函数是工程人员必须解决的问题。

3.1.3　结合熵权理论与双响应曲面的稳健设计

在稳健设计中，权重的确定有着重要的作用。目前对于权重的确定往往只考虑试验者的主观权重，并没有考虑决策目标集本身具有的信息。由于主观性较强，故优化结果的有效性在一定程度上将受主观信息的影响。按照系统理论中熵的思想，人们在决策中获得信息数量是决策的精度和可靠性的决定因素之一，故在优化过程中，必须考虑指标本身所具有的信息。本节中的试验问题符合熵权的特性，故本节首先采用熵权理论确定均值和标准差的权重，然后构建加权的 MSE 优化函数，进而确定最佳的参数组合。所提方法的步骤如下。

（1）步骤 1，规一化评价指标矩阵。设有 n 个不同水平的组合，m 个评价指标，设计试验并得出试验数据。针对不同类型的质量特性，采用不同的规一化方法。其规一化过程如下：

$$\text{望小特性：} r_{ij} = \begin{cases} \dfrac{\max(y_{ij}) - y_{ij}}{\max(y_{ij}) - \min(y_{ij})}, & \max(y_{ij}) \neq \min(y_{ij}) \\ 1, & \max(y_{ij}) = \min(y_{ij}) \end{cases} \quad (3\text{-}1)$$

$$望大特性：r_{ij}=\begin{cases}\dfrac{y_{ij}-\min\left(y_{ij}\right)}{\max\left(y_{ij}\right)-\min\left(y_{ij}\right)}, & \max\left(y_{ij}\right)\neq\min\left(y_{ij}\right)\\ 1, & \max\left(y_{ij}\right)=\min\left(y_{ij}\right)\end{cases} \tag{3-2}$$

$$望目特性：r_{ij}=\begin{cases}\dfrac{\max\left(b_{ij}\right)-b_{ij}}{\max\left(b_{ij}\right)-\min\left(b_{ij}\right)}, & \max\left(b_{ij}\right)\neq\min\left(b_{ij}\right)\\ 1, & \max\left(b_{ij}\right)=\min\left(b_{ij}\right)\end{cases}\quad b_{ij}=\left|y_{ij}-T\right| \tag{3-3}$$

其中，y_{ij}为试验第 i 个指标在第 j 个水平组合的数据；b_{ij}为评价对象与目标值的偏差；$\max\left(y_{ij}\right)$为第 i 个指标在 n 个评价对象中的最大值；$\min\left(y_{ij}\right)$为第 i 个指标在 n 个评价对象中的最小值；T 为目标值。

（2）步骤 2，对规一化矩阵求 f_{ij}：

$$f_{ij}=\frac{r_{ij}}{\sum_{j=1}^{n}r_{ij}},\quad i=1,2,\cdots,m,\quad j=1,2,\cdots,n \tag{3-4}$$

其中，f_{ij}为第 j 次试验下，第 i 个指标值所占的比重，若在某个评价指标下，各评价对象的取值完全一样时，则说明各评价对象在该指标的比重是相等的，即 $1/n$ [12]。

（3）步骤 3，计算第 i 个质量属性指标的熵：

$$S_j=\begin{cases}f_{ij}\ln\left(f_{ij}\right), & f_{ij}\neq 0\\ 0, & f_{ij}=0\end{cases},\quad j=1,2,\cdots,n \tag{3-5}$$

$$H_i=-\frac{1}{\ln n}\sum_{j=1}^{n}S_j,\quad j=1,2,\cdots,n \tag{3-6}$$

当被评价对象在指标 i 上的值完全一样时，意味着该指标向决策者未提供任何有价值的信息，在这种特殊情况下，该指标的熵值达到最大值 1。对 $\forall i$，所有的 H_i 都为 1 时，说明这些指标的信息熵都达到最大，并且各指标都未给决策者提供有价值的信息。如果决策者需要进一步评价各方案，则需要重新建立指标，并重复以上步骤。

（4）步骤 4，计算第 i 个指标的熵权：

$$\omega_i=\frac{1-H_i}{m-\sum_{i=1}^{m}H_i} \tag{3-7}$$

可知指标的熵越大，其熵权越小，指标的重要性越低。其中，$0\leqslant\omega_i\leqslant 1$，

$i=1,2,\cdots,m$ ，且 $\sum_{i=1}^{m}\omega_i=1$ 。

（5）步骤 5，建立模型并构建优化函数。对均值与标准差建立二阶多项式模型，并结合均值与标准差的权重，构建优化函数。为了同时优化均值和标准差，以加权的MSE作为目标优化函数，同时这也将多目标优化问题转变成单目标优化问题。其形式如下：

$$\min_{\boldsymbol{x}} \text{WMSE} = \omega_1\left(\omega_\mu\left(\boldsymbol{x}\right)-T\right)^2+\omega_2\omega_\sigma\left(\boldsymbol{x}\right)^2 \quad (3\text{-}8)$$

$$\text{s.t.}\ \ \boldsymbol{x}\in\Omega$$

其中，$0\leqslant\omega_i\leqslant1$；$i=1,2$ 。

3.1.4　实例分析

3.1.4.1　打印机彩印性能分析

该案例是研究打印机将彩色墨水印在包装标签上的质量问题[13]。工程师选择三个可控因子：速度 x_1 、压力 x_2 、距离 x_3 ，响应变量 y 是打印机将彩色墨水印在包装标签上的能力。采用 3^3 全因子试验设计方法收集数据，并且每轮试验重复进行 3 次。该案例研究的目的是寻找最佳的因子水平组合，使打印机的彩印能力 y 接近目标值 500，同时标准差尽可能小，具体的试验数据见表 3-1。

表 3-1　试验数据

试验点	可控因子			均值	标准差
	x_1	x_2	x_3	$\bar{y}$	s
1	−1	−1	−1	24.0	12.49
2	0	−1	−1	120.3	8.39
3	1	−1	−1	213.7	42.83
4	−1	0	−1	86.0	3.46
5	0	0	−1	140.0	83.14
6	1	0	−1	340.7	16.17
7	−1	1	−1	112.3	27.57
8	0	1	−1	256.3	4.62
9	1	1	−1	271.7	23.63
10	−1	−1	0	81.0	0.00
11	0	−1	0	101.7	17.67
12	1	−1	0	357.0	32.91

续表

试验点	可控因子			均值	标准差
	x_1	x_2	x_3	$\bar{y}$	s
13	−1	0	0	171.3	15.01
14	0	0	0	372.0	0.00
15	1	0	0	501.7	92.50
16	−1	1	0	264.0	63.50
17	0	1	0	427.0	88.61
18	1	1	0	730.7	21.08
19	−1	−1	1	220.7	133.82
20	0	−1	1	239.7	23.46
21	1	−1	1	422.0	18.52
22	−1	0	1	199.0	29.44
23	0	0	1	485.3	44.64
24	1	0	1	673.7	158.21
25	−1	1	1	176.7	55.51
26	0	1	1	501.0	138.94
27	1	1	1	1 010.0	142.45

首先根据不同的质量特性来选择相应的归一化公式。例如，均值为望目特性，采用式（3-3）进行归一化；标准差为望小特性，采用式（3-1）进行归一化。其次采用式（3-4）对归一化后的均值和标准差求 f_{ij}，计算结果见表 3-2。最后分别采用式（3-5）~式（3-7）计算均值与标准差的熵和熵权。其中均值的熵权为 0.575，标准差的熵权 0.425。

表 3-2　对均值和标准差进行处理后的数据

均值		标准差	
r_{ij}	f_{ij}	r_{ij}	f_{ij}
0.067	0.005	0.921	0.049
0.256	0.019	0.947	0.05
0.439	0.032	0.729	0.039
0.189	0.014	0.978	0.052
0.295	0.022	0.475	0.025
0.689	0.051	0.898	0.048
0.24	0.018	0.826	0.044 1
0.523	0.038	0.971	0.052
0.553	0.041	0.851	0.045

续表

均值		标准差	
r_{ij}	f_{ij}	r_{ij}	f_{ij}
0.178	0.013	1	0.053
0.219	0.016	0.888	0.047
0.721	0.053	0.792	0.042
0.356	0.026	0.905	0.048
0.75	0.055	1	0.053
0.999	0.073	0.415	0.022
0.538	0.04	0.599	0.032
0.859	0.063	0.44	0.023
0.549	0.04	0.867	0.046
0.453	0.033	0.154	0.008
0.491	0.036	0.852	0.045
0.849	0.062	0.883	0.047
0.411	0.03	0.814	0.043
0.973	0.071	0.718	0.038
0.661	0.048	0	0
0.367	0.027	0.649	0.035
1	0.073	0.122	0.006
0	0	0.1	0.005

采用二阶多项式模型，其可表示为

$$\omega_\mu(\boldsymbol{x}) = 327.6 + 177x_1 + 109.4x_2 + 131.5x_3 + 32.0x_1^2 - 22.4x_2^2 - 29.1x_3^2 + 66x_1x_2 + 75.5x_1x_3 + 43.6x_2x_3$$

$$\omega_\sigma(\boldsymbol{x}) = 34.9 + 11.5x_1 + 15.3x_2 + 29.2x_3 + 4.2x_1^2 - 1.3x_2^2 + 16.8x_3^2 + 7.7x_1x_2 + 5.1x_1x_3 + 14.1x_2x_3$$

根据均值和标准差的熵权及回归模型，可以构建加权的MSE作为优化函数。其形式如下：

$$\min_x \ \omega_1\left(\omega_\mu(\boldsymbol{x}) - 500\right)^2 + \omega_2\omega_\sigma(\boldsymbol{x})^2$$

$$\text{s.t.} \ -1 \leqslant x_i \leqslant 1, \ i = 1,2,3$$

采用 MATLAB 中的 fmincon 函数优化目标，得出 $\boldsymbol{x}$ 的最佳参数水平组合为（1，0.086，−0.254）。将此参数组合代入上式模型中，得到 $\mu = 496.05$，$\sigma = 44.624$。将本书方法与其他方法的优化结果进行比较，结果见表 3-3。

表 3-3　各优化结果比较

方法	变量值	均值	标准差	MSE
Copeland 和 Nelson[6]	（0.981，0.043，−0.189）	499.00	45.200	2 044.04
Tang 和 Xu[14]	（1.000，0.116，−0.259）	499.66	45.057	2 030.25
Kovach 等[8]	（1.000，0.120，−0.260）	499.99	45.111	2 035.00
Ding 等[9]	（1.000，0.089，−0.255）	496.47	44.671	2 007.94
Costa[15]	（1.000，0.025，−0.318）	500.00	45.132	2 036.90
本书方法	（1.000，0.086，−0.254）	496.05	44.624	2 006.94

由表 3-3 可知，几种优化方法的结果都很接近。但是仅从 MSE 最小的角度来分析，本书方法效果最显著。同时，从图 3-1 可以看出，在以 MSE 作为评价指标的基础上，各方法在优化均值和标准差上各有不同，关键是工程人员如何在均值与方差中权衡。Copeland、Tang、Kovach、Costa 方法的均值结果分别为 499.00、499.66、499.99 和 500.00，虽然其与目标值的偏差都很小，但是这些方法都是以牺牲标准差为代价的。本书方法与 Ding 方法的均值结果虽然比其他几种方法要小，但是这两种方法都较好地考虑了标准差的优化，且本书方法的标准差是最小的。故本书方法在简化计算过程的基础上，优化结果达到最佳。

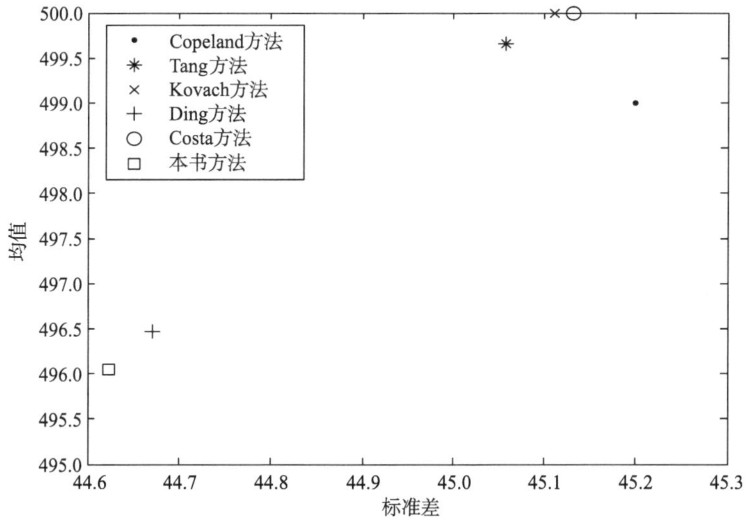

图 3-1　各优化方法的结果比较

3.1.4.2　发射机发射性能分析

该案例是分析发射机发射准度与精度的能力[7]。工程师选择三个可控因子：发射机臂部长度 x_1、发射角度 x_2、枢轴高度 x_3，响应变量 y 是发射机的发射距离。试验采用内表和外表的试验方法。内表采用中心复合设计，由 2^3 的析因设计、6 个轴点和 6 个中心点组成。在多个噪声因子的水平下，用外表试验进一步研究可控因子。该案例的目的是寻找最佳的因子水平组合，使发射机的发射距离 y 接近目标值 80，同时标准差尽可能小。计算每次试验发射机的发射距离和标准差，数据见表 3-4。

表 3-4 试验数据

试验点	可控因子			均值	标准差
	x_1	x_2	x_3	$\bar{y}$	s
1	−1	−1	−1	38.3	4.0
2	−1	−1	1	80.7	10.0
3	−1	1	−1	47.0	4.4
4	−1	1	1	75.0	19.5
5	1	−1	−1	60.3	7.5
6	1	−1	1	114.7	11.6
7	1	1	−1	69.0	7.8
8	1	1	1	94.7	30.7
9	−1.682	0	0	56.7	4.9
10	1.682	0	0	111.3	8.1
11	0	−1.682	0	50.0	7.0
12	0	1.682	0	60.0	24.4
13	0	0	−1.682	54.7	5.0
14	0	0	1.682	116.7	6.8
15	0	0	0	84.7	5.9
16	0	0	0	83.3	3.8
17	0	0	0	85.3	3.8
18	0	0	0	86.0	3.6
19	0	0	0	84.3	4.7
20	0	0	0	85.7	5.9

采用式（3-3）和式（3-1）分别对均值和标准差进行归一化，然后根据熵权的步骤 2、步骤 3 和步骤 4 求得均值和标准差的熵权，分别为 0.682 与 0.318。本节采用 Kim 和 Lin[7]对均值与标准差拟合的二阶模型。根据响应的熵权及其模型，可以构建加权的 MSE 作为优化函数。其形式如下：

$$\min_{x} \ \omega_1\left(\omega_\mu(\boldsymbol{x})-80\right)^2+\omega_2\omega_\sigma(\boldsymbol{x})^2$$
$$\text{s.t.}\ -1\leqslant x_i\leqslant 1,\ \ i=1,2,3$$

优化目标函数，得出 $\boldsymbol{x}$ 的最佳参数水平组合为（0.129，−0.282，−0.295）。将此参数组合代入上式模型中，可以得到 $\mu = 79.83$，$\sigma = 3.131$。将本书方法的优化结果与其他方法进行比较，结果见表 3-5。

表 3-5　各优化结果的比较

方法	变量值	均值	标准差	MSE
Kim 和 Choi[16]	（0.115，−0.256，−0.369）	78.35	2.966	11.520
Costa[15]	（0.129，−0.278，−0.303）	80.00	3.158	9.973
Kim 和 Lin[7]	（0.120，−0. 270，−0.320）	79.23	3.060	9.957
Ding 等[9]	（0.129，−0.285，−0.286）	79.981	3.149	9.917
本书方法	（0.129，−0.282，−0.295）	79.834	3.131	9.831

从表 3-5 可知，本书方法的 MSE 是最小的。虽然 Costa 的均值恰好达到目标值的要求，但是其标准差在各方法中是最大的。同时可知，本书方法的最佳参数组合与 Ding 等[9]的结果非常接近。这足以说明，用熵权理论求出均值和标准差的权重，以及在将加权的MSE作为优化函数的基础上，本书方法比Ding等[9]的方法要简单，实用性更强，且优化结果达到最佳。必须指出的是，MSE 最小并不意味着参数组合就一定是最佳的。但是本书方法的优化结果与Ding等[9]提出的加权MSE方法的结果很接近。然而采用熵权理论客观确定响应权重的方法，比数据驱动和效率曲线的方法更加简单。同时，该方法在工程实践上更加实用。

3.2　模型预测区域下的质量设计

产品或工艺设计中一个常见的问题是同时优化多个响应，这被称为多响应优化问题。多响应优化问题中的一个关键任务就是构建联系响应变量与设计变量的统计模型。通常，从实验中得到的经验模型被广泛应用于产品或工艺设计中[17]。Pignatiello[18]表明，忽略模型的不确定性会导致对最佳输入设置的可靠性估计过高。

显然，模型预测的性能受到实验误差的影响。因此，基于拟合模型的方法可能会导致以下问题：最优解可能与基于真实模型的最优解相差甚远。图 3-2 说明了该方法的潜在风险。虚线表示真实但未知的模型，实线为拟合模型。如果以响应性能最大化为目标，设计变量的最优值为 A 点，而传统的基于拟合模型的方法将选择 B 点，导致响应性能远低于真实的最优值。因此，即使拟合模型与真实模型稍有偏差，也可能导致无法接受的质量性能。此外，从图 3-2 可以看出，B 点的预测值与真实值的差值大于 *A* 点的差值。

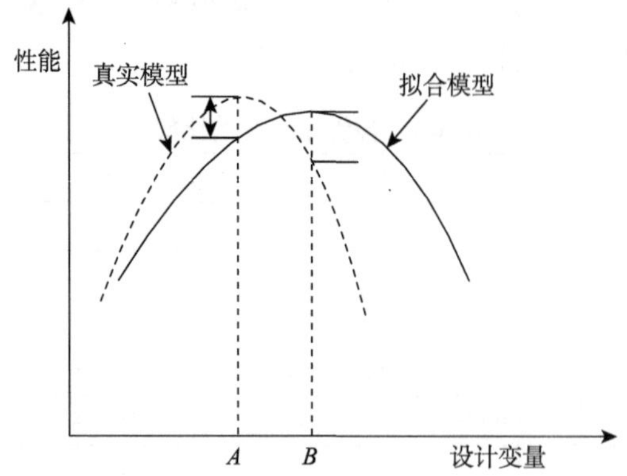

图 3-2 由于模型不确定性而导致的流程优化错误

一般来说，基于模型的过程优化完全依赖于模型的性能[19]。针对模型不确定下的质量设计问题，Pignatiello[18]采用贝叶斯方法来考虑模型的不确定性，其将最大化响应落在某特定区间的后验概率作为优化策略，从而，响应的后验分布考虑了模型参数和噪声变量的不确定性。同时，针对模型结构的不确定性问题，Ng[20]将贝叶斯模型平均法引入多响应优化中。Rajagopal 和 del Castillo[21]、Pignatiello 等进一步扩展了该方法，将不确定性纳入模型构建中。Apley 和 Kim[22]开发了一种谨慎的稳健设计方法，通过后验参数协方差将模型参数的不确定性考虑在内。这种方法可以准确度量模型参数不确定性对响应性能的影响。

不少学者从经典统计方法的角度，分析了模型不确定对质量设计的影响。Chiao 和 Hamada[23]提出了最大化多元正态响应满足用户满意规格限的优化策略。Park[24]利用 Bootstrap 技术得出响应面最优值的区域估计值，该方法易于实现，并且可以在一定程度上分析可行解的稳健性能。Xu 和 Albin[25]构造了一个最小最大偏差模型，从而在该模型下选择一个"最优"稳健解。He 等[26]采用了最差情况策略来构造稳健的期望函数，以此来同时优化多个响应。这种方法的优点是它考虑了预测区域内的所有值，而不是每个响应的单一预测值。然而，这种方法通常会产生过于保守的设计。

3.2.1 多元统计模型

多元回归模型在 RSM 中被广泛使用，其可以表示为

$$\boldsymbol{Y} = \boldsymbol{X\beta} + \boldsymbol{U} \tag{3-9}$$

其中，$\boldsymbol{Y}$ 为包含 q 个响应观察值的 $N\times q$ 矩阵；$\boldsymbol{X}$ 为 p 维变量的 $N\times m$ 矩阵；$\boldsymbol{\beta}$ 为模

型参数的 $m\times q$ 矩阵；$\boldsymbol{U}$=（$\boldsymbol{e}_1,\boldsymbol{e}_2,\cdots,\boldsymbol{e}_q$），为 $N\times q$ 矩阵，矩阵 $\boldsymbol{U}$ 的每一行 i 服从均值 0 和协方差矩阵 $\boldsymbol{\Sigma}$ 的多元正态。

由最小二乘估算的模型参数可以表示为

$$\hat{\boldsymbol{\beta}}=\left(\boldsymbol{X}'\boldsymbol{X}\right)^{-1}\boldsymbol{X}'\boldsymbol{Y} \tag{3-10}$$

因此，该模型可以用于预测响应 $\boldsymbol{y}$，如 $\boldsymbol{x}_0=\left(1,x_1,x_2,\cdots,x_p\right)'$，则根据式（3-10）计算出在点 $x_{01},x_{02},\cdots,x_{0p}$ 处的预测值 $\boldsymbol{y}_0$ 的点估计：

$$\hat{\boldsymbol{y}}(\boldsymbol{x}_0)=\boldsymbol{x}_0'\hat{\boldsymbol{\beta}} \tag{3-11}$$

基于式（3-11），可以将 Hotelling 的 T^2 统计量计算为

$$T^2=\left(\frac{\boldsymbol{x}_0'\hat{\boldsymbol{\beta}}-\boldsymbol{x}_0'\boldsymbol{\beta}}{\sqrt{1+\boldsymbol{x}_0'\left(\boldsymbol{X}'\boldsymbol{X}\right)^{-1}\boldsymbol{x}_0}}\right)'\left(\frac{N}{N-p-1}\hat{\boldsymbol{\Sigma}}\right)^{-1}\left(\frac{\boldsymbol{x}_0'\hat{\boldsymbol{\beta}}-\boldsymbol{x}_0'\boldsymbol{\beta}}{\sqrt{1+\boldsymbol{x}_0'\left(\boldsymbol{X}'\boldsymbol{X}\right)^{-1}\boldsymbol{x}_0}}\right) \tag{3-12}$$

其中，N 为实验运行的次数。然后，由满足以下条件的所有 $\boldsymbol{x}_0'\boldsymbol{\beta}$ 给出 $100(1-\alpha)\%$ 的预测区域：

$$\left(\boldsymbol{x}_0'\hat{\boldsymbol{\beta}}-\boldsymbol{x}_0'\boldsymbol{\beta}\right)'\left(\frac{N}{N-p-1}\hat{\boldsymbol{\Sigma}}\right)^{-1}\left(\boldsymbol{x}_0'\hat{\boldsymbol{\beta}}-\boldsymbol{x}_0'\boldsymbol{\beta}\right)\leqslant\zeta F_{q,N-q-p}(\alpha)\left[1+\boldsymbol{x}_0'\left(\boldsymbol{X}'\boldsymbol{X}\right)^{-1}\boldsymbol{x}_0\right] \tag{3-13}$$

其中，假设 $\zeta=q(N-p-1)/(N-q-p)$；$F_{q,N-q-p}(\alpha)$ 为自由度为 $(q,N-q-p)$ 的 F 分布的 $1-\alpha$ 分位数。

3.2.2　质量损失函数

损失函数是多响应优化中常用的优化策略。该优化策略包含了多个成分，其本质上二次损失为

$$L\left(\tilde{\boldsymbol{y}}(\boldsymbol{x}),\boldsymbol{\theta}\right)=\left(\tilde{\boldsymbol{y}}(\boldsymbol{x})-\boldsymbol{\theta}\right)'\boldsymbol{C}\left(\tilde{\boldsymbol{y}}(\boldsymbol{x})-\boldsymbol{\theta}\right) \tag{3-14}$$

其中，$\boldsymbol{C}$ 为 $q\times q$ 正定的成本矩阵；$\boldsymbol{\theta}$ 为目标值的 $q\times 1$ 向量；$\tilde{\boldsymbol{y}}(\boldsymbol{x})$ 为设计点 $\boldsymbol{x}$ 的预测值。

一般来说，优化的目标是选择最优的参数设置值 $\boldsymbol{x}$，以使期望损失 $E\left[L\left(\tilde{\boldsymbol{y}}(\boldsymbol{x}),\boldsymbol{\theta}\right)\right]$ 最小化：

$$\begin{aligned}E\left[L\left(\tilde{\boldsymbol{y}}(\boldsymbol{x}),\boldsymbol{\theta}\right)\right]&=\left(E\left[\tilde{\boldsymbol{y}}(\boldsymbol{x})\right]\left[\tilde{\boldsymbol{y}}(\boldsymbol{x})\right]-\boldsymbol{\theta}\right)'\boldsymbol{C}\left(E\left[\tilde{\boldsymbol{y}}(\boldsymbol{x})\right]-\boldsymbol{\theta}\right)\\&\quad+\mathrm{trace}\left[\boldsymbol{C}\boldsymbol{\Sigma}_{\hat{y}(\boldsymbol{x})}\right]+\mathrm{trace}\left[\boldsymbol{C}\boldsymbol{\Sigma}_{y(\boldsymbol{x})}\right]\end{aligned} \tag{3-15}$$

其中，$\hat{\boldsymbol{y}}(\boldsymbol{x})$ 为参数设置 $\boldsymbol{x}$ 时预测值的 $q\times1$ 向量；$\boldsymbol{\Sigma}_{\hat{\boldsymbol{y}}(\boldsymbol{x})}$ 和 $\boldsymbol{\Sigma}_{\boldsymbol{y}(\boldsymbol{x})}$ 分别为估计的平均响应和真实响应的方差-协方差矩阵。假设 $\boldsymbol{X}_i$ 为第 i 个响应的模型矩阵，并且 $\boldsymbol{x}_i$ 为对应第 i 个响应的最优设置。令 $\boldsymbol{\Sigma}_{\boldsymbol{y}(\boldsymbol{x})}=\left[\sigma_{ij}\right]$ 为响应的方差-协方差矩阵。

那么，关于第 i 个响应，最优设置下的预测方差为

$$h_{ii}=\mathrm{Var}\left[\hat{y}_i\right]=\sigma_{ii}\boldsymbol{x}_i'\left(\boldsymbol{X}_i'\boldsymbol{X}_i\right)^{-1}\boldsymbol{x}_i \tag{3-16}$$

$\hat{y}_i$ 和 $\hat{y}_j$ 的协方差将由下式给出：

$$h_{ij}=\sigma_{ij}\boldsymbol{x}_i'\left(\boldsymbol{X}_i'\boldsymbol{X}_i\right)^{-1}\boldsymbol{X}_i'\boldsymbol{X}_j\left(\boldsymbol{X}_j'\boldsymbol{X}_j\right)^{-1}\boldsymbol{x}_j \tag{3-17}$$

因此 $\boldsymbol{\Sigma}_{\hat{\boldsymbol{y}}(\boldsymbol{x})}$ 和 $\boldsymbol{\Sigma}_{\boldsymbol{y}(\boldsymbol{x})}$ 可以分别用 $\left[h_{ij}\right]$ 和 $\left[\sigma_{ij}\right]$ 表示。

3.2.3 模型预测区域下的优化策略

3.2.3.1 基于预测区域的位置效应

假设 $E\left[\hat{\boldsymbol{y}}(\boldsymbol{x})\right]=E\left[\hat{\boldsymbol{y}}\left(\boldsymbol{x},\hat{\boldsymbol{\beta}}\right)(\boldsymbol{x})\right]=\boldsymbol{y}(\boldsymbol{x},\boldsymbol{\beta})$，则式（3-15）可以表示为

$$\begin{aligned}J_{T(\boldsymbol{x})}&=E\left[L\left(\tilde{\boldsymbol{y}}\left(\boldsymbol{x},\hat{\boldsymbol{\beta}}\right),\boldsymbol{\theta}\right)\right]\\&=\left(\boldsymbol{y}(\boldsymbol{x},\boldsymbol{\beta})-\boldsymbol{\theta}\right)'\boldsymbol{C}\left(\boldsymbol{y}(\boldsymbol{x},\boldsymbol{\beta})-\boldsymbol{\theta}\right)+\mathrm{trace}\left[\boldsymbol{C}\boldsymbol{\Sigma}_{\hat{\boldsymbol{y}}(\boldsymbol{x})}\right]+\mathrm{trace}\left[\boldsymbol{C}\boldsymbol{\Sigma}_{\boldsymbol{y}(\boldsymbol{x})}\right]\end{aligned} \tag{3-18}$$

在式（3-18）中，可以看出期望损失 $E\left[L\left(\tilde{\boldsymbol{y}}\left(\boldsymbol{x},\hat{\boldsymbol{\beta}}\right),\boldsymbol{\theta}\right)\right]$ 是真实响应变量 $\boldsymbol{y}$ 的函数。如果可以精确估计 $\boldsymbol{y}$ 的预测值，则将通过最小化式（3-18）来获得最优解。但是，由于过程的复杂性和实验误差等，工程人员很难精确实现预测。所以，在该情形下，我们通过构建多个响应的预测区域 $\boldsymbol{y}^R$，从而在 $\boldsymbol{y}^R$ 的基础上构造期望损失。

应该注意的是，尽管最差情况策略可以产生可靠的最佳设计，但相应的设计可能过于保守。为了缓解此问题，最小和最大期望损失的平均值用于测量期望损失的位置效应，用 $J_{L(\boldsymbol{x})}$ 表示如下：

$$J_{L(\boldsymbol{x})}=\frac{1}{2}\left(\max_{\boldsymbol{y}\in\boldsymbol{y}^R}\left\{E\left[L\left(\tilde{\boldsymbol{y}}\left(\boldsymbol{x},\hat{\boldsymbol{\beta}}\right),\boldsymbol{\theta}\right)\right]\right\}+\min_{\boldsymbol{y}\in\boldsymbol{y}^R}\left\{E\left[L\left(\tilde{\boldsymbol{y}}\left(\boldsymbol{x},\hat{\boldsymbol{\beta}}\right),\boldsymbol{\theta}\right)\right]\right\}\right) \tag{3-19}$$

其中，$\boldsymbol{y}^R$ 表示多个响应的预测区域。在真实预测值落入预测区域的假设下，$J_{L(\boldsymbol{x})}$ 通过对最差情况和最好情况进行平均来求得。

3.2.3.2 基于预测区域的散度效应

在本节中，我们重点量化模型不确定性对期望损失的稳健性能。为衡量期望

损失的散度效应，基于多个响应的预测区域，用 $J_{L(\boldsymbol{x})}$ 表示如下：

$$J_{D(\boldsymbol{x})}=\max_{y\in y^{R}}\left\{E\left[L\left(\tilde{\boldsymbol{y}}\left(\boldsymbol{x},\hat{\boldsymbol{\beta}}\right),\boldsymbol{\theta}\right)\right]\right\}-\min_{y\in y^{R}}\left\{E\left[L\left(\tilde{\boldsymbol{y}}\left(\boldsymbol{x},\hat{\boldsymbol{\beta}}\right),\boldsymbol{\theta}\right)\right]\right\} \tag{3-20}$$

其中，$J_{D(\boldsymbol{x})}$ 为最坏的期望损失和最好的期望损失的差值。

位置和散度效应的重要性如图 3-3 所示。图中间隔的中点和长度分别表示位置和散度效应。点 A 和点 B 说明了位置效应的意义：虽然两个点有相同的散度效应，但点 A 的位置效应优于点 B。点 C 在散度效应上要显著优于点 D，虽然两者的位置效应一样。本节目的是在考虑期望损失的位置和散度效应的情况下，寻找最优解，即如图中的 E 点。

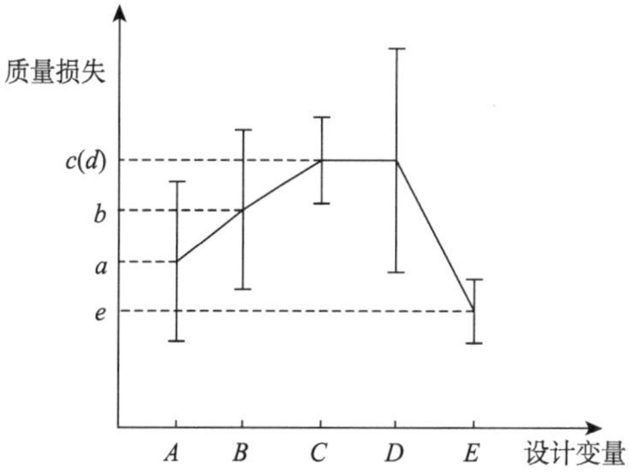

图 3-3　位置和散度效应的重要性

3.2.3.3　基于双效应的优化策略

通过将式（3-19）和式（3-20）中的目标进行线性加权，可以得出如下的优化策略：

$$\begin{aligned}\min_{x}\ & J(\boldsymbol{x})=\lambda J_{L(\boldsymbol{x})}+(1-\lambda)J_{D(\boldsymbol{x})}\\ \text{s.t.}\ & \boldsymbol{x}\in\Omega\\ & 0\leqslant\lambda\leqslant 1\end{aligned} \tag{3-21}$$

其中，$J_{L(\boldsymbol{x})}$ 和 $J_{D(\boldsymbol{x})}$ 分别表示位置效应和散度效应；λ 为位置效应的权重；Ω 为设计变量的可接受范围。

设 $J_{\max}=\max_{y\in y^{R}}\left\{E\left[L\left(\tilde{\boldsymbol{y}}\left(\boldsymbol{x},\hat{\boldsymbol{\beta}}\right),\boldsymbol{\theta}\right)\right]\right\}$ 和 $J_{\min}=\min_{y\in y^{R}}\left\{E\left[L\left(\tilde{\boldsymbol{y}}\left(\boldsymbol{x},\hat{\boldsymbol{\beta}}\right),\boldsymbol{\theta}\right)\right]\right\}$ 分别是最坏和最好情况下的期望损失。基于式（3-19）和式（3-20），式（3-21）的优化策略可以简单地重写为

$$\min_{x} \ J(\boldsymbol{x}) = \frac{2-\lambda}{2} J_{\max} + \frac{3\lambda - 2}{2} J_{\min}$$
$$\text{s.t. } \boldsymbol{x} \in \Omega \tag{3-22}$$
$$0 \leqslant \lambda \leqslant 1$$

可以通过最小化式（3-22）来获得最佳输入设置。同时，从上式可以看出，该优化策略有以下四种特殊情形。

（1）散度效应：$\lambda = 0$ 表示新的损失函数只反映散度效应。

（2）位置效应：$\lambda = 1$ 表示新的损失函数只反映位置效应。

（3）两种效应同等重要：$\lambda = 0.5$ 指位置和散度效应被认为同等重要。

（4）最差情况策略：当 λ=2/3 时，目标函数退化为优化期望损失函数的最差情况，即最大最小优化策略的思想。

3.2.4　仿真试验

3.2.4.1　问题描述

为了验证所提出方法的效果，我们采用 Pignatiello[18]的仿真案例。在此案例中，两个响应均为望目特性，并且在未达到这些目标时可以很好地定义其损失成本。实验由三个设计因子组成，并且对这三个因子的级别进行编码：−1 表示低水平，而+1 表示高水平。试验采用 2^3 的全因子设计，并且每个响应在轮次下重复四次。试验设计和观察到的响应显示在表 3-6 中。目标值为 T_1=103 和 T_2=73，成本矩阵 $\boldsymbol{C}$ 假设为[27]

$$\boldsymbol{C} = \begin{bmatrix} 1 & 0.5 \\ 0.5 & 2.5 \end{bmatrix}$$

表 3-6　具有三个变量和两个响应的实验结果

轮次	x_1	x_2	x_3	y_1	y_2
1	−1	−1	−1	109.895	67.697
2	1	−1	−1	100.192	67.026
3	−1	1	−1	106.078	72.935
4	1	1	−1	104.120	72.988
5	−1	−1	1	113.515	68.293
6	1	−1	1	98.732	67.096
7	−1	1	1	103.145	71.682
8	1	1	1	104.454	76.900
9	−1	−1	−1	109.759	67.237

续表

轮次	x_1	x_2	x_3	y_1	y_2
10	1	−1	−1	99.634	66.178
11	−1	1	−1	105.642	72.851
12	1	1	−1	104.802	74.249
13	−1	−1	1	111.121	68.469
14	1	−1	1	99.357	63.611
15	−1	1	1	106.959	76.266
16	1	1	1	105.029	77.032
17	−1	−1	−1	110.704	67.962
18	1	−1	−1	100.269	66.576
19	−1	1	−1	105.670	72.577
20	1	1	−1	104.203	73.937
21	−1	−1	1	112.854	68.958
22	1	−1	1	102.842	68.647
23	−1	1	1	107.620	77.496
24	1	1	1	99.786	67.989
25	−1	−1	−1	109.773	66.927
26	1	−1	−1	100.600	67.943
27	−1	1	−1	105.393	72.375
28	1	1	−1	104.335	73.282
29	−1	−1	1	106.666	64.705
30	1	−1	1	94.235	62.419
31	−1	1	1	103.44	76.374
32	1	1	1	104.923	75.769

基于 Pignatiello[18]和 Ng[20]方法中的显著变量，我们可以使用式（3-10）得到如下模型：

$$\begin{aligned}\hat{y}_1 &= 104.867 - 3.148x_1 - 0.142x_2 - 0.200x_3 + 2.379x_1x_2 \\ &\quad - 0.350x_1x_3 - 0.106x_2x_3 + 0.247x_1x_2x_3 \\ \hat{y}_2 &= 70.451 - 0.349x_1 + 3.592x_2 + 0.280x_3 + 0.323x_1x_2 \\ &\quad - 0.450x_1x_3 + 0.614x_2x_3 - 0.040x_1x_2x_3\end{aligned}$$

在本例中，由于方差-协方差矩阵未知，我们采用极大似然法估计，公式如下：

$$\hat{\boldsymbol{\Sigma}}_{y(x)} = \begin{bmatrix} 3.217 & 2.784 \\ 2.784 & 3.643 \end{bmatrix}$$

3.2.4.2 优化结果分析

结合 3.2.4.1 节中的回归模型和相关参数，可以构建基于传统损失函数（traditional loss function，TLF）的优化策略

$$\min_{x} \quad J_{T(x)} = E\left[L\left(\tilde{y}\left(x, \hat{\beta}\right), \theta\right)\right] \quad \text{s.t. } x \in \Omega \tag{3-23}$$

其中，$J_{T(x)}$为传统的损失函数；Ω为设计因子的可接受范围。

采用He等[26]提出的混合遗传算法，最小化式（3-23）中的目标函数。得到设计因子$\left(x_T^*\right)$和$J_{T(x)}$的最优值分别为（0.756、0.658、0.233）和 16.473。同时，$J_{L(x)}\left(x_T^*\right) = 90.640$和$J_{D(x)}\left(x_T^*\right) = 148.799$。应该指出的是，当回归模型能够准确度量响应与设计变量的关系时，传统方法是有效的。另外，我们将分析所提出方法的四种场景。

仅考虑散度效应[即损失函数的散度效应（dispersion performance loss function，DPLF）]的最优解为

$$\min_{x} \quad J(x) = J_{D(x)} = J_{\max} - J_{\min} \quad \text{s.t. } x \in \Omega \tag{3-24}$$

位置和散度效应同等重要[即损失函数同样重要（equal importance loss function，EILF）]：

$$\min_{x} \quad J(x) = \frac{3}{4} J_{\max} - \frac{1}{4} J_{\min} \quad \text{s.t. } x \in \Omega \tag{3-25}$$

最差情况策略如下所示[即损失函数的最差情况（worst case loss function，WCLF）]：

$$\min_{x} \quad J(x) = \frac{2}{3} J_{\max} \quad \text{s.t. } x \in \Omega \tag{3-26}$$

只考虑优化过程中的位置效应[即损失函数的位置效应（location performance loss function，LPLF）]：

$$\min_{x} \quad J(x) = J_{L(x)} = \frac{1}{2} J_{\max} + \frac{1}{2} J_{\min} \quad \text{s.t. } x \in \Omega \tag{3-27}$$

表 3-7 给出了不同场景下的比较结果。为便于比较，设x_T^*为传统损失函数的最优解，x_D^*，x_E^*，x_W^*分别为 DPLF、EILF、WCLF 和 LPLF 的最优解。为了比较不同的策略，期望损失的区间图如图 3-4 所示。

表 3-7　不同场景下不同目标函数的比较结果

λ	情形	最优解	J_{max}	J_{min}	$J_{L(x)}$	$J_{D(x)}$	$J_{(x)}$
无	$\boldsymbol{x}_T^*$	（0.756，0.658，0.233）	165.040	16.241	90.640	148.799	119.720
0	$\boldsymbol{x}_D^*$	（0.687，0.689，0.468）	167.643	27.781	97.912	**139.862**	139.862
1/2	$\boldsymbol{x}_E^*$	（0.594，0.588，0.242）	162.758	20.810	91.784	141.948	116.866
2/3	$\boldsymbol{x}_W^*$	（0.206，0.519，0.902）	**160.161**	12.241	86.201	147.920	106.774
1	$\boldsymbol{x}_L^*$	（0.157，0.433，0.571）	161.785	**9.645**	**85.715**	152.140	**85.715**

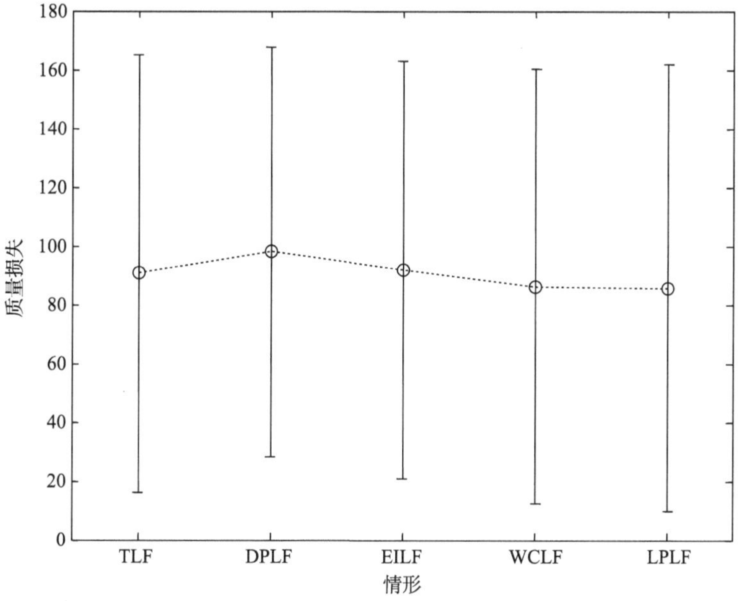

图 3-4　每种情况下的期望损失区间

在表 3-7 中，黑体字的值表示在相应标准中的最佳值。如上所述，在假设多个真实响应位于相应预测区域的情况下，J_{max}和J_{min}分别为最坏和最好的情况。其中，$\boldsymbol{x}_D^*$ 和 $\boldsymbol{x}_L^*$ 分别为散度效应和位置效应的最优解。虽然在 $\boldsymbol{x}_L^*$（即 $\lambda=1$）处的 $J_{(x)}$ 值最好，但散度效应最差。

此外，$\boldsymbol{x}_L^*$ 处的散度效应最差，也就是说，虽然其位置效应值最小，但对应的最优解可能不稳定。同时，在 $\lambda=0$ 处的位置效应最差，说明 $\boldsymbol{x}_D^*$ 在所有解中与预测均值的偏差最大。与传统的损失函数求解相比，WCLF 方法在位置和散度效应上有更好的表现，其意义与图 3-3 中的 E 点相似。同时，如果采用准则 $J_{(x)}$ 来比较不同场景的性能，相对于传统的损失函数和最差情况策略，LPLF 在质量性能上可以分别提高 28%和 20%。

类似的结果可以在图 3-4 中看到。在图 3-4 中，区间的长度表示期望损失的散度效应。可以看出，LPLF 的长度最长，说明 LPLF 的散度效应最差。而且，虽然 DPLF 的长度最短，但中点比其他场景的中点要高。这意味着 DPLF 的位置效应是最差的。两种响应在最优设计变量下的预测均值和方差见表 3-8，表中数字加粗代表相应方法在该指标下是最好的。设计变量在不同权重下的取值如图 3-5 所示。

表 3-8 不同场景下设计变量的比较结果

λ	情形	最优解	$E(\hat{y}_1)$	Dy_1	$\mathrm{Var}(\hat{y}_1)$	$E(\hat{y}_2)$	Dy_2	$\mathrm{Var}(\hat{y}_2)$
无	$\boldsymbol{x}_T^*$	（0.756，0.658，0.233）	**103.482**	**0.482**	0.239	72.788	0.212	0.270
0	$\boldsymbol{x}_D^*$	（0.687，0.689，0.468）	103.548	0.548	0.266	**73.016**	**0.016**	0.301
1/2	$\boldsymbol{x}_E^*$	（0.594，0.588，0.242）	103.652	0.652	0.194	72.557	0.443	0.219
2/3	$\boldsymbol{x}_W^*$	（0.206，0.519，0.902）	104.128	1.128	0.241	72.731	0.269	0.273
1	$\boldsymbol{x}_L^*$	（0.157，0.433，0.571）	104.311	1.311	**0.162**	72.244	0.756	**0.184**

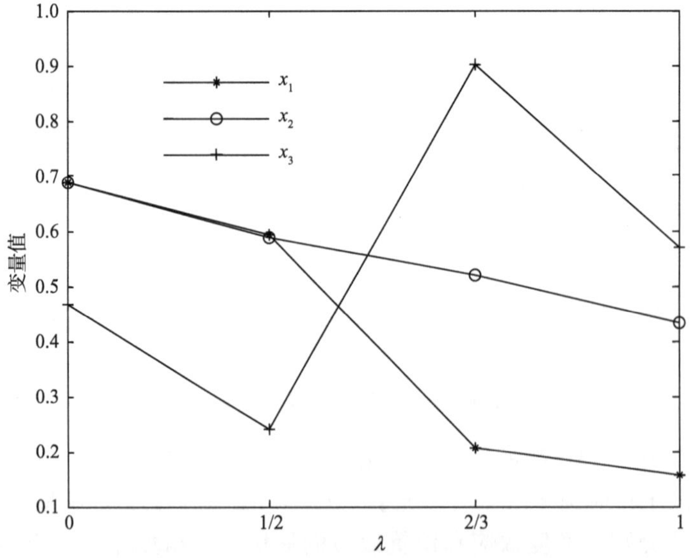

图 3-5 设计变量在不同权重下的取值

$E(\hat{y}_1)$ 和 $E(\hat{y}_2)$ 分别表示在相应最佳解下两个响应的预测平均值；Dy_1 和 Dy_2 分别表示两个响应的预测平均值和目标值之间的偏差的绝对值；$\mathrm{Var}(\hat{y}_1)$ 和 $\mathrm{Var}(\hat{y}_2)$ 表示预测方差分别对应相应最优解下的两个响应。

由表 3-8 可以看出，就响应 y_1（T=103）的目标值而言，传统损失函数方法的最优解表现最好。然而，就预测的方差而言，其性能并不是最好的。同时，$\boldsymbol{x}_L^*$

对两个响应的预测方差最小，但预测均值与目标值之间的偏差最大。至于解 $\boldsymbol{x}_E^*$，在偏差和方差之间实现了权衡。例如，与方案 $\boldsymbol{x}_L^*$ 相比，两个响应的偏差分别得到了 50%和 41%的小幅提高，虽然响应 y_2 的预测方差增加了 16%；但响应 y_1 的预测方差也提高了 16%。另外，与解 $\boldsymbol{x}_T^*$ 相比，虽然两个响应的偏差分别增加了 35%和 52%，但预测方差均提高了 19%。

同时，图 3-5 显示了在不同权重下最优解的轨迹。该轨迹为工程人员提供了直观的影响效果，从而帮助其确定这两种效应的权重。权重 λ 的值越小，散度效应越重要。在本节中，随着权重 λ 从 0 到 1 变化，设计变量 x_1 和 x_2 的值减小，而设计变量 x_3 的值趋于增加。在制造过程中，如果设计变量 x_1 和 x_2 的成本高于 x_3，则工程人员应选择较大的权重 λ，以减小散度效应的影响。

3.2.4.3　方法讨论

本节将在椭圆预测区域下讨论预测区域的大小，尽管其值的确定本质上是主观的。值得注意的是，当置信系数为零时，多个响应的预测区域退化为点估计。在点估计的条件下，$\max\limits_{y\in y^R}\left\{E\left[L\left(\tilde{\boldsymbol{y}}\left(\boldsymbol{x},\hat{\boldsymbol{\beta}}\right),\boldsymbol{\theta}\right)\right]\right\}$ 将等于 $\min\limits_{y\in y^R}\left\{E\left[L\left(\tilde{\boldsymbol{y}}\left(\boldsymbol{x},\hat{\boldsymbol{\beta}}\right),\boldsymbol{\theta}\right)\right]\right\}$。同时，$J_{D(\boldsymbol{x})}$ 和 $J_{L(\boldsymbol{x})}$ 分别退化为常数 0 和传统的损失函数。因此，传统的损失函数也是本书方法的特殊情形。

对于任意解 $\boldsymbol{x}_0$，根据拟合模型和给定的置信系数，可以得到相应的预测区域。通过在给定约束条件下 $\boldsymbol{y}_0$ 最大化预测区域，从而得到解 $\boldsymbol{x}_0$ 的最大置信系数。假设给定的规范区域面积为 S_{spec}，在椭圆区域的最大面积 S_{ellipse} 小于规范区域的最大面积的约束下，可以保证置信系数取得最大值。该过程的表达式为

$$\begin{gathered}\max_{\boldsymbol{x},\,\alpha}\ \ 1-\alpha\\ \text{s.t.}\ \max_{\boldsymbol{x},\,\alpha}\left(S_{\text{ellipse}}\right)\leqslant S_{\text{spec}}\\ \boldsymbol{x}\in\Omega\\ 0\leqslant\alpha\leqslant 1\end{gathered}\tag{3-28}$$

其中，$1-\alpha$ 为置信系数；S_{spec} 和 S_{ellipse} 分别为响应极限区域和椭圆预测区域；Ω 为设计变量的可接受区域。如果由式（3-28）得到的置信系数最大值小于 0.9，那么工程人员必须先改进生产过程，以得到较小的过程方差。若式（3-28）的解大于 0.9，则该优化策略中的置信系数可以选择为 0.9 或 0.95。

为说明式（3-28）中的方法，假设 y_1 和 y_2 的规格限分别为 103 ± 5 和 73 ± 5。因此，响应极限的面积（即矩形区域）为 100。对应的优化函数可以表示为（函数的详细推导见本章附录）

$$\begin{aligned}&\max_{x,\,\alpha}\ 1-\alpha\\&\text{s.t.}\ \max_{x,\,\alpha}\left[17.424g(\boldsymbol{x},\alpha)\right]\leqslant 100\\&\boldsymbol{x}\in\Omega\\&0\leqslant\alpha\leqslant 1\end{aligned}\tag{3-29}$$

其中，$g(\boldsymbol{x},\alpha)$ 为 $\boldsymbol{x}$ 和 α 的函数，即 $\left[1+\boldsymbol{x}_0'(\boldsymbol{X}'\boldsymbol{X})^{-1}\boldsymbol{x}_0\right]F_{2,32-2-7}(\alpha)$，$\boldsymbol{x}_0=\left(1,x_{10},x_{20},\cdots,x_{p0}\right)'$；$\boldsymbol{X}$ 为 32×8 模型矩阵；7、2 和 32 分别为输入变量、响应和实验运行的次数；而 $F_{2,32-2-7}(\alpha)$ 为自由度为（2，23）的 F 分布的 $1-\alpha$ 分位数。在所示示例中，最大可能的置信系数为 97.90%，因此可以将置信系数选择为 0.9 或 0.95。如果工程人员偏好更可靠的条件，则选择 0.95。如果工程人员对预期的质量损失更感兴趣，那么 0.9 将是一个合适的置信系数。

本节构建了新的损失函数方法，该方法的优势在于其考虑了预测区域中的所有预测值，而不是针对每个响应考虑单个预测值。该方法克服了现有损失函数方法不考虑模型不确定性的局限性，即优化方案的期望损失可能会表现良好，但稳健性能较差。同时，所提出的优化策略可以退化为两种特殊情况：第一种是现有的损失函数方法（即在没有模型不确定性的前提下获得结果）；第二种是最差情况下的策略（即结果最可靠，但设计过于保守）。

3.3 多重参数区间下的质量设计

稳健参数设计的目标是选择一组可控变量的水平，使输出响应变量的可变性最小，同时保持响应变量的均值接近目标值[3]。一个常见的假设是噪声变量和响应模型中的参数是已知的或精确估计的。然而，在稳健参数设计中，这些参数并不一定是已知的，需要从实验数据中进行估计，由于实验数据不足或实验中存在未知的随机效应，估计误差会很大。结果表明，由于估计参数存在误差，最优工艺设置可能与真实最优相差甚远[28]。此外，忽略上述不确定性可能会导致过程变化迅速增加[29]。

最近，已经出现了一些处理噪声变量中存在的不确定性的方法。例如，Xu 和 Albin[25]引入了一种稳健优化程序，该程序将噪声变量中参数估计的不确定性纳入其中。采用极小极大优化策略，根据噪声变量中参数的置信区间选择最优设置。Vanli 和 del Castillo[30]提出了一种基于噪声变量预测密度的在线稳健参数设计方法，在该方法中，可控变量可以根据对噪声变量的在线观测随着时间的推移进行调整。

Yanikoğlu 等[31]开发了一种稳健优化方法，只使用实验数据没有分布假设噪声变量。

使用实验数据的经验模型广泛应用于稳健参数设计。然而在实际应用中，经验模型的参数往往是由实验数据来估计的，这些估计可能受到试验设计和未知随机效应的影响。Pignatiello[18]表明，忽略不确定性会导致对最佳输入设置的可靠性估计过高。因此，研究模型参数不确定性对稳健设计的影响是非常重要的。已经有一些研究人员从贝叶斯和频率方法的角度来处理模型参数的不确定性。例如，Pignatiello[18]提出了一种处理参数不确定性的贝叶斯方法，在该方法中，最大限度地提高了响应落在某一特定公差区间内的后端概率。响应的后验分布考虑了模型参数的不确定性。Myers 等[32]通过考虑响应模型中参数的协方差，推导出方差模型的无偏估计。

3.3.1　面向噪声因子的质量模型

在稳健设计中，过程的回归模型通常假设为

$$\boldsymbol{y}(\boldsymbol{x},\ \boldsymbol{z})=\boldsymbol{\alpha}+\boldsymbol{\beta}'\boldsymbol{g}(\boldsymbol{x})+\boldsymbol{\gamma}'\boldsymbol{z}+\boldsymbol{z}'\boldsymbol{B}\boldsymbol{x}+\varepsilon \tag{3-30}$$

其中，$\boldsymbol{x}=[x_1,x_2,\cdots,x_s]'$ 为可控变量；$\boldsymbol{z}=[z_1,z_2,\cdots,z_m]'$ 为噪声变量；$\boldsymbol{g}(\boldsymbol{x})$ 向量中的元素为可控变量的函数；$\boldsymbol{\alpha}$ 、$\boldsymbol{\beta}$ 、$\boldsymbol{\gamma}$ 和 $\boldsymbol{B}$ 为模型中的待估参数。通常假设过程误差 ε 服从正态分布 $N(0,\sigma^2)$，并且误差项 ε 与噪声变量 $\boldsymbol{z}$ 是独立不相关的。同时，将模型参数 $\boldsymbol{\alpha}$ ，$\boldsymbol{\beta}$ ，$\boldsymbol{\gamma}$ 和 $\boldsymbol{B}$ 写成 $\boldsymbol{\theta}=[\boldsymbol{\alpha},\boldsymbol{\beta}',\boldsymbol{\gamma}',\boldsymbol{b}_1',\ \boldsymbol{b}_2',\cdots,\boldsymbol{b}_s']'$，其中 $\boldsymbol{b}_i'$ 表示 $\boldsymbol{B}$ 的第 i 列。

在本节中，我们假设噪声变量服从正态分布，均值与方差模型可以估计为

$$\boldsymbol{\mu}_Y=\boldsymbol{\alpha}+\boldsymbol{\beta}'\boldsymbol{g}(\boldsymbol{x})+(\boldsymbol{\gamma}'+\boldsymbol{B}\boldsymbol{x})\boldsymbol{\mu}_z \tag{3-31}$$

$$\boldsymbol{\sigma}_Y^2=(\boldsymbol{\gamma}+\boldsymbol{\beta}'\boldsymbol{x})'\boldsymbol{\Sigma}_z(\boldsymbol{\gamma}+\boldsymbol{B}'\boldsymbol{x})+\sigma^2 \tag{3-32}$$

其中，$\boldsymbol{\mu}_z$ 和 $\boldsymbol{\Sigma}_z$ 分别代表 $\boldsymbol{z}$ 的均值向量和协方差矩阵。

基于给定的试验数据，模型参数可以采用最小二乘法（ordinary least squared，OLS）估计，可得

$$\hat{\boldsymbol{\theta}}=(\boldsymbol{X}'\boldsymbol{X})^{-1}\boldsymbol{X}'\boldsymbol{y} \tag{3-33}$$

其中，$\boldsymbol{y}$ 为一个包含响应观测值的 $N\times1$ 向量；$\boldsymbol{X}$ 为一个 $N\times p$ 矩阵；$p-1$ 列代表重要的影响因素（如线性效应、二阶相互作用和二次效应），再加一列单位向量。拟合响应模型为

$$\hat{\boldsymbol{y}}(\boldsymbol{x},\ \boldsymbol{z})=\hat{\boldsymbol{\alpha}}+\hat{\boldsymbol{\beta}}'\boldsymbol{g}(\boldsymbol{x})+\hat{\boldsymbol{\gamma}}'\boldsymbol{z}+\boldsymbol{z}'\hat{\boldsymbol{B}}\boldsymbol{x} \tag{3-34}$$

根据式（3-34）中的模型参数，给出均值模型和方差模型的估计量：

$$\hat{\boldsymbol{\mu}}_Y=\hat{\boldsymbol{\alpha}}+\hat{\boldsymbol{\beta}}'\boldsymbol{g}(\boldsymbol{x})+(\hat{\boldsymbol{\gamma}}'+\hat{\boldsymbol{B}}\boldsymbol{x})\hat{\boldsymbol{\mu}}_z \tag{3-35}$$

$$\hat{\sigma}_Y^2 = \left(\hat{\gamma} + \hat{\beta}'x\right)' \hat{\Sigma}_z \left(\hat{\gamma} + \hat{B}'x\right) + \hat{\sigma}^2 \tag{3-36}$$

其中，$\hat{\sigma}^2$ 为 ε 的一个估计方差，可从以下公式中获得：

$$\hat{\sigma}^2 = \frac{y'y - \hat{\theta}'\hat{X}'y}{N - p} \tag{3-37}$$

本节采用 Myers 等[32]的优化方法，因为它给出了比田口信噪比更好的优化策略，公式如下：

$$\min_x E_z\left[y(x,z) - T\right]^2 \tag{3-38}$$

其中，$E_z\left[y(x,z)-T\right]^2$ 表示 $\left[y(x,z)-T\right]^2$ 的期望；T 为一个过程的期望目标。式（3-38）的优化方法假设模型中的参数和噪声变量可以被精确估计。

3.3.2　基于多重区间的优化策略

传统的稳健参数设计假设噪声变量的分布是已知的，或者假设噪声变量的分布可以从实验数据中精确估计出来。然而，在某些情况下，由于实验数据有限，无法精确估计分布参数[33]。同时，估计的模型参数也存在实验误差。因此，传统的稳健参数设计方法是基于点估计得到的优化策略，存在一定的偏差。本节的目的是减少噪声变量和模型参数中的不确定性对稳健设计的影响，从而提高产品/过程的质量性能。

3.3.2.1　参数未知的置信区域

针对模型参数的不确定性，我们主要从区间估计的角度来度量其对稳健参数设计的影响。通过构建各参数的单个置信区间，并根据庞费洛尼不等式构建联合置信区域[34]。置信度为 $(1-\alpha)\times 100\%$ 的庞费洛尼不等式可以表示为

$$\begin{aligned}
&\mathrm{Prob}\left\{\left(\mathrm{par}_1, \mathrm{par}_2, \cdots, \mathrm{par}_p\right) \in \mathrm{CR}\right\} \\
&= \mathrm{Prob}\left\{\mathrm{par}_1 \in \mathrm{CI}_1, \mathrm{par}_2 \in \mathrm{CI}_2, \cdots, \mathrm{par}_p \in \mathrm{CI}_p\right\} \\
&\geqslant 1 - \left[\mathrm{Prob}\left\{\mathrm{par}_1 \notin \mathrm{CI}_1\right\} + \mathrm{Prob}\left\{\mathrm{par}_2 \notin \mathrm{CI}_2\right\} + \cdots + \mathrm{Prob}\left\{\mathrm{par}_p \notin \mathrm{CI}_p\right\}\right] \\
&= 1 - \alpha/p \times p = 1 - \alpha
\end{aligned} \tag{3-39}$$

其中，p 为未知参数个数；par_j、CR 和 CI_j 分别为第 j 个未知参数、未知参数的置信区间和第 j 个未知参数的置信区间。

由于最小二乘估计量 $\hat{\theta}$ 是响应数据的线性组合，所以模型参数 $\hat{\theta}$ 是服从均值 θ，协方差为 $\sigma^2\left(X'X\right)^{-1}$ 的正态分布。显然，第 j 个模型参数 $\hat{\theta}(j)$ 同样是服从均

值为$\boldsymbol{\theta}(j)$，方差为$\sigma^2 M_{jj}$的正态分布，其中，M_{jj}为矩阵$(\boldsymbol{X}'\boldsymbol{X})^{-1}$主对角线上第 j 个元素。所以，根据变量的分布，可构建如下的统计量：

$$\frac{\hat{\boldsymbol{\theta}}(j)-\boldsymbol{\theta}(j)}{\sqrt{\hat{\sigma}^2 M_{jj}}},\ j=1,2,\cdots,p \tag{3-40}$$

该统计量服从自由度为 $N-p$ 的 t 分布，其中，$\hat{\sigma}^2$为过程方差的估计值。

基于式（3-39）和式（3-40）给出的结果，得到模型参数$\boldsymbol{\theta}(j)$（$j=1,2,\cdots,p$）的置信区间$(1-\alpha/p)$如下：

$$\hat{\boldsymbol{\theta}}(j)-t_{\alpha/2p,n-p}\sqrt{\hat{\sigma}^2 M_{jj}}\leqslant \boldsymbol{\theta}(j)\leqslant \hat{\boldsymbol{\theta}}(j)+t_{\alpha/2p,n-p}\sqrt{\hat{\sigma}^2 M_{jj}} \tag{3-41}$$

其中，$t_{\alpha/2p,n-p}$为自由度为 $N-p$ 的 t 分布中$(1-\alpha/2p)\times 100\%$分位数。

在稳健参数设计中，通常假设噪声变量间是相互独立的。我们以具有两个噪声因素的生产过程为例（均值与标准差分别为μ_1、μ_2、σ_1和σ_2）。根据庞费洛尼不等式，当单个参数的置信区间为$(1-\alpha/4)\times 100\%$时，联合区域的置信度至少为$(1-\alpha)\times 100\%$。以下给出四个参数的置信区间：

$$\mathrm{CI}_{\mu_1}=\left[\hat{\mu}_1-t_{n-1,\,\alpha/8}\frac{\hat{\sigma}_1}{\sqrt{n}},\hat{\mu}_1+t_{n-1,\,\alpha/8}\frac{\hat{\sigma}_1}{\sqrt{n}}\right] \tag{3-42}$$

$$\mathrm{CI}_{\mu_2}=\left[\hat{\mu}_2-t_{n-1,\,\alpha/8}\frac{\hat{\sigma}_2}{\sqrt{n}},\hat{\mu}_2+t_{n-1,\,\alpha/8}\frac{\hat{\sigma}_2}{\sqrt{n}}\right] \tag{3-43}$$

$$\mathrm{CI}_{\sigma_1}=\left[\sqrt{\frac{n-1}{\chi^2_{n-1,\,\alpha/8}}}\hat{\sigma}_1,\sqrt{\frac{n-1}{\chi^2_{n-1,\,1-\alpha/8}}}\hat{\sigma}_1\right] \tag{3-44}$$

$$\mathrm{CI}_{\sigma_2}=\left[\sqrt{\frac{n-1}{\chi^2_{n-1,\,\alpha/8}}}\hat{\sigma}_2,\sqrt{\frac{n-1}{\chi^2_{n-1,\,1-\alpha/8}}}\hat{\sigma}_2\right] \tag{3-45}$$

其中，$\hat{\mu}_1$和$\hat{\mu}_2$、$\hat{\sigma}_1$和$\hat{\sigma}_2$分别为两噪声变量的样本均值与样本标准差；$t_{n-1,\,\alpha/8}$和$\chi^2_{n-1,\,\alpha/8}$分别为自由度为 $n-1$ 的 t 分布与卡方分布下$1-\alpha/8$的分位数。

3.3.2.2　多重区间下的效应分析

在本节中，模型参数与噪声变量中的不确定性将通过区间形式体现。在稳健参数设计中，位置效应（可用均值模型表示）与散度效应（可用方差模型表示）是度量过程输出性能的两个重要指标：

$$\mu_Y\left(\boldsymbol{x},\boldsymbol{\theta}_\mu,\boldsymbol{\kappa}_z\right)=\alpha+\boldsymbol{\beta}'\boldsymbol{g}(\boldsymbol{x})+\left(\boldsymbol{\gamma}'+\boldsymbol{B}\boldsymbol{x}\right)\boldsymbol{\mu}_z \tag{3-46}$$

$$\sigma_Y^2\left(\boldsymbol{x},\boldsymbol{\theta}_\sigma,\boldsymbol{\kappa}_z\right)=\left(\boldsymbol{\gamma}+\boldsymbol{\beta}'\boldsymbol{x}\right)'\boldsymbol{\Sigma}_z\left(\boldsymbol{\gamma}+\boldsymbol{B}'\boldsymbol{x}\right)+\sigma^2 \tag{3-47}$$

其中，$\boldsymbol{\kappa}_z=\left[\boldsymbol{\mu}_z,\boldsymbol{\Sigma}_z\right]$、$\boldsymbol{\theta}_\mu=\left[\alpha,\boldsymbol{\beta}',\boldsymbol{\gamma}',\boldsymbol{b}_1',\ \boldsymbol{b}_2',\cdots,\boldsymbol{b}_s'\right]'$和$\boldsymbol{\theta}_\sigma=\left[\boldsymbol{\gamma}',\boldsymbol{b}_1',\ \boldsymbol{b}_2',\cdots,\boldsymbol{b}_s'\right]'$分别

为噪声变量（均值和方差）中的参数、均值模型中的参数和方差模型中的参数。

在式（3-46）和式（3-47）中，模型 $\mu_Y\left(\boldsymbol{x},\boldsymbol{\theta}_\mu,\boldsymbol{\kappa}_z\right)$ 与 $\sigma_Y^2\left(\boldsymbol{x},\boldsymbol{\theta}_\sigma,\boldsymbol{\kappa}_z\right)$ 均为参数 $\boldsymbol{\kappa}_z$、$\boldsymbol{\theta}_\mu$ 和 $\boldsymbol{\theta}_\sigma$ 的函数。如果可以得到参数 $\boldsymbol{\kappa}_z$、$\boldsymbol{\theta}_\mu$ 和 $\boldsymbol{\theta}_\sigma$ 的真实值，则优化过程的最优解将可通过最小化 MSE 获得，即 $E_z\left[\left(y(\boldsymbol{x},z)-T\right)^2|\boldsymbol{\theta},\sigma\right)\right]$。当从区间估计的角度考虑未知参数时，则在任意给定的输入设置水平 $\boldsymbol{x}$ 上 MSE 的值将不是一个实数，而是一个区间。区间的上下限可通过最大化与最小化 MSE 求得：

$$J_{\mathrm{MSEU}}(\boldsymbol{x})=\max_{\boldsymbol{\theta}_\mu,\boldsymbol{\theta}_\sigma,\boldsymbol{\kappa}_z} E_z\left[y(\boldsymbol{x},z,\boldsymbol{\theta})-T\right]^2 \tag{3-48}$$

$$J_{\mathrm{MSEL}}(\boldsymbol{x})=\min_{\boldsymbol{\theta}_\mu,\boldsymbol{\theta}_\sigma,\boldsymbol{\kappa}_z} E_z\left[y(\boldsymbol{x},z,\boldsymbol{\theta})-T\right]^2 \tag{3-49}$$

其中，$J_{\mathrm{MSEU}}(\boldsymbol{x})$ 和 $J_{\mathrm{MSEL}}(\boldsymbol{x})$ 分别代表 MSE 的最大值和最小值。基于式（3-48）和式（3-49），MSE 可以描述为任意给定 $\boldsymbol{x}$ 的置信区间：

$$\mathrm{CI}_{\mathrm{MSE}}(\boldsymbol{x})=\left[J_{\mathrm{MSEL}}(\boldsymbol{x}),\ J_{\mathrm{MSEU}}(\boldsymbol{x})\right] \tag{3-50}$$

根据区间分析理论，区间的中点和半径可以分别用来测量位置效应与散度效应。那么，式（3-50）可以被重新写为

$$\mathrm{CI}_{\mathrm{MSE}}(\boldsymbol{x})=\left[\mathrm{MSE}^m(\boldsymbol{x}),\ \mathrm{MSE}^r(\boldsymbol{x})\right] \tag{3-51}$$

其中，

$$\mathrm{MSE}^m(\boldsymbol{x})=\frac{J_{\mathrm{MSEU}}(\boldsymbol{x})+J_{\mathrm{MSEL}}(\boldsymbol{x})}{2} \tag{3-52}$$

$$\mathrm{MSE}^r(\boldsymbol{x})=\frac{J_{\mathrm{MSEU}}(\boldsymbol{x})-J_{\mathrm{MSEL}}(\boldsymbol{x})}{2} \tag{3-53}$$

在稳健参数设计中，新的性能函数 $\mathrm{MSE}^m(\boldsymbol{x})$ 与 $\mathrm{MSE}^r(\boldsymbol{x})$ 可考虑模型参数与噪声变量中不确定性对过程输出的影响。与传统方法不同，区间中点与半径作为过程输出的位置效应与散度效应，进而构建新的优化策略以求解最佳的过程输入。

3.3.2.3　多重区间下的优化策略

基于位置效应与散度效应，采用线性加权的方法构建新的优化策略 $J_P(\boldsymbol{x})$，其表达式如下：

$$\begin{gathered}\min_{\boldsymbol{x}}\ J_P(\boldsymbol{x})=\lambda\mathrm{MSE}^m(\boldsymbol{x})+(1-\lambda)\mathrm{MSE}^r(\boldsymbol{x})\\ \text{s.t. } \boldsymbol{x}\in\Omega\\ 0\leqslant\lambda\leqslant1\end{gathered} \tag{3-54}$$

其中，λ 为 $\mathrm{MSE}^m(\boldsymbol{x})$ 的相对权重；Ω 为控制变量的可接受区域。

考虑模型参数与噪声变量的不确定性时，有两种特殊情形需指出：假设仅模

型参数存在不确定性，优化策略为 $J_M(\boldsymbol{x})$；假设仅噪声变量存在不确定性，优化策略为 $J_N(\boldsymbol{x})$。在给出仅考虑模型参数的不确定性时，式（3-48）和式（3-49）将改写为

$$J_{\text{MSEU}}(\boldsymbol{x}) = \max_{\boldsymbol{\theta}_\mu, \boldsymbol{\theta}_\sigma} E_z\left[y(\boldsymbol{x}, \boldsymbol{z}, \boldsymbol{\theta}) - T\right]^2 \tag{3-55}$$

$$J_{\text{MSEL}}(\boldsymbol{x}) = \min_{\boldsymbol{\theta}_\mu, \boldsymbol{\theta}_\sigma} E_z\left[y(\boldsymbol{x}, \boldsymbol{z}, \boldsymbol{\theta}) - T\right]^2 \tag{3-56}$$

其中，$\boldsymbol{\theta}_\mu$ 和 $\boldsymbol{\theta}_\sigma$ 分别为均值和方差响应模型中的参数。

基于式（3-55）与式（3-56），仅考虑模型参数不确定性的优化策略可以构建模型如下：

$$\begin{aligned} \min_{\boldsymbol{x}} \ & J_M(\boldsymbol{x}) = \lambda \text{MSE}^m(\boldsymbol{x}) + (1-\lambda)\text{MSE}^r(\boldsymbol{x}) \\ & \text{s.t.} \ \boldsymbol{x} \in \Omega \\ & 0 \leqslant \lambda \leqslant 1 \end{aligned} \tag{3-57}$$

类似地，仅考虑噪声变量不确定性的优化策略可以构建如下模型：

$$\begin{aligned} \min_{\boldsymbol{x}} \ & J_N(\boldsymbol{x}) = \lambda \text{MSE}^m(\boldsymbol{x}) + (1-\lambda)\text{MSE}^r(\boldsymbol{x}) \\ & \text{s.t.} \ \boldsymbol{x} \in \Omega \\ & 0 \leqslant \lambda \leqslant 1 \end{aligned} \tag{3-58}$$

其中，λ 为 $\text{MSE}^m(\boldsymbol{x})$ 的权重；Ω 为输入变量可控的可接受区域。

关于权重 λ 的确定，我们采用数据驱动的方法，该方法是基于效率曲线与欧氏距离的思想。数据驱动方法有两个优势：①目前常用的定量方法都是数据驱动方法的特殊情形；②权重是基于“效率曲线”求解出的，其很好地权衡了过程输出的位置效应与散度效应。

对任意给定的权重 λ，通过最小化优化策略 $J_P(\boldsymbol{x})$ 可以得到最优输入设置水平 $\boldsymbol{x}^*$。由于 $\boldsymbol{x}^*$ 是权重 λ 的函数，故在任意给定的权重 λ 下，可以计算出最优输入设置水平 $\boldsymbol{x}^*$ 下的[$\text{MSE}^m(\boldsymbol{x})$， $\text{MSE}^r(\boldsymbol{x}^*)$]。在权重 0 到 1 中取 N 个值，计算 N 个组合下[$\text{MSE}^m(\boldsymbol{x})$， $\text{MSE}^r(\boldsymbol{x}^*)$]的数值，然后以 $\text{MSE}^m(\boldsymbol{x})$ 为横轴，$\text{MSE}^r(\boldsymbol{x}^*)$ 为纵轴生成图形，该图形即效率曲线。当权重 λ 为 0 或 1 时，效率点可以通过 $\min \text{MSE}^r(\boldsymbol{x}) = s$ 与 $\min \text{MSE}^m(\boldsymbol{x}) = t$ 得到。虽然（s，t）为理想的最优解，但是该解是无法获得的。数据驱动的目的是找到某一权重下[$\text{MSE}^m(\boldsymbol{x})$， $\text{MSE}^r(\boldsymbol{x}^*)$]离理想点（s，t）的距离最短。图 3-6 展示了该方法的基本思想，点 A 是理想点，从图中可以看出，离点 A 最近的是点 B，故点 B 对应的权重为最优权重。

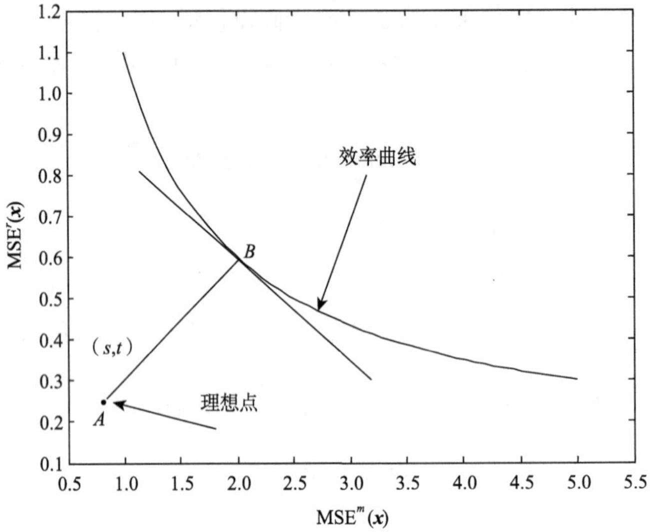

图 3-6 用本书方法得到的最优解

工程实践人员也可根据经验信息对位置效应与散度效应设定权重，该情形下的最优输入设置水平可直接最小化为 $J_P(\boldsymbol{x})$。图 3-7 展示了本书方法的流程。

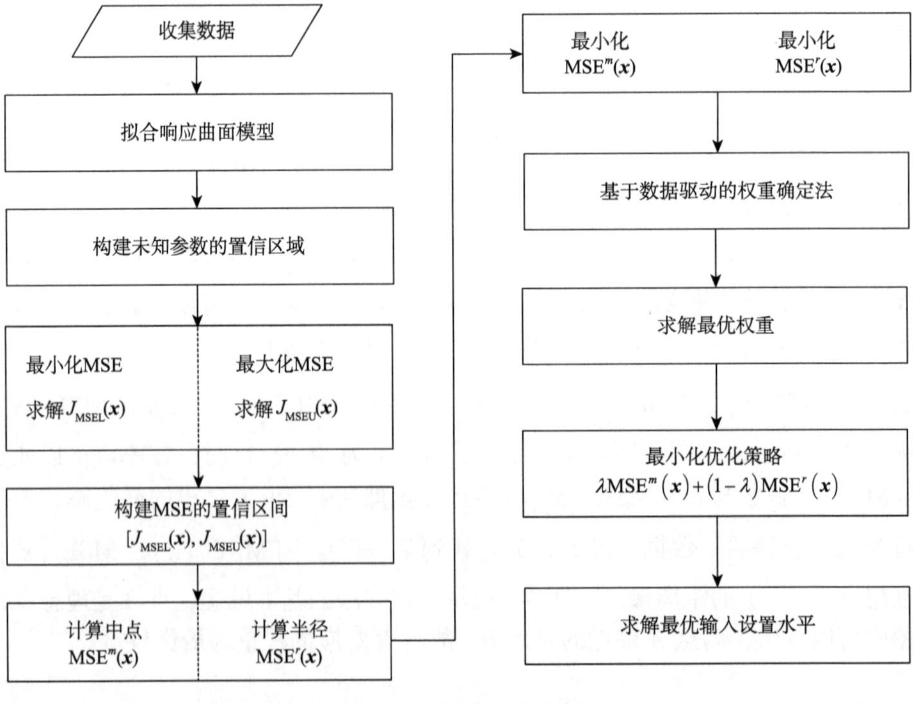

图 3-7 本书方法的流程

3.3.3 仿真分析

为了验证本书方法的有效性，我们对三种现有方法进行了比较：①方法 $J_T(\boldsymbol{x})$[式（3-38）中的准则 MSE]，假设参数估计过程中不存在不确定性（Kim 和 Lin[35]）；② $J_N(\boldsymbol{x})$ 方法，只考虑噪声变量的不确定性（Xu 和 Albin[25]；Tan 和 Ng[29]）；③ $J_M(\boldsymbol{x})$ 方法，只考虑模型参数的不确定性（Apley 和 Kim[22]）。

3.3.3.1　仿真实验过程

在本节中，我们将在三种情况下对本书方法与现有方法进行数值比较：①不考虑模型参数和噪声变量中的不确定性[如 $J_T(\boldsymbol{x})$]；②只考虑模型参数不确定性[如 $J_M(\boldsymbol{x})$]；③只考虑噪声变量的不确定性[如 $J_N(\boldsymbol{x})$]。在真实模型参数的基础上，根据目标函数的均值和标准偏差值对这些方法进行了比较（Xu 和 Albin[25]）。平均值和标准偏差的计算公式为

$$\mathrm{MJ}=\sum_{i=1}^{N}J_{\mathrm{true}}(\boldsymbol{x}_i)\Big/N \tag{3-59}$$

$$\mathrm{SJ}=\sqrt{\sum_{i=1}^{N}\left[J_{\mathrm{true}}(\boldsymbol{x}_i)-\mathrm{MJ}\right]^2\Big/(N-1)} \tag{3-60}$$

其中，N 为蒙特卡罗（Monte Carlo，MC）模拟次数，$J_{\mathrm{true}}(\boldsymbol{x}_i)$ 为解 $\boldsymbol{x}_i$ 处的真实值。

假设某生产过程中有两个控制变量和一个噪声变量，试验数据由全因子试验设计收集。表 3-9 中展示了输入因子在编码水平为 ±1 的前提下，在每一次蒙特卡罗仿真下的数据收集方案。在表 3-10 中，$y_{i\mathrm{true}}$ 和 ε_i 分别表示第 i 个设计点的响应真实值和根据过程误差分布产生的第 i 个随机数。目的是确定 x_1 和 x_2 的值，使输出响应的变异性最小。同时在 $x_1+x_2\leqslant 3$、$x_1\geqslant 0$ 和 $x_2\geqslant 0$ 的约束条件下，保持响应变量的均值接近目标值 2。另外，每次蒙特卡罗仿真都基于如下响应模型：

$$y(\boldsymbol{x}_i,z_i)=1.5+0.5x_{1i}+0.4x_{2i}+z_i-0.2x_{1i}z_i-0.5x_{2i}z_i+\varepsilon_i \tag{3-61}$$

其中，$[\boldsymbol{x}_i,z_i]=[x_{1i},x_{2i},z_i]$ 为第 i 个设计点，$i=1,2,\cdots,8$。假设误差项 ε 和噪声变量 z 分别服从正态分布 $N(0,\sigma^2)$ 和 $N(0,1)$。

表 3-9　每种蒙特卡罗仿真的试验设计

运行	x_1	x_2	z	$\boldsymbol{y}$
1	−1	−1	−1	$y_{1\mathrm{true}}+\varepsilon_1$
2	1	−1	−1	$y_{2\mathrm{true}}+\varepsilon_2$
3	−1	1	−1	$y_{3\mathrm{true}}+\varepsilon_3$
4	1	1	−1	$y_{4\mathrm{true}}+\varepsilon_4$

续表

运行	x_1	x_2	z	y
5	−1	−1	1	$y_{5\text{true}}+\varepsilon_5$
6	1	−1	1	$y_{6\text{true}}+\varepsilon_6$
7	−1	1	1	$y_{7\text{true}}+\varepsilon_7$
8	1	1	1	$y_{8\text{true}}+\varepsilon_8$

表 3-10　仿真研究中的实验框架

z 的观测值		5	50
仿真迭代		500	500
工艺可变性	0.5	计算 MJ 计算 SJ	计算 MJ 计算 SJ
	1		
	2		
	3		
	4		

注：z、MJ 和 SJ 分别代表噪声变量、平均现象和标准差

本节研究了五个过程波动（$\sigma = 0.5, 1, 2, 3, 4$），以验证本书方法的稳健性。对于每个σ，试验都会生成 N 个模拟数据集。在模拟试验中，噪声变量的均值和方差在如下两个情况下估计：一种是 n=5 的仿真数据，另一种是 n=50 的仿真数据（由 MATLAB 中的标准正态分布生成）。数据绘制在图 3-8 中。同时，表 3-10 给出了整个仿真过程的实验框架。

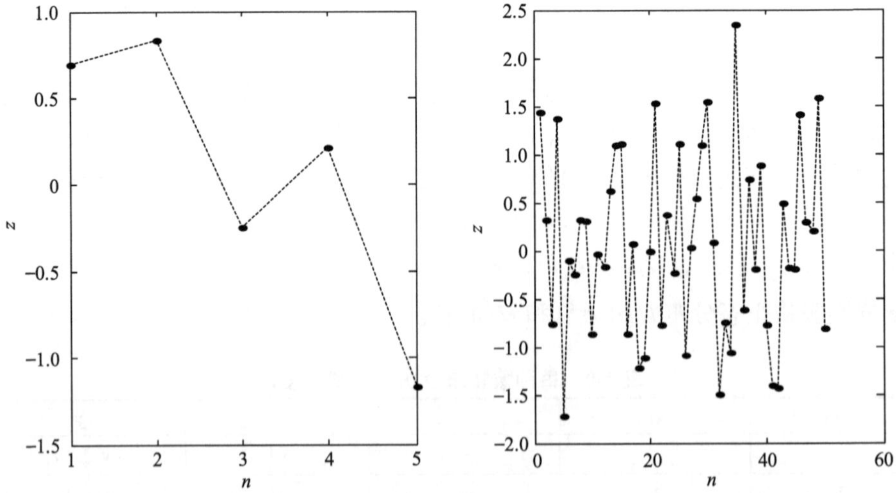

（a）n=5　　（b）n=50

图 3-8　模拟噪声变量数据

为了获得全局最优解，本节将遗传算法和模式搜索相结合来优化本书方法。

混合优化算法可以提高计算准确性，但会增加计算负担（He 等[26]）。在 Intel（R）CPU G2020 @ 2.90 GHz 的 MATLAB 2010 环境中，每种情况下的仿真时间（500 次重复）大约需要 11 小时（即 396 000 秒）。同时，一些研究人员还建议重复进行 500 次仿真实验以说明他们的方法（例如，Boylan 和 Cho[19]；Zhou 等[17]；Vanli 和 del Castillo[30]）。为了进一步验证本书方法对过程波动和噪声变量的稳健性，本节分析了十种不同的情况，然后比较了不同方法的结果。因此，在本节中，考虑到计算时间和现有文献的建议，每种场景的实验重复了 500 次。

3.3.3.2　优化结果分析

在比较不同的优化方法之前，可以通过以下方式提出真正的优化策略：

$$\min_{\boldsymbol{x}}\ J_{\text{true}}(\boldsymbol{x})=\left(1.5+0.5x_1+0.4x_2-T\right)^2+\left(1-0.2x_1+0.5x_2\right)^2+\sigma^2$$
$$\text{s.t. } x_1+x_2\leqslant 3 \tag{3-62}$$
$$x_1\geqslant 0, x_2\geqslant 0$$

其中，$J_{\text{true}}(\boldsymbol{x})$ 代表基于真实模型的目标函数。

基于式（3-59）~式（3-62），现有优化方法与本书方法之间的均值和标准差性能结果如图 3-9 和图 3-10 所示，其中，$J_T(\boldsymbol{x})$、$J_M(\boldsymbol{x})$ 和 $J_N(\boldsymbol{x})$ 分别为式（3-38）、式（3-57）和式（3-58）的现有优化方法，$J_P(\boldsymbol{x})$ 是式（3-54）中本书方法中的一个。图 3-9 和图 3-10 分别显示了模拟数据为 n=5 和 n=50 时四种优化方法在不同波动下 $J_{\text{true}}(\boldsymbol{x})$ 的 MJ 和 SJ 值。

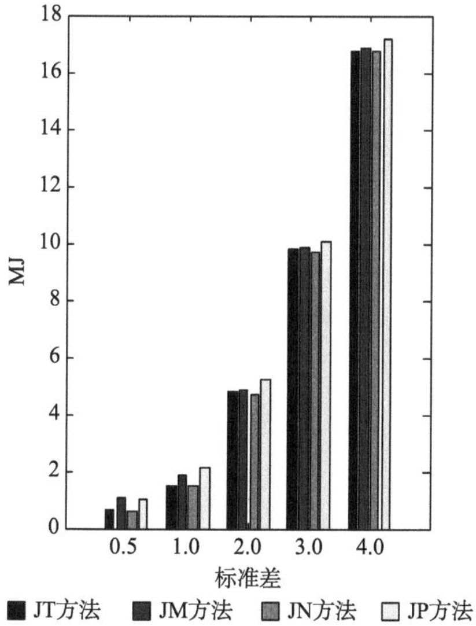

（a）

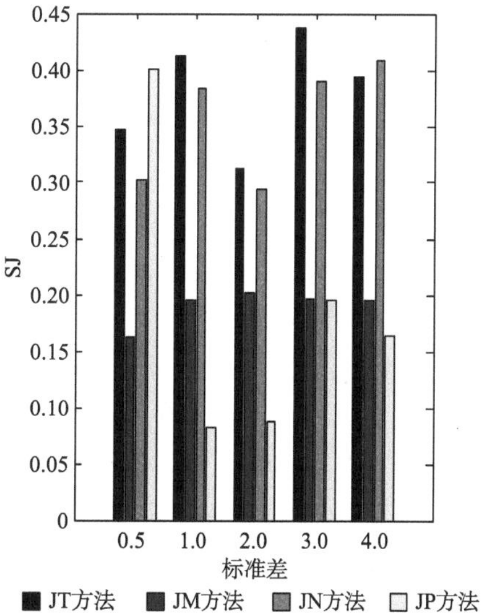

（b）

图 3-9　n=5 时不同优化方法的比较

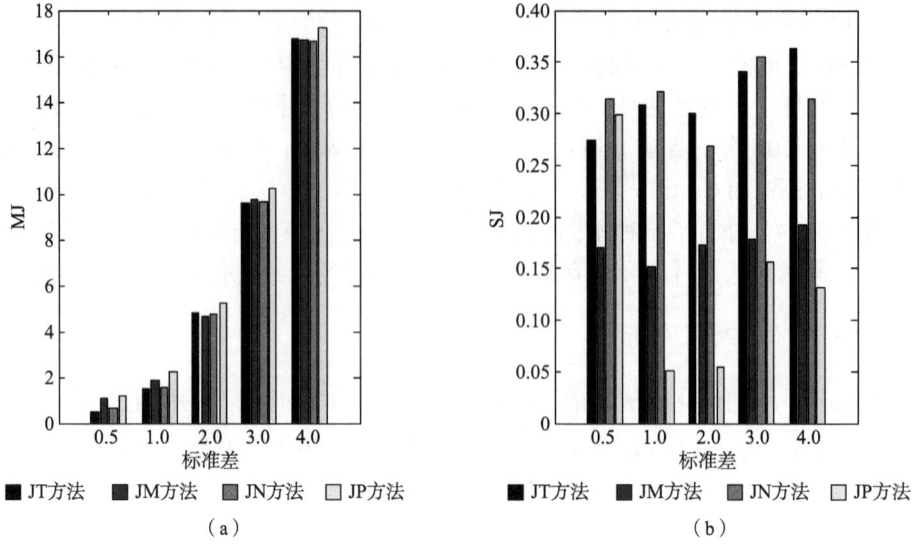

图 3-10 n=50 时不同优化方法的比较

当过程波动σ为 0.5 时，本书方法$J_P(\boldsymbol{x})$会比其他方法差一些。但是，当波动变大（如当σ为1、2、3或4时），就SJ而言，$J_P(\boldsymbol{x})$明显优于其他方法。这意味着本书方法$J_P(\boldsymbol{x})$比其他方法更稳定，因为它考虑了模型参数和噪声变量的不确定性。同时，当噪声变量的样本大小等于 5 时，该方法$J_P(\boldsymbol{x})$的平均性能可以与其他方法相比。

同样，当噪声变量从 5 增加到 50，从图 3-9（b）可以看出，四种方法的 SJ 值小于 n=5 时获得的值。这表明增加噪声变量的数据可以提高稳健性。应该注意的是，n=50时SJ的改善程度比n=5时更为明显，特别是在低波动条件下，因为增加噪声变量数据可以在一定程度上减少噪声变量不确定性的影响。

根据模拟结果，可以观察到以下三个结论。

（1）当选择相对较小的样本量来估计噪声变量中的参数（均值和方差）时，$J_N(\boldsymbol{x})$方法的性能优于方法$J_T(\boldsymbol{x})$。这是因为噪声变量的样本量较小，无法精确估计参数。

（2）在 n=5 和 n=50 的两种情况下，$J_M(\boldsymbol{x})$方法的稳健性优于方法$J_T(\boldsymbol{x})$。该结果来自以下事实：$J_T(\boldsymbol{x})$将模型参数的点估计量视为真实值。

（3）估计误差将随着过程的波动增加而增加。尽管方法$J_M(\boldsymbol{x})$的 MJ 比方法$J_P(\boldsymbol{x})$的 MJ 更好，但方法$J_P(\boldsymbol{x})$的稳健性却优于方法$J_M(\boldsymbol{x})$，因为噪声变量中的参数不确定性会影响优化过程。

3.3.4　实例分析

3.3.4.1　问题描述

在本实例研究中，我们以某汽车研发中心的××型轿车尾灯与侧围间隙优化设计为研究对象。干涉问题普遍存在于汽车零部件中，该研究的目的是寻求最优的设计方案，避免尾灯与侧围间隙干涉问题。图 3-11 展示了该生产过程的简化图。该过程的输出响应为尾灯与侧围的间隙公差；四个可控变量为分别为侧围的公差设定、尾灯的公差设定、尾灯板的螺母孔径和定位销的直径；一个噪声变量零件在生产过程中的变形（如风枪的扭矩波动、定位销套的坚固力等影响因素）。如果可控变量没有得到最佳的设置，则尾灯与侧围间隙会产生较大的波动，从而容易产生干涉现象。此项实例研究的具体目标是确定最佳的可控变量组合，该组合不仅使过程输出达到目标值，而且在该情形下过程输出的波动最小。基于组装要求与工程人员的先验知识，过程的目标 T 设为 1.2 毫米。输入变量的水平值见表 3-11。我们采用三水平的析因设计收集试验数据，数据见表 3-12。

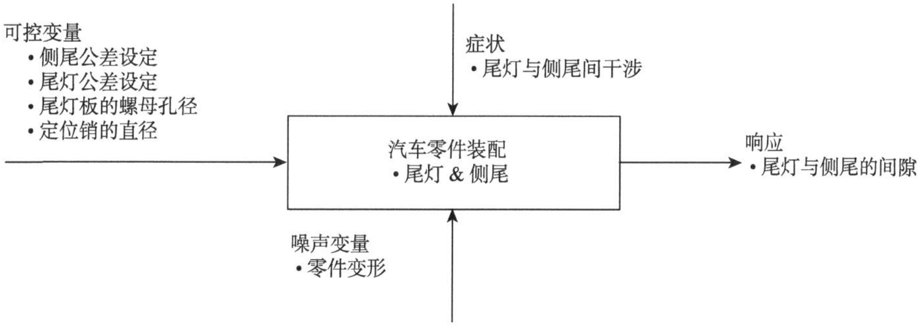

图 3-11　车身零件装配流程图

表 3-11　汽车示例中的控制和噪声变量

变量	表现	等级		
		−1	0	1
x_1	侧尾的公差设定	1.0 mm	1.5 mm	2.0 mm
x_2	尾灯的公差设定	1.0 mm	1.5 mm	2.0 mm
x_3	尾灯板的螺母孔径	Φ8.0 mm	Φ9.0 mm	Φ10.0 mm
x_4	定位销的直径	Φ7.0 mm	Φ7.4 mm	Φ7.8 mm
z	零件变形	0.4 mm		1.0 mm

表 3-12 间隙公差示例的响应数据

轮次	x_1	x_2	x_3	x_4	z	
					−1	1
1	−1	−1	−1	−1	1.041	1.130
2	−1	0	0	0	1.268	1.360
3	−1	+1	+1	+1	0.842	0.922
4	0	−1	0	+1	1.194	1.272
5	0	0	+1	−1	1.388	1.474
6	0	+1	−1	0	1.008	1.077
7	+1	−1	+1	0	1.365	1.434
8	+1	0	−1	+1	1.549	1.625
9	+1	+1	0	−1	1.210	1.268

3.3.4.2 优化结果分析

实验的目的是在控制变量的操作区域中为过程选择最佳操作条件。根据表 3-12 给出的实验数据，可以使用式（3-35）和式（3-36）获得均值和方差模型：

$$\hat{\mu}(\boldsymbol{x},z)=1.246\,0+0.157\,3x_1-0.092\,4x_2-0.000\,4x_3+0.008\,9x_4$$
$$+(0.038\,7-0.004\,8x_1-0.002\,4x_2+0.000\,1x_3+0.000\,1x_4)\hat{\mu}_z$$

$$\hat{\sigma}^2(\boldsymbol{x},z)=(0.0387-0.0048x_1-0.0024x_2+0.0001x_3+0.0001x_4)^2\hat{\sigma}_z^2+0.0446^2$$

其中，使用式（3-37）估算ε的标准偏差为 0.044 6。

式（3-38）、式（3-54）、式（3-57）和式（3-58）介绍了四种优化方法，我们根据 10 个历史观测值计算噪声变量的参数。应当注意，基于不同的优化方法会获得不同的输入设置。为了公平地比较优化 $J_T(\boldsymbol{x})$、$J_M(\boldsymbol{x})$ 和 $J_P(\boldsymbol{x})$ 的不同输入设置，我们使用 3DCS（三维控制系统）模拟了 10 000 个装配实例。3DCS 是一种用于公差分析和设计优化的流行且有用的软件。四种方法的优化结果如表 3-13 所示。

表 3-13 不同优化方法的优化结果

目标函数	最佳设定	均值	标准差	3s 区间
$J_T(\boldsymbol{x})$	（0.165，0.999，−0.995，0.699）	0.00	0.43	（−1.29，1.29）
$J_M(\boldsymbol{x})$	（0.000，0.000，0.000，0.000）	0.00	0.38	（−1.14，1.14）
$J_N(\boldsymbol{x})$	（0.180，1.000，−1.000，1.000）	0.00	0.40	（−1.20，1.20）
$J_P(\boldsymbol{x})$	（−0.590 1，0.022，−0.004，0.003）	0.00	0.33	（−0.99，0.99）

从表 3-13 可以看出，虽然过程输出均值都能达到目标值，但是所提优化策略[即 $J_P(\boldsymbol{x})$]下的标准差是最小的。相比传统方法 $J_T(\boldsymbol{x})$，考虑两种参数不确定性的优化策略在标准差上大约改善了 23%。同样，与 $J_M(\boldsymbol{x})$ 相比，所提优化策略在标准差上改善了 13.2%，这说明该改善的原因来自考虑噪声变量中的不确定性。与 $J_N(\boldsymbol{x})$ 相比，由于考虑了模型参数中的不确定性，所提优化策略在标准差上的改善达到 17.5%。同时，从表 3-13 可以看出，$J_T(\boldsymbol{x})$、$J_M(\boldsymbol{x})$、$J_N(\boldsymbol{x})$ 与 $J_P(\boldsymbol{x})$ 最优解对应的 3s 区间分别为（−1.29，1.29）、（−1.14，1.14）、（−1.20，1.20）与（−0.99，0.99）。相比其他三种优化策略，本书方法的 3s 区间长度是最短的。必须指出的是，选择汽车行业的原因如下：①在基于企业的调研数据中，干涉现象在汽车的返修中越来越多。如果忽视这类问题将导致顾客满意度降低以及企业的市场占有量降低。因此，我们以汽车零部件中的干涉问题为研究对象。②采用稳健参数设计的方法来消除或降低不确定源对产品/过程输出性能的影响是十分有必要的，并且案例中的比较分析可以让企业的工程人员更深刻地认识到稳健参数设计方法的重要性与实用性。

参 考 文 献

[1] 欧阳林寒，马义中，汪建均，等. 基于熵权理论和双响应曲面的稳健设计[J]. 管理工程学报，2014，28（2）：191-195，190.

[2] 汪建均，马义中，翟云焕. 相关多质量特性的优化设计[J]. 管理工程学报，2011，25（2）：66-73.

[3] Nair V N. Taguchi's parameter design：a panel discussion [J]. Technometrics，1992，34（2）：127-161.

[4] Vining G G，Myers R H. Combining Taguchi and response surface philosophies：a dual response approach [J]. Journal of Quality Technology，1990，22（1）：38-45.

[5] Lin D K J，Tu W. Dual response surface optimization[J]. Journal of Quality Technology，1995，27（1）：34-39.

[6] Copeland K A F，Nelson P R. Dual response optimization via direct function minimization[J]. Journal of Quality Technolog，1996，28（3）：331-336.

[7] Kim K J，Lin D K J. Dual response surface optimization：a fuzzy modeling approach[J]. Journal of Quality Technology，1998，30（1）：1-10.

[8] Kovach J，Cho B R，Antony J. Development of a variance prioritized multi-response robust design framework for quality improvement[J]. International Journal of Quality and Reliability

Management，2009，26（4）：380-396.

[9] Ding R，Lin D K J，Wei D. Dual-response surface optimization：a weighted MSE approach[J]. Quality Engineering，2004，16（3）：377-385.

[10] 何桢，马彦辉，赵有. 基于田口过程能力指数和熵权理论的多响应稳健优化设计[J]. 中国农机化，2008，（3）：33-36.

[11] 周梅华. 可持续消费测度中的熵权法及其实证研究[J]. 系统工程理论与实践，2003，23（12）：25-31.

[12] 章穗，张梅，迟国泰. 基于熵权法的科学技术评价模型及其实证研究[J]. 管理学报，2010，7（1）：34-42.

[13] Lee D H，Jeong I J，Kim K J. A posterior preference articulation approach to dual-response-surface optimization [J]. IIE Transaction，2009，42（2）：161-171.

[14] Tang L C，Xu K. A unified approach for dual response surface optimization[J]. Journal of Quality Technology，2002，34（4）：437-447.

[15] Costa N R P. Simultaneous optimization of mean and standard deviation[J]. Quality Engineering，2010，22（3）：140-149.

[16] Kim C，Choi K K. Reliability-based design optimization using response surface method with prediction interval estimation[J]. Journal of Mechanical Design，2008，130：1-12.

[17] Zhou X J，Ma Y Z，Tu Y L，et al. Ensemble of surrogates for dual response surface modeling in robust parameter design[J]. Quality Reliability Engineering International，2013，29（2）：173-197.

[18] Pignatiello，Jr. J J. Strategies for robust multiresponse quality engineering[J]. IIE transactions，1993，25（3）：5-15.

[19] Boylan G L，Cho B R. Studies on the effects of estimator selection in robust parameter design under asymmetric conditions[J]. Quality and Reliability Engineering International，2013，29（4）：571-582.

[20] Ng S H. A Bayesian-model averaging approach for multiple-response problem[J]. Journal of Quality Technology，2010，42（1）：52-68.

[21] Rajagopal R，del Castillo E. Model-robust process optimization using Bayesian model averaging[J]. Technometrics，2005，47（2）：152-163.

[22] Apley D W，Kim J. A cautious approach to robust design with model parameter uncertainty[J]. IIE Transactions，2011，43（7）：471-482.

[23] Chiao C H，Hamada M. Analyzing experiments with correlated multiple responses[J]. Journal of Quality Technology，2001，33（4）：451-465.

[24] Park C. Determination of the joint confidence region of the optimal operating conditions in robust design by the bootstrap technique[J]. International Journal of Production Research，2013，

51（15）：4695-4703.

[25] Xu D，Albin S L. Robust optimization of experimentally derived objective functions[J]. IIE Transactions，2003，35（9）：793-802.

[26] He Z，Zhu P F，Park S H. A robust desirability function method for multi-response surface optimization considering model uncertainty[J]. European Journal of Operational Research，2012，221（1）：241-247.

[27] Ouyang L H，Ma Y Z，Byun J H，et al. A prediction region-based approach to model uncertainty for multi-response optimization[J]. Quality and Reliability Engineering International，2016，32（3）：783-794.

[28] Shoemaker A C，Tsui K L，Wu C F J. Economical experimentation methods for robust design[J]. Technometrics，1991，33（4）：415-427.

[29] Tan M H Y，Ng S H. Estimation of the mean and variance response surfaces when the means and variances of the noise variables are unknown[J]. IIE Transactions，2009，41（11）：942-956.

[30] Vanli O A，del Castillo E. Bayesian approaches for on-line robust parameter design[J]. IIE Transactions，2009，41（4）：359-371.

[31] Yanikoğlu İ，den Hertog D，Kleijnen J P C. Robust dual-response optimization[J]. IIE Transactions，2016，48（3）：298-312.

[32] Myers R H，Montgomery D C，Anderson-Cook C M. Response Surface Methodology：Process and Product Optimization Using Designed Experiments[M]. 3rd ed. Hoboken：John Wiley & Sons，2009.

[33] Ouyang L H，Ma Y Z，Byun J H，et al. An interval approach to robust design with parameter uncertainty[J]. International Journal of Production Research，2016，54（11）：3201-3215.

[34] Galambos J，Simonelli I. Bonferroni Type Inequalities with Applications[M]. New York：Springer-Verlag，1996.

[35] Kim K J，Lin D K L. Optimization of multiple responses considering both location and dispersion effects[J]. European Journal of Operational Research，2006，169（1）：133-145.

本 章 附 录

首先，应确定椭圆内面积的公式。对于如下形式的椭圆：

$$Ax^2 + By^2 + Cxy = 1 \tag{A1}$$

可以很容易地获得该区域，公式如下：

$$S = \frac{2\pi}{\sqrt{4AB - C^2}} \tag{A2}$$

如 3.2 小节所述，多个响应的预测区域为

$$\left(\boldsymbol{x}_0'\hat{\boldsymbol{\beta}} - \boldsymbol{x}_0'\boldsymbol{\beta}\right)'\left(\frac{N}{N-p-1}\hat{\boldsymbol{\Sigma}}\right)^{-1}\left(\boldsymbol{x}_0'\hat{\boldsymbol{\beta}} - \boldsymbol{x}_0'\boldsymbol{\beta}\right) \leqslant \zeta F_{q,N-q-p}(\alpha)\left[1 + \boldsymbol{x}_0'(\boldsymbol{X}'\boldsymbol{X})^{-1}\boldsymbol{x}_0\right] \tag{A3}$$

其中，q 为响应数；$F_{q,N-q-p}(\alpha)$为自由度为（q，$N-q-p$）的 F 分布的$1-\alpha$分位数。为了简化式（A3），可以给出以下一些假设：

$$\boldsymbol{Z} = \left(\frac{N}{N-p-1}\hat{\boldsymbol{\Sigma}}\right)^{-1} = \begin{bmatrix} z_{11} & z_{12} \\ z_{21} & z_{22} \end{bmatrix} \tag{A4}$$

$$g(\boldsymbol{x},\alpha) = \left[1 + \boldsymbol{x}_0'(\boldsymbol{X}'\boldsymbol{X})^{-1}\boldsymbol{x}_0\right]F_{q,N-q-p}(\alpha) \tag{A5}$$

$$\zeta = \frac{q(N-p-1)}{N-q-p} \tag{A6}$$

同时，在 $\boldsymbol{x}_0$ 处的响应的预测值和真实值分别为[$\hat{y}_1$，$\hat{y}_2$]和[y_1，y_2]。可以将式（A3）简短地重写为

$$\frac{z_{11}}{g(\boldsymbol{x},\alpha)\zeta}(y_1 - \hat{y}_1)^2 + \frac{z_{22}}{g(\boldsymbol{x},\alpha)\zeta}(y_2 - \hat{y}_2)^2 + \frac{2z_{12}}{g(\boldsymbol{x},\alpha)\zeta}(y_1 - \hat{y}_1)(y_2 - \hat{y}_2) \leqslant 1 \tag{A7}$$

根据式（A7），椭圆区域的面积为

$$S_{\text{ellipse}} = \frac{\pi\zeta}{\sqrt{\det(\boldsymbol{Z})}}g(\boldsymbol{x},\alpha) \tag{A8}$$

其中，$\det(\mp\bullet)$表示矩阵的行列式。根据实验数据，可以计算$\det(\boldsymbol{Z})$和ζ 的值。因此，椭圆区域的面积可以改写为

$$S_{\text{ellipse}} = 17.424g(\boldsymbol{x},\alpha) \tag{A9}$$

第 4 章　组合模型下的质量设计

质量设计过程中的一项重要工作是获得最优设计变量，因为设计变量的优化不仅很大程度上可以降低加工成本，而且可以提高产品质量。由于在实际的生产过程中，仪器、测量等因素将在一定程度上影响试验数据的准确性或影响产品/工艺过程的显著性，变量无法准确地获知，因此考虑模型不确定性下的稳健参数设计在质量改进活动中显示出越来越重要的作用。另外，对于大多数复杂的工程应用，只能提供数量有限的样本，描述响应和设计变量之间关系的信息不足，使得研究人员很难确定哪一个核函数最适合特定的响应，而且最佳建模方法在模拟中可能完全不同，如均值响应下的最佳单一模型是非参数模型，而在标准差响应下的最佳单一模型是半参数模型，给工程设计者在连续质量改进中带来困扰。此外，组合模型是用于减少预测误差且被广泛认可的方法，相比单一模型而言，组合模型在预测性能上对样本点及试验设计的选择更加稳健。因此，在稳健参数设计中的响应曲面建模阶段，针对模型不确定性的问题，采用组合建模方法以改善模型的预测性能及其稳健性能具有重要的研究意义。

针对质量设计过程中模型不确定性的问题，本章将重点讨论在组合模型（如组合建模技术、0-1 规划组合建模方法及包容性检验的稳健性组合建模方法）的框架下，通过集合径向核函数神经网络方法、剔除冗余模型及包容性检验筛选子模型来对不同响应曲面建模方法进行组合，不仅可以改善模型的预测性能及其稳健性能，而且可以通过筛选子模型减少建模所需的工作量。

本章的结构如下：4.1 节基于组合建模技术的思想，提出了一种集合径向核函数神经网络，该神经网络基于 Pareto 图使用 Bootstrap 样本选择重要的 RBF 子集。然后，使用方差分析法确定不相等或相等权重的选择。4.2 节通过剔除冗余模型来构建最终的组合模型，针对微制造过程的质量持续改进问题，充分利用每个模型预测能力来提高预测精度，不仅具有最佳预测性能，而且为优化加工参数提供可靠方案。4.3 节针对响应曲面构建中模型不确定性问题，在组合建模方法的基础上，通过引入包容性检验，提出了基于包容性检验的稳健性组合建模方法（ensemble of surrogates based on encompassing test，ET-EOS），解决了模型不确定性下的响应曲面构建问题，此方法不仅改善了模型的预测性能及其稳健性能，而且通过筛选子模型减少了建模所需的工作量。

4.1 基于Bootstrap法的模型筛选研究

在质量设计过程中，首先由 Myers 和 Carter[1]提出并由 Vining 和 Myers[2]推广的双响应曲面优化法旨在确定设计变量的最优设置。与传统的试错法相比，双重响应面优化法可以显著减少试验次数。双响应面中的一项重要工作是为两个响应（即均值和方差）构建经验模型。RBF 因其优越的预测精度和鲁棒性而被广泛用于响应面优化方法中。

现有的 RBF 模型是根据核函数（如 Gaussian 或 Linear）构建的。尽管大多数研究人员主要关注核函数之间的选择，但是关于集成核函数的使用的研究相对很少。忽略 RBF 网络中核函数的选取，由于核函数在不同条件下表现不同，建模过程往往找不到模型预测良好、优化结果较好的 RBF 网络。此外，描述响应和设计变量之间关系的信息不足，使得从业人员很难确定哪一个核函数最适合特定的响应。例如，均值响应的最佳核函数是 Logisitc，而标准差响应的最佳核函数是 Gaussian 核函数[3]。

基于组合建模技术的思想，本节旨在分析集成核函数的性能。该建模技术的基本原理是对每个核函数使用不同的权值实现模型平均。更具体地，基于集合 RBF 模型中的每个核函数的预测性能来对其进行评估，然后使用每个核函数的成为最高模型的频率的 Pareto 图来确定用于最终集合 RBF 模型的最终核函数。最后，采用方差分析法分析是否使用相等或不相等的权重。

4.1.1 基本模型假设

对于具有 n 个采样点的试验数据，RBF 神经网络逼近的一般形式可以描述为[4~6]

$$y(\boldsymbol{x})=\sum_{i=1}^{n}\beta_i\varsigma_i(\boldsymbol{x}) \tag{4-1}$$

其中，$\varsigma_i(\boldsymbol{x})$为第 i 个隐藏神经元的输出值；n 和 β_i 分别为试验行程数和未知插值系数，以及：

$$\varsigma_i(\boldsymbol{x})=\varphi(\|\boldsymbol{x}-\boldsymbol{x}_i\|) \tag{4-2}$$

其中，$\boldsymbol{x}_i$ 为第 i 个试验点的输入变量的向量；$\|\ \|$ 为欧氏距离；φ 为径向对称的核函数。等效地，式（4-1）表示有限数量的径向对称核函数的线性组合，可以重

写为

$$y(\boldsymbol{x})=\sum_{i=1}^{n}\beta_i\varphi(\|\text{dist}\|)=\sum_{i=1}^{n}\beta_i\varphi(\|\boldsymbol{x}-\boldsymbol{x}_i\|) \tag{4-3}$$

如表 4-1 所示，介绍了 RBF 建模过程中常用的七个核函数[7~9]。

表 4-1　RBF 中的核函数

核函数	$\varphi(\text{dist})$
线性（Linear）	dist
立方（Cubic）	dist^3
多二次（Multi-quadric）	$\left(\text{dist}^2+c^2\right)^{1/2}$
逆多二次（Reciprocal multi-quadric）	$\left(\text{dist}^2+c^2\right)^{-1/2}$
高斯（Gaussian）	$\exp\left(-\text{dist}^2/c^2\right)$
薄板样条（Thin-plate spline）	$\left(\text{dist}/c^2\right)\log\left(\text{dist}/c\right)$
逻辑斯蒂（Logistic）	$1/\left(1+\exp\left(\text{dist}/c\right)\right)$

4.1.2　核函数筛选机制

一个挑战性的问题是从业人员应该选择哪种核函数来构建用于过程预测或优化的 RBF 模型。RBF 的基本思想和挑战问题可以从图 4-1 中清楚地看到。

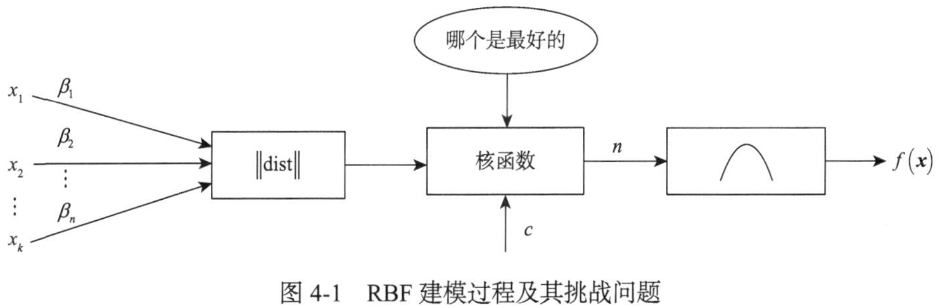

图 4-1　RBF 建模过程及其挑战问题

据我们所知，目前学界还没有对“哪个是最好的”这一问题进行过研究。有趣的是，基于一个核函数的 RBF 模型可能不适合同时进行多元响应[10]。因此，提出了一种集成的 RBF 神经网络来提高预测质量，并且可以表示为

$$y(\boldsymbol{x})=\sum_{j=1}^{s}\omega_j I_j\bullet\sum_{i=1}^{n}\beta_i\varphi_j\left(\|\boldsymbol{x}-\boldsymbol{x}_i\|\right) \tag{4-4}$$

其中，ω_j 为基于第 j 个核函数的 RBF 模型的权重；s 为核函数的数量；I_j 为一个指标变量，其值可以表示为

$$I_j = \begin{cases} 1, & \varphi_j \text{ 被选择} \\ 0, & \varphi_j \text{ 被删除} \end{cases} \tag{4-5}$$

4.1.3 超参数分析

在提出的建模技术中，应该确定集合模型（即 I_j）中使用的基本函数以及不同模型的权重（即 ω_j）。本节提出了一种基于Bootstrap方法和Pareto图的数据驱动方法来选择最优核函数。每个选定模型或核函数的权重均根据其预测性能来确定。如果在基于方差分析方法所选模型之间的预测性能没有差异，则这些模型将被视为具有相同的重要性。

已知 RBF 模型是一种插值方法，故训练数据的均方根误差（root mean square error，RMSE）为零[11]。因此，为了估计核函数中的超参数并分析每个模型的性能，将试验数据分为三个部分：第一部分是用于估计超参数和构造 RBF 模型的训练数据；第二部分是用于选择最佳核函数的验证数据；第三部分是用于评估模型性能的测试数据。对于 I_j，将根据 Bootstrap 样本记录执行效果最好的每个基本函数的数，然后，使用 Pareto 图来选择将在集成 RBF 模型中使用的重要核函数。方法如下。

算法 4-1 基于 Pareto 图的核函数筛选

for i=1 to B do（B 是 Bootstrap 仿真次数）

步骤 1：训练数据，针对每一个 φ_i 构建 RBF 模型。采用交叉验证法求解核函数中的参数 β_i；

步骤 2：验证数据，计算每一个 RBF 模型的预测误差；

步骤 3：统计取得最小预测误差的核函数；

end for

步骤 4：基于 Pareto 图确定最终的核函数。

该算法的目的是选择最优核函数集。具体来说，就是用 Bootstrap 方法生成不同的样本，通过对样本的分析来检验每个核函数的性能。在每个 Bootstrap 样本中，试验数据都分为上述三个部分。因此，我们可以在算法4-1的步骤3中确定哪个核函数是最优的。然后利用步骤 4 中的 Pareto 图获得重要的核函数。

显然，应基于所选核函数对模型进行适当的加权。此外，权重是 RBF 模型构建中的重要设计部分。已知 RBF 模型是一种插值方法，故无法使用传统的 RMSE 来计算权重。在本节中，我们基于验证数据的预测误差来计算相应的权值。误差的通用标准是预测误差平方和[12，13]。因此，用该准则来计算相应核函数的权值。具体而言，如果构建了模型，则点j的预测误差将为$e_{(j)} = y_j - \hat{y}_{(j)}$。然后，可以通过 PRESS_i 度量第 i 个模型的预测性能：

$$\text{PRESS}_i = \sum_{j=1}^{N} e_{(ij)}^2 = \sum_{j=1}^{N} \left[y_j - \hat{y}_{(ij)} \right]^2 \tag{4-6}$$

其中，$\hat{y}_{(ij)}$ 和 y_j 分别为在点j的预测响应和真实响应；N为验证数据的数量。基于式（4-6），第 i 个模型的权重可以计算为

$$\omega_i = \left(1/\text{PRESS}_i\right) \Big/ \left(\sum_{i=1}^{M} 1/\text{PRESS}_i \right) \tag{4-7}$$

其中，M 为核函数的个数。

对于 B 个 Bootstrap 样本，所选模型有 B 组权重。然后，使用 MATLAB 中的函数“方差分析 1”实行平衡的单因素方差分析，以比较两个或多个核函数的权重。计算过程如下。

算法 4-2　基于方差分析和预测准则计算权重

步骤 1：确定算法 4-1 中筛选的核函数，并构建相应的 RBF 模型；

For j=1 to B do（B 是 Bootstrap 仿真次数）

步骤 2：基于筛选的核函数确定各模型的权重；

end for

步骤 3：通过方差分析比较权重。如果 p 值小于预定的显著性水平，则采用式（4-7）计算权重。如果p值大于预定的显著性水平，则采用等权重方法。

4.1.4　性能评估

从以下两类评估每个模型的性能：①预测结果，②优化结果。第一项措施与模型的预测能力有关，而另一项措施与从模型获得的优化结果有关。

4.1.4.1　预测性能

关于第一种措施，在比较分析中使用了两个常见的误差标准，即 RMSE 和绝对误差范围（R）。使用两个标准的可能原因如下：一个是前者可以测量其预测准确性；另一个是 R 可以用作置信度。公式如下：

$$\text{RMSE} = \sqrt{\sum_{i=1}^{n_2} \left(y_i - \hat{y}_i\right)^2 \Big/ n_2} \tag{4-8}$$

$$R = \max_{i=1,2,\cdots,n_2} \left(\left| y_i - \hat{y}_i \right| \right) - \min_{i=1,2,\cdots,n_2} \left(\left| y_i - \hat{y}_i \right| \right) \tag{4-9}$$

其中，n_2 为测试数据的数量；y_i 和 $\hat{y}_i$ 分别为第 i 次运行的实际响应和预测响应。

两个标准越小，模型越好。

4.1.4.2 优化性能

为了评估最佳设计变量的精度，本节使用了两个距离标准：一个是欧氏距离；另一个是余弦相似度。更具体而言，该框架得到的最优设计变量与真实最优设计变量之间的欧氏距离计算为

$$d=\sqrt{\left(\hat{x}_{b1}^{*}-x_{t1}^{*}\right)^{2}+\left(\hat{x}_{b2}^{*}-x_{t2}^{*}\right)^{2}+\cdots+\left(\hat{x}_{bk}^{*}-x_{tk}^{*}\right)^{2}} \tag{4-10}$$

其中，$\boldsymbol{x}_{b}^{*}=\left(\hat{x}_{b1}^{*}, \hat{x}_{b2}^{*}, \cdots, \hat{x}_{bk}^{*}\right)$ 和 $\boldsymbol{x}_{t}^{*}=\left(x_{t1}^{*}, x_{t2}^{*}, \cdots, x_{tk}^{*}\right)$ 为分别使用核函数“b”估算的最佳设计变量和使用真实核函数的最佳设计变量。

尽管欧氏距离是绝对距离的最常用距离度量，但已有不少学者批评该距离并推荐使用余弦相似度[14]。但余弦相似度仅基于方向来测量两个向量之间的相似性，而忽略它们之间距离的影响。因此，本节采用两种距离公式来评估所提方法的效率。

$$\mathrm{cs}=\cos\theta=\frac{\sum_{i=1}^{k}\hat{x}_{bi}^{*}\times x_{ti}^{*}}{\sqrt{\sum_{i=1}^{k}\left(\hat{x}_{bi}^{*}\right)^{2}}\sqrt{\sum_{i=1}^{k}\left(x_{ti}^{*}\right)^{2}}} \tag{4-11}$$

从该距离的定义可以发现，朝向相反和相同方向的设计变量的向量分别被认为是最小和最相似的。同时，所提出的组合建模技术如图 4-2 所示。

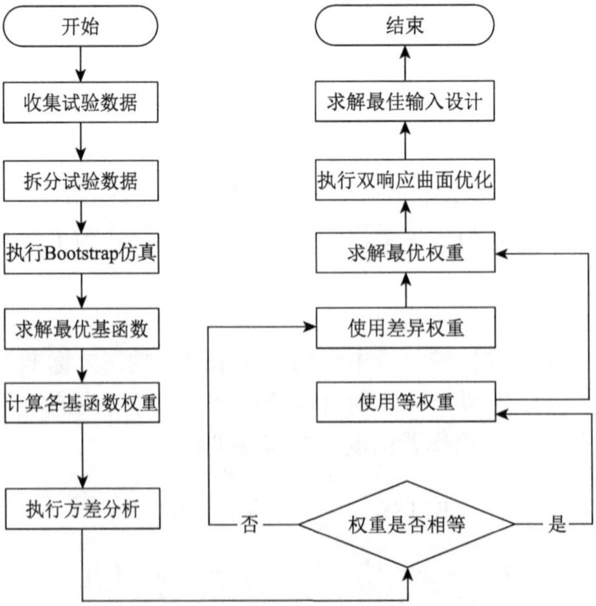

图 4-2 提出的集成 RBF 神经网络的一般流程

4.1.5 实例分析

4.1.5.1 问题描述

在这一节中，我们将通过一个微钻孔过程来说明所提出的建模技术的优越性。数控微加工工作站通常由 Nd：YLF 飞秒激光系统、四轴数控控制系统和带闭路电视监控的中心复合设计（central composite design，CCD）摄像机组成[15]。试验数据采集采用四轴数控飞秒激光微加工中心和 3^3 阶乘设计。试验设计变量为平均功率（x_1）、q 开关频率（x_2）和切削速度（x_3）。输出响应 y 是目标为 $T = 40\ \mu m$ 的微孔的半径。试验结果如表 4-2 所示。

表 4-2　钻孔过程的试验设计和数据

Run	x_1	x_2	x_3	y_1	y_2	y_3	$\bar{y}$	s
1	−1	1	1	26.806	22.300	22.454	23.853	2.558
2	−1	0	0	27.200	22.406	34.043	27.883	5.849
3	−1	−1	−1	27.462	23.507	44.908	31.959	11.387
4	−1	0	1	29.698	26.800	26.800	27.766	1.673
5	−1	0	0	43.460	41.287	44.908	43.218	1.823
6	−1	0	−1	58.671	60.843	52.946	57.487	4.079
7	−1	−1	1	23.179	21.730	23.403	22.770	0.908
8	−1	0	0	36.941	35.492	40.562	37.665	2.611
9	−1	1	−1	49.530	55.773	52.152	52.485	3.135
10	0	1	0	36.216	31.319	35.492	34.342	2.643
11	0	0	0	52.152	61.568	57.222	56.980	4.713
12	0	−1	0	57.946	59.395	65.189	60.843	3.833
13	0	0	0	29.698	30.422	26.800	28.973	1.916
14	0	0	0	42.011	39.838	42.735	41.528	1.508
15	0	0	0	57.222	53.998	55.049	55.423	1.644
16	0	−1	0	25.800	24.300	29.698	26.599	2.786
17	0	0	0	38.389	35.165	38.389	37.314	1.861
18	0	1	0	52.876	59.395	55.773	56.014	3.266
19	1	1	−1	33.319	34.043	34.043	33.802	0.418
20	1	0	0	52.152	55.049	57.946	55.049	2.897
21	1	−1	1	60.119	57.222	55.773	57.705	2.213
22	1	0	−1	26.698	27.525	28.973	27.732	1.152
23	1	0	0	44.908	48.530	46.357	46.598	1.823
24	1	0	1	62.292	66.638	59.395	62.775	3.646
25	1	−1	−1	26.800	28.249	27.525	27.524	0.724
26	1	0	0	36.216	39.838	40.562	38.872	2.328
27	1	1	1	54.325	49.254	59.395	54.324	5.070

4.1.5.2 性能分析

如表 4-1 所示，我们使用 7 个不同的核函数来构建相应的 RBF 模型。为了公平地选择最佳的核函数集，将试验数据划分为三种数据集。在不失一般性的前提下，三个数据集的比例分别为 6 : 2 : 2，这在加工学习领域已得到广泛使用。为了实现算法 4-1，在选择过程中使用了 500 个 Bootstrap 样本。选择结果如图 4-3 和图 4-4 所示。x 轴表示每个基本函数的类型。y 轴表示每个核函数的最优值。例如，Logistic 核函数的值为平均响应的 460，这意味着 500 个模拟试验中有 460 个将 Logistic 核函数视为最佳。

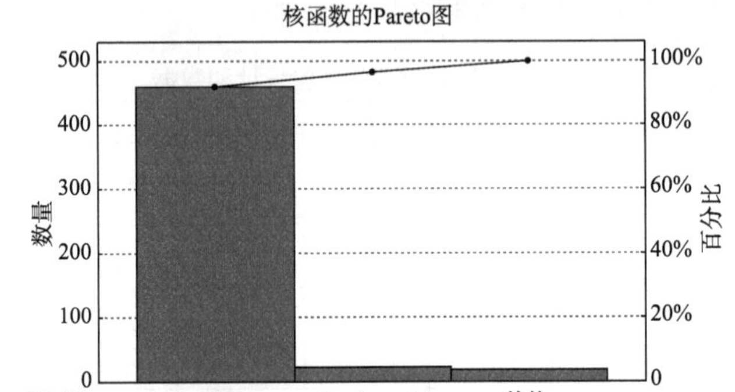

核函数	Logistic	Reciprocal	其他
数量	460	22	18
百分比 %	92.0	4.4	3.6
累积 %	92.0	96.4	100.0

图 4-3 平均响应的 Pareto 图

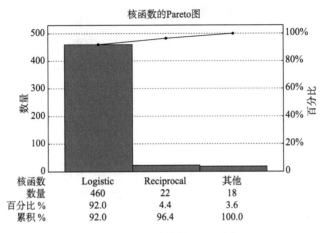

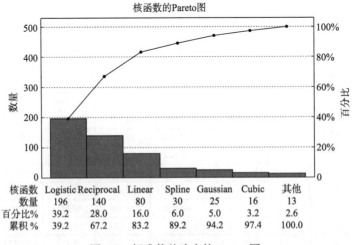

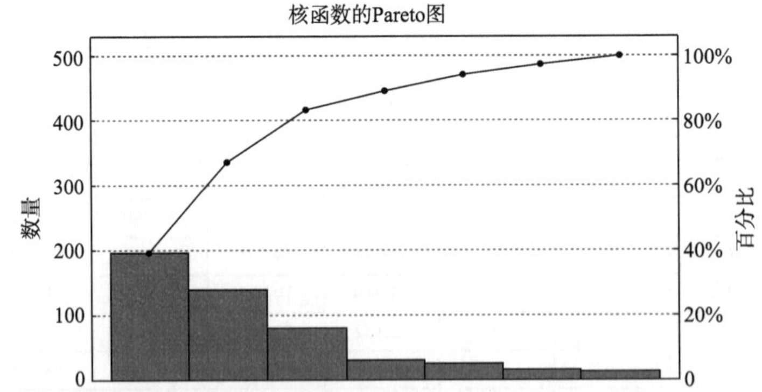

核函数	Logistic	Reciprocal	Linear	Spline	Gaussian	Cubic	其他
数量	196	140	80	30	25	16	13
百分比%	39.2	28.0	16.0	6.0	5.0	3.2	2.6
累积 %	39.2	67.2	83.2	89.2	94.2	97.4	100.0

图 4-4 标准偏差响应的 Pareto 图

根据 Pareto 图中的 80/20 规则，从图 4-3 和图 4-4 中可以看出，均值响应的最佳核函数集包含 Logistic 核函数，而标准差响应的核函数则为 Reciprocal、Logistic 和 Linear。同时，利用验证数据对仿真试验中各 RBF 模型的权值进行了计算，由于只有一个核函数用于构造平均响应，因此权值等于 1。对于标准差响应，方差分析用于比较 Reciprocal、Logistic 和 Linear 的权重。结果如图 4-5 所示。同时，方差分析中的 p 值明显小于 0.05，这意味着三个 RBF 模型的权重不能被视为具有相同的重要性，需要根据式（4-7）进行计算。

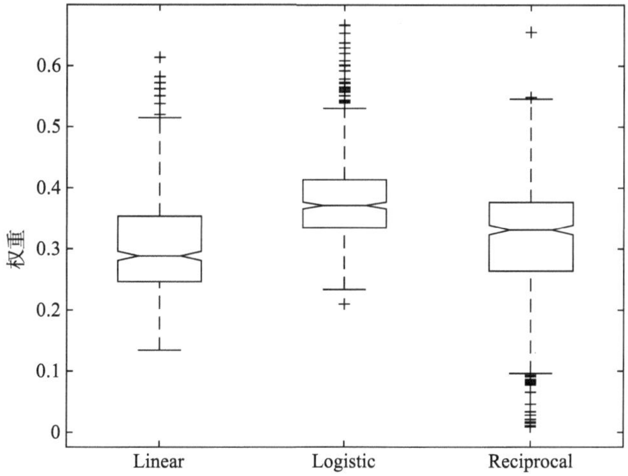

图 4-5　标准差响应的不同核函数下的权重

为了说明所提出的建模技术的效率，基于式（4-8）和式（4-9）计算了每个 RBF 模型的预测结果。表 4-3 给出了每种模型对两种响应的预测准确性。

表 4-3　不同模型对响应的比较结果

核函数	均值响应		标准差响应	
	RMSE（标准差）	R（标准差）	RMSE（标准差）	R（标准差）
Cubic	33.306（4.415）	32.203（5.327）	4.785（2.462）	6.022（2.816）
Linear	10.693（**0.907**）	13.307（**1.836**）	1.877（0.459）	**2.537**（**0.840**）
Logistic	**7.521**（1.924）	**11.283**（2.492）	2.008（0.612）	3.168（1.337）
Multiquad	23.409（87.276）	21.811（16.123）	5.308（18.496）	4.151（4.143）
Gaussian	28.713（3.426）	35.757（7.727）	2.964（1.850）	4.713（3.221）
Reciprocal	20.583（38.208）	26.140（12.429）	3.730（8.346）	4.415（4.002）
Spline	8.843（1.163）	9.978（2.039）	1.904（0.565）	2.783（1.028）
Enall	8.629（1.539）	13.168（3.017）	1.882（0.570）	2.921（1.240）
Enopt	**7.521**（1.924）	**11.283**（2.492）	**1.822**（**0.352**）	2.822（1.233）

在表 4-3 中，粗体值表示 RBF 模型在相应的条件下表现最好，可以看出，RBF

模型的预测性能随从业者选择的核函数而变化。展开来讲，Logistic 核函数对于平均值响应是最佳的，而最佳核函数是标准偏差响应的 Linear。这种现象表明从业者对于在建立 RBF 模型时应采用哪些基本函数存在混淆。这是因为，没有一个核函数可以在两种响应中均表现最佳。众所周知，Gaussian 核函数在 RBF 模型的构建中被广泛使用。但是，一个有趣的现象是在这种情况下它不能很好地执行。

组合模型有两种：一种是将所有的核函数结合起来，利用式（4-7）中的权值构造集成RBF模型，即Enall；另一种是根据Pareto图将选择的核函数进行组合，构建组合模型，即Enopt。从表4-3可以看出，从两个响应的标准来看，所提出的模型Enopt的性能要优于Enall。具体来说，与平均响应的Enall模型相比，RMSE和 R 的预测性能分别提高了 14%和 Enopt 的 13%。此外，标准偏差响应也得到了类似的改进。

仿真试验表明，Enopt 具有较好的预测性能和较强的鲁棒性。这意味着模型选择在组合建模技术中变得非常重要，因为组合模型的预测性能不会因为一些较差模型的影响而得到改善。因此，所提出的组合建模技术可以作为RSM的一个很好的选择。

在优化结果方面，无法得知微制造过程中响应与设计变量之间的真实函数，因此无法获得设计变量的真实最优值。为了充分说明 Enopt 模型的优越性，我们使用两个优化标准，即式（4-10）和式（4-11），通过假设每个模型为真实模型来分析不同模型的性能。在不失一般性的情况下，均值项和方差项在式（3-8）中被认为是同等重要的，即 $\lambda=0.5$ 。需要注意的是，不同的权重也适用于所提出的模型。优化结果如表 4-4 和表 4-5 所示。

表 4-4　假定真实模型和二手模型之间的欧氏距离

假设→	过程优化中的模型								
真实↓	Bf1	Bf2	Bf3	Bf4	Bf5	Bf6	Bf7	Enall	Enopt
Bf1	0.00	0.91	0.42	0.94	0.64	0.76	1.03	0.62	0.58
Bf2	0.91	0.00	1.03	0.09	0.53	0.32	0.09	0.52	0.39
Bf3	0.42	1.03	0.00	1.02	0.74	0.72	1.02	0.49	0.45
Bf4	0.94	0.09	1.02	0.00	0.63	0.34	0.04	0.37	0.34
Bf5	0.64	0.53	0.74	0.63	0.00	0.48	0.63	0.56	0.25
Bf6	0.76	0.32	0.72	0.34	0.48	0.00	0.32	0.19	0.25
Bf7	1.03	0.09	1.02	0.04	0.63	0.32	0.00	0.36	0.24
均值	0.67	0.42	0.71	0.44	0.52	0.42	0.45	0.44	**0.41**
标准差	0.36	0.41	0.38	0.43	0.24	0.26	0.45	0.25	**0.23**

注：Bf1、Bf2、Bf3、Bf4、Bf5、Bf6、Bf7 分别表示 Cubic 核函数、Linear 核函数、Logistic 核函数、Multiquad 核函数、Gaussian 核函数、倒数核函数和样条核函数

表 4-5　假定真实模型和二手模型之间的余弦相似度

假设→	过程优化中的模型								
真实↓	Bf1	Bf2	Bf3	Bf4	Bf5	Bf6	Bf7	Enall	Enopt
Bf1	1.00	0.33	0.58	0.46	0.56	0.44	0.24	0.53	0.49
Bf2	0.33	1.00	0.47	0.72	0.13	0.53	0.55	0.41	0.71
Bf3	0.58	0.47	1.00	0.42	0.41	0.55	0.27	0.67	0.62
Bf4	0.46	0.72	0.42	1.00	0.32	0.73	0.52	0.68	0.63
Bf5	0.56	0.13	0.41	0.32	1.00	0.45	0.09	0.33	0.42
Bf6	0.44	0.53	0.55	0.73	0.45	1.00	0.44	0.64	0.65
Bf7	0.24	0.55	0.27	0.52	0.09	0.44	1.00	0.48	0.57
均值	0.52	0.53	0.53	**0.60**	0.42	**0.59**	0.44	0.53	0.58
标准差	0.24	0.28	0.23	0.23	0.31	0.21	0.30	0.14	**0.10**

注：Bf1、Bf2、Bf3、Bf4、Bf5、Bf6、Bf7 分别表示 Cubic 核函数、Linear 核函数、Logistic 核函数、Multiquad 核函数、Gaussian 核函数、倒数核函数和样条核函数

表 4-4 给出了真实模型得到的设计变量的真值与估计模型得到的最优值之间的欧氏距离值。从表 4-4 可以看出，Enopt 得到的设计变量的欧氏距离的均值和标准差最小。具体来说，与所有单一的建模技术相比，Enopt 分别在欧氏距离的均值和标准偏差上平均提高了 21%和 33%。

从表 4-5 可以看出，Enopt 可以与最优核函数相媲美，即 Multiquad，而在其余建模技术中，其余弦均值表现最佳，与所有的单一模型相比，通过在确定最佳设计变量时考虑模型选择，可将余弦相似度平均值平均提高 19%。同时，基于余弦相似度的标准偏差，Enopt 优于所有基于不同核函数的单一模型，在余弦相似度的标准偏差方面取得了 57%的改进。

根据以上比较结果，可以观察到三个有趣的发现。

（1）单一建模技术的性能随基本功能和响应而变化，这增加了从业人员使用 RBF 模型的难度。

（2）将一些建模技术集成到组合模型中可能不会提高其预测性能，这表明在构建组合模型之前消除一些劣等建模技术的意义。

（3）构建组合模型不仅可以提高预测性能，而且可以获得较好的优化结果。

4.1.5.3　过程波动效应

为了说明所提出的建模技术的优越性和鲁棒性，在数百个蒙特卡罗模拟中，采用了微钻过程中不同程度的过程可变性。方便起见，我们仅使用 RMSE 和欧氏距离来检查所提出的建模技术的性能，因为可以从其他两个准则得到类似的结

论。两个准则对应的均值和标准差计算为

$$\mathrm{MC1} = \sum_{i=1}^{N} \mathrm{RMSE}_i \Big/ N;\ \mathrm{SC1} = \sqrt{\sum_{i=1}^{N} \left[\mathrm{RMSE}_i - \mathrm{MC1}\right]^2 \Big/ (N-1)} \tag{4-12}$$

$$\mathrm{MC2} = \sum_{i=1}^{N} d_i \Big/ N;\ \mathrm{SC2} = \sqrt{\sum_{i=1}^{N} \left[d_i - \mathrm{MC2}\right]^2 \Big/ (N-1)} \tag{4-13}$$

其中，N 为蒙特卡罗模拟次数。请注意，RMSE_i 和 d_i 为整个 Bootstrap 样本下第 i 个蒙特卡罗模拟的平均值。与 4.2 节中的试验不同，在蒙特卡罗模拟中随机生成比例（即 6 : 2 : 2）的试验数据。也就是说，每次模拟时，训练数据、验证数据和测试数据的输入数据模式完全不同。

在每个蒙特卡罗试验中，每个设计点的三个重复的仿真数据都是使用原始的微钻数据作为“种子”生成的，然后在 500 个 Bootstrap 样本下分析该数据。具体来说，样本数据是从 $N\left(\mu, \eta\sigma^2\right)$ 分布中提取的，其中，η 表示过程可变性的程度。$\eta = 0.50$ 和 $\eta = 1.50$ 分别用于表示过程可变性的低程度和高程度。同时，对于 η 的每个值，蒙特卡罗模拟和 Bootstrap 时间分别为 100 和 500，预测和优化结果分别可见表 4-6 和表 4-7。

表 4-6 过程波动对 RMSE 的影响

核函数	$\eta = 0.50$		$\eta = 1.50$	
	均值响应	标准差响应	均值响应	标准差响应
	MC1（SC1）	MC1（SC1）	MC1（SC1）	MC1（SC1）
Cubic	32.995（2.852）	2.941（1.702）	33.343（9.523）	7.667（5.050）
Linear	10.757（**0.638**）	1.356（**0.365**）	10.992（**1.781**）	3.028（1.031）
Logistic	**7.307**（1.436）	1.276（0.470）	**8.366**（3.072）	3.375（1.345）
Multiquad	12.278（7.315）	1.522（1.206）	12.096（8.392）	4.447（3.744）
Gaussian	29.428（1.377）	1.698（0.880）	30.394（4.257）	4.613（2.582）
Reciprocal	15.181（3.871）	1.485（1.017）	15.225（5.222）	3.997（3.179）
Spline	8.921（0.802）	1.278（0.666）	9.265（2.324）	3.859（2.702）
Enall	8.454（1.090）	1.169（0.452）	8.834（3.367）	3.086（1.350）
Enopt	**7.307**（1.436）	**1.136**（0.371）	**8.366**（3.072）	**2.986**（**1.030**）

表 4-7 过程波动对欧氏距离的影响

η	假设→	过程优化中的模型								
	真实↓	Bf1	Bf2	Bf3	Bf4	Bf5	Bf6	Bf7	Enall	Enopt
0.50	Bf1	0.00	0.81	0.45	0.73	0.58	0.66	0.68	0.72	0.58
	Bf2	0.81	0.00	1.03	0.09	0.57	0.42	0.29	0.32	0.31

续表

η	假设→	过程优化中的模型								
	真实↓	Bf1	Bf2	Bf3	Bf4	Bf5	Bf6	Bf7	Enall	Enopt
0.50	Bf3	0.45	1.03	0.00	0.82	0.64	0.62	0.32	0.79	0.62
	Bf4	0.73	0.09	0.82	0.00	0.68	0.54	0.44	0.47	0.44
	Bf5	0.58	0.57	0.64	0.68	0.00	0.42	0.33	0.46	0.35
	Bf6	0.66	0.42	0.62	0.54	0.42	0.00	0.31	0.19	0.25
	Bf7	0.68	0.29	0.32	0.44	0.33	0.31	0.00	0.26	0.34
	均值	0.56	0.46	0.55	0.47	0.46	0.42	**0.34**	0.46	0.41
	标准差	0.27	0.37	0.34	0.32	0.24	0.23	0.20	0.23	**0.14**
1.50	Bf1	0.00	1.02	0.62	0.85	0.89	0.86	0.94	0.85	0.61
	Bf2	1.02	0.00	1.26	0.31	0.53	0.52	0.59	0.65	0.41
	Bf3	0.62	1.26	0.00	1.12	0.63	0.65	0.42	0.93	0.68
	Bf4	0.85	0.31	1.12	0.00	0.72	0.64	0.52	0.54	0.58
	Bf5	0.89	0.53	0.63	0.72	0.00	0.46	0.53	0.60	0.47
	Bf6	0.86	0.52	0.65	0.64	0.46	0.00	0.41	0.49	0.30
	Bf7	0.94	0.59	0.42	0.52	0.53	0.41	0.00	0.56	0.24
	均值	0.74	0.60	0.67	0.59	0.54	0.51	0.49	0.66	**0.47**
	标准差	0.35	0.42	0.42	0.37	0.28	0.29	0.28	0.17	**0.16**

实际上，从表 4-3 中得出的结论也可以从表 4-6 中得出。通常，从表 4-6 中可以看出，Enopt 模型在均值和标准差响应方面具有出色的预测性能，尤其是在 MC1 方面。同时，Enopt 模型的准则 SC1 可与其他模型相媲美。对于 Enall 模型，表 4-6 表明它在一定程度上可以提高预测性能，但是在组合模型中添加一些冗余核函数可能会降低其预测精度。

由表 4-7 还可以看出，本节所提出的模型的优化结果可以与其他模型相当，甚至更好。具体而言，在低可变性的情况下（即 $\eta = 0.50$），该模型在优化结果的鲁棒性方面优于其他模型。同时，所提出的 Enopt 模型的平均性能可以与 Spline 核函数的最佳性能相媲美。在高变异性的情况下（即 $\eta = 1.50$），所提出的模型 Enopt 在 MC2 和 SC2 方面的性能最好。具体来说，与所有单一的建模技术相比，该模型在 MC2 和 SC2 上分别实现了平均 19%和 52%的改进。

注意，本节所提出的建模技术尤其在高可变性情况下具有优越的性能。比较结果表明，所提出的建模技术可以产生更合理的性能。因此，所提出的建模技术是 RSM 质量改进的合适选择。

4.2 基于0-1规划的模型筛选研究

近年来随着微孔加工技术飞速发展，以微孔阵列生成的微精密产品得到广泛应用[16, 17]，而在微制造过程中质量改进是最具挑战性的问题之一，也是工业工程领域研究的热门课题。基于过程优化的双响应曲面法是提高产品/过程质量的重要方法[18]。现有双响应曲面法研究通常是在所有模型（如多项式模型、非参数模型）中选择性能最优模型，而性能不佳的模型则不考虑。上述研究存在两点不足：第一，未能充分利用部分模型所提供的预测信息；第二，当获得新数据时，无法保证模型仍具有最佳性能，意味着即使试验设计发生改变模型仍然不变。此外，均值模型和标准差模型的构建方法可能也完全不同。

近年来，有学者将组合模型融合到双响应曲面法中，相关研究对建模方法具有重要的理论价值。组合模型是用于减少预测误差且被广泛认可的方法[19]。由于这类组合建模方法增加了冗余模型，这类组合模型并非最优方法，有必要在构建组合模型之前剔除一部分冗余模型。图 4-6 能够说明不剔除冗余模型的弊端，如图 4-6 所示，模型 1 在三个候选模型（即模型 1、2 和 3）中性能最佳，而模型 3 的性能最不理想。若三个模型全部用于构建组合模型 2，尽管模型鲁棒性得到改善但预测性能却无法保证。若结合模型 1 和模型 2 构建组合模型 1，则组合模型 1 的预测性能将优于组合模型 2。

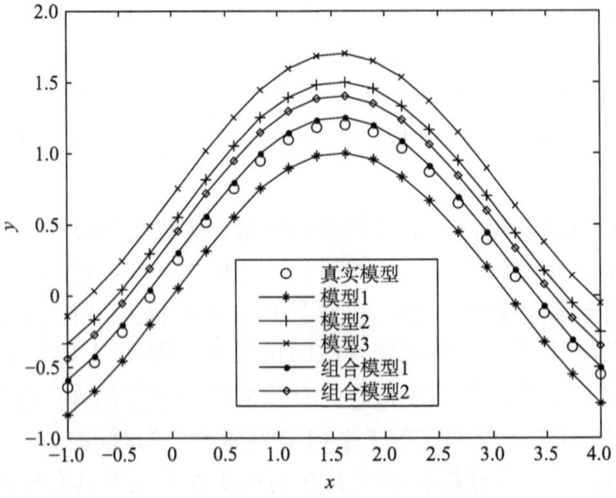

图 4-6 不同组合模型对比结果

为解决上述讨论中面临的难题，提出一种基于 0-1 规划的组合建模方法，通过剔除冗余模型来构建最终的组合模型，所提方法能够充分利用各模型优点。本节所提方法有如下两点贡献：一是消除冗余模型提高模型预测精度和鲁棒性；二是为优化加工参数提供可靠的方案。

4.2.1　基本模型

1）参数化建模

参数化建模方法假设核函数可以用参数化表示，参数化模型通常表示为[17]

$$\boldsymbol{y}=\boldsymbol{X}\boldsymbol{\beta}+\varepsilon \tag{4-14}$$

其中，$\boldsymbol{X}$ 为 $n\times(k+1)$ 模型矩阵，k 为回归模型个数；ε 表示方差为常数，均值为零的随机误差。通过 OLS 得到拟合值为

$$\hat{\boldsymbol{y}}_{\text{OLS}}=\boldsymbol{X}\hat{\boldsymbol{\beta}}_{\text{OLS}}=\boldsymbol{X}\left(\boldsymbol{X}'\boldsymbol{X}\right)^{-1}\boldsymbol{X}'\boldsymbol{y}=\boldsymbol{H}_{\text{OLS}}\boldsymbol{y} \tag{4-15}$$

其中，$\boldsymbol{H}_{\text{OLS}}$ 为 OLS 预测矩阵，在 $\boldsymbol{x}_0$ 处的预测值为

$$\hat{\boldsymbol{y}}_{\text{OLS}}=\boldsymbol{x}_0\left(\boldsymbol{X}'\boldsymbol{X}\right)^{-1}\boldsymbol{X}'\boldsymbol{y}=\boldsymbol{h}_0^{\text{OLS}}\boldsymbol{y} \tag{4-16}$$

更多关于 OLS 和预测矩阵内容详见 Myers 等的研究[20]。

2）非参数建模

当参数模型不合适时则可采用非参数建模方法，非参数模型通常有核回归、局部多项式回归（local polynomial regression，LPR）和基于样条法回归。Vining 和 Bohn[21]、Mays 等[22]应用 LPR 进行非参数建模，非参数建模方法对设计空间边界上的有偏估计具有鲁棒性。本节主要研究一阶多项式，即 LLR。LLR 对 $\boldsymbol{x}_0$ 进行拟合可表示为

$$\hat{\boldsymbol{y}}^{\text{LLR}}=\boldsymbol{x}_{10}'\left(\boldsymbol{X}_1'\boldsymbol{W}_0\boldsymbol{X}_1\right)^{-1}\boldsymbol{X}_1'\boldsymbol{W}_0\boldsymbol{y}=\boldsymbol{h}_0^{\text{LLR}}\boldsymbol{y} \tag{4-17}$$

其中，$\boldsymbol{W}_0=\operatorname{diag}\left(\boldsymbol{h}_{01}^{\text{KER}},\boldsymbol{h}_{02}^{\text{KER}},\cdots,\boldsymbol{h}_{0n}^{\text{KER}}\right)$，为局部矩阵；$\boldsymbol{h}_{0i}^{\text{KER}}=K\left(\boldsymbol{x}_0,\boldsymbol{x}_s\right)\Big/\sum_{s=1}^{n}K\left(\boldsymbol{x}_0,\boldsymbol{x}_s\right)$，为 $\boldsymbol{x}_0$ 与 $\boldsymbol{x}_s$ 距离相关的内核权重，$\boldsymbol{x}_{10}'=\left(1,\boldsymbol{x}_0\right)$；$K(\bullet,\bullet)$ 为核函数；$\boldsymbol{X}_1$ 为 LLR 模型矩阵。$K(\bullet,\bullet)$ 核函数如下所示：

$$K\left(\boldsymbol{x}_0,\boldsymbol{x}_s\right)\propto K\left[\left\|\left(\boldsymbol{x}_0-\boldsymbol{x}_s\right)/b\right\|\right] \tag{4-18}$$

其中，$K\left[\left\|\left(\boldsymbol{x}_{0j}-\boldsymbol{x}_{sj}\right)/b\right\|\right]=\mathrm{e}^{-\left[\left(\boldsymbol{x}_{0j}-\boldsymbol{x}_{sj}\right)/b\right]^2}$；$j=1,2,\cdots,(p-1)$；$b$ 为给定带宽，也称为平滑参数。

3）半参数建模

半参数模型结合了参数和非参数建模方法，其偏差（或方差）比参数和

非参数建模方法更小。由 Mays 等[22]提出的 MRR 是应用较多的半参数方法。

MRR 参数部分是对原始数据构建参数化模型 $\hat{\boldsymbol{y}}^{\text{OLS}}$，非参数部分并非拟合原始数据，而是对参数模型的残差 $\boldsymbol{r}$ 进行拟合，非参数模型定义为

$$\hat{\boldsymbol{r}} = \boldsymbol{H}_r^{\text{LLR}} \boldsymbol{r} \tag{4-19}$$

其中，$\boldsymbol{H}_r^{\text{LLR}}$ 为局部线性矩阵拟合参数模型的残差 $\boldsymbol{r}$，MRR 如下所示：

$$\hat{\boldsymbol{y}}^{\text{MMR}} = \hat{\boldsymbol{y}}^{\text{OLS}} + \lambda \hat{\boldsymbol{r}} \tag{4-20}$$

其中，混合参数 $\lambda \in [0,1]$。

4）RBF 模型

RBF 通过散乱数据来逼近多元函数。对于由 n 个样本的输入变量值和响应构成的数据集，RBF 可定义为

$$\hat{y}(\boldsymbol{x}) = \sum_{i=1}^{n} \beta_i \varphi\left(\left\|\boldsymbol{x} - \boldsymbol{x}_i\right\|\right) \tag{4-21}$$

其中，$\boldsymbol{x}$ 为输入矩阵变量；$\boldsymbol{x}_i$ 为输入变量的第 i 个样本点；$\| \ \|$ 为欧氏距离；n 和 β_i 分别为运行试验次数和未知插值系数；φ 为径向对称核函数。式（4-21）表示有限个径向对称核函数的线性组合。Gaussian 核函数 $\varphi(r) = \mathrm{e}^{\left(-r^2/c^2\right)}$ 是应用最多的一种函数，其中，r 为 $\boldsymbol{x}$ 和 $\boldsymbol{x}_i$ 之间的欧氏距离，c 为核函数中未知参数。

5）Kriging 模型

Kriging 模型是一种独特插值方法，它够提供预测方差，Kriging 模型一般形式为[23]

$$y(\boldsymbol{x}) = \sum_{k=1}^{m} \beta_k f_k(\boldsymbol{x}) + Z(\boldsymbol{x}) \tag{4-22}$$

其中，$f_k(\boldsymbol{x})$、β_k 和 $y(\boldsymbol{x})$ 分别为第 k 个指定函数、未知系数 $(k = 1, 2, \cdots, m)$ 和响应函数。式（4-22）中函数 $f_k(\boldsymbol{x})$ 的多项式阶次可为 0、1 或 2。$Z(\boldsymbol{x})$ 为 Gaussian 随机过程，且均值为 0，方差为[24]

$$\operatorname{cov}\left(Z(\boldsymbol{x}_1), Z(\boldsymbol{x}_2)\right) = \sigma^2 R(\boldsymbol{x}_1, \boldsymbol{x}_2) = \sigma^2 \exp\left[-\sum_{s=1}^{p} \theta_s \left(\boldsymbol{x}_{1s} - \boldsymbol{x}_{2s}\right)^2\right] \tag{4-23}$$

其中，σ^2 为过程方差；$R(\bullet)$ 为相关函数；p 为 $\boldsymbol{x}$ 的维度；$\boldsymbol{x}_{1s}$ 和 $\boldsymbol{x}_{2s}$ 分别为第 s 个试验点 $\boldsymbol{x}_1$ 和 $\boldsymbol{x}_2$；θ_s 为拟合模型的未知相关参数。当所有 θ_s 值都相同时，即当 $\theta_1 = \theta_2 = \cdots = \theta_q = \theta$ 时，模型预测性能达到最优。

6）SVR 模型

ε-SVR（support vector regression，支持向量回归）是找到函数 $f(\boldsymbol{x})$ 使得所有训练数据与实际目标有最小偏差，同时函数尽可能平滑[7]，ε-SVR 线性函数形式为

$$f(\boldsymbol{x})=\langle \boldsymbol{w},\boldsymbol{x}\rangle+b \tag{4-24}$$

其中，$\langle\ \rangle$ 和 $\boldsymbol{w}$ 分别表示内部乘积和平面度，ε-SVR 中的损失函数为

$$L_\varepsilon\left(f(\boldsymbol{x})-y\right)=\begin{cases}0, & \left|f(\boldsymbol{x})-y\right|<\varepsilon \\ \left|f(\boldsymbol{x})-y\right|-\varepsilon, & \text{other}\end{cases} \tag{4-25}$$

式（4-24）中的平面度表示寻求较小 $\boldsymbol{w}$，使得 Euclidean（即 $\|\boldsymbol{w}\|^2$）最小。具体可表示如下：

$$\begin{aligned}&\min \frac{1}{2}\boldsymbol{w}'\boldsymbol{w}+C\sum_{i=1}^{n}\left(\xi_i^-+\xi_i^+\right)\\ &\text{s.t.}\begin{cases}f(\boldsymbol{x}_i)-y_i\leqslant\varepsilon+\xi_i^+ \\ y_i-f(\boldsymbol{x}_i)\leqslant\varepsilon+\xi_i^-\ ,\ i=1,2,\cdots,n \\ \xi_i^-,\xi_i^+\geqslant 0\end{cases}\end{aligned} \tag{4-26}$$

其中，n 为试验样本量；常数 C 决定了 f 的平面度和允许偏差大于 ε 之间的权衡，式（4-26）采用 Gaussian 核函数。

4.2.2　建模技术筛选机制

4.2.2.1　基于 0-1 规划筛选机制

该阶段选择试验设计（如全因子设计、部分因子设计和中心复合设计）并确定试验设计方案的响应 y，y 受加工参数 $x_1,x_2,\cdots,x_k$ 的影响[25]。试验目标是确定最优加工参数 $\boldsymbol{x}^*=\left(x_1^*,x_2^*,\cdots,x_k^*\right)$，使得加工性能最佳，同时满足设计结果与目标之间的偏差最小[1]。

试验过程由 n 个设计点组成，每次试验包含 m 个重复响应。y_{ij} 表示第 i 次运行的第 j 次重复响应，其中，$i=1,2,\cdots,n$，$j=1,2,\cdots,m$，表 4-8 为试验设计框架[26]。

表 4-8　试验设计框架

运行次数	$x_1,x_2,\cdots,x_k$	重复次数	均值	标准差
1	可控因子	$y_{11},y_{12},\cdots,y_{1m}$	$\bar{y}_1$	s_1
⋮		⋮	⋮	⋮
i		$y_{i1},y_{i2},\cdots,y_{im}$	$\bar{y}_i$	s_i
⋮		⋮	⋮	⋮
n		$y_{n1},y_{n2},\cdots,y_{nm}$	$\bar{y}_n$	s_n

采用 4.2.1 小节中的六种建模方法来构建一组候选模型。基于每种建模方法特

征，选择这些模型作为整体候选对象[27]。例如，与参数和非参数建模方法不同的是，半参数模型无须大量样本，样本量较小时预测精度要求往往很高[28]。在逼近能力方面，Kriging 模型比参数建模方法更具有优势。Kriging 模型提供了高度非线性函数的精确预测。分析样本量对模型预测性能影响，RBF 模型在预测准确性和鲁棒性方面优于 Kriging 模型。将试验数据分为两部分：训练数据$\left(\boldsymbol{x}_i^1, y_i^1\right)$，$i=1,2,\cdots,n_1$，其中，$\boldsymbol{x}_i^1=\left(x_{i1}^1,x_{i2}^1,\cdots,x_{ip}^1\right)$；测试数据$\left(\boldsymbol{x}_i^2, y_i^2\right)$，$i=1,2,\cdots,n_2$，其中，$\boldsymbol{x}_i^2=\left(x_{i1}^2,x_{i2}^2,\cdots,x_{ip}^2\right)$。通过数据分析介绍组合建模方法的基本思想，组合模型可表示为

$$\begin{aligned}&\hat{y}(\boldsymbol{x})=\sum_{i=1}^{M'}\rho_i\hat{y}_i(\boldsymbol{x})\\&\text{s.t.}\ \sum_{i=1}^{M'}\rho_i=1\end{aligned}\tag{4-27}$$

其中，$\hat{y}(\boldsymbol{x})$为组合模型预测值；M'为单个模型个数；ρ_i为第 i 个模型权重；$\hat{y}_i(\boldsymbol{x})$为第 i 个模型预测值。均值与方差响应模型可以表示为

$$\omega_\mu=\sum_{i=1}^{M'}\rho_{1i}f_i(x_1,x_2,\cdots,x_k)+\varepsilon_\mu\tag{4-28}$$

$$\omega_\sigma=\sum_{i=1}^{M'}\rho_{2i}g_i(x_1,x_2,\cdots,x_k)+\varepsilon_\sigma\tag{4-29}$$

组合建模方法实质上是解决模型不确定性的一种方法。但将所有模型用于构建组合模型并非最佳选择，由于添加了冗余模型，可能会导致模型精度下降，因此，模型选择过程中添加一个指标变量，以均值响应为例：

$$I_i=\begin{cases}1, & f_i\ \text{被选择}\\0, & f_i\ \text{被删除}\end{cases}\tag{4-30}$$

其中，i=1,2,⋯，M'，M'为单个模型数量。因此通过最小化预测误差来确定最优值I_i，可转化为如下优化问题：

$$\min_{\boldsymbol{I}}\sum_{j=1}^{n_2}\left|\sum_{i=1}^{M'}\frac{\rho_i}{\sum_{i=1}^{M'}\rho_i\boldsymbol{I}_i}\boldsymbol{I}_i\hat{y}_{ij}-y_j\right|\tag{4-31}$$

其中，$\boldsymbol{I}=[I_1,I_2,\cdots,I_m]$；$n_2$为测试数据量；$\hat{y}_{(ij)}$为第 i 个模型的第 j 个点预测值；y_j为第 j 个点的真实值。

根据预测性能来确定选择变量，通过数据转换$\dfrac{\rho_i}{\sum_{i=1}^{M'}\rho_i\boldsymbol{I}_i}$确保所选模型权重之和

为 1。例如，四种模型为 $\boldsymbol{I}=[1,0,1,0]$，则组合模型预测形式为

$$\sum_{i=1}^{M'}\frac{\rho_i}{\sum_{i=1}^{M'}\rho_i\boldsymbol{I}_i}\boldsymbol{I}_i\hat{y}_{ij}=\frac{\rho_1}{(\rho_1+\rho_3)}\hat{y}_{1j}+\frac{\rho_3}{(\rho_1+\rho_3)}\hat{y}_{3j}$$

该组合模型选择了第一种和第三种模型。在优化式（4-31）之前需要计算权重值，为求解式（4-31）本节采用 MATLAB 中 YALMIP 优化包。

现有研究大部分通过误差分析确定权重。Goel 等[13]提出基于全局数据优度方法求解权重。结合局部加权方案和全局加权方案优点，Zhou 等[29]使用递归过程获得权重，通过迭代过程更新，直到最后的组合模型达到设定预测精度。上述研究为权重确定提供参考，但这些方法计算复杂。

工程实践中常见方法是简单平均法（即等权法）。假设组合模型通过选取单个模型简单平均值来确定，三点理由支持上述假设：一是本节研究聚焦于模型选择；二是简单平均法是最常用方法，对设计者而言简单方便；三是确定最优单个模型后，模型同等重要的假设具有合理性。本节使用简单平均法，权重 ρ_i 等于 $1/\text{num}$，其中，num 为 $\boldsymbol{I}_i$ 的和。式（4-31）中 $\dfrac{\rho_i}{\sum_{i=1}^{M'}\rho_i\boldsymbol{I}_i}$ 为 $1/\text{num}$，因此，式（4-31）可改写为

$$\min_{\boldsymbol{I}}\sum_{j=1}^{n_2}\left|\frac{1}{\text{num}}\sum_{i=1}^{\text{num}}\boldsymbol{I}_i\hat{y}_{ij}-y_j\right| \tag{4-32}$$

其中，num 为 $\boldsymbol{I}_i$ 的和，如当 $\boldsymbol{I}_i=[1,0,0,1,0,1,0]$ 时，num 为 3。由于采用等权重方案，每个模型权重值为 $1/\text{num}$。其他加权方案也可在建模过程中使用，如不等权重法。

所提建模方法的优点可通过两个引理来论证。假设在持续质量改进中有 N 种建模方法 $f_1,f_2,\cdots,f_N$，f_i 的权重为 ω_i。第 i 种模型 f_i 对第 j 个样本点预测值和预测误差分别为 f_{ij} 和 e_{ij}，$j=1,2,\cdots,n_1$（n_1 为训练样本量），则组合模型 f_{ensemble} 在第 j 个数据点预测值和预测误差为 $f_{\text{ensemble}}=\sum_{i=1}^{N}\omega_i f_{ij}$ 和 $e_{\text{ensemble}}(j)=\sum_{i=1}^{N}\omega_i e_{ij}$。权重向量、$f_i$ 预测误差和预测误差矩阵分别表示为 $\boldsymbol{W}=[\omega_1,\omega_2,\cdots,\omega_N]'$、$\boldsymbol{E}_i=[e_{i1},e_{i2},\cdots,e_{iT}]'$ 和 $\boldsymbol{e}_i=[\boldsymbol{E}_1,\boldsymbol{E}_2,\cdots,\boldsymbol{E}_N]'$。组合模型预测误差平方和可表示为

$$J=\boldsymbol{W}'\boldsymbol{E}\boldsymbol{W} \tag{4-33}$$

其中，

$$\boldsymbol{E}=\boldsymbol{e}'\boldsymbol{e}=\begin{bmatrix} E_{11} & E_{12} & \cdots & E_{1N} \\ E_{21} & E_{22} & \cdots & E_{2N} \\ \vdots & \vdots & & \vdots \\ E_{N1} & E_{N2} & \cdots & E_{NN} \end{bmatrix} \tag{4-34}$$

其中，$E_{ij}=\boldsymbol{E}_i'\boldsymbol{E}_j=\sum_{t=1}^{n_1} e_{it}e_{jt}$。显然 E_{ii} 为 f_i 的预测误差之和。由上式可得以下引理。

引理 4-1　假设预测误差向量 $\boldsymbol{E}_1,\boldsymbol{E}_2,\cdots,\boldsymbol{E}_N$ 线性无关，$\boldsymbol{J}_A$ 表示简单组合模型（即等权组合模型）的预测误差平方和，则有 $J_A<J_{\max}$。证明见附录。

组合模型的优势从引理 4-1 中可以看出，组合模型可避免使用最差模型来改进质量。对于工程设计人员而言，在无法明确使用何种建模方法情形下，多个响应同时存在时更加难以确定模型。

引理 4-2　存在多余的模型。假设预测误差向量 $\boldsymbol{J}_A$ 和 $\boldsymbol{J}_B$ 分别通过 N 和 N+1 个建模方法得到。当 $(2N+1)\boldsymbol{J}_A<\left(\sum_{i=1}^{N}\sum_{t=1}^{T}e_{it}e_{(N+1)t}+\sum_{j=1}^{N+1}\sum_{t=1}^{T}e_{(N+1)t}e_{jt}\right)$ 时，则有 $\boldsymbol{J}_A<\boldsymbol{J}_B$。因此，第 N+1 个模型是多余的，应予以剔除。证明见附录。

组合建模方法中模型选择的意义可从引理 4-2 中看出。在组合模型中加入冗余模型可能导致精度降低。因此，在构建组合模型之前，从候选模型中剔除冗余模型显得十分必要。

4.2.2.2　模型评估准则

在构建组合模型后，根据式（3-8）可确定最优加工参数，随后采用两种模型性能评估准则：一是评价不同模型预测精度；二是评价不同模型得到最优加工参数的精度。

对于预测精度本节采用三种误差准则，即 RMSE、平均绝对误差（average absolute error，AAE）、最大绝对误差（max absolute error，MAE）。

$$\text{RMSE}=\sqrt{\sum_{i=1}^{n_2}\left(y_i-\hat{y}_i\right)^2 \Big/ n_2} \tag{4-35}$$

$$\text{AAE}=\sum_{i=1}^{n_2}\left|y_i-\hat{y}_i\right| \Big/ n_2 \tag{4-36}$$

$$\text{MAE}=\max\left|y_i-\hat{y}_i\right| \tag{4-37}$$

其中，n_2 为测试数据量；y_i 和 $\hat{y}_i$ 分别为第 i 次运行时实际响应和预测响应。上述三种准则可根据测试数据来比较预测性能，因为插值模型的拟合优度总是最优，所以在比较精度方面区分度不明显。

为评价不同模型获得最优加工参数的精度，本节采用欧氏距离和余弦相似性两个度量准则。通过计算不同加工参数的欧氏距离，可得到不同加工参数之间的最优距离为

$$d=\sqrt{\left(\hat{x}_{M1}-x_{r1}\right)^2+\left(\hat{x}_{M2}-x_{r2}\right)^2+\left(\hat{x}_{M3}-x_{r3}\right)^2} \tag{4-38}$$

其中，$\boldsymbol{x}_M^*=\left(\hat{x}_{M1}, \hat{x}_{M2}, \hat{x}_{M3}\right)$ 和 $\boldsymbol{x}_r^*=\left(x_{r1}, x_{r2}, x_{r3}\right)$ 分别为模型 M 估计的最佳加工参数和真实模型的最佳加工参数。欧氏距离是最常用的距离度量，用于度量多维空间中各点之间的绝对距离。Korenius 等[14]指出欧氏距离不足并倾向使用余弦相似性。余弦相似性是一种基于角度的基本度量，其利用向量间夹角的余弦来度量 k 维向量之间相似性，根据方向来度量向量之间相似度，忽略向量之间距离的影响。因此，本节用余弦相似性来衡量最优加工参数与实际最优加工参数之间相似性。公式如下：

$$s=\cos\theta=\frac{\sum_{i=1}^{k} x_{Mi}^* * x_{ri}^*}{\sqrt{\sum_{i=1}^{k}\left(x_{Mi}^*\right)^2}\sqrt{\sum_{i=1}^{k}\left(x_{ri}^*\right)^2}} \tag{4-39}$$

其中，余弦度量范围为[−1，1]。在反方向和同方向上的加工参数向量则是最小和最相似的。

欧氏距离和余弦相似性是最常见距离和相似性准则，由这两个准则衍化出许多距离概念和相似性度量，图 4-7 为二维情形下的欧氏距离和余弦相似性之间的区别。图中 a 是加工参数实际优化值，b 和 c 是不同模型获得加工参数值。在欧氏距离方面，c 点比 b 点性能更好，而 b 点具有更大的余弦相似性。因此，同时采用欧氏距离和余弦相似性来综合评价所提建模方法的有效性显得十分必要。

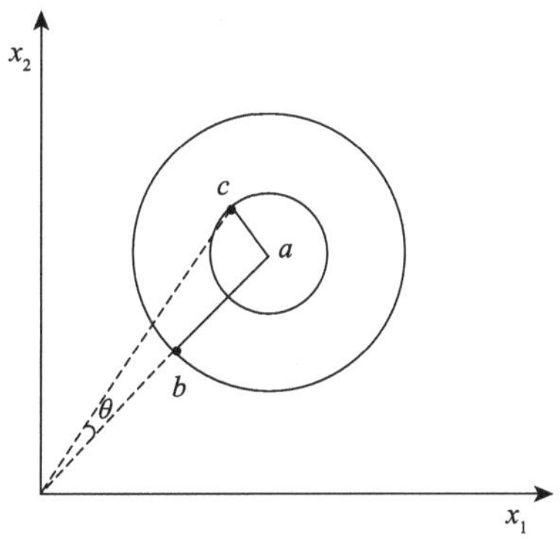

图 4-7　欧氏距离与余弦相似性之间区别

4.2.3 实例分析

4.2.3.1 问题描述

本节采用4.1.5小节的案例数据进行不同模型的筛选分析。该案例中的激光加工（laser beam machining，LBM）是目前较为先进的制造工艺[30]。本试验目的是确定最佳加工参数，为微纳制造提供可靠的加工方案。具体的试验方案和试验数据见4.1.5小节。

响应或随机误差通常假定为正态分布，采用改进Kolmogorov-Smirnov检验来验证分布假设。运用MATLAB中lillietest函数进行假设检验，从试验数据或预测误差的分析结果可知每个模型的假设检验 p 值均大于0.05。在比较不同方案结果之前，先给出任意两个模型构建而成的组合模型预测结果，证明不同组合模型之间存在显著差异，结果表明有必要开展模型选择，其中RMSE比较结果见表4-9。表中主对角线中的值表示由单个模型获得的RMSE，而其他值则来自两个单独模型所构建的组合模型。为便于比较，一阶参数模型、二阶参数模型、非参数模型、半参数模型、Kriging模型、径向核函数和支持向量回归分别简称为Par1、Par2、Non、MRR、Krig、RBF和SVR。

表4-9　标准差的RMSE对比结果

Model	Par1	Par2	Non	MRR	Krig	RBF	SVR
Par1	2.075	**1.682**	1.426	**1.329**	**1.297**	**1.189**	**1.290**
Par2		2.681	2.020	2.303	1.915	**2.231**	1.985
Non			1.425	1.648	**1.297**	1.637	**1.338**
MRR				1.955	1.513	1.996	1.578
Krig					1.485	**1.345**	**1.467**
RBF						2.338	**1.500**
SVR							1.531

表4-9中黑体表示组合模型预测性能优于两个单独模型。结果表明，并不是所有组合模型都能提高预测精度。例如，Non模型和SVR模型构建的组合模型，与两个单独模型相比，RMSE分别提高了6%和13%。Par 2模型和Krig模型构建组合模型比Krig模型性能差。

4.2.3.2 不同模型的预测精度

首先，将试验数据分为训练数据和测试数据。在本例中，训练数据量是最大回归数量的两倍[7]。由于最大回归数是10（即二阶参数模型），故训练数据样本量为 20。根据训练数据和交叉验证法可确定每个模型中超参数，结果如表 4-10 所示。

表 4-10　各模型最优参数

模型	超参数	均值响应	标准差响应
RBF	c	2.2	7.2
Krig	θ	15.05	15.05
	lob	1e-10	1e-10
	upb	1	1
	回归模型	二阶多项式	零阶多项式
	相关函数	Gaussian 核函数	Gaussian 核函数
Non	ker	1	1
MRR	ker	0.55	1
	lambda	0.55	1
SVR	c	1e5	1e5
	σ	0.1	0.1
	ε	0.01	0.01

其次，构建七种模型并将之用于建立组合模型。为说明所提建模方法的有效性，本书选择三种常用建模方法，即贝叶斯模型平均、选择最佳模型、组合所有模型，分别用 BMA、BP 和 Enall 表示。表 4-11 给出双响应的单个模型预测精度。

表 4-11　不同模型的双响应结果对比

模型	均值响应			标准差响应		
	RMSE	MAE	AAE	RMSE	MAE	AAE
Par1	8.993	12.499	8.229	2.075	3.804	1.821
Par2	14.496	28.271	12.330	2.681	5.121	2.121
Non	**4.122**	**8.994**	**3.078**	1.425	2.294	**1.051**
MRR	11.084	19.602	9.834	1.955	3.904	1.506
Krig	8.397	13.097	7.765	1.485	2.496	1.262
RBF	8.628	16.898	6.551	2.338	4.487	1.626
SVR	13.879	22.177	12.382	1.531	2.351	1.386
BMA	6.858	11.852	5.909	1.288	2.099	1.076
BP	**4.122**	**8.994**	**3.078**	1.425	2.294	**1.051**
Enall	7.289	14.677	6.182	6.009	9.661	5.764
Enopt	**4.122**	**8.994**	**3.078**	**1.189**	**1.764**	1.077

表 4-11 中黑体表示模型在相应误差准则方面表现最佳。根据表中结果分析可知，所提方法（即 Enopt）预测精度最佳。同时，标准差响应的 AAE 可与 BP 模型的标准 AAE 相比较（即 1.077 与 1.051）。贝叶斯模型平均的最佳单个模型是非参数模型，而标准差响应的最佳单个模型是贝叶斯模型平均。说明没有任何模型能够在所有响应中具有最佳性能，这正是组合模型成为热门方法的主要原因。若将所有单个模型进行组合，由于冗余模型存在，会降低预测性能。组合模型在均值响应方面比 SVR 和 RBF 模型更优，与其他模型相比性能较弱。此外，与均值响应的组合模型相比，所提建模方法在 RMSE、MAE 和 AAE 方面预测性能分别提高了 43%、39%和 50%。在标准差响应中也有同样改进。所提建模方法优于 Enall 和 BMA 模型，这是因为 0-1 规划法剔除了性能较差的单个模型。

4.2.3.3 不同方法的优化结果

案例中微制造过程的真实模型难以确定，无法确定真正最佳制造参数。为了体现 Enopt 模型意义，假设单个模型都是真实模型，本书采用欧氏距离和余弦相似性准则来比较不同组合模型。在微制造过程的持续质量改进中，均值偏差项和方差项同样重要，即 $\lambda = 0.5$。值得注意的是，不同权重也适用于所提建模方法。表 4-12 和表 4-13 给出相关结果，表中黑体表示在欧氏距离方面表现性能最佳模型。

表 4-12 假定真实模型和采用模型之间的欧氏距离

假定真实模型	过程优化中采用模型			
	BMA	BP	Enall	Enopt
Par1	1.516	1.214	1.085	0.676
Par2	0.803	0.233	0.191	0.732
Non	0.650	0.000	0.262	0.748
MRR	1.040	0.515	0.332	0.715
Krig	1.550	1.085	0.882	0.378
RBF	1.570	1.317	1.141	1.048
SVR	1.231	1.142	1.047	1.140
均值	1.194	0.787	**0.706**	0.777
标准差	0.375	0.529	0.425	**0.252**

表 4-13　假定真实模型与采用模型的余弦相似性

假定真实模型	过程优化中采用模型			
	BMA	BP	Enall	Enopt
Par1	0.193	0.441	0.518	0.827
Par2	0.764	0.980	0.984	0.783
Non	0.852	1.000	0.975	0.786
MRR	0.572	0.894	0.949	0.783
Krig	0.147	0.548	0.678	0.945
RBF	−0.666	−0.216	−0.002	0.404
SVR	−0.502	−0.876	−0.956	−0.873
均值	0.194	0.396	0.449	**0.522**
标准差	**0.596**	0.704	0.713	0.637

表 4-12 表明真实模型获得真实加工参数与从组合建模方法获得最佳加工参数之间的欧氏距离值。假定真实模型为 Par1，但“最佳”加工参数为 BMA 模型（−0.841、−0.651 和−0.618），得到欧氏距离为 1.516。可以看出，所提方法得到加工参数具有最小欧氏距离标准差。同时在欧氏距离的均值方面，该模型优于 BMA 和 BP 并与 Enall 模型相媲美。与其他建模方法相比，Enopt 模型具有相对较小的欧氏距离，意味着所提方法改进了不理想模型。由此可知，无论真实模型为何种，通过所提建模方法获得加工参数可给出相对较小的欧氏距离。换而言之，所提建模方法对真实模型形式的不确定性具有鲁棒性。

由表 4-13 结果可知，在余弦相似性的平均值方面，所提方法性能最佳。具体而言，Enopt 模型与 BMA、BP 和 Enall 模型相比，余弦相似度的平均值分别提高了 169%、32%和 16%。在余弦相似度的标准差方面，本书方法优于 BP 和 Enall，与 BMA 模型相当。因此，所提建模方法能够作为微制造过程质量改进的方法。

根据上述分析结果得到如下三点结论。

（1）现有组合建模方法虽然在一定程度上提高了预测性能，但在所有响应中，并不一定全部最优。例如，BMA 模型在均值响应中优于其他模型，但在标准差响应中并非最优。

（2）在组合模型中加入冗余模型会降低组合模型预测精度，意味着冗余模型可能增加额外预测误差。

（3）构建组合模型之前进行模型选择不仅可以提高模型预测性能，而且能够获得更佳鲁棒性，表明所提方法能够在响应中都表现出较好性能。此外，本书所提方法得到最佳加工参数具有鲁棒性。

4.2.3.4 稳健性能分析

模拟目的是通过对比不同类型模型、不同级别模型，以验证案例所得出的结论。通过数百次蒙特卡罗模拟，有助于验证模型构建过程中的相关结论。对比两种准则的均值和标准差：预测精度（即 RMSE、MAE 和 AAE）和优化结果（即欧氏距离和余弦相似度），结果如下所示：

$$\mathrm{MJ1}=\sum_{i=1}^{N}\mathrm{RMSE}_i\Big/N;\ \mathrm{SJ1}=\sqrt{\sum_{i=1}^{N}\left[\mathrm{RMSE}_i-\mathrm{MJ1}\right]^2\Big/(N-1)} \tag{4-40}$$

$$\mathrm{MJ2}=\sum_{i=1}^{N}\mathrm{MAE}_i\Big/N;\ \mathrm{SJ2}=\sqrt{\sum_{i=1}^{N}\left[\mathrm{MAE}_i-\mathrm{MJ2}\right]^2\Big/(N-1)} \tag{4-41}$$

$$\mathrm{MJ3}=\sum_{i=1}^{N}\mathrm{AAE}_i\Big/N;\ \mathrm{SJ3}=\sqrt{\sum_{i=1}^{N}\left[\mathrm{AAE}_i-\mathrm{MJ3}\right]^2\Big/(N-1)} \tag{4-42}$$

$$\mathrm{MJ4}=\sum_{i=1}^{N}d_i\Big/N;\ \mathrm{SJ4}=\sqrt{\sum_{i=1}^{N}\left[d_i-\mathrm{MJ4}\right]^2\Big/(N-1)} \tag{4-43}$$

$$\mathrm{MJ5}=\sum_{i=1}^{N}s_i\Big/N;\ \mathrm{SJ5}=\sqrt{\sum_{i=1}^{N}\left[s_i-\mathrm{MJ5}\right]^2\Big/(N-1)} \tag{4-44}$$

其中，N 为蒙特卡罗模拟次数。

在蒙特卡罗模拟分析中，使用初始微钻孔数据作为“种子”数据来创建具有三个重复的全因子设计，并从中生成随机变量。第一，由高变异性设计组成，每个设计点的原始样本均值和标准差用于生成正常随机变量；第二，低变异性设计，将标准偏差乘以 0.25 以生成变异性降低 75%的正态随机变量，而其他方法均以相同方式创建[31]。可将正态分布的随机样本用作表 4-14 中的试验数据。设计工程人员也可调整标准差的值以便实现建模过程。

表 4-14 仿真研究中的试验框架

方案	x_1	x_2	x_3	μ	σ	仿真数据
1	−1	1	1	23.853	2.558	$y_{1,1}$ $y_{1,2}$ $y_{1,3}$
2	−1	0	0	27.883	5.849	$y_{2,1}$ $y_{2,2}$ $y_{2,3}$
3	−1	−1	−1	31.959	11.387	$y_{3,1}$ $y_{3,2}$ $y_{3,3}$
4	−1	0	1	27.766	1.673	$y_{4,1}$ $y_{4,2}$ $y_{4,3}$
5	−1	0	0	43.218	1.823	$y_{5,1}$ $y_{5,2}$ $y_{5,3}$
6	−1	0	−1	57.487	4.079	$y_{6,1}$ $y_{6,2}$ $y_{6,3}$
7	−1	−1	1	22.770	0.908	$y_{7,1}$ $y_{7,2}$ $y_{7,3}$

续表

方案	x_1	x_2	x_3	μ	σ	仿真数据
8	−1	0	0	37.665	2.611	$y_{8,1}$　$y_{8,2}$　$y_{8,3}$
9	−1	1	−1	52.485	3.135	$y_{9,1}$　$y_{9,2}$　$y_{9,3}$
10	0	1	0	34.342	2.643	$y_{10,1}$　$y_{10,2}$　$y_{10,3}$
11	0	0	0	56.980	4.713	$y_{11,1}$　$y_{11,2}$　$y_{11,3}$
12	0	−1	0	60.843	3.833	$y_{12,1}$　$y_{12,2}$　$y_{12,3}$
13	0	0	0	28.973	1.916	$y_{13,1}$　$y_{13,2}$　$y_{13,3}$
14	0	0	0	41.528	1.508	$y_{14,1}$　$y_{14,2}$　$y_{14,3}$
15	0	0	0	55.423	1.644	$y_{15,1}$　$y_{15,2}$　$y_{15,3}$
16	0	−1	0	26.599	2.786	$y_{16,1}$　$y_{16,2}$　$y_{16,3}$
17	0	0	0	37.314	1.861	$y_{17,1}$　$y_{17,2}$　$y_{17,3}$
18	0	1	0	56.014	3.266	$y_{18,1}$　$y_{18,2}$　$y_{18,3}$
19	1	1	−1	33.802	0.418	$y_{19,1}$　$y_{19,2}$　$y_{19,3}$
20	1	0	0	55.049	2.897	$y_{20,1}$　$y_{20,2}$　$y_{20,3}$
21	1	−1	1	57.705	2.213	$y_{21,1}$　$y_{21,2}$　$y_{21,3}$
22	1	0	−1	27.732	1.152	$y_{22,1}$　$y_{22,2}$　$y_{22,3}$
23	1	0	0	46.598	1.823	$y_{23,1}$　$y_{23,2}$　$y_{23,3}$
24	1	0	1	62.775	3.646	$y_{24,1}$　$y_{24,2}$　$y_{24,3}$
25	1	−1	−1	27.524	0.724	$y_{25,1}$　$y_{25,2}$　$y_{25,3}$
26	1	0	0	38.872	2.328	$y_{26,1}$　$y_{26,2}$　$y_{26,3}$
27	1	1	1	54.324	5.070	$y_{27,1}$　$y_{27,2}$　$y_{27,3}$

本节还采用不同建模方法，通过 WMSE 优化方案获得每个蒙特卡罗仿真（N=500）的最佳加工参数。根据式（4-40）和式（4-41）计算预测精度和最佳加工参数的结果，如表 4-15 所示，粗体表示对比指标方面表现性能最佳的模型。

表 4-15　不同方法的比较结果

变异性			低变异性				高变异性			
模型			BMA	BP	Enall	Enopt	BMA	BP	Enall	Enopt
y_1 的预测精度	RMSE	均值（标准差）	**3.507**（**0.119**）	4.259（0.396）	6.969（0.633）	4.259（0.396）	**3.610**（0.804）	4.748（**0.540**）	8.371（1.204）	4.748（**0.540**）
	MAE	均值（标准差）	**5.733**（**0.328**）	9.169（0.670）	14.648（0.852）	9.169（**0.328**）	**7.131**（**1.045**）	9.889（2.103）	14.631（2.581）	9.889（2.103）
	AAE	均值（标准差）	**2.771**（**0.111**）	3.255（0.429）	5.626（0.911）	3.255（0.429）	**2.822**（**0.817**）	3.548（0.866）	7.012（1.823）	3.548（0.866）

续表

变异性			低变异性				高变异性			
模型			BMA	BP	Enall	Enopt	BMA	BP	Enall	Enopt
y_2的预测精度	RMSE	均值（标准差）	13.37（0.069）	0.538（0.237）	5.967（0.431）	**0.386**（**0.167**）	3.213（**0.430**）	2.591（0.961）	4.956（1.391）	**1.754**（0.749）
	MAE	均值（标准差）	27.14（0.107）	1.121（0.567）	9.276（0.424）	**0.779**（**0.475**）	7.787（**0.473**）	4.583（1.762）	8.309（2.496）	**3.123**（1.541）
	AAE	均值（标准差）	10.24（0.099）	0.413（0.161）	5.684（0.449）	**0.280**（**0.094**）	9.815（**0.528**）	2.140（0.882）	4.497（1.392）	**1.374**（0.580）
优化结果	d	均值（标准差）	1.754（**0.176**）	**0.846**（0.412）	0.891（0.316）	0.849（0.211）	1.756（0.219）	0.980（0.290）	1.081（0.416）	**0.915**（**0.132**）
	s	均值（标准差）	0.298（**0.207**）	0.478（0.457）	0.471（0.451）	**0.624**（0.217）	0.174（0.196）	0.384（0.411）	0.436（0.351）	**0.639**（**0.195**）

表 4-15 表明蒙特卡罗模拟中的 Enopt 模型最佳。均值响应中 BMA 模型预测精度最高，而在标准偏差响应中预测精度并非最佳。这是因为 BMA 模型是通过多项式加权获得的，这些多项式无法很好地拟合标准偏差响应。从 RMSE、MAE 和AAE来看，均值响应和标准偏差响应的预测性能具有最佳鲁棒性。因此，当建模对象为均值响应时，BMA 模型是一种合适的方法，这也是现有文献采用 BMA 模型的原因[27, 32]。值得注意的是，虽然 BP 模型与 Enopt 模型的预测相当，但最佳模型的均值响应和标准偏差响应却完全不同，这给工程设计人员选择模型增加了难度。用于均值响应的最佳模型可能是非参数回归，但对于标准偏差响应又可能是 SVR 模型。由于 RMSE、MAE 和 AAE 的标准偏差最大，故 Enall 模型鲁棒性最差。这是因为预测精度最差的单个模型会降低组合模型精确度，这正是本节研究动机。因此，在构建组合模型之前剔除冗余模型十分必要。

模拟结果表明所提建模方法优化结果（即欧氏距离和余弦相似性）与其他建模方法相当或更优。在低变异性情形下，BMA 模型优化结果的鲁棒性优于其他模型，并且 SJ4 和 SJ5 的改进程度分别提升了 16%和 5%[即式（4-46）和式（4-47）]。与BMA模型相比，Enopt模型在MJ4和MJ5上分别提高了52%和110%。这是因为模型 BMA 的欧氏距离（或余弦相似度）较大，这导致 MJ4（或 MJ5）的性能较差，在蒙特卡罗模拟中分析指标的标准偏差较小。

在高变异性情形下，所提 Enopt 模型具有最小欧氏距离和最大余弦相似度，意味着微钻孔过程达到所需目标值的能力优于模型 BMA、BP 和 Enall。在微钻孔过程建模方法获得MJ4越大或MJ5越小，构造的模型获得相应最佳加工参数与实际最佳值之间的差异就越小。具体而言，与模型BMA、BP和Enall相比，所提建模方法在MJ4中分别提升了48%、7%和15%。与低可变性情况不同，所提建模方法的鲁棒性在高可变性情况下表现最佳。同时，与现有三种建模方法相比，SJ4分别实现了40%、54%和68%的改进。由于其预测性能的优越性，所提方法Enopt

性能优于 BMA、BP 和 Enall。从 MJ5 和 SJ5 也可得出类似结论。总而言之，从分析结果可看出，所提建模方法具有较好性能。

为分析各建模方法的鲁棒性，将数据分为三类：一是训练数据；二是验证数据，计算组合模型 I_i[见式（4-13）~式（4-32）]；三是测试数据，计算预测性能和优化性能。测试数据的模型预测性能可通过式（4-40）~式（4-42）计算，三类数据量分别为 16、5、6。为确保仿真试验的鲁棒性，在 4.2.3.4 小节中使用高变异性设计，蒙特卡罗仿真的次数为 500 次。表 4-16 列出了每种建模技术的比较结果。

表 4-16 不同模型对比结果

模型	均值响应			标准差模型		
	RMSE（标准差）	MAE（标准差）	AAE（标准差）	RMSE（标准差）	MAE（标准差）	AAE（标准差）
Par1	10.00（0.48）	17.88（0.93）	12.70（0.58）	3.46（0.29）	7.57（1.10）	4.301（0.24）
Par2	84.20（2.77）	180.67（5.00）	100.95（2.94）	7.47（1.64）	14.35（2.85）	9.25（1.85）
Non	3.67（2.08）	7.16（3.38）	4.44（2.57）	2.95（0.62）	6.99（0.95）	3.23（0.94）
MRR	7.78（1.06）	16.97（4.25）	8.95（0.80）	2.45（0.84）	6.05（2.71）	2.65（0.98）
Krig	6.33（1.57）	12.82（3.70）	7.16（1.38）	2.60（0.42）	5.37（1.83）	3.10（0.65）
RBF	8.32（2.45）	19.99（7.13）	9.61（2.38）	17.69（11.89）	35.97（26.14）	22.96（15.33）
SVR	9.96（1.09）	22.77（2.02）	11.82（1.40）	1.41（0.500）	2.89（0.52）	1.722（0.711）
BMA	6.87（0.76）	7.83（0.50）	6.69（1.20）	4.56（0.21）	7.39（1.22）	3.505（0.11）
BP	3.15（1.18）	6.38（2.09）	3.84（1.53）	2.97（0.62）	6.56（1.49）	3.37（1.01）
Enall	17.16（0.68）	32.01（2.05）	21.48（0.84）	4.73（1.08）	8.53（1.59）	5.875（1.23）
Enopt	5.00（0.48）	4.88（0.93）	5.70（0.58）	2.12（0.01）	4.20（0.52）	2.37（0.17）

表 4-11 中结论同样也可从表 4-16 中得出，与其他组合建模方法（BMA 和 Enall）相比，Enopt 在均值响应和标准偏差响应中性能最佳，同时具有最佳鲁棒性。尽管 BP 模型在均值响应中表现最佳，但 BP 模型是通过每次蒙特卡罗模拟中使用最佳建模方法而获得的，通常情况下，最佳建模方法在模拟中可能完全不同，这给工程设计者在连续质量改进中带来困扰。总体而言，本节所提方法的鲁棒性和预测性能可与其他建模方法相媲美甚至更好。事实上某些模型与数据有关，而本节所提组合建模方法的贡献在于在构建组合模型之前剔除了冗余模型，这也是与现有组合建模方法的最大区别。本节所提建模方法是具有灵活数学结构的数据驱动方法，因此所提方法在响应面法中具有一定价值。

4.3 高度非线性下的多源组合质量建模

在高质量、高可靠性的产品设计中，若无法精确地获得过程输入与输出之间的函数关系，将难以有效地确定最优的输入参数[33, 34]。因此，在实现产品的质量设计中，应充分考虑模型不确定性，并精确地刻画产品/工艺过程输入与输出之间的函数关系，从而获得有效的参数设计。

近年来，一些研究者开始运用组合模型的方法解决模型不确定性下的稳健参数设计问题。Goel 等[13]指出相比单一模型而言，组合模型在预测性能上对样本点及试验设计的选择更加稳健。当前，利用组合建模方法考虑模型不确定的研究已引起一些研究人员的关注和重视。Rajagopal 和 del Castillo[32]首次提出将贝叶斯组合模型用于响应曲面建模，该组合模型以各子模型的后验概率作为权重，并分析了模型不确定性对过程优化的影响。Ng[27]采用贝叶斯组合模型构建多响应曲面，并以二次损失函数为优化指标来解决多响应的稳健优化问题。同时，其在贝叶斯组合模型的基础上进行了追随试验，研究了追随样本点位置及数量的选择问题。Park 等[35]采用调节因子法将模型不确定性传播到系统响应的预测中，然后结合贝叶斯组合模型量化响应预测中的模型不确定性。

虽然上述文献已分别从不同角度研究了模型不确定条件下的响应曲面构建问题，但是在稳健参数设计中，现有的组合建模方法忽视了各模型间存在预测信息的冗余现象，直接加权构成组合模型的方法并不能改善模型的预测性能或稳健性能。因此本节拟在组合模型的框架下，结合包容性检验以确定子模型集，提出解决模型不确定性下响应曲面构建的新方法。本节与现有的响应曲面建模方法相比，将包容性检验引入稳健参数设计中，构建了稳健的响应曲面模型，解决了模型不确定性下的响应曲面构建问题，以提高稳健参数设计的有效性。

4.3.1 包容性检验

包容性检验最早由 Bates 和 Granger[36]提出，该方法用于确定某一预测模型是否包含其他预测模型中所提供的信息。包容性检验的基本思想如下[37~39]。

设 $\hat{y}_1$，$\hat{y}_2$ 是两个不同模型在某试验点 x_0 的预测结果，同时，该试验点处响应的真实值为 y_0。以如下的组合模型为包容性检验对象：

$$y = \beta_1 \hat{y}_1 + \beta_2 \hat{y}_2 + \varepsilon \tag{4-45}$$

其中，β_1 与 β_2 分别为模型的回归系数；ε 为随机扰动。

在 $\beta_1+\beta_2=1$ 的约束条件下，回归系数的取值将会出现以下三种情形：若 $(\beta_1,\beta_2)=(1,0)$，则回归模型 1 包容回归模型 2；若 $(\beta_1,\beta_2)=(0,1)$，则回归模型 2 包容回归模型 1；若 (β_1,β_2) 取其他参数组合时，则回归模型互不包容，即两个模型在预测时都包含了真实值 y_0 的信息。在式（4-45）左右两边同时减去 $\hat{y}_1$ 和 $\hat{y}_2$，可以得出如下两个式子：

$$e_{1,0}=\beta_2\left(e_{1,0}-e_{2,0}\right)+\varepsilon \tag{4-46}$$

$$e_{2,0}=\beta_1\left(e_{2,0}-e_{1,0}\right)+\varepsilon \tag{4-47}$$

其中，$e_{i,0}=y_0-\hat{y}_i$ 表示第 i 个模型在 x_0 处的预测残差值。包容性检验可以采用式（4-46）或式（4-47）分别检验 $\beta_2=0$ 或 $\beta_1=0$ 来判断模型的包容性。另外，Franses[39]提出了与式（4-46）或式（4-47）包容性检验相类似的检验方法：$e_{1,0}=\delta_1\left(e_{1,0}-e_{2,0}\right)+\varepsilon$，其通过 t 统计量检验 δ_1 的显著性，以实现包容性检验。

4.3.2　ET-EOS 模型构建

4.3.2.1　子模型集及超参数的确定

在产品的设计建模中，以往的研究重点往往在组合模型中各子模型的权重求解上，而子模型集的筛选研究较少。如 4.3.1 小节所述，当某一模型包容于另一模型时，则无须将该模型纳入组合模型中，因为增加该模型并不会改善组合模型的预测性能。在稳健参数设计中，常用的响应曲面模型包括：参数模型、非参数模型、半参数模型、Kriging 模型、RBF 模型等。在子模型集的选取上，试验者应根据实际问题与各模型的特点选择模型集。

针对各子模型中的超参数确定问题，通常采用“留一”交叉验证法。使用“留一”交叉验证法有两个优点：一是每一次进行模型拟合时几乎所有的样本都用于训练模型，因此最接近原始样本的分布，这样评估所得的结果比较可靠；二是试验过程中没有随机因素影响试验数据，确保试验过程是可以被复制的。该方法的基本思想是最小化预测误差以求解最佳的超参数值。公式如下：

$$\begin{gathered}\min\quad E=f\left(\sum_{i=1}^{n}\left(y_i-\hat{y}_{-i}\right)^2\right)\\ x\in\Omega\end{gathered} \tag{4-48}$$

其中，y_i 为验证点 i 处的真实值；$\hat{y}_{-i}$ 为由 $n-1$ 个样本点构建的模型在验证点 i 处的预测值；E 表示以交叉预测平方和的某一函数作为优化指标；Ω 为输入变量的可行域。

4.3.2.2 组合模型的包容性检验

由于不同模型适用的情景不同，即使在同一组数据下，各模型所反映的有用信息也各不相同。组合模型的最终目的是组合不同模型提供有用且不相同的信息以改进预测效果。如果某个模型加入组合模型中，并不能改善新模型的预测性能，甚至降低其预测性能，则该模型不应包含在组合模型中，反之亦然。4.3.1 小节主要以两个模型的包含性检验来阐述其思想，然而，在实际建模中，往往存在多个模型的组合。因此，建立多模型的包容性检验是十分有必要的。

设 $\hat{y}_1, \hat{y}_2, \cdots, \hat{y}_m$ 是 m 个不同模型在试验点 x_0 的预测值，如上所述，该试验点处响应的真实值为 y_0。$\hat{y}_{c,0}$ 表示组合 m 个模型 $\hat{y}_1, \hat{y}_2, \cdots, \hat{y}_m$ 的预测值，$\hat{y}_{c(-i),0}$ 表示不包含第 i 个模型的组合预测值。令 $e_{c,0} = y_0 - \hat{y}_{c,0}$，$e_{c(-i),0} = y_0 - \hat{y}_{c(-i),0}$。由式（4-46）或式（4-47）可知，多模型组合预测的包容性检验可以表示为

$$e_{c(-i),0} = \delta_i \left(e_{c(-i),0} - e_{c,0} \right) + \varepsilon \tag{4-49}$$

相应的假设检验如下，$\mathrm{H_0}$: $\delta_i = 0,\ i = 1, 2, \cdots, m$。通过 t 统计量检验 δ_i 的显著性，如果 δ_i 的 p 值小于显著性水平，即拒绝原假设，则第 i 个模型改善了组合模型的预测性能。反之，如果 p 值大于显著性水平，即接收原假设，则在模型组合前，将第 i 个模型从子模型集中剔除。虽然目前有不少文献研究如何选取各子模型的权重，但文献[40，41]提出简单的加权准则得到的预测性能往往优于复杂的加权准则。故本节选取等权重的方法对各子模型进行加权组合。关于如何利用各模型提供的不同信息确定相应的权重，需要未来进一步的研究。

4.3.2.3 ET-EOS 模型构建步骤

ET-EOS 模型构建的具体步骤如下。

（1）收集试验数据并确定子模型集。

（2）构建各子模型。采用交叉验证法求解各子模型的最佳超参数，然后根据各子模型的建模方法分别构建各子模型。

（3）组合模型的包容性检验。采用式（4-49）对所有子模型进行包容性检验，以判断子模型对组合模型的预测性能是否有显著改善。

（4）构建 ET-EOS 模型。如果各子模型都接受原假设，则比较各子模型的预测性能，选择最佳的子模型构建响应曲面；反之，则构建 ET-EOS 模型。

（5）评价 ET-EOS 模型的预测性能。相应的流程如图 4-8 所示。

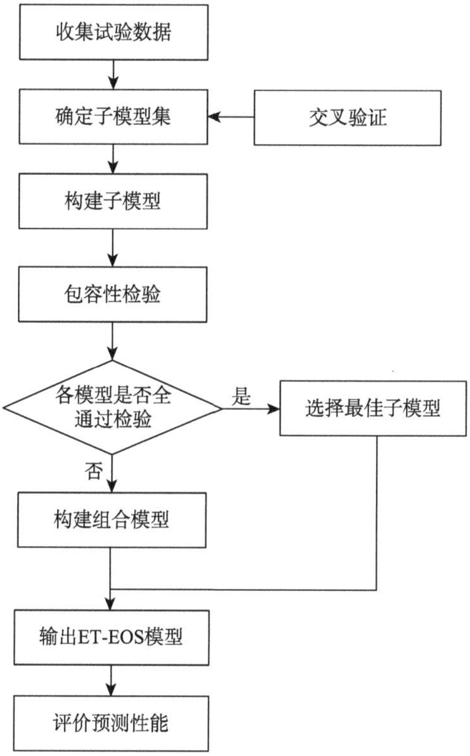

图 4-8　ET-EOS 模型建模流程

4.3.3　实例分析

4.3.3.1　单一波动下数据分析

在本节，我们依然采用 3.1.4.1 小节中的实例进行模型不确定性的分析[7]，该实例主要研究彩色墨水在包裹标签上书写性能的问题，相关的变量及试验数据见表 3-1。

案例中的拟合对象分别为均值响应与标准差响应。文献[21]指出标准差响应不同于均值响应，其常表现为高度非线性的特征，故多项式模型不能较好地拟合标准差响应。同时，由于物理试验时间长且成本高，试验者往往只能收集小样本的试验数据。针对上述问题，本节以多项式回归模型（文献[2，42]均采用二阶多项式模型）、非参数模型、半参数模型、RBF 模型与 Kriging 模型作为初始子模型集。选用以上模型作为子模型集的理论依据如下。

（1）多项式回归模型能较好地拟合低阶线性问题。

（2）非参数模型对于非线性问题有较好的拟合能力，在响应曲面构建中，常见的即标准差响应模型。

（3）半参数模型综合了参数与非参数模型的性能，其显著特点是其在小样本情形下，对非线性过程具有较好的拟合能力。

（4）Kriging模型与RBF模型都属于插值模型，但Kriging模型不仅考虑了待估点位置与训练样本位置的相关关系，而且考虑了变量的空间相关性；但RBF模型的优点主要在于解决小样本情形下的建模问题。

针对不同的子模型，相应的超参数如下。Kriging 模型：参数θ、θ的上下界 upb 和 lob，多项式阶数，核函数类型。半参数模型：窗宽 b 和加权系数λ。非参数模型：窗宽 b。RBF 模型：中心参数 c。

针对非参数及半参数模型，文献[12]建议采用惩罚的预测残差平方和（a penalized predicted residual sums of squares，$PRESS^{**}$）；而对于 Kriging 模型与 RBF 模型，目前研究大多采用均方预测平方和（mean squared prediction error，MSPE）。对于 $PRESS^{**}$和 MSPE 的计算公式及各模型的构建方法可见参考文献[12]。根据 4.3.2 小节中的交叉验证法及 $PRESS^{**}$和 MSPE 确定相应子模型的超参数，其结果见表 4-17。

表 4-17 各子模型的超参数

模型类别	超参数	均值响应	标准差响应
Kriging 模型	θ	10	10
	lob	1e-5	1e-4
	upd	0.12	2
	多项式阶数	0	1
	核函数	Gaussian 核函数	Gaussian 核函数
半参数模型	b	1	0.12
	λ	1	1
非参数模型	b	1	0.12
RBF 模型	c	1.20	0

基于表 4-17 中各超参数的数值，分别构建均值响应与标准差响应的子模型，需指出的是，在构建多项式模型时，本节构建了两种多项式模型：一阶多项式模型和二阶多项式模型。然后按照 4.3.2.3 小节中的稳健性建模步骤对各模型进行包容性检验，相应的检验结果见表 4-18。

由表 4-18 中包容性检验的结果可知：针对均值响应，以一阶多项式模型为例，其 p 值为 0.096，大于临界值 0.05，故接受原假设，即若将一阶多项式加入组合模型中，不会改善模型的预测性能。故在组合前，可将一阶多项式模型从子模型集中删除。在构建均值响应的 ET-EOS 模型时，经过筛选后的模型为二阶多项

表 4-18　包容性检验的 p 值

响应	一阶	二阶	非参	半参	Kriging	RBF
均值	0.096	0.020	0.003	0.352	0.192	0.037
标准差	0.802	0.659	0.817	0.397	0.890	0.358

式模型、非参数模型和 RBF 模型；而针对标准差响应，各子模型都接受原假设，按照步骤 4 从各子模型中选择最佳的子模型来构建响应曲面。

由于文献[13]指出组合模型的预测性能对试验样本的选择呈稳健特性，本节仅采用文献[7]的样本选择方法：以前面的 20 个试验样本点作为训练样本集，且将后面的 7 个试验样本点作为测试样本集。同时，采取 RMSE、MAE 和 AAE 三个常见的定量指标来评价不同组合模型的预测性能[7, 12]。其中，各指标的计算如下：

$$\mathrm{RMSE}=\sqrt{\sum_{i=1}^{n}\left(y_i-\hat{y}_i\right)^2\Big/n} \tag{4-50}$$

$$\mathrm{MAE}=\max\left|y_i-\hat{y}_i\right| \tag{4-51}$$

$$\mathrm{AAE}=\sum_{i=1}^{n}\left|y_i-\hat{y}_i\right|\Big/n \tag{4-52}$$

其中，n 为测试点的个数；y_i 和 $\hat{y}_i$ 分别为第 i 个试验点的真实值与预测值。

针对均值响应，ET-EOS 的子模型集为二阶多项式模型、非参数模型和 RBF 模型。针对标准差响应，ET-EOS 的子模型集应为最佳的单一模型。表 4-19 给出了不同子模型在标准差响应下的 RMSE、MAE 与 AAE 数值。

表 4-19　标准差响应下各子模型的预测性能比较

模型	RMSE	MAE	AAE
一阶多项式	53.556	86.740	48.412
二阶多项式	77.390	133.714	63.939
非参数模型	59.744	121.370	48.370
半参数模型	49.593	97.365	41.948
Kriging 模型	53.370	87.217	48.174
RBF 模型	56.016	91.190	50.353

从三个预测性能指标可以看出，半参数模型在 RMSE 和 AAE 预测性能指标下都是最佳的。故针对标准差响应，选择半参数模型来构建标准差响应曲面。同时，这也充分验证了半参数模型在小样本及非线性问题上的拟合特性。

本节同样采用上述三个预测性能指标，比较 ET-EOS 模型和贝叶斯组合模型与未经包容性检验的组合模型的预测性能，比较结果见表 4-20 与表 4-21。

表 4-20 均值响应下各组合模型的预测性能比较

模型	RMSE	MAE	AAE
贝叶斯组合	177.639	366.939	131.099
未经检验的组合	167.032	339.868	128.627
ET-EOS	144.445	299.628	104.864

表 4-21 标准差响应下各组合模型的预测性能比较

模型	RMSE	MAE	AAE
贝叶斯组合	67.646	113.551	52.122
未经检验的组合	56.273	79.824	48.173
ET-EOS	49.593	97.365	41.948

由表 4-20 与表 4-21 的试验结果可知，在以 RMSE、MAE 与 AAE 三个指标度量预测性能的准则下，本节提出的 ET-EOS 模型相比传统的组合模型（即贝叶斯组合模型与未经检验的组合模型）在均值响应的预测性能上均表现优越。虽然在标准差响应中，MAE 指标的最佳模型为未经检验的组合模型，但是在其他两个指标的比较上，ET-EOS 模型仍然表现出较好的预测性能。在均值响应模型的构建中，以 RMSE 为评价对象，与贝叶斯组合模型和未经检验的组合模型相比，ET-EOS 模型在 RMSE 上的改善幅度分别达到 19%和 14%；在标准差响应中，RMSE 上的改善幅度也分别达到 27%和 12%。这说明在建立组合模型前，首先采用包容性检验消除模型间存在的冗余信息，然后构建组合模型，可以有效地提升模型的组合效率，进而改善模型的预测性能。

4.3.3.2 波动的敏感性分析

为了进一步测试所提模型的有效性，本节采用蒙特卡罗方法对上述案例的试验数据进行仿真抽样。在原始数据中，每一轮次下的样本均值与标准差是可知的，因此可采用蒙特卡罗方法对原始数据进行重新抽样以实现仿真试验分析。同时，为了研究不同的系统波动对 ET-EOS 模型预测性能的影响，在抽样时以 k 倍的样本标准差抽取试验数据以进行仿真分析，相应的抽样方法为 $y_i \sim N\left(\hat{\mu}_i, k\hat{\sigma}_i\right)$。选择 10 个波动系数 k，以表示系统处于不同程度的波动状态，其数值分别为 0.25，0.5，0.75，1，1.5，2，2.5，3，3.5，4。采取这 10 组数据的目的是，研究在不同系统波动下，ET-EOS 模型与其他组合模型的预测性能差异，以分析所提 ET-EOS 模型在不同系统波动下的预测性能是否稳健。为了简化仿真分析的比较，在此仅对预测性能指标 RMSE 进行比较，其他指标的比较可参见此。相应的比较结果见表 4-22 与表 4-23。

表 4-22　不同波动系数下均值响应组合模型的 RMSE 比较

k	贝叶斯组合	未经检验的组合	ET-EOS
0.25	175.592	138.744	103.415
0.5	177.380	139.761	105.157
0.75	176.626	139.289	108.817
1	186.291	147.727	114.440
1.5	174.108	138.097	106.821
2	207.163	162.621	123.698
2.5	186.875	160.996	135.057
3	195.922	160.006	143.482
3.5	205.043	168.614	132.853
4	210.686	180.419	139.626

表 4-23　不同波动系数下标准差响应组合模型的 RMSE 比较

k	贝叶斯组合	未经检验的组合	ET-EOS
0.25	20.465	17.343	17.166
0.5	37.988	27.711	25.745
0.75	48.071	34.204	29.131
1	66. 599	51.198	49.593
1.5	71.175	53.955	53.606
2	114.791	90.884	87.762
2.5	127.458	95.961	94.682
3	256.985	144.307	136.008
3.5	205.043	180.425	167.480
4	248.521	207.727	205.029

由表 4-22 与表 4-23 的比较结果可知，当波动系数由 0.25 逐渐增加到 4 时，ET-EOS 模型预测性能均优于其他组合模型。这说明当系统波动不断增加时，ET-EOS 模型预测性能优于其他两种组合模型的性能是稳健的。针对均值响应的情形，当 $k=0.25$ 时，相比贝叶斯组合模型，ET-EOS 模型大大降低了 RMSE 值，其最大改善幅度接近 41%；当 $k=0.25$ 时，相比未经检验的组合模型，ET-EOS 在 RMSE 指标上的最大改善幅度达 25%。针对标准差响应的情形，当 $k=3$ 时，相比贝叶斯组合模型，ET-EOS 在指标上的最大改善幅度达 47%；当 $k=0.75$ 时，相比未经检验的组合模型，ET-EOS 在指标上的最大改善幅度达 15%。

从比较分析中可以发现，随着波动系数的增加，贝叶斯组合模型预测性能降低的幅度大于其他两种组合模型。这也充分验证了贝叶斯组合模型在拟合输入输出关系方面的局限性，即无法准确拟合过程波动较大的输入输出关系。以波动系数从 2.5 增加到 3 为例，在标准差响应中，贝叶斯组合模型、未经检验的组合模型和 ET-EOS 模型在指标上增加的幅度分别为 102%、50%、44%。该数值表明，随着系统波动的增加，ET-EOS 模型的预测性能更加稳健。上述分析结果进一步说明了在建立组合模型时，采用包容性检验消除模型间存在的冗余信息，不仅可改善组合模型的预测性能，而且该性能是稳健的。图 4-9 同样展示了不同组合模型的预测结果。

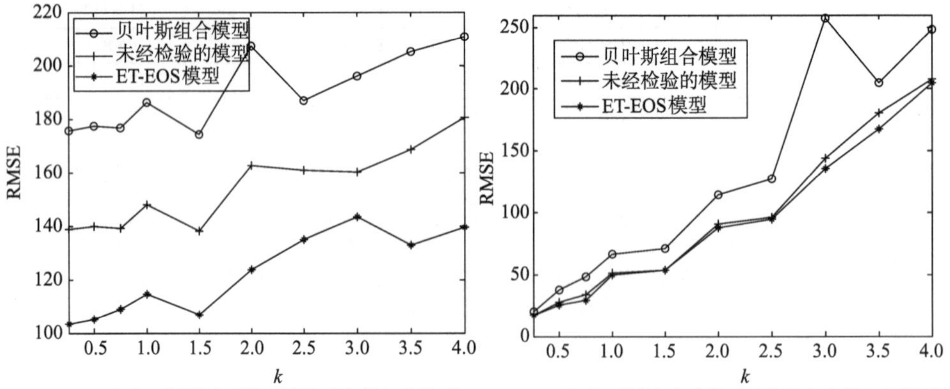

（a）不同波动系数下均值响应的组合模型　（b）不同波动系数下标准差响应的组合模型

图 4-9　预测性能比较

由图 4-9（a）可知，当系统的波动增加时，在 RMSE 预测性能评价指标下，均值响应的 ET-EOS 模型预测性能曲线低于其他两种组合模型方法的预测性能曲线。故对于不同系统的波动，ET-EOS 模型的预测性能均优于其他两种组合模型。特别是当系统的波动较大时，采用 ET-EOS 模型将比用贝叶斯组合模型和未经检验的组合模型去刻画系统的输入输出关系更加合理可靠。同样，图 4-9（b）展示了标准差响应下各组合模型预测性能的比较结果：ET-EOS 模型的预测性能同样均优于贝叶斯组合模型和未经检验的组合模型。

综上分析，从仿真试验中可以看出无论是在均值响应还是标准差响应中，ET-EOS 模型均优于贝叶斯组合模型和未经检验的组合模型。主要表现在以下三个方面。

（1）随着过程波动的不断增加，贝叶斯组合模型的预测性能急剧下降。

（2）相比贝叶斯组合模型和未经检验的组合模型而言，ET-EOS 模型的预测性能均表现优越。

（3）相比贝叶斯组合模型和未经检验的组合模型而言，ET-EOS 模型的预测性能对过程的波动更加稳健。

针对响应曲面构建中模型不确定性的问题，本节在组合模型的框架下，提出了基于 Bootstrap 和 Pareto 图方法的改进的 RBF 网络、基于 0-1 规划的组合建模方法及 ET-EOS 的稳健性建模方法。其核心思想在于，通过对响应面优化方法（RBF、双响应曲面法）的组合，基于组合建模技术的鲁棒性，分析集成核函数的性能，通过利用Pareto图技术、0-1规划或包容性检验用于筛选子模型，剔除冗余模型来构建最终的组合模型，不仅能消除冗余模型提高模型预测精度和鲁棒性，而且构建了稳健的响应曲面模型，提高了稳健参数设计的有效性。通过一系列的试验验证了提出算法的有效性。试验结果表明，本章提出的算法不仅可以减少预测误差，而且能够为优化加工参数提供可靠的方案。

参考文献

[1] Myers R H，Carter W H. Response surface techniques for dual response systems[J]. Technometrics，1973，15（2）：301-317.

[2] Vining G G，Myers R H. Combining Taguchi and response surface philosophies：a dual response approach[J]. Journal of Quality Technology，1990，22（1）：38-45.

[3] Ouyang L H，Wan L Q，Park C，et al. Ensemble RBF modeling technique for quality design[J]. Journal of Management Science and Engineering，2019，4（2）：105-118.

[4] Ouyang L H，Ma Y Z，Byun J H，et al. An interval approach to robust design with parameter uncertainty[J]. International Journal of Production Research，2016，54（11）：3201-3215.

[5] Zhou X J，Ma Y Z，Tu Y L，et al. Ensemble of surrogates for dual response surface modeling in robust parameter design[J]. Quality and Reliability Engineering International，2013，29（2）：173-197.

[6] Sibalija T V. Particle swarm optimisation in designing parameters of manufacturing processes：a review（2008-2018）[J]. Applied Soft Computing，2019，84：105743.

[7] Han H G，Chen Q L，Qiao J F. An efficient self-organizing RBF neural network for water quality prediction[J]. Neural Networks，2011，24（7）：717-725.

[8] Sieger D，Menzel S，Botsch M. RBF morphing techniques for simulation-based design optimization[J]. Engineering with Computers，2014，30（2）：161-174.

[9] Elsayed K，Lacor C. Robust parameter design optimization using Kriging，RBF and RBFNN with gradient-based and evolutionary optimization techniques[J]. Applied Mathematics and Computation，2014，236：325-344.

[10] Er M J，Wu S，Lu J，et al. Face recognition with radial basis function（RBF）neural networks[J]. IEEE Transactions on Neural Networks，2002，13（3）：697-710.

[11] Chen D. Research on traffic flow prediction in the big data environment based on the improved RBF neural network[J]. IEEE Transactions on Industrial Informatics，2017，13（4）：2000-2008.

[12] Wan W，Birch J B. A semiparametric technique for the multi-response optimization problem[J]. Quality and Reliability Engineering International，2011，27（1）：47-59.

[13] Goel T，Haftka R T，Shyy W，et al. Ensemble of surrogates[J]. Structural and Multidisciplinary Optimization，2007，33（3）：199-216.

[14] Korenius T，Laurikkala J，Juhola M. On principal component analysis，cosine and Euclidean measures in information retrieval[J]. Information Sciences，2007，177（22）：4893-4905.

[15] Ouyang L H，Zhou D Q，Ma Y Z，et al. Ensemble modeling based on 0-1 programming in micro-manufacturing process[J]. Computers & Industrial Engineering，2018，123：242-253.

[16] Chang G，Tu Y L. Closed-loop control in ultrafast laser milling process using laser triggered plasma[J]. International Journal of Machine Tools and Manufacture，2012，60（1）：35-39.

[17] Ouyang L H，Ma Y Z，Chen J X，et al. Robust optimization of Nd：YLF laser beam micro-drilling process using Bayesian probabilistic approach[J]. International Journal of Production Research，2016，54（21）：6644-6659.

[18] Park C，Ouyang L H，Byun J H，et al. Robust design under normal model departure[J]. Computers & Industrial Engineering，2017，113（11）：206-220.

[19] Lamberson P J，Page S E. Optimal forecasting groups[J]. Management Science，2012，58（4）：805-810.

[20] Myers R H，Montgomery D C，Anderson-Cook C M. Response Surface Methodology：Process and Product Optimization Using Designed Experiments[M]. 3rd ed. Hoboken：John Wiley & Sons，2009.

[21] Vining G G，Bohn L L. Response surfaces for the mean and variance using a nonparametric approach[J]. Journal of Quality Technology，1998，30（3）：282-291.

[22] Mays J E，Birch J B，Einsporn R L. An overview of model-robust regression[J]. Journal of Statistical Computation & Simulation，2000，66（1）：79-100.

[23] Kleijnen J P C. Design and Analysis of Simulation Experiments[M]. New York：Spring Science & Bnsiness Media，2008.

[24] Kleijnen J P C，van Beers W C M. Monotonicity-preserving bootstrapped Kriging metamodels for expensive simulations[J]. Journal of the Operational Research Society，2013，64（5）：708-717.

[25] Boylan G L，Cho B R. Robust parameter design in embedded high-variability production processes：an alternative approach to mitigating sources of variability[J]. International Journal of Production Research，2013，51（15）：4517-4538.

[26] Kim K J，Lin D K J. Optimization of multiple responses considering both location and dispersion effects[J]. European Journal of Operational Research，2006，169（1）：133-145.

[27] Ng S H. A Bayesian-model averaging approach for multiple-response problem[J]. Journal of

Quality Technology，2010，42（1）：52-68.
[28] Köksoy O，Doganaksoy N. Joint optimization of mean and standard deviation using response surface methods[J]. Journal of Quality Technology，2003，35（3）：239-252.
[29] Zhou X J，Ma Y Z，Li X F. Ensemble of surrogates with recursive arithmetic average[J]. Structural and Multidisciplinary Optimization，2011，44（5）：651-671.
[30] Parandoush P，Hossain A. A review of modeling and simulation of laser beam machining[J]. International Journal of Machine Tools and Manufacture，2014，85（10）：135-145.
[31] Boylan G L，Cho B R. Comparative studies on the high-variability embedded robust parameter design from the perspective of estimators[J]. Computers & Industrial Engineering，2013，64（1）：442-452.
[32] Rajagopal R，del Castillo E. Model-robust process optimization using Bayesian model averaging[J]. Technometrics，2005，47（2）：152-163.
[33] 汪建均，马义中. 基于 GLM 的双响应曲面法及其稳健设计[J]. 系统工程与电子技术，2012，34（11）：2306-2311.
[34] Apley D W，Kim J. A cautious approach to robust design with model parameter uncertainty[J]. IIE Transactions，2011，43（7）：471-482.
[35] Park I，Amarchinta H K，Grandhi R V. A Bayesian approach for quantification of model uncertainty[J]. Reliability Engineering and System Safety，2010，95（7）：777-785.
[36] Bates J M，Granger C W J. The combination of forecasts[J]. Journal of the Operational Research Society，1969，20（4）：451-468.
[37] Ericsson N R. Parameter constancy，mean square forecast errors，and measuring forecast performance：an exposition，extensions，and illustration[J]. Journal of Policy Modeling，1992，14（4）：465-495.
[38] 谢力，魏汝祥，訾书宇，等. 基于包容性检验的舰船装备维修费组合预测[J]. 系统工程与电子技术，2010，32（12）：2599-2602.
[39] Franses P H. Model selection for forecase combination[J]. Applied Economics，2011，43（14）：1721-1727.
[40] Clements M P，Hendry D F. A Companion to Economic Forecasting[M]. Oxford：Blackwell，2002.
[41] Makridakis S，Winkler R L. Averages of forecasts：some empirical results[J]. Management Science，1983，29（9）：987-996.
[42] Kim K J，Lin D K J. Dual response surface optimization：a fuzzy modeling approach[J]. Journal of Quality Technology，1998，30（1）：1-10.

本章附录

证明引理 4-1　权重为 $\boldsymbol{W}_A=[1/N,1/N,\cdots,1/N]$ ， $J_A=\boldsymbol{W}_A'\boldsymbol{E}\boldsymbol{W}_A=\frac{1}{N^2}\sum_{i=1}^{N}\sum_{j=1}^{N}\sum_{t=1}^{T}e_{it}e_{jt}$ 。因为 $\boldsymbol{E}_1,\boldsymbol{E}_2,\cdots,\boldsymbol{E}_N$ 为独立线性不相关，则有

$$\sum_{t=1}^{T}e_{it}e_{jt}<\sqrt{\sum_{t=1}^{N}e_{it}^2}\sqrt{\sum_{t=1}^{N}e_{jt}^2}=\sqrt{\boldsymbol{E}_{ii}}\sqrt{\boldsymbol{E}_{jj}}\leqslant\sqrt{\boldsymbol{J}_{\max}}\sqrt{\boldsymbol{J}_{\max}}=\boldsymbol{J}_{\max}$$

因此，$\boldsymbol{J}_A<\frac{1}{N^2}\sum_{i=1}^{N}\sum_{j=1}^{N}\boldsymbol{J}_{\max}=\boldsymbol{J}_{\max}$ 。

证明引理 4-2　预测响应 MSE 的 $\boldsymbol{J}_A$ 和 $\boldsymbol{J}_B$ 分别为 $\frac{1}{N^2}\sum_{i=1}^{N}\sum_{j=1}^{N}\sum_{t=1}^{T}e_{it}e_{jt}$ 和 $\frac{1}{(N+1)^2}\sum_{i=1}^{N+1}\sum_{j=1}^{N+1}\sum_{t=1}^{T}e_{it}e_{jt}$ 。

当:

$$(2N+1)\boldsymbol{J}_A<\sum_{i=1}^{N}\sum_{t=1}^{T}e_{it}e_{(N+1)t}+\sum_{j=1}^{N+1}\sum_{t=1}^{T}e_{(N+1)t}e_{jt}$$

$$\frac{2N+1}{(N+1)^2}\boldsymbol{J}_A<\frac{1}{(N+1)^2}\left(\sum_{i=1}^{N}\sum_{t=1}^{T}e_{it}e_{(N+1)t}+\sum_{j=1}^{N+1}\sum_{t=1}^{T}e_{(N+1)t}e_{jt}\right)$$

由于 $\frac{2N+1}{(N+1)^2}\boldsymbol{J}_A=\frac{1}{N^2}\sum_{i=1}^{N}\sum_{j=1}^{N}\sum_{t=1}^{T}e_{it}e_{jt}-\frac{1}{(N+1)^2}\sum_{i=1}^{N}\sum_{j=1}^{N}\sum_{t=1}^{T}e_{it}e_{jt}$ ，则有

$$\frac{1}{N^2}\sum_{i=1}^{N}\sum_{j=1}^{N}\sum_{t=1}^{T}e_{it}e_{jt}-\frac{1}{(N+1)^2}\sum_{i=1}^{N}\sum_{j=1}^{N}\sum_{t=1}^{T}e_{it}e_{jt}<\frac{1}{(N+1)^2}\left(\sum_{i=1}^{N}\sum_{t=1}^{T}e_{it}e_{(N+1)t}+\sum_{j=1}^{N+1}\sum_{t=1}^{T}e_{(N+1)t}e_{jt}\right)$$

根据上式可得

$$\frac{1}{N^2}\sum_{i=1}^{N}\sum_{j=1}^{N}\sum_{t=1}^{T}e_{it}e_{jt}<\frac{1}{(N+1)^2}\left(\sum_{i=1}^{N}\sum_{j=1}^{N}\sum_{t=1}^{T}e_{it}e_{jt}+\sum_{i=1}^{N}\sum_{t=1}^{T}e_{it}e_{(N+1)t}+\sum_{j=1}^{N+1}\sum_{t=1}^{T}e_{(N+1)t}e_{jt}\right)$$

即 $\boldsymbol{J}_A<\boldsymbol{J}_B$

第 5 章　基于贝叶斯方法的质量设计

试验设计和RSM被认为是同时优化多个响应的常用方法。在特定的优化过程中，构建响应曲面模型是关键步骤之一。由于潜在的真实响应通常是由一些未知的物理机制构建的，因此基于试验设计数据的经验模型被广泛应用[1~3]。一般来说，基于经验模型的过程优化只有在模型足够准确时才能起作用。Ng[4]指出，不准确的模型可能导致不正确的质量估计从而导致工艺设计不良。

针对质量设计中的模型不确定性问题，本章将重点探讨不同的贝叶斯质量建模方法模型，旨在得到更精确的模型参数估计。本章的结构如下：5.1 节给出一种基于 SUR 模型的贝叶斯层次建模方法。该方法可以根据贝叶斯层次法实现模型变量的筛选，然后根据贝叶斯 SUR 模型（即模型估计）给出模型预测。同时，在过程优化中，提出了一种考虑工程人员偏好信息的两阶段优化策略，该策略方法是首先找到一组非主导输入设置，然后根据与理想解方法的相似性确定最佳输入设置[5]。5.2 节针对模型不确定性条件下的稳健参数设计问题，在贝叶斯模型平均方法的基础上，通过考虑因子效应原则，提出了基于因子效应原则的贝叶斯模型平均（Bayesian model averaging based on effect principle，BMA-EP）稳健性设计建模技术[6]。5.3 节通过对持续改进中最坏情况的分析，提出了一种基于贝叶斯可信域的质量损失函数方法[7]。

5.1　基于贝叶斯层次模型的质量设计

在正态假设下，OLS 由于其计算简单和高效而被广泛应用于过程优化。Ouyang 等[8]认为 OLS 是不够的，他们提出使用非参数方法。同时，Boylan 和 Cho[9]采用加权 OLS 对工艺优化进行响应面估计。然而，在数据分散的情况下，它们经常导致高度可变的估计。Wan 和 Birch[10]构造了一种鲁棒的半参数技术，它比 OLS 和非参数方法对模型的设定误差更稳健。然而，在多响应过程优化问题中，响应通常是相关的。del Castillo 等[11]首先将 SUR 方法纳入多响应过程优化问题。Fogliatto 和 Albin[12]将 OLS 与 SUR 进行了比较，得出 OLS 的预测方差是 SUR 的 3 倍左右。此外，关于 SUR 的优点，Shah 等[13]就建模标准对这些技术进行了详细的比较。从他们的比较结果可知 SUR 有很好的优势。在现有的 SUR 建模过程中，模型选择是基于 OLS 的。然而，当过程误差呈现高度相关时，这种选择方法往往是无效的。因此，本节提出了一种基于 SUR 模型的贝叶斯层次建模方法。

5.1.1 SUR 模型

线性 SUR 模型包含一组具有相关误差项的回归式，这些误差项包含方差和协方差。SUR 模型可以写成：

$$\boldsymbol{y}_i = \boldsymbol{X}_i \boldsymbol{\beta}_i + \boldsymbol{\varsigma}_i, \quad i = 1, 2, \cdots, p \tag{5-1}$$

其中，

$$E\left[\varsigma_i \varsigma_j'\right] = \boldsymbol{\Omega} = \begin{cases} \omega_{ij} \boldsymbol{I} & (i \neq j) \\ \omega_i^2 \boldsymbol{I} & (i = j) \end{cases} \tag{5-2}$$

$\boldsymbol{y}_i$ 和 $\boldsymbol{\varsigma}_i$ 为 $n \times 1$ 向量；$\boldsymbol{X}_i$ 为秩为 p_i 的 $n \times p_i$ 矩阵；$\boldsymbol{\beta}_i$ 为 p_i 维系数向量；$\boldsymbol{I}$ 为一个 $n \times n$ 单位矩阵。

可将模型写成[14]：

$$\begin{bmatrix} y_1 \\ y_2 \\ \vdots \\ y_p \end{bmatrix} = \begin{bmatrix} X_1 & 0 & \cdots & 0 \\ 0 & X_2 & \cdots & 0 \\ \vdots & \vdots & & \vdots \\ 0 & 0 & \cdots & X_p \end{bmatrix} \begin{bmatrix} \beta_1 \\ \beta_2 \\ \vdots \\ \beta_p \end{bmatrix} + \begin{bmatrix} \varsigma_1 \\ \varsigma_2 \\ \vdots \\ \varsigma_p \end{bmatrix} \tag{5-3}$$

然后，式（5-3）中的 SUR 模型可以用矩阵形式写成：

$$\boldsymbol{y} = \boldsymbol{X\beta} + \boldsymbol{\varsigma}, \quad \boldsymbol{\varsigma} \sim N\left(0, \boldsymbol{\Omega} \otimes \boldsymbol{I}\right) \tag{5-4}$$

其中，$\boldsymbol{\Omega}$ 为具有对角线元素 $\left\{\omega_1^2, \omega_2^2, \cdots, \omega_p^2\right\}$ 的 $p \times p$ 矩阵；ω_{ij} 为非对角线 ij^{th} 元素；$\otimes$ 为克罗内克积。

根据试验数据和 $\boldsymbol{\varsigma}$ 分布，似然函数为

$$\begin{aligned} L\left(\boldsymbol{y} \mid \boldsymbol{\beta}, \boldsymbol{\Omega}\right) &= \frac{1}{(2\pi)^{pn/2} \left|\boldsymbol{\Omega}\right|^{n/2}} \exp\left[-\frac{1}{2}\left(\boldsymbol{y} - \boldsymbol{X\beta}\right)^{\mathrm{T}} \left(\boldsymbol{\Omega}^{-1} \otimes \boldsymbol{I}\right)\left(\boldsymbol{y} - \boldsymbol{X\beta}\right)\right] \\ &= \frac{1}{(2\pi)^{pn/2} \left|\boldsymbol{\Omega}\right|^{n/2}} \exp\left[-\frac{1}{2} \mathrm{tr}\left(\boldsymbol{R\Omega}^{-1}\right)\right] \end{aligned} \tag{5-5}$$

其中，$|\boldsymbol{\Omega}|=\det(\boldsymbol{\Omega})$为$\boldsymbol{\Omega}$的行列式；“tr”表示矩阵的迹；$p\times p$矩阵$\boldsymbol{R}$的第$ij$个元素，根据$r_{ij}=(\boldsymbol{y}_i-\boldsymbol{X}_i\boldsymbol{\beta}_i)^{\mathrm{T}}(\boldsymbol{y}_j-\boldsymbol{X}_j\boldsymbol{\beta}_j)$获得。

常用的非信息先验之一是由 Jeffreys[15]提出的独立 Jeffreys 先验，公式如下：

$$\pi(\boldsymbol{\beta},\boldsymbol{\Omega})=\pi(\boldsymbol{\beta})\pi(\boldsymbol{\Omega})\propto|\boldsymbol{\Omega}|^{-(p+1)/2} \tag{5-6}$$

它与 Fisher 信息矩阵行列式的平方根成正比。这种先验的一个主要优点是模型参数估计的稳健性。该先验下各参数的联合后验密度函数为

$$\pi(\boldsymbol{\beta},\boldsymbol{\Omega}|\boldsymbol{y})\propto|\boldsymbol{\Omega}|^{-(n+m+1)/2}\exp\left[-\frac{1}{2}\mathrm{tr}\left(\boldsymbol{R}\boldsymbol{\Omega}^{-1}\right)\right] \tag{5-7}$$

然后，条件后验密度$\boldsymbol{\beta}$和$\boldsymbol{\Omega}$分别为

$$\pi(\boldsymbol{\beta}|\boldsymbol{\Omega},\boldsymbol{y})\sim N\left(\hat{\boldsymbol{\beta}},\hat{\boldsymbol{\Omega}}_{\beta}\right)\text{和}\pi(\boldsymbol{\Omega}|\boldsymbol{\beta},\boldsymbol{y})\sim \mathrm{IW}(\boldsymbol{R},n) \tag{5-8}$$

$$\pi(\boldsymbol{\beta}|\boldsymbol{\Omega},\boldsymbol{y})\sim N\left(\hat{\boldsymbol{\beta}},\hat{\boldsymbol{\Omega}}_{\beta}\right)\text{和}\pi(\boldsymbol{\Omega}|\boldsymbol{\beta},\boldsymbol{y})\sim \mathrm{IW}(\boldsymbol{R},n) \tag{5-9}$$

其中，$\mathrm{IW}(\cdot,\cdot)$为区间 Wishart 分布。

可以从式（5-8）中得出两个条件后验分布是可识别的。Gibbs 抽样是目前流行的马尔可夫链蒙特卡罗（Markov chain Monte Carlo，MCMC）采样技术之一，可用于 SUR 模型的贝叶斯分析。一般来说，在没有确定相关抽样规则前提下，产生的样本之间可能存在高度的序列相关性和收敛缓慢的风险。这就促使 Zellner 和 Ando[16]提出了一种直接的蒙特卡罗抽样程序，该方法已经被证明比 MCMC 方法更有效。

5.1.2　贝叶斯层次模型构建

5.1.2.1　融入筛选机制的 SUR 模型

考虑式（5-3）中线性 SUR 模型的第i次回归，设计矩阵$\boldsymbol{X}_i$为$n\times p_i$维，模型参数$\boldsymbol{\beta}_i$的长度是p_i。由于 SUR 模型中可能存在一组可冗余的预测因子，因此本节为设计矩阵$\boldsymbol{X}_i\ (i=1,2,\cdots,p)$引入了二元潜在变量向量$\boldsymbol{\gamma}^i=\left(\gamma_1^i,\gamma_2^i,\cdots,\gamma_{p_i}^i\right)^{\mathrm{T}}$。$\gamma_k^i$表示第$i$个回归模型中模型参数的第$k$个元素，若$\beta_k^i=0$则$\gamma_k^i=1$，若$\beta_k^i\neq 0$则$\beta_k^i=0$。去掉模型参数为零的冗余预测因子，在$\boldsymbol{\gamma}^i$的条件下，第$i$个回归可以重写为

$$\boldsymbol{y}_i=\boldsymbol{X}_{\gamma^i}\boldsymbol{\beta}_{\gamma^i}+\varsigma_i,\quad i=1,2,\cdots,p \tag{5-10}$$

如果 $q_i = \sum_{j=1}^{p_i} \gamma_j^i$ ，则设计矩阵 $\boldsymbol{X}_{\gamma_i}$ 的大小为 $n \times q_i$ ，$\boldsymbol{\beta}_{\gamma_i}$ 是长度为 q_i 的模型参数向量。

通过对 p 个回归的线性模型进行叠加，在 $\boldsymbol{\gamma}^{\mathrm{T}} = \left[\left(\boldsymbol{\gamma}^1\right)^{\mathrm{T}}, \left(\boldsymbol{\gamma}^2\right)^{\mathrm{T}}, \cdots, \left(\boldsymbol{\gamma}^p\right)^{\mathrm{T}}\right]$ 条件下，SUR 模型为

$$\boldsymbol{y} = \boldsymbol{X}_\gamma \boldsymbol{\beta}_\gamma + \boldsymbol{\varsigma} \tag{5-11}$$

若 $q_\gamma = \sum_{i=1}^{p} q_i$ ，则 $\boldsymbol{X}_\gamma$ 是一个 $n \times q_\gamma$ 矩阵，$\boldsymbol{\beta}_\gamma$ 是上述 SUR 模型中回归系数 q_γ 的一个向量。

为了有效地确定潜在向量 $\boldsymbol{\gamma}$ 的后验密度，Zellner 和 Ando[16]提出了一对一的转换模型，以实现 SUR 模型的直接蒙特卡罗过程，而不是用于后验采样的 Gibbs 抽样。在该方法中，式（5-10）可以等价为一个转换后的 SUR 模型：

$$\begin{cases} \boldsymbol{y}_1 = \boldsymbol{X}_{\gamma^1} \boldsymbol{\beta}_{\gamma^1} + \boldsymbol{\varepsilon}_1, \quad \text{with} \ \ \boldsymbol{\varepsilon}_1 = \boldsymbol{\varsigma}_1 \\ \boldsymbol{y}_2 = \boldsymbol{X}_{\gamma^2} \boldsymbol{\beta}_{\gamma^2} + \rho_{21} \boldsymbol{\varsigma}_1 + \boldsymbol{\varepsilon}_2 \\ \qquad \vdots \\ \boldsymbol{y}_p = \boldsymbol{X}_{\gamma^p} \boldsymbol{\beta}_{\gamma^p} + \sum_{j=1}^{p-1} \rho_{pj} \boldsymbol{\varsigma}_j + \boldsymbol{\varepsilon}_p \end{cases} \tag{5-12}$$

其中，$E\left[\boldsymbol{\varepsilon}_i \boldsymbol{\varepsilon}_j\right] = \boldsymbol{\Sigma} = \begin{cases} 0, & i \neq j \\ \sigma_i^2 I, & i = j \end{cases}$ 。

这种转换的一个主要优点是它可以允许式（5-3）中的错误项相关，虽然式（5-12）中的误差项是不相关的。然后，可以重写式（5-12），如下所示：

$$\begin{cases} \boldsymbol{y}_1 = \boldsymbol{X}_{\gamma^1} \boldsymbol{\beta}_{\gamma^1} + \boldsymbol{\varepsilon}_1 = \boldsymbol{Z}_1 \boldsymbol{b}_{\gamma^1} + \boldsymbol{\varepsilon}_1 \\ \boldsymbol{y}_i = \boldsymbol{X}_{\gamma^i} \boldsymbol{\beta}_{\gamma^i} + \sum_{k=1}^{i-1} \rho_{ik} \left(\boldsymbol{y}_k - \boldsymbol{X}_{\gamma_k} \boldsymbol{\beta}_{\gamma_k}\right) + \boldsymbol{\varepsilon}_i = \boldsymbol{Z}_i \boldsymbol{b}_{\gamma^i} + \boldsymbol{\varepsilon}_i \\ i = 2, 3, \cdots, p \end{cases} \tag{5-13}$$

其中，矩阵 $\boldsymbol{Z}_i = \left(\boldsymbol{X}_{\gamma^i}, \boldsymbol{y}_1 - \boldsymbol{X}_{\gamma^1} \boldsymbol{\beta}_{\gamma^1}, \cdots, \boldsymbol{y}_{i-1} - \boldsymbol{X}_{\gamma^{i-1}} \boldsymbol{\beta}_{\gamma^{i-1}}\right)$ 由模型参数 $\boldsymbol{\beta}_{\gamma^1}, \boldsymbol{\beta}_{\gamma^2}, \cdots, \boldsymbol{\beta}_{\gamma^{i-1}}$ 和模型矩阵 $\boldsymbol{X}_{\gamma^i}$ 构成。基于式（5-13）两种模型参数之间的一对一关系是

$$\begin{cases} \boldsymbol{b}_{\gamma^1} = \boldsymbol{\beta}_{\gamma^1} \\ \boldsymbol{b}_{\gamma^i} = \left(\boldsymbol{\beta}_{\gamma^i}^{\mathrm{T}}, \rho_{i1}, \cdots, \rho_{i,i-1}\right)^{\mathrm{T}} \end{cases} \tag{5-14}$$

同时，可以得到 $\boldsymbol{\Sigma}$ 和 $\boldsymbol{\Omega}$ 之间的关系为

$$
\begin{cases}
\omega_1^2 = \sigma_1^2 \\
\omega_i^2 = \sum_{k=1}^{i-1} \rho_{ik}^2 \omega_k^2 + \sum_{k,l=1,\,k<l}^{i-1} \rho_{ik}\rho_{il}\omega_{lk} + \sigma_i^2, \quad i \neq 1 \\
\omega_{ji} = \sum_{k=1,\,k\neq j}^{i-1} \rho_{ik}\omega_{kj} + \rho_{ij}^2\omega_j^2, \qquad i \neq 1
\end{cases}
\tag{5-15}
$$

两种模型[即式（5-4）]的模型参数和协方差可以很容易地根据式（5-14）和式（5-15）进行转换。Zellner 和 Ando[16]指出，这种变换大大简化了估计问题。

5.1.2.2　先验与后验分析

贝叶斯建模方法中的一个重要步骤是获取模型参数的后验信息和模型预测。为了完成这个贝叶斯层次模型，考虑了一个对于 Ω 的非信息先验 $\boldsymbol{\pi}(\boldsymbol{\Omega}) \propto |\boldsymbol{\Omega}|^{-(p+1)/2}$ 以及模型（5-12）中参数 $\boldsymbol{\beta} = (\boldsymbol{\beta}_1, \boldsymbol{\beta}_2, \cdots, \boldsymbol{\beta}_p)^{\mathrm{T}}$ 的扩散先验，如 $\boldsymbol{\pi}(\boldsymbol{\beta}) = \boldsymbol{I}(\boldsymbol{\beta} \in \boldsymbol{C})$，其中，$I(\bullet)$ 为指示函数，$\boldsymbol{C}$ 为 p 维限制参数空间[$\boldsymbol{C} = (-\tau, \tau)^p$ $0 < \tau < \infty$]。然后，可以推导出参数 $\boldsymbol{b}_\gamma = (\boldsymbol{b}_{\gamma^1}, \boldsymbol{b}_{\gamma^2}, \cdots, \boldsymbol{b}_{\gamma^p})^{\mathrm{T}}$ 的相应先验和转换模型中的 $\boldsymbol{\Sigma}$。更具体地说，$\boldsymbol{b}$ 和 $\boldsymbol{\Sigma}$ 可以写成[17, 18]：

$$
\boldsymbol{\pi}(\boldsymbol{b}_\gamma, \boldsymbol{\Sigma}) \propto |\boldsymbol{\Omega}(\boldsymbol{b}_\gamma, \boldsymbol{\Sigma})|^{-(p+1)/2} |\boldsymbol{J}| \boldsymbol{I}(\boldsymbol{b} \in C')
\tag{5-16}
$$

其中，$|\boldsymbol{J}|$ 为一个 Jacobian 因子；$\boldsymbol{C}'$ 为 $\boldsymbol{C}$ 中一个转换的限制参数空间。因为 Jacobian 从 $(\boldsymbol{\beta}_{\gamma^1}, \boldsymbol{\beta}_{\gamma^2}, \cdots, \boldsymbol{\beta}_{\gamma^p}, \omega_1^2, \omega_2^2, \cdots, \omega_p^2, \omega_{12}, \cdots, \omega_{(p-1)p})$ 转换为 $(\boldsymbol{b}_{\gamma^1}, \boldsymbol{b}_{\gamma^2}, \cdots, \boldsymbol{b}_{\gamma^p}, \sigma_1^2, \sigma_2^2, \cdots, \sigma_p^2)$。$|\boldsymbol{J}|$ 等于 $\prod_{i'=1}^{p-1} (\sigma_{i'}^2)^{p-i'}$。那么，参数的先验，即式（5-16）可改写为

$$
\pi(\boldsymbol{b}_\gamma, \boldsymbol{\Sigma}) \propto \prod_{i=1}^{p} (\sigma_i^2)^{(p-2i-1)/2}
\tag{5-17}
$$

选择潜在向量中的每个元素 $\gamma_j^i (i = 1, 2, \cdots, p;\ j = 1, 2, \cdots, p_i)$ 作为先验独立分布，则由 $\pi(\gamma_j^i = 1 | \alpha_i) = \alpha_i$ 可得 γ_j^i 概率为 1。此外，α_i 超参数被认为是独立的，并在（0，1）上给出了一个非信息统一的先验。在将超参数 $\boldsymbol{\alpha} = (\alpha_1, \alpha_2, \cdots, \alpha_p)^{\mathrm{T}}$ 集成出来后，得出 $\int \pi(\boldsymbol{\gamma} | \boldsymbol{\alpha}) \pi(\boldsymbol{\alpha})\, \mathrm{d}\boldsymbol{\alpha} = \prod_{i=1}^{p} \mathrm{Be}(q_i + 1,\ p_i - q_i + 1)$。其中，$\mathrm{Be}(\cdot, \cdot)$ 为 beta 函数[17]。

由于式（5-13）中存在不相关错误项，参数 $\boldsymbol{\theta} = (\boldsymbol{b}_{\gamma^1}, \boldsymbol{b}_{\gamma^2}, \cdots, \boldsymbol{b}_{\gamma^p}, \sigma_1^2, \sigma_2^2, \cdots, \sigma_p^2)$ 的似然函数可以表示为

$$L\left(\boldsymbol{y} \mid \boldsymbol{b}_{\gamma}, \boldsymbol{\Sigma}\right)=\prod_{i=1}^{p} \frac{1}{\left(2 \pi \sigma_{i}^{2}\right)^{n / 2}} \exp \left[-\frac{\left(\boldsymbol{y}_{i}-\boldsymbol{Z}_{i} \boldsymbol{b}_{\gamma^{i}}\right)^{\mathrm{T}}\left(\boldsymbol{y}_{i}-\boldsymbol{Z}_{i} \boldsymbol{b}_{\gamma^{i}}\right)}{2 \sigma_{i}^{2}}\right] \tag{5-18}$$

基于等式（5-17）中的似然函数和指定的先验分布，联合后验参数密度可计算为

$$g\left(\boldsymbol{b}_{\gamma}, \boldsymbol{\Sigma} \mid \boldsymbol{\gamma}, \boldsymbol{y}\right) \propto \prod_{i=1}^{p} \sigma_{i}^{-(n-p+2 i+1)} \exp \left[-\frac{\left(\boldsymbol{y}_{i}-\boldsymbol{Z}_{i} \boldsymbol{b}_{\gamma^{i}}\right)^{\mathrm{T}}\left(\boldsymbol{y}_{i}-\boldsymbol{Z}_{i} \boldsymbol{b}_{\gamma^{i}}\right)}{2 \sigma_{i}^{2}}\right] \tag{5-19}$$

可以很容易地证明，模型参数和误差项的后验边际密度为

$$g\left(\boldsymbol{b}_{\gamma^{i}} \mid \boldsymbol{b}_{\gamma^{i-1}}, \cdots, \boldsymbol{b}_{\gamma^{1}}, \sigma_{i}^{2}, \boldsymbol{\gamma}, \boldsymbol{y}\right) \sim N\left(\hat{\boldsymbol{b}}_{\gamma^{i}}, \sigma_{i}^{2}\left(\boldsymbol{Z}_{i}^{\mathrm{T}} \boldsymbol{Z}_{i}\right)^{-1}\right) \tag{5-20}$$

$$g\left(\sigma_{i}^{2} \mid \boldsymbol{b}_{\gamma^{i-1}}, \cdots, \boldsymbol{b}_{\gamma^{1}}, \boldsymbol{\gamma}, \boldsymbol{y}\right) \sim \mathrm{IG}\left(\frac{1}{2}\left(\boldsymbol{y}_{i}-\boldsymbol{Z}_{i} \hat{\boldsymbol{b}}_{\gamma^{i}}\right)^{\mathrm{T}}\left(\boldsymbol{y}_{i}-\boldsymbol{Z}_{i} \hat{\boldsymbol{b}}_{\gamma^{i}}\right), \frac{1}{2}(n-q_{i}-i+1)\right) \tag{5-21}$$

其中，$\hat{\boldsymbol{b}}_{\gamma^{i}}=\left(\boldsymbol{Z}_{i}^{\mathrm{T}} \boldsymbol{Z}_{i}\right)^{-1} \boldsymbol{Z}_{i}^{\mathrm{T}} y_{i}$；$N(\cdot,\cdot)$和$\mathrm{IG}(\cdot,\cdot)$分别表示正态分布和逆 Gamma 分布，式（5-15）和式（5-16）的意义是给出模型参数的后验信息，然后获得模型预测和后续的优化结果。

由于无法识别给定$\boldsymbol{\gamma}$的边际后验分布，因此本节采用基于条件后验分布$\boldsymbol{\gamma}$的 Metropolis-Hasting 后验抽样程序，见 Smith 和 Kohn[19]。$\pi\left(\gamma_{k}^{i} \middle| \boldsymbol{\Omega}, \boldsymbol{\gamma}/\gamma_{k}^{i}, \boldsymbol{y}\right)$是$\gamma_{k}^{i}$的条件后验密度，$s\left(\gamma_{k}^{i}\right)=\pi\left(\gamma_{k}^{i} \middle| \boldsymbol{\gamma}/\gamma_{k}^{i}\right)$是条件先验密度。注意$\alpha$在这两种情况下都可以被积分出来。条件后验密度$\pi\left(\gamma_{k}^{i} \middle| \boldsymbol{\Omega}, \boldsymbol{\gamma}/\gamma_{k}^{i}, \boldsymbol{y}\right)$需要依赖$\boldsymbol{\Omega}$和$\gamma_{k}^{i}$的条件分布。其中，$\boldsymbol{\gamma}/\gamma_{k}^{i}$为没有$\gamma_{k}^{i}$的$\boldsymbol{\gamma}$向量。

$$\begin{aligned}\pi\left(\gamma_{k}^{i} \middle| \boldsymbol{\Omega}, \boldsymbol{\gamma}/\gamma_{k}^{i}, \boldsymbol{y}\right) &\propto \int L\left(\boldsymbol{y} \middle| \boldsymbol{\beta}, \boldsymbol{\Omega}, \boldsymbol{\gamma}\right) \pi\left(\boldsymbol{\beta} \middle| \boldsymbol{\gamma}\right) d \boldsymbol{\beta}\, \pi(\boldsymbol{\gamma}) \\ &\propto (n)^{-q_{\gamma}/2} \exp \left\{-\frac{1}{2} S(\boldsymbol{\gamma}, \boldsymbol{\Omega})\right\} \pi\left(\gamma_{k}^{i} \middle| \boldsymbol{\gamma}/\gamma_{k}^{i}\right)\end{aligned} \tag{5-22}$$

其中，$\boldsymbol{A}=\boldsymbol{\Omega}^{-1} \otimes \boldsymbol{I}$；$S(\boldsymbol{\gamma}, \boldsymbol{\Omega})=\boldsymbol{y}^{\mathrm{T}} \boldsymbol{A} \boldsymbol{y}-\boldsymbol{y}^{\mathrm{T}} \boldsymbol{A} \boldsymbol{X}_{\gamma}\left(\boldsymbol{X}_{\gamma}^{\mathrm{T}} \boldsymbol{A} \boldsymbol{X}_{\gamma}\right)^{-1} \boldsymbol{X}_{\gamma}^{\mathrm{T}} \boldsymbol{A} \boldsymbol{y}$。$\gamma_{k}^{i}$的条件先验可计算为

$$\pi\left(\gamma_{k}^{i} \middle| \boldsymbol{\gamma}/\gamma_{k}^{i}\right) \propto \int_{0}^{1} \alpha_{i}^{q_{\gamma}^{i}}\left(1-\alpha_{i}\right)^{p_{i}-q_{\gamma}^{i}} \mathrm{d} \alpha_{i}=\mathrm{Be}\left(q_{\gamma}^{i}+1, p_{j}-q_{\gamma}^{i}+1\right) \tag{5-23}$$

它提供了：

$$\frac{\pi\left(\gamma_k^i=0\middle|\boldsymbol{\gamma}/\gamma_k^i\right)}{\pi\left(\gamma_k^i=1\middle|\boldsymbol{\gamma}/\gamma_k^i\right)}=\frac{\mathrm{Be}\left(a_\gamma^i+1,p_j-a_\gamma^i+1\right)}{\mathrm{Be}\left(a_\gamma^i+2,p_j-q_\gamma^i\right)}=\frac{p_j-a_\gamma^i}{a_\gamma^i+1} \tag{5-24}$$

其中，a_γ^i 为$\boldsymbol{\gamma}/\gamma_k^i$ 中元素为 1 的个数。

注意到γ_k^i中的元素是二进制的，可以用 Bernoulli 绘制的条件概率来模拟它的序列：

$$\begin{aligned}\pi\left(\gamma_k^i=1\middle|\boldsymbol{\Omega},\boldsymbol{\gamma}/\gamma_k^i,\boldsymbol{y}\right)&=\frac{\pi\left(\gamma_k^i=1,\boldsymbol{\gamma}/\gamma_k^i\middle|\boldsymbol{\Omega},\ \boldsymbol{y}\right)}{\pi\left(\gamma_k^i=1,\boldsymbol{\gamma}/\gamma_k^i\middle|\boldsymbol{\Omega},\ \boldsymbol{y}\right)+\pi\left(\gamma_k^i=0,\boldsymbol{\gamma}/\gamma_k^i\middle|\boldsymbol{\Omega},\boldsymbol{y}\right)}\\&=\frac{1}{1+\pi_k^i}\end{aligned} \tag{5-25}$$

其中

$$\pi_k^i=\frac{\pi\left(\gamma_k^i=0,\boldsymbol{\gamma}/\gamma_k^i\middle|\boldsymbol{\Omega},\ \boldsymbol{y}\right)}{\pi\left(\gamma_k^i=1,\boldsymbol{\gamma}/\gamma_k^i\middle|\boldsymbol{\Omega},\ \boldsymbol{y}\right)}=n^{1/2}\,\mathbf{exp}\left(-\frac{1}{2}\boldsymbol{y}^{\mathrm{T}}\boldsymbol{A}\boldsymbol{S}_{01}\boldsymbol{A}\boldsymbol{y}\right)\frac{p_j-a_\gamma^i}{a_\gamma^i+1}$$

$\boldsymbol{S}_{01}=\boldsymbol{X}_{\gamma0}\left(\boldsymbol{X}_{\gamma0}^{\mathrm{T}}\boldsymbol{A}\boldsymbol{X}_{\gamma0}\right)^{-1}\boldsymbol{X}_{\gamma0}^{\mathrm{T}}-\boldsymbol{X}_{\gamma1}\left(\boldsymbol{X}_{\gamma1}^{\mathrm{T}}\boldsymbol{A}\boldsymbol{X}_{\gamma1}\right)^{-1}\boldsymbol{X}_{\gamma1}^{\mathrm{T}}$，这里，$\gamma_0$ 为γ 的先验值，γ_k^i 被替代为0；γ_1 为γ 的先验值，γ_k^i 被替代为1。γ^{old} 为γ_k^i 的先验值，可以使用具有概率$1/\left(1+\pi_k^i\right)$的 Bernoulli 生成一个新的值γ^{new}。如果$\gamma^{\mathrm{old}}=1$，那么我们可以根据所提密度函数生成γ^{new}。

注意，式（5-25）中的条件后验概率$\pi\left(\gamma_k^i=1\middle|\boldsymbol{\Omega},\boldsymbol{\gamma}/\gamma_k^i,\boldsymbol{y}\right)$在式（5-22）中没有归一化常数，因此它允许我们使用 Bernoulli 绘图实现 Metropolis-Hasting 算法，以便在每次迭代期间有效地计算模型空间：在概率$\alpha=\min\left(1,\dfrac{1}{1+\pi_k^i}\right)$下，$\gamma_k^i=1$，否则设置$\gamma_k^i=0$。因此，可以采用伯努利分布作为生成随机样本$\gamma_k^i$。有关更多抽样的更多细节，请参阅 Wang 等[20]。值得一提的是，通过对所有可能的采样值$\boldsymbol{\gamma}$进行求和，可以很容易地估计归一化常数。

5.1.2.3　后验抽样方案

为了计算任何给定输入设置 $\boldsymbol{x}$ 下的模型预测，首先需要模型参数、误差项和二进制指示变量的后验分布。如上所述，采用直接蒙特卡罗抽样方法得到模型参数和误差项的估计。同时，采用 Metropolis-Hasting 算法进行估计γ。为了获得这些估计，采样过程需要重复 N 次。详细算法总结如下。

算法 5-1 后抽样方法

输入：试验数据$(\boldsymbol{X}, \boldsymbol{y})$

输出：参数后验信息$\boldsymbol{\theta}$和模型预测$\boldsymbol{y}$

for k=1 to N do

for i=1 to p do

步骤 1：从 $\mathrm{IG}\left(\frac{1}{2}\left(\boldsymbol{y}_i-\boldsymbol{Z}_i\hat{\boldsymbol{b}}_{\gamma^{i(k-1)}}\right)'\left(\boldsymbol{y}_i-\boldsymbol{Z}_i\hat{\boldsymbol{b}}_{\gamma^{i(k-1)}}\right),\frac{1}{2}\left(n-K_i-j+1\right)\right)$ 中取样 σ_{ik}^2

步骤 2：从 $N\left(\hat{\boldsymbol{b}}_{\gamma^i},\sigma_{ik}^2\left(\boldsymbol{Z}_i'\boldsymbol{Z}_i\right)^{-1}\right)$取样 $\boldsymbol{b}_{\gamma^{ik}}^2$

步骤 3：将生成的$\boldsymbol{b}_\gamma$和Σ转换为$\boldsymbol{\Omega}$

步骤 4：从$\boldsymbol{\beta}\left|\Omega,\gamma,\boldsymbol{y}\right.$中取样$\boldsymbol{\beta}$

步骤 5：

for i=1 to p do

for k=1 to p_i do

从使用吉布斯抽样算法从$\gamma_k^i\left|\boldsymbol{\Omega},\gamma/\gamma_k^i,\boldsymbol{y}\right.$中抽样$\gamma_k^i$

end for

end for

end for

end for

测量不变性是贝叶斯变量选择或参数估计的基本准则[2]。在此标准下，所得到的结果不受预测单元变化的影响。在本节中，算法 5-1 提出的方法可以保证在下面的命题中尺度变换的不变性，并给出证明，具体见附录。

命题 5-1 算法 5-1 中提出的参数估计和变量选择的采样方法在预测的尺度变换下是不变的。

此外，值得一提的是，在过程优化应用中，我们观察到，所提出的采样算法收敛速度快，并能够正确识别模拟研究中的重要预测因子。尽管所提出的方法从不同的初始值$\boldsymbol{\gamma}$开始，但仿真结果表明它对初始值的选择不敏感。值得注意的是，在本节中没有证据表明缺乏收敛性，同样我们采用了 Geweke [21]提出的在5%显著性水平下对马尔可夫链的收敛性诊断。此外，还利用 Gelman [22]提出的“估计潜在规模缩减”（estimated potential scale reduction，EPSR）来监测收敛情况。

5.1.2.4　参数估计

根据 5.1.2.3 节中的采样方案，迭代样本$\left(\Omega^{[1]},\gamma^{[1]},\boldsymbol{\beta}^{[1]},\cdots,\Omega^{[N]},\gamma^{[N]},\boldsymbol{\beta}^{[N]}\right)$可以从后验分布中生成，然后根据燃烧期（burn-in，到达平稳分布的过程称为燃烧期）内的样本进行统计推断。

$\boldsymbol{\Omega}$ 和 $\boldsymbol{\beta}$ 的后验均值估计为

$$\hat{\boldsymbol{\Omega}}=\frac{1}{N}\sum_{j=1}^{N}\boldsymbol{\Omega}^{[j]} \tag{5-26}$$

$$\hat{\boldsymbol{\beta}}=\frac{1}{N}\sum_{j=1}^{N}E\left[\boldsymbol{\beta}\middle|\boldsymbol{\Omega}^{[j]},\gamma^{[j]},\boldsymbol{y}\right] \tag{5-27}$$

其中，N 为燃烧期的长度，式（5-27）中的条件期望均可由 $E\left[\boldsymbol{\beta}_\gamma\middle|\boldsymbol{\Omega},\gamma,\boldsymbol{y}\right]=\hat{\boldsymbol{\mu}}_\gamma$ 计算。但对于 $\boldsymbol{\beta}$ 中没有与 $\boldsymbol{\beta}_\gamma$ 相对应的元素，则被设置为零。

在任一点 $\boldsymbol{x}_0$ 的后验均值 $E\left[f^i(\boldsymbol{x}_0)\middle|\boldsymbol{y}\right]$估计为

$$\begin{aligned}\hat{\boldsymbol{f}}^i(\boldsymbol{x}_0)&=\frac{1}{N}\sum_{j=1}^{N}E\left[f^i(\boldsymbol{x}_0)\middle|\boldsymbol{\Omega}^{[j]},\gamma^{[j]},\boldsymbol{y}\right]\\&=\boldsymbol{\upsilon}^{\mathrm{T}}\left\{\frac{1}{N}\sum_{j=1}^{N}E\left[\boldsymbol{\beta}^i\middle|\boldsymbol{\Omega}^{[j]},\gamma^{[j]},\boldsymbol{y}\right]\right\}\\&=\boldsymbol{\upsilon}^{\mathrm{T}}\hat{\boldsymbol{\beta}}^i\end{aligned} \tag{5-28}$$

其中，$\boldsymbol{\upsilon}^{\mathrm{T}}$ 为一个向量，它是由模型矩阵 $\boldsymbol{f}^i$ 展开的。向量 $\hat{\boldsymbol{\beta}}^i$ 由对应的元素 $\boldsymbol{\beta}^i$ 组成。

本节旨在分析两种 SUR 模型的性能：一种是基于贝叶斯层次选择过程的 SUR 模型（即所提出的方法“Bayes SUR”）；另一种是基于 p 值选择过程的 SUR 模型（即“OLS SUR”）。因此，在“Bayes SUR”和“OLS SUR”中，预测均值和预测方差的计算方法是不同的。具体来说，在“OLS SUR”方法中，可以得到预测平均值 $\boldsymbol{x}\hat{\boldsymbol{\beta}}$ 。至于预测方差，可以计算为

$$\mathrm{Var}\left(\hat{y}(\boldsymbol{x}_i)\right)=\boldsymbol{x}_i^{\mathrm{T}}\hat{\boldsymbol{\Omega}}_{\boldsymbol{\beta}}\left[\boldsymbol{\beta}_i,\boldsymbol{\beta}_i\right]\boldsymbol{x}_i,\quad i=1,2,\cdots,p \tag{5-29}$$

Zellner[23]提出了单响应 OLS 估计残差来计算参数 $\boldsymbol{\Omega}$ ，即 $\hat{\boldsymbol{\Omega}}_{ii}=\hat{\boldsymbol{\varepsilon}}_i^{\mathrm{T}}\hat{\boldsymbol{\varepsilon}}_i/n$ ，即第 i 个响应 OLS 估计的残差向量。

同时，在“Bayes SUR”方法中，基于 5.1.2.3 节中的采样方案，通过式（5-28）可以计算预测平均值。在“Bayes SUR”方法中，也可以根据式（5-29）得到相应的预测方差。但式（5-29）中的参数 $\hat{\boldsymbol{\Omega}}_{\boldsymbol{\beta}}\left[\boldsymbol{\beta}_i,\boldsymbol{\beta}_i\right]$ 应根据式（5-26）计算。

5.1.3 两阶段优化策略

在建模过程后，接下来的目标就是构造优化策略，从而确定最优的输入设置。在本节中，主要集中在望小型质量响应。至于望大型质量响应或望目型质量响应，可以很容易地转化为望小型质量响应。所提优化策略中，首先生成一组非支配最优解，当且仅当有 $\boldsymbol{x}\in\boldsymbol{\Omega}$，至少有一个 i 满足严格的不等式 $\hat{y}_i(\boldsymbol{x})\geqslant\hat{y}_i(\bar{\boldsymbol{x}}), i=1,2,\cdots,p$ 时，解 $\bar{\boldsymbol{x}}$ 被视为非支配解。然后，根据所有非支配解的集合可以得到 Pareto 最优集。

为了生成一组非支配解，本节采用 ε 约束法，因为它是一种具有代表性的多目标优化方法。位置和散度效应在确定最佳输入设置中起着至关重要的作用。预测均值和方差分别用于测量位置和散度。因此，基于 ε 约束方法的优化策略可以写为

$$\begin{aligned}&\min\ \hat{y}_j(\boldsymbol{x})+\sqrt{\mathrm{Var}\left[\hat{y}_j(\boldsymbol{x})\right]}\\&\text{s.t.}\ \ \hat{y}_i(\boldsymbol{x})+\sqrt{\mathrm{Var}\left[\hat{y}_i(\boldsymbol{x})\right]}\leqslant\varepsilon_i,\quad i=1,2,\cdots,p,\ i\neq j\end{aligned}\tag{5-30}$$

其中，符号 $\hat{y}_j(\boldsymbol{x})$ 和 $\mathrm{Var}\left(\hat{y}_j(\boldsymbol{x})\right)$ 分别表示第 j 个预测均值和预测方差。由式（5-30）可知，在优化过程中考虑所有的位置和散度将会保证过程设计的合理性。

式（5-30）的优点在于在凸问题和非凸问题的情况下，它可以得到非支配解。然而，它倾向于找到弱非支配的解决方案。为了防止结果成为弱非支配解，本节采用了一种改进的 ε 约束方法。公式如下：

$$\begin{aligned}&\min\ \hat{y}_j(\boldsymbol{x})+\sqrt{\mathrm{Var}\left[\hat{y}_j(\boldsymbol{x})\right]}+\delta\sum_{i=1,i\neq j}^{p}\hat{y}_i(\boldsymbol{x})+\sqrt{\mathrm{Var}\left[\hat{y}_i(\boldsymbol{x})\right]}\\&\text{s.t.}\ \ \hat{y}_i(\boldsymbol{x})+\sqrt{\mathrm{Var}\left[\hat{y}_i(\boldsymbol{x})\right]}\leqslant\varepsilon_i,\quad i=1,2,\cdots,p,\ i\neq j\end{aligned}\tag{5-31}$$

其中，δ 为一个足够小的正常数。式（5-30）和式（5-31）之间的主要区别是式（5-31）将所有的位置和散度纳入式中的目标函数。这种修改可以防止产生弱非支配但占主导地位的解决方案。

然后，使用理想点法（similarity to the ideal solution method，Topsis）对 Pareto 最优集中的输入设置进行排序。Topsis 的基本概念是确定正理想解（$\boldsymbol{S}^+$）以及负理想解（$\boldsymbol{S}^-$）。然后根据工程人员的客观权重找到折中解[24]。确定最佳折中输入设置的 Topsis 程序如下。

步骤 1：给出 Pareto 最优集 $\boldsymbol{S}$。元素 $S_{ij}=\left[\hat{y}_{ij}(\boldsymbol{x}),\sqrt{\mathrm{Var}\left[\hat{y}_{ij}(\boldsymbol{x})\right]}\right]$ $(i=1,2,\cdots,N;\ j=1,2,\cdots,p)$ 是 $\boldsymbol{S}$ 中第 i 个输入设置的第 j 个响应值。此步骤的意义是计算输入设置下所有目标的值。

步骤 2：归一化 S 为 $\widehat{\boldsymbol{S}}=\left[\widehat{S}_{ij}\right]$

$$\widehat{S}_{ij}=\left[\frac{\hat{y}_{ij}(\boldsymbol{x})-\min\limits_{1\leqslant i\leqslant N}\left\{\hat{y}_{ij}(\boldsymbol{x})\right\}}{\max\limits_{1\leqslant i\leqslant N}\left\{\hat{y}_{ij}(\boldsymbol{x})\right\}-\min\limits_{1\leqslant i\leqslant N}\left\{\hat{y}_{ij}(\boldsymbol{x})\right\}},\ \frac{\sqrt{\mathrm{Var}\left[\hat{y}_{ij}(\boldsymbol{x})\right]}-\min\limits_{1\leqslant i\leqslant N}\left\{\sqrt{\mathrm{Var}\left[\hat{y}_{ij}(\boldsymbol{x})\right]}\right\}}{\max\limits_{1\leqslant i\leqslant N}\left\{\sqrt{\mathrm{Var}\left[\hat{y}_{ij}(\boldsymbol{x})\right]}\right\}-\min\limits_{1\leqslant i\leqslant N}\left\{\sqrt{\mathrm{Var}\left[\hat{y}_{ij}(\boldsymbol{x})\right]}\right\}}\right] \tag{5-32}$$

步骤 3：根据下列式构造加权归一化决策矩阵 $\tilde{\boldsymbol{S}}=\left[\tilde{S}_{ij}\right]$。由于各目标具有不同的重要性，因此分配了不同的权重，从而使所提出的方法更加通用和实用。

$$\tilde{S}_{ij}=\omega_j\times\widehat{S}_{ij} \tag{5-33}$$

其中，ω_j 代表第 j 个响应的权重。

步骤 4：使用下式确定 $\boldsymbol{S}^+$ 和 $\boldsymbol{S}^-$。这一步骤的意义是为每个目标获得最佳和最坏的情况，这是 Topsis 方法中的一个重要步骤。

$$\begin{aligned}\boldsymbol{S}^+&=\left[\min\left(\tilde{S}_{11},\tilde{S}_{21},\cdots,\tilde{S}_{N1}\right),\min\left(\tilde{S}_{12},\tilde{S}_{22},\cdots,\tilde{S}_{N2}\right),\cdots,\min\left(\tilde{S}_{1p},\tilde{S}_{2p},\cdots,\tilde{S}_{Np}\right)\right]\\ \boldsymbol{S}^-&=\left[\max\left(\tilde{S}_{11},\tilde{S}_{21},\cdots,\tilde{S}_{N1}\right),\max\left(\tilde{S}_{12},\tilde{S}_{22},\cdots,\tilde{S}_{N2}\right),\cdots,\max\left(\tilde{S}_{1p},\tilde{S}_{2p},\cdots,\tilde{S}_{Np}\right)\right]\end{aligned} \tag{5-34}$$

步骤 5：对于每个输入设置计算 h^+ 和 h^-，并给出方案 $\tilde{S}_{ij}$ 到最佳和最坏情况的距离。

$$h_i^+=\sqrt{\sum_{j=1}^{p}\left(\tilde{S}_{ij}-S_j^+\right)^2}\qquad h_i^-=\sqrt{\sum_{j=1}^{p}\left(\tilde{S}_{ij}-S_j^-\right)^2} \tag{5-35}$$

步骤 6：计算 Pareto 最优集中每个输入设置的相对接近度。然后，根据接近系数对所有方案的偏好顺序进行排序。

$$H_i=\frac{h_i^-}{h_i^+ + h_i^-} \tag{5-36}$$

步骤 7：选择相对最接近 1 的最佳折中输入设置。

5.1.4　仿真分析

在这一小节中，考虑了基于蒙特卡罗方法的仿真研究来说明模型选择在 SUR 预测中的意义。如上所述，本节旨在分析两种 SUR 模型的性能，即“Bayes SUR”和“OLS SUR”。SUR 建模过程本质上是一种两阶段的方法。具体来说，OLS 回归中输入变量的 p 值是从 t 检验中导出的，以检验系数等于零的假设。换句话说，选择一个较低的 p 值（如 0.05）变量作为一个显著变量。然后，可以根据所选变量构建 SUR 模型。同时，提出的贝叶斯 SUR 模型也可以看作一种两阶段方法。首先使用贝叶斯分层过程来实现模型的选择。然后，根据筛选结果可以得到模型参数和预测的后验信息。

举例来说，假设有两个响应（如 y_1 和 y_2）和在模拟过程中 14 个可能的输入变量（如 $\boldsymbol{x}$）。假定真实函数分别为 $y_1 = \boldsymbol{x}_1^{\mathrm{T}}\boldsymbol{\beta}_1$ 和 $y_2 = \boldsymbol{x}_2^{\mathrm{T}}\boldsymbol{\beta}_2$。其中模型参数的两个向量为

$$\boldsymbol{\beta}_1 = \left[0.30, 1, -1, 0, 0, 1, 0, 0, 0, 0, 0, 0, 0, 0, 0\right]^{\mathrm{T}}$$

$$\boldsymbol{\beta}_2 = \left[0.25, 0, 0, 2, 2, 0, 0, 0, 0, 0, 0, 0, 0, 0, 0\right]^{\mathrm{T}}$$

在模拟过程中真实函数未知。因此，可以基于模型形式和参数（如 $\boldsymbol{\beta}_1$ 和 $\boldsymbol{\beta}_2$），采用试验设计的方法收集数据集。为了评估性能，使用蒙特卡罗模拟来生成响应数据。回归矩阵 $\boldsymbol{X}_i(i=1,2)$ 的每个元素都是由区间[−1，1]的均匀分布产生的，$\boldsymbol{\Omega}$ 可从下式得到：

$$\boldsymbol{\Omega} = \begin{bmatrix} \omega_1^2 & \rho\omega_1\omega_2 \\ \rho\omega_1\omega_2 & \omega_2^2 \end{bmatrix} = \begin{bmatrix} 0.1 & \rho\sqrt{0.02} \\ \rho\sqrt{0.02} & 0.2 \end{bmatrix}$$

为了说明情况，在 $\rho = 0.6$ 的情况下，将这两种方法与设想方案进行比较。试验运行次数 n=50。利用上述的采样算法，进行了仿真研究。在模拟中，迭代次数为 22 000 次，第一个是 B=2 000 次迭代周期。同时，蒙特卡罗模拟重复了 200 次，选择正确模型的百分比（P_{cm}）用来比较它们的性能。

有必要对这些数字给出一些解释。数字“50”意味着在模拟试验中产生 50 次试验运行。为了说明鲁棒性，采用 200 次蒙特卡罗模拟来重复模拟试验。然后，我们可以根据重复模拟试验的结果来检测其统计意义。同时，利用 MCMC 采样技术探讨了式（5-22）中潜在矢量 Gamma 的后验分布。当预测器的数量很大时，在实际应用中禁止计算所有可能的 Gamma 值。为了对每个蒙特卡罗模拟进行 MCMC 采样，运行 22 000 次迭代来实现 MCMC 收敛。然后，每运行 22 000 次迭代，记录 Gamma 值，以确定每个预测器在 SUR 模型中的重要性。在这里，我们指定了 2 000 次迭代中第一次 B=22 000 次迭代测试，这意味着在抽样周期中，在马尔可夫链到达其平稳状态之前可以丢弃 MCMC 样本。关于这种抽样技术，请参阅 Raftery 和 Lewis[25]。

对于所提出的贝叶斯方法，采用中值概率模型作为模型选择准则。已经证明中值概率模型是最优预测模型，它准确地测量了平方误差损失下的未来预测。更具体地说，如果边际包含概率大于 0.5，则中值概率模型将会选择该变量作为重要变量。然后，在此模拟设置下的筛选结果见图 5-1 和图 5-2。为了避免任何混淆，只需在每个模拟试验中记录正确显著变量的数量。这意味着每个方法在图 5-1 和图 5-2 中选择的七个预测因子是真正重要的预测因素。

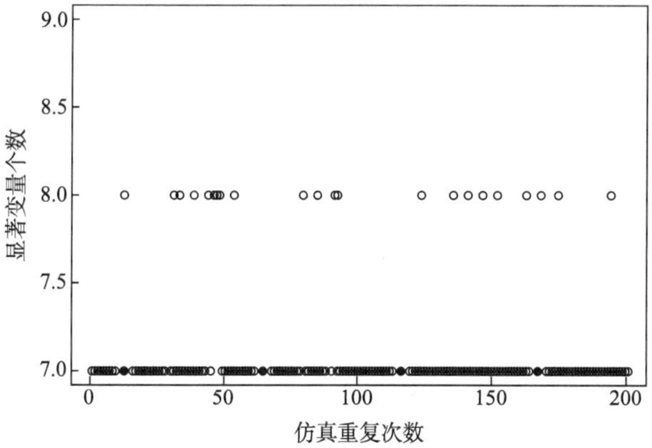

图 5-1　采用贝叶斯方法的模型选择

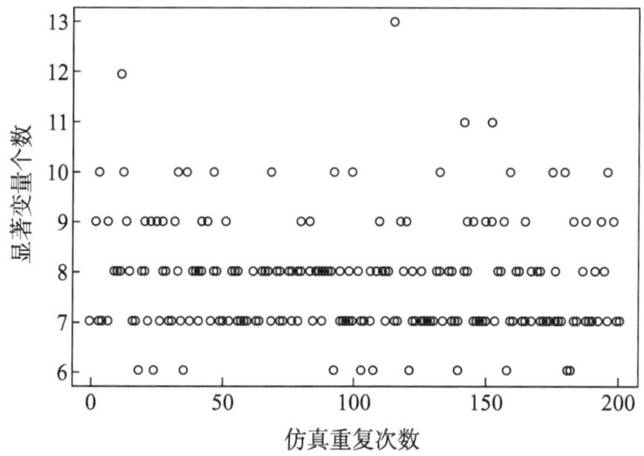

图 5-2　采用 OLS 方法的模型选择

在上述模拟研究中，真实预测因子（包括两个截距）的数量为 7 。仔细看图 5-1 和图 5-2，可以发现“7”的频率（即真实预测器的数目）在贝叶斯方法中比在 OLS 中的概率要高。具体来说，“Bayes SUR”正确地选择了 P_{cm}=0.8（160/200），“OLS SOR”选择 P_{cm}=0.288（57/200），这清楚地表明“Bayes SUR”优于“OLS SOR”。正如预期的那样，“OLS SOR”很容易导致过度拟合模型，如图 5-2 所示（重要预测因子的正确数目为 7）。

除了筛选结果外，还比较了这两种方法的优化性能。具体来说，由于知道模拟试验中这两种响应的真实函数，所以在式（5-29）中没有预测方差项。在不失一般的情况下，假设本模拟的目的是将这两个目标最小化。然后，在给定的条件 ε_2 下，可以得到真实的最优解 $\left(\boldsymbol{x}_t^*, y_1\left(\boldsymbol{x}_t^*\right)\right)$：

$$\begin{aligned} &\min\ y_1(\boldsymbol{x}) \\ &\text{s.t.}\ \ y_2(\boldsymbol{x}) \leqslant \varepsilon_2 \end{aligned} \tag{5-37}$$

与选择过程相似，$\rho=0.6$ 时，对优化结果进行了分析。本节给出的 ε_2 值为 $\eta\dfrac{\min\left(y_2\right)+\max\left(y_2\right)}{2}$。其中，$\eta$ 代表根据制造过程的要求工程人员的偏好信息。基于第二个响应的真函数，可以得到 ε_2 的值为 0.5η。为了综合分析这两种方法的优化性能，从[−3，1]中平均选择 η 的 1 000 个值。选择范围[−3，1]是由于第一个响应的最小化和第二个响应的约束，最优输入值的取值大多是负的。这意味着，如果大多数 η 是正的，式（5-37）中的优化问题将成为一个无约束优化问题。

在仿真试验中，我们比较了非支配解和最优解选择的性能。在估计模型和真实模型下比较了目标值（即 y_1）之间的欧氏距离。最佳方案的比较结果见表 5-1，同时，图 5-3 给出了最优解和非支配解。

表 5-1　仿真试验中最佳方案选择的比较

Nop	真实	估计	距离	真实	估计	距离	ε_2
	y_1	y_1		y_2	y_2		
5	−2.700	2.010	−4.710	−2.348	−1.129	−1.219	−1.446
6	−2.700	−1.700	−1.000	−2.353	−2.593	0.240	−1.454
7	−2.700	−2.700	**0.000**	−2.335	−2.554	**0.219**	−1.424
8	−2.700	−2.700	**0.000**	−2.369	−2.603	0.234	−1.482
9	−2.700	−2.700	**0.000**	−2.366	−2.641	0.275	−1.476
10	−2.700	−2.700	**0.000**	−2.319	−3.014	0.695	−1.398

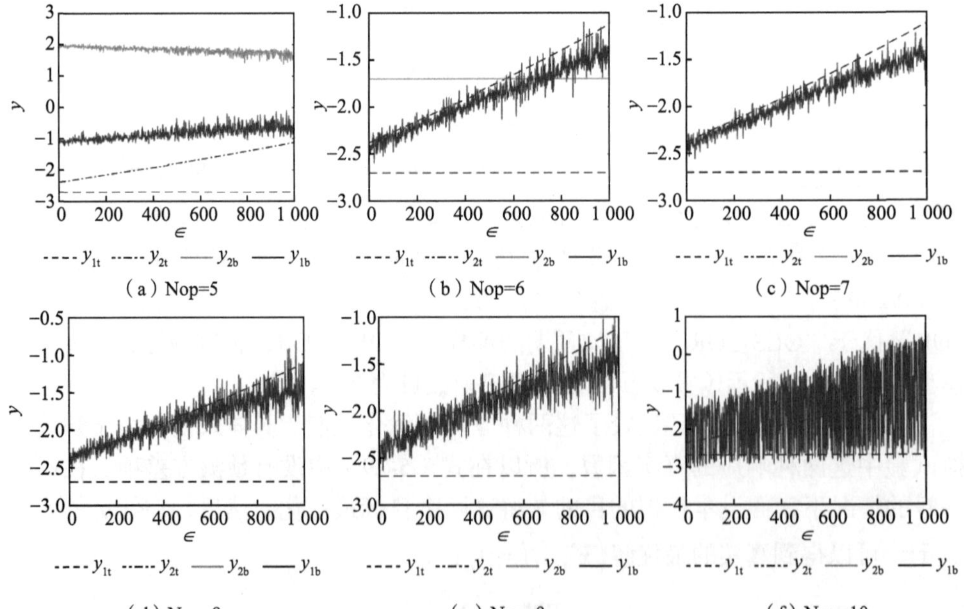

（a）Nop=5　（b）Nop=6　（c）Nop=7

（d）Nop=8　（e）Nop=9　（f）Nop=10

图 5-3　仿真试验中非支配解生成的比较

“Nop”表示两个模型中使用的预测器的数量。在表 5-1 的第四和第七列中，粗体的值表示最小的估计目标值与真正最优值之间的距离。从表 5-1 中可以看出，由七个预测因子构建的模型比其他模型具有更好的性能。这是因为前者可以减少非显著预测因子对优化结果的影响。实际上，模型中使用的非显著预测因子是对优化过程的一种干扰。仔细观察下面的结果，在 Nop=5 的条件下，y_2 的估计值大于相应的值 ε_2。这意味着根据真实的模型，y_2 的约束并不成立。同时，在 Nop=8、9 和 10 的条件下，y_1（即−2.700）为真正的最小值，估计模型和真实模型之间的距离 y_2 随着非显著预测因子的数量单调增加。实际上，这种现象可能是建模过程中的过度拟合导致的。同时，上述比较结果进一步强调了变量选择在过程优化中的重要意义。

为了综合比较这两种方法的优化结果，图 5-3 中给出了最优解和非支配解。“y_{1t}”和“y_{2t}”分别表示在真实最优输入设置下基于真实模型响应 y_1 和 y_2 的值。同时，“y_{1b}”和“y_{2b}”表示基于 SUR 模型的相应最优输入设置下的估计值。在图 5-3 中可以发现当 Nop=5 和 Nop=10 时，SUR 模型的性能是最差的。更具体地说，当 Nop=5 时模型不能实现目标 y_1 的最小值及 y_2 的约束要求。虽然在 Nop=10 的情况下，模型可以达到最小值，但在优化过程中仍然存在约束违反。图 5-3 结果表明，当 Nop=7 时，SUR 模型在目标和约束方面具有最佳的性能。这是因为在 Nop=7、8、9 和 10 的条件下，模型具有与真实模型相同的性能。然而，当 Nop=7 时模型与真实约束的欧氏距离最小。因此，从优化结果的角度出发，推荐贝叶斯层次方法，即“Bayes SUR”。这也是本节的动机，即提出一种准确的变量筛选方法。当不同的 ρ 值时，也可以找到类似的优化结果（即最优解和非主解）。

为了研究所提方法的稳健性能，我们分析了参数 ρ 在七种不同取值下的优化性能，即 $(-0.90, -0.60, -0.30, 0, 0.30, 0.60, 0.90)$。比较结果如图 5-4 所示。表 5-2 还列出了具有不同预测数字的频率。数字“7”“8”“9”“10”表示每个 ρ 值中相应的选定预测因子。

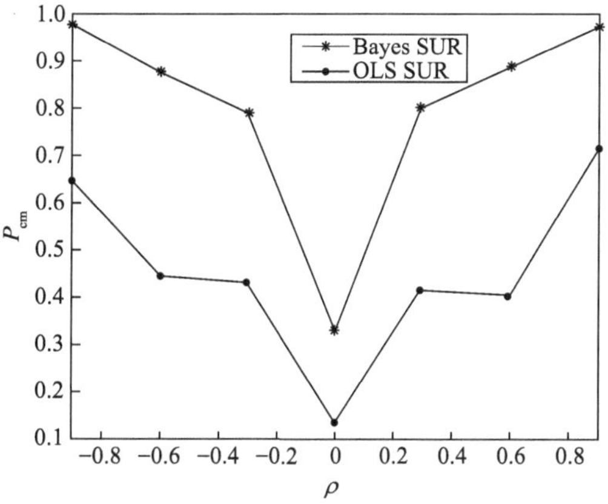

图 5-4　不同 ρ 下 P_{cm} 值

表 5-2 不同 ρ 下所选预测因子的频率

方法→	Bayes				OLS			
$\rho\downarrow$	7	8	9	10	7	8	9	10
−0.90	195	5	0	0	129	45	11	4
−0.60	175	20	4	1	89	61	33	12
−0.30	158	35	6	1	86	58	26	16
0.00	66	17	5	2	27	31	19	8
0.30	160	31	6	3	83	61	23	16
0.60	177	22	1	0	81	65	26	13
0.90	195	5	0	0	143	38	5	3

“Bayes SUR”在 P_{cm} 方面优于“OLS SUR”。具体来说，图 5-4 结果表明，当 ρ 在[−0.9，0]和[0，0.9]时，“Bayes SUR”比“OLS SUR”在 P_{cm} 中分别有 94%和 98%的提升。同时，当 ρ 从 0 下降到−0.9 或从 0 增加到 0.9 时，“Bayes SUR”的优越性更加明显。也就是说，响应越相关，“Bayes SUR”的性能越好。这种有趣的现象也可以在“OLS SUR”中看到。虽然在 ρ =0 条件下，这两种方法表现不好，但“Bayes SUR”仍然优于“OLS SUR”。更详细的比较结果见表 5-2。

5.1.5 实例分析

上文给出了一个相对简单的过程来说明该方法的优势。在本节中，使用聚合物反应过程来执行所提出的优化策略，其中有三个设计变量和两个响应[26]。试验中选择的设计变量为反应时间（x_1）、反应温度（x_2）和催化剂的数量（x_3）。采用 CCD 来收集试验数据。在 CCD 试验中，如果有 k 个控制变量，设计将涉及 2^k 阶乘点、$2k$ 轴向点和 n_0 中心点（如在本案例研究中 $n_0=2k$ ）。中心点清楚地提供了系统中曲率存在的信息，因此在 CCD 试验中有几个中心点。试验结果见表 5-3。试验的目的是最大限度地转换，热活性达到适当的目标值 57.5。

表 5-3 三个变量和两个响应的试验结果

轮次	x_1	x_2	x_3	y_1	y_2
1	−1	−1	−1	74	53.2
2	1	−1	−1	51	62.9
3	−1	1	−1	88	53.4
4	1	1	−1	70	62.6

续表

轮次	x_1	x_2	x_3	y_1	y_2
5	−1	−1	1	71	57.3
6	1	−1	1	90	67.9
7	−1	1	1	66	59.8
8	1	1	1	97	67.8
9	−1.682	0	0	76	59.1
10	1.682	0	0	79	65.9
11	0	−1.682	0	85	60
12	0	1.682	0	97	60.7
13	0	0	−1.682	55	57.4
14	0	0	1.682	81	63.2
15	0	0	0	81	59.2
16	0	0	0	75	60.4
17	0	0	0	76	59.1
18	0	0	0	83	60.6
19	0	0	0	80	60.8
20	0	0	0	91	58.9

5.1.5.1　模型构建

在构造响应模型之前，需要检查式（5-4）中的一个假设，即 $\boldsymbol{\varsigma} \sim N\left(0, \boldsymbol{\Omega} \otimes \boldsymbol{I}\right)$。对于假设，使用 R 软件中的 MVN（multivariate normality tests）函数来检验多元正态分布的假设。基于 Henze-Zirkler 检验的 p 值为 0.716，这意味着 $\boldsymbol{\varsigma}$ 在 0.05 显著性水平下有效。在收集试验数据的基础上，采用贝叶斯方法和 OLS 方法进行模型选择。这两种方法得到了不同的重要预测因子。通过贝叶斯和 OLS 筛选方法，可以给出两种响应的估计 SUR 模型。

Bayes：

$$\begin{aligned}\hat{y}_1\left(\boldsymbol{x}\right) = & 80.931 + 4.106x_2 + 6.206x_3 + 2.029x_1x_2 \\ & + 11.366x_1x_3 - 3.797x_2x_3 - 1.630x_1^2 + 2.964x_2^2 - 5.190x_3^2\end{aligned}$$

$$\hat{y}_2\left(\boldsymbol{x}\right) = 80.931 + 1.029x_1 + 6.206x_3 + 2.029x_1x_3$$

OLS：

$\hat{y}_1(\boldsymbol{x}) = 80.931 + 4.106x_2 + 6.206x_3 + 11.366x_1x_3 - 3.797x_2x_3 + 2.964x_2^2 - 5.190x_3^2$

$\hat{y}_2(\boldsymbol{x}) = 80.931 + 1.029x_1 + 6.206x_3$

由于在这一过程中不能准确地确定真正的显著预测因子，因此利用响应的广义方差和总方差以及模型参数来比较这两种方法的性能。应该注意的是，总方差只是方差–协方差矩阵和的迹，而广义方差是方差–协方差矩阵的行列式。对比结果见表 5-4。

表 5-4　两种方法的模型估计结果

协方差	Bayes		OLS	
	总体方差	广义方差	总体方差	广义方差
响应	14.068	25.772	22.477	40.082
模型参数	11.231	0.001	12.573	0.033

从表 5-4 可以看出，提出的贝叶斯方法在广义和总体方差方面均优于 OLS。更具体地说，与 OLS 相比，两个方差的估计性能改进分别为 37%和 36%。同时，对于模型参数的估计，所提出的贝叶斯方法在这两个方差中得到了 11%和 97%的改进。因此，所提出的贝叶斯建模方法可以作为过程优化建模阶段的一个很好的选择。

5.1.5.2　非支配解的生成

由于这两种响应是 LTB 和 NTB 类型，式（5-30）可写为

$$\begin{aligned} &\min \sqrt{\mathrm{Var}\left[\hat{y}_1(\boldsymbol{x})\right]} - \hat{y}_1(\boldsymbol{x}) \\ &\text{s.t. } \left|\hat{y}_2(\boldsymbol{x}) - T\right| + \sqrt{\mathrm{Var}\left[\hat{y}_2(\boldsymbol{x})\right]} \leqslant \varepsilon \end{aligned} \tag{5-38}$$

应该给出一组 ε 值来生成非支配的解决方案。ε 的范围是由工程人员根据相应目标的上下界来决定的。在本例中，$\left|\hat{y}_2(\boldsymbol{x}) - T\right| + \sqrt{\mathrm{Var}\left[\hat{y}_2(\boldsymbol{x})\right]}$ 的最小值和最大值分别为 0.448（如 $\varepsilon_{\min}$）和 14.555（如 $\varepsilon_{\max}$）。根据“Bayes SUR”模型 $\hat{y}_2(\boldsymbol{x})$，$\varepsilon = \eta \dfrac{\varepsilon_{\min} + \varepsilon_{\min}}{2}$。其中，$\eta$ 表示工程人员的偏好信息。在这种情况下，η 的值在 0~1.5，并以步长为 0.001 4 选取数值。然后，依据优化式（5-38），可以生成 1 000 个非支配解。在图 5-5 中，我们给出了相应的箱线图，以比较两种方法在 1 000 个非支配解下的 $\hat{y}_1(\boldsymbol{x})$（用 Res1 表示）和 $\left|\hat{y}_2(\boldsymbol{x}) - T\right|$（用 Res2 表示）的值。此外，在图 5-6 中，基于 OLS 和所提方法，使用相同的 1 000 个非支配解比

较了 $\sqrt{\mathrm{Var}\left(\hat{y}_1(\boldsymbol{x})\right)}$（用 Std1 表示）的值和 $\sqrt{\mathrm{Var}\left(\hat{y}_2(\boldsymbol{x})\right)}$（用 Std2 表示）。

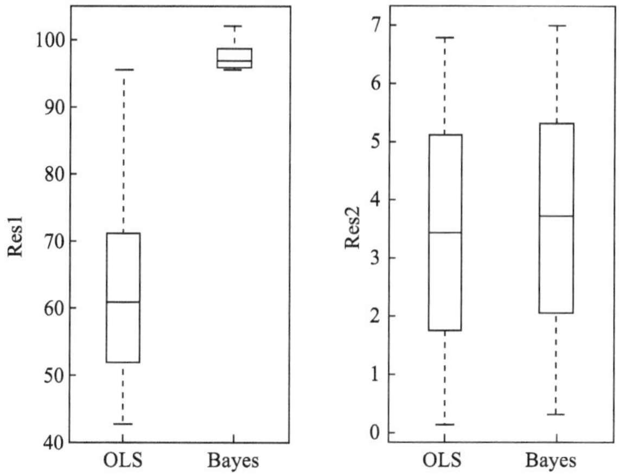

（a）　（b）

图 5-5　两种方法下的响应组件的值

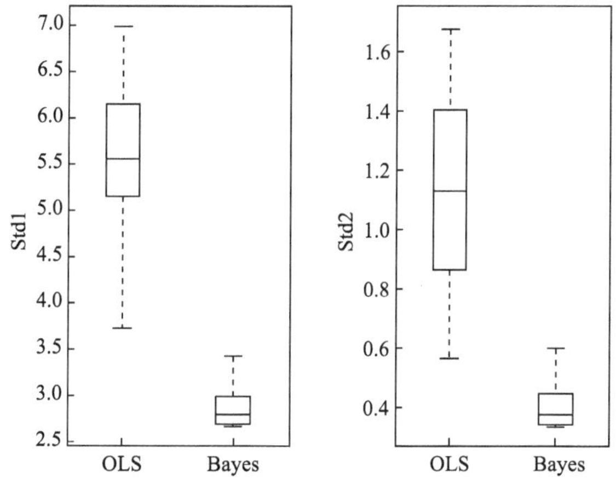

（a）　（b）

图 5-6　两种方法下标准差分量的值

如图 5-5 所示，所提出的贝叶斯方法在“Res1”方面优于 OLS，因为第一个响应是 LTB 类型。以“Res1”为比较标准，相比 OLS，所提出的贝叶斯方法使 $\hat{y}_1(\boldsymbol{x})$ 平均值提高了 58%。同时，通过两样本 t 检验，p 值几乎为 0.000，这意味着两种方法的具有显著差异。关于第二个目标（即 $\left|\hat{y}_2(\boldsymbol{x})-T\right|$），虽然 OLS 方法的性能略优于所提出的贝叶斯方法，但这两种方法之间在统计学上没有显著性差

异。从图 5-6 中可以看到，贝叶斯方法的“Std1”及“Std2”均值和鲁棒性性能均优于 OLS 方法。具体地说，与 OLS 相比，贝叶斯方法在“Std1”和“Std2”中的平均性能分别提高了 47%和 61%。

此外，由于 Pareto 前沿面是所有 Pareto 有效解的集合，模型中使用的不同显著预测因子的差异是值得研究的。这两种方法的 Pareto 前沿面如图 5-7 所示。

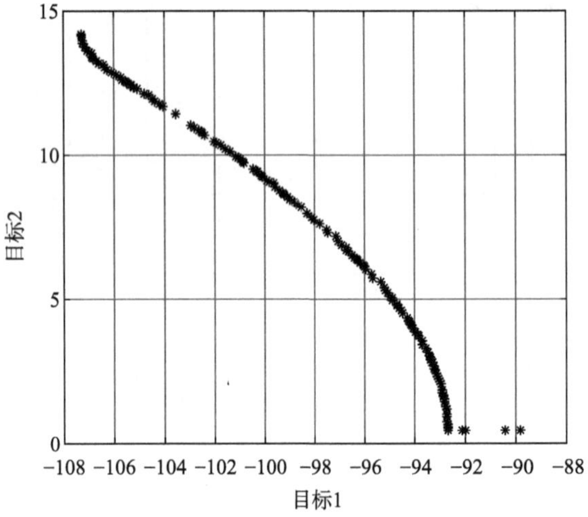

（a）Bayes SUR

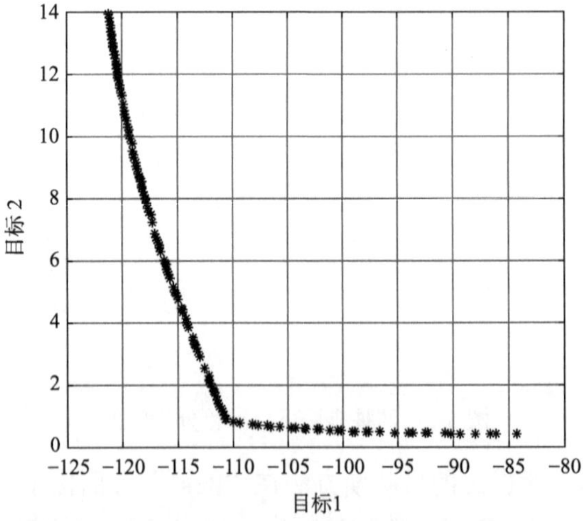

（b）OLS SUR

图 5-7　两种方法的 Pareto 前沿面比较

在图 5-7 中，“目标 1”和“目标 2”分别表示式（5-37）中的目标值和约束值。从图 5-7 中可以看到，由不同的模型结构在 Pareto 前沿面的形状中起着重要的作用。这种现象在 y_2 模型中更为明显。这是因为“Bayes SUR”和“OLS SUR”方法在选定的预测因子上有很大的差异。具体来说，“OLS SUR”方法中选择的显著因子是 x_1 和 x_3，而在“Bayes SUR”方法中选定的显著因子是 x_1、x_3、x_1x_3 和 x_1^2。因此，非线性预测因子（即 x_1x_3 和 x_1^2）使 Pareto 前沿面的形状更加光滑。此外，对于 5.1.5.3 节中讨论的最优解来看，“Bayes SUR”方法中得到的最优解是 Pareto 有效的。然而，从“OLS SUR”方法中得到的解并不是 Pareto 有效。这是因为在最优目标和 Pareto 集合之间，两个响应的最小绝对距离分别为 0.194 和 0.031。

5.1.5.3　最优解决方案的选择

在这个阶段，工程人员可以从生成的非支配解决方案中确定最优解决方案。如上所述，由于式（5-37）中有四个分量，即 $\hat{y}_1(\boldsymbol{x})$、$\left|\hat{y}_2(\boldsymbol{x})-T\right|$、$\sqrt{\mathrm{Var}\left[\hat{y}_1(\boldsymbol{x})\right]}$ 和 $\sqrt{\mathrm{Var}\left[\hat{y}_2(\boldsymbol{x})\right]}$，这四个分量均是 STB（smaller-the-better）类型。根据式（5-32）~式（5-36）可以直接计算相应的最优解。显然，式（5-33）中的权重对最佳方案选择过程是有显著影响的。在过程优化中，有两种流行的权重确定方法，即主观方法（如等权法）和客观/数据驱动方法（如熵权法）。专家在许多情况下推荐这种简单的方法[27，28]。在本节中，假设工程人员认为目标具有相同的重要性，即使用相等的加权方法。比较结果见表 5-5。当目标具有不同的重要性时，可以使用不同的权重值来实现所提出的方法。Ding 等[29]提出了一种基于“有效曲线”和欧氏距离的数据驱动加权方法。

表 5-5　两种方法最优解的比较

方法	优化解	$\hat{y}_1(\boldsymbol{x})$	$\sqrt{\mathrm{Var}\left[\hat{y}_1(\boldsymbol{x})\right]}$	$\left\|\hat{y}_2(\boldsymbol{x})-T\right\|$	$\sqrt{\mathrm{Var}\left[\hat{y}_2(\boldsymbol{x})\right]}$
Bayes	（−1.366，1.682，−1.154）	99.743	5.203	4.581	1.142
OLS	（−0.566，1.682，−0.891）	95.533	3.531	1.052	0.599

表 5-5 分别表示了贝叶斯模型和 OLS 方法第 737 和第 127 解决方案的比较结果。值得注意的是，贝叶斯方法的第一个目标（即−94.540）优于 OLS 方法（即−92.002）。关于第二个目标，即式（5-38）中的约束。贝叶斯和 OLS 方法的约束值分别为 5.723 和 1.651。这两个值表明，贝叶斯模型比 OLS 方法具有更宽的可行域。这种现象主要是由模型结构造成的。正如 Ng[4]所指出的，具有不同显著因子的最优解是显著不同的。此外，当假设模型中有不同的显著因子时，质量优化性能可能被高估或低估。这种现象见图 5-8，该图纵轴（用 diff 表示）表示贝叶斯方法和 OLS 方法之间的目标差异，即 $\sqrt{\mathrm{Var}\left[\hat{y}_1(\boldsymbol{x})\right]}-\hat{y}_1(\boldsymbol{x})$。

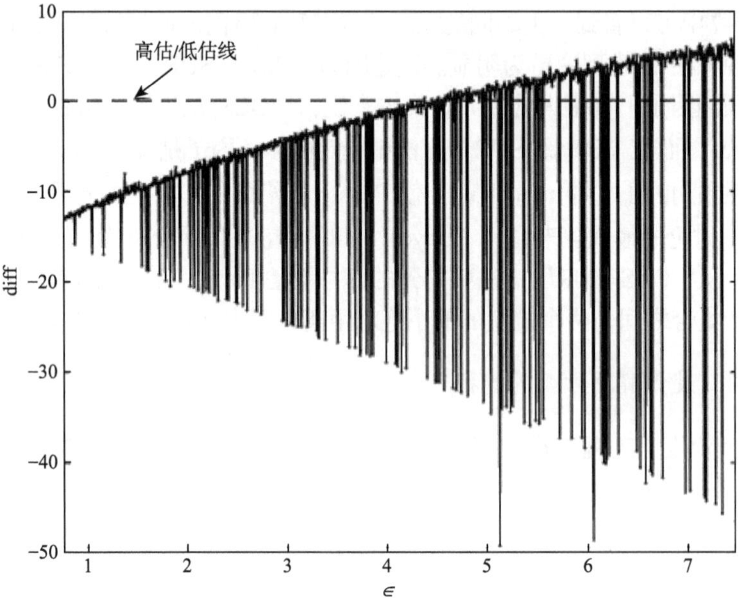

图 5-8 OLS 方法的低估和高估线

从图 5-8 中可以看到，低估的比例高于高估的比例。更具体地说，式（5-38）中39.1%非支配解决方案是被高估的，60.9%的解决方案是被低估的。在过程优化中，低估通常比高估更好。这是因为低估将促使工程人员在实施质量改进时更加谨慎。然而，建立一个精确的模型一直是质量改进的重要工作，因为过程优化的效率在很大程度上依赖于优化过程中使用的模型。为了进一步证明所提出的方法“Bayes SUR”相对于方法“OLS SUR”的优越性，我们采用了假设检验的方法，即 H_0：diff = 0 和 H_1：diff ≠ 0。由于“diff”变量不是正态分布，所以使用Mann-Whitney检验来比较这两种方法之间的差异。注意，该检验是非参数等价的独立样本 t 检验。在 0.05 显著性水平下，p 值 0.000 表示拒绝零假设。这意味着这两种方法的性能有显著不同。

特别是，对于收敛问题，我们比较了几组不同初始值下的优化结果。EPSR 值与三个不同初始值的迭代次数的关系如图 5-9 所示。可以观察到，在所有运行中，经过 5 000 次迭代后，EPSR 值小于 1.2，该结果表示没有证据表明所提出的抽样方法缺乏收敛性。三个不同初始值设置如下：

$$\gamma = (1, 1, 1, 1, 1, 1, 1, 1, 1, 1, 1, 1, 1, 1, 1, 1, 1, 1, 1, 1)^{\mathrm{T}}$$

$$\gamma = (1, 1, 1, 1, 1, 0, 0, 0, 0, 0, 1, 1, 1, 1, 1, 0, 0, 0, 0, 0)^{\mathrm{T}}$$

$$\gamma = (1, 0, 0, 0, 1, 0, 1, 1, 1, 0, 1, 0, 0, 0, 1, 0, 1, 1, 1, 0)^{\mathrm{T}}$$

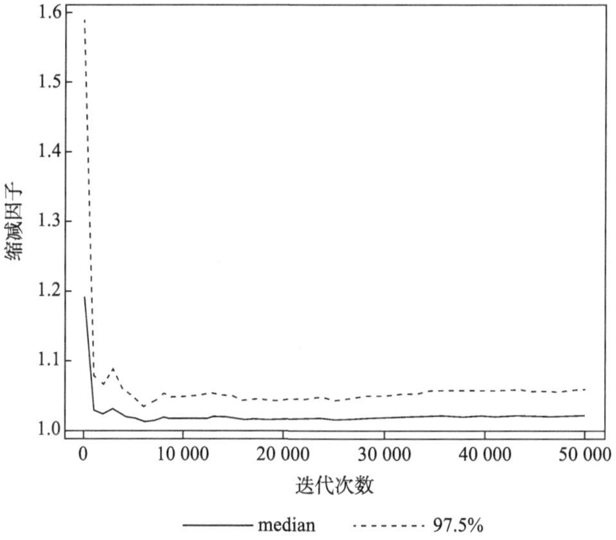

图 5-9　所提方法的收敛性问题

由于 α_i 表示第 i 个模型预测的概率，因此有必要分析该超参数对所提方法的影响。在没有先验知识的情况下，我们假定 $\alpha_i\ (i=1,2,\cdots,n)$ 在[0，1]内服从均匀分布[29]。然后，通过对 α 进行积分，可以得出所提方法不受超参数先验的影响。此外，仿真研究表明，所提出的贝叶斯方法对 α_1 和 α_2 的选择不太敏感。因此，与 β 的二项式先验一样，α_1 和 α_2 的值被设置为单位 1，即 $\alpha_1=\alpha_2=1$。

每种方法的优化结果取决于所使用的估计模型。从所选择的显著因子可以看出，双目标优化的结果实际上是不同的。基于每个模型的最优输入设置都是“最优”的，但是其前提假设是所选用的模型是有效的。通过案例研究我们发现，“Bayes SUR”方法获得的最优输入设置比“OLS SUR”方法获得的输入设置更可靠，前提是当前者提供比后者更好的拟合数据。同时，由表 5-5 可知，“Bayes SUR”方法的总体方差和广义方差比“OLS SUR”要小得多。从 5.1.5.1 节中的模型中可以看出，“Bayes SUR”方法得到的模型比“OLS SUR”方法使用更多的模型自由度。应该指出，“OLS SUR”方法的结果可以通过添加其他一阶和二阶项来改善。

5.2　基于贝叶斯模型平均的质量设计

针对模型不确定性条件下的稳健参数设计问题，在贝叶斯模型平均方法的基础上，本节通过考虑因子效应原则，提出了 BMA-EP 稳健性设计建模技术。首先，结合先验信息与贝叶斯法则，计算主效应的后验概率与构建传统的 BMA 模型；其次，根据各主效应的后验概率，逐步运用效应层次原则（effect hierarchy principle）和效应遗传原则（effect heredity principle）更新各主效应的先验，确定模型的后验概率，并以该后验概率作为权重，对各模型进行加权得到预测性能较佳且符合试验设计原则的稳健性模型；最后，结合实际工业案例和仿真试验验证所提方法的有效性。

5.2.1 基于 BMA-EP 模型的稳健参数设计

5.2.1.1 贝叶斯模型平均的基本原理

贝叶斯模型平均方法是由 Leamer[30]提出的一种考虑模型不确定性的建模方法。该方法以模型的后验概率为权重，对所有模型进行加权求和，以确定最佳的模型。Hoeting 等[31]证明模型平均方法比单个模型的预测性能更佳。在试验设计中，考虑一个含有 n 个观测值和 p 个回归变量的响应模型：

$$\boldsymbol{y} = \boldsymbol{X\beta} + \boldsymbol{\varepsilon}$$

其中，$\boldsymbol{y}$ 为由响应值构成的 $n\times 1$ 维向量；$\boldsymbol{X}$ 为由 p 个回归变量构成的设计矩阵；$\boldsymbol{\beta}$ 为待估的回归参数；$\varepsilon_i \sim N\left(0,\sigma^2\right)$。$M=\{M_1,M_2,\cdots,M_K\}$，$M$ 为所有回归变量任意组合所构成的模型空间，对 p 个回归变量而言，共有 $K=2^p$ 个模型。M_i 表示模型空间 M 中的第 i 个模型。在贝叶斯理论下回归参数 $\boldsymbol{\beta}$ 不再是固定常数，而是与模型 M_i 类似服从某个特定的分布。

令 $\boldsymbol{X}_i$ 为模型 M_i 的设计矩阵，$\boldsymbol{y}$ 是相应的响应观测值，向量 $\boldsymbol{\theta}=\left(\boldsymbol{\beta},\sigma^2\right)$。由贝叶斯原理知 $\boldsymbol{\theta}$ 的后验密度分布可以表示为

$$P\left(\boldsymbol{\theta}|\boldsymbol{y}\right)=\sum_{k=1}^{K}P\left(M_k|\boldsymbol{y}\right)P\left(\boldsymbol{\theta}|M_k,\boldsymbol{y}\right) \tag{5-39}$$

其中，K 表示模型个数；向量 $\boldsymbol{\theta}$ 的后验分布密度是对各模型参数后验密度的加权平均，对应的权重即为模型的后验概率 $P\left(M_i|\boldsymbol{y}\right)$：

$$P\left(M_i|\boldsymbol{y}\right)=\frac{P\left(\boldsymbol{y}|M_i\right)P\left(M_i\right)}{\sum_{i=1}^{K}P\left(\boldsymbol{y}|M_i\right)P\left(M_i\right)} \tag{5-40}$$

其中，$P\left(\boldsymbol{y}|M_i\right)$ 为模型的边际似然函数。

$$P\left(\boldsymbol{y}|M_i\right)=\iint P\left(\boldsymbol{y}|M_i,\sigma^2,\boldsymbol{\beta}\right)P\left(\sigma^2,\boldsymbol{\beta}_i|M_i\right)\mathrm{d}\boldsymbol{\beta}_i\mathrm{d}\sigma^2 \tag{5-41}$$

$P\left(\sigma^2,\boldsymbol{\beta}_i\middle|M_i\right)$ 为模型 M_i 所对应参数的先验分布，$P(M_i)$ 为模型的先验分布。根据式（5-39）~式（5-41），可以计算出回归系数 $\boldsymbol{\beta}$ 的后验均值和后验方差为

$$E\left(\boldsymbol{\beta}\middle|\boldsymbol{y}\right)=\sum_{i=1}^{K}E\left(\boldsymbol{\beta}\middle|\boldsymbol{y},M_i\right)P\left(M_i\middle|\boldsymbol{y}\right) \tag{5-42}$$

$$\mathrm{Var}\left(\boldsymbol{\beta}\middle|\boldsymbol{y}\right)=\sum_{i=1}^{K}\mathrm{Var}\left(\boldsymbol{\beta}\middle|\boldsymbol{y},M_i\right)P\left(M_i\middle|\boldsymbol{y}\right)+\sum_{i=1}^{K}E\left(\boldsymbol{\beta}\middle|\boldsymbol{y},M_i\right)P\left(M_i\middle|\boldsymbol{y}\right)-E\left(\boldsymbol{\beta}\middle|\boldsymbol{y}\right)^2 \tag{5-43}$$

在 BMA-EP 模型中，采用回归变量的后验均值，即式（5-42），作为其效应的估计。

5.2.1.2　考虑因子效应原则的先验分布选择

在贝叶斯模型平均中，$\boldsymbol{\theta}=\left(\boldsymbol{\beta},\sigma^2\right)$ 为需要估计的参数向量，其中，$\boldsymbol{\beta}$ 和 σ^2 分别表示回归系数和方差。在模型不确定性下，参数先验分布的选择对后验分布往往有一定的影响。Eicher 等[32]指出在贝叶斯模型平均中，回归参数采用 Zellner's g 先验，且超参数 g 选择单位信息先验（unit information prior，UIP）；标准差采用 Jeffreys 先验会比其他先验分布得到更为可靠和精确的结果。对于模型先验的选取，一般采用如下先验：

$$P(M_i)=\prod_{j\in M_i}\left(\omega_j\right)\prod_{j^{'}\notin M_i}\left(1-\omega_j\right) \tag{5-44}$$

目前常用的做法是假设 $\omega_j=\omega,\forall j\in\{1,2,\cdots p\}$，则 $P(M_i)=\left(\omega_j\right)^{n_i}\left(1-\omega_j\right)^{p-n_i}$。其中，$\omega_j$ 为回归变量的先验概率；n_i 表示在模型 M_i 中的回归变量个数。Box 和 Meyer[33]指出在贝叶斯模型平均中，回归变量的先验概率应在 0~0.5。由于模型先验是由变量的先验概率决定的，所以本节在回归参数及标准差选取 Zellner's g 先验与 Jeffreys 先验的基础上，通过考虑因子效应原则，确定模型先验，确保建立的模型更加贴近真实模型。

在贝叶斯模型平均中，模型先验的确定取决于变量的先验概率。Eicher 等[32]验证了先验概率取 0.5 时，会比其他先验得到更为可靠和精确的结果。但该方法应用在经济领域，各变量间是相互独立的，所以会得到可靠的结果。由于响应建模考虑二阶项与交互项，各变量间并不是相互独立的。然而在以往的研究中，研究者都是以等概率作为变量的先验概率，如 Eicher 等[32]采用 0.5；Box 和 Meyer[33]选取 0~0.5 的某个值等。这样可能会导致违背因子效应原则的模型后验概率较大，即加权平均时该模型的权重较大。Wu 和 Hamada[34]曾指出区分正规的回归和试验设计中响应建模的关键在于是否考虑回归变量的等级关系。考虑到因子效应

的基本原则在构建模型时有助于显著变量的选择，所以在贝叶斯模型平均中，基于因子效应原则确定模型的先验概率，可获得更加合理的模型。在选择因子效应的基本原则时，由于贝叶斯模型平均方法主要用于试验数据分析，并非因子筛选，故本节主要采用其中的效应层次原则和效应遗传原则。

5.2.1.3 BMA-EP 模型的构建步骤

在以往的研究中，因子效应原则主要用在变量选择上，当确定了显著性变量后，建模依旧是采用传统的单一多项式模型。Chipman[35]在 1996 年详细讨论了如何运用因子效应原则来选择显著性变量，其重点在于显著变量的选择，没有考虑具体的建模过程。同样，Beattie 等[36]在 2002 年提出二阶段贝叶斯模型选择方法，通过仿真试验得出结论，所提方法能够准确地识别出显著性变量。采用因子效应原则选择显著变量的侧重点在选择变量，一旦变量选择完成，如何建模将是下一步需要讨论的问题，如采用最大似然估计（maximum likelihood estimation，MLE）、最小二乘估计等方法。采用贝叶斯模型平均建模时，国内外学者大多以无信息先验作为回归变量的先验，以此计算后验概率并建立贝叶斯模型。该方法的不足是建模过程中没有更新回归变量的先验信息，直接以无信息先验计算 BMA 模型。鉴于此，本节将因子效应原则融入贝叶斯模型的构建中，通过不断更新变量的先验信息以改进贝叶斯模型。

构建 BMA-EP 模型的具体步骤如下。

第一步：采用无信息先验概率构建模型先验，建立 BMA 模型并计算各主效应的后验概率。

第二步：结合效应层次原则与上一步骤中各效应的后验概率来更新各主效应的先验概率。若上一步的主效应后验概率大于 0.5，则表明该变量是显著性变量。故在此过程中该主效应的先验概率取 0.5，反之则该主效应的先验概率取 0.3；交互作用项的先验概率为 0.1，二阶项的先验概率为 0.01；基于上述更新的先验信息，建立 BMA 模型并得到各主效应的后验概率。

第三步：结合效应原则与上一步骤中各效应的后验概率来更新各主效应的先验概率。若上一步的主效应后验概率大于 0.5，则在此过程中主效应与二阶项的先验概率分别取 0.5 与 0.25，反之则取 0.3 与 0.1；若上一步的两个主效应的后验概率都大于 0.5，则在此过程中相应交互效应的先验概率取 0.25，反之则取 0.1；基于上述更新的先验信息，建立 BMA-EP 模型。

Raftery[37]指出若某一主效应的后验概率大于 0.5，则表明该变量是重要型变量。将此信息融入贝叶斯模型平均的构建中，其基本操作流程如图 5-10 所示。

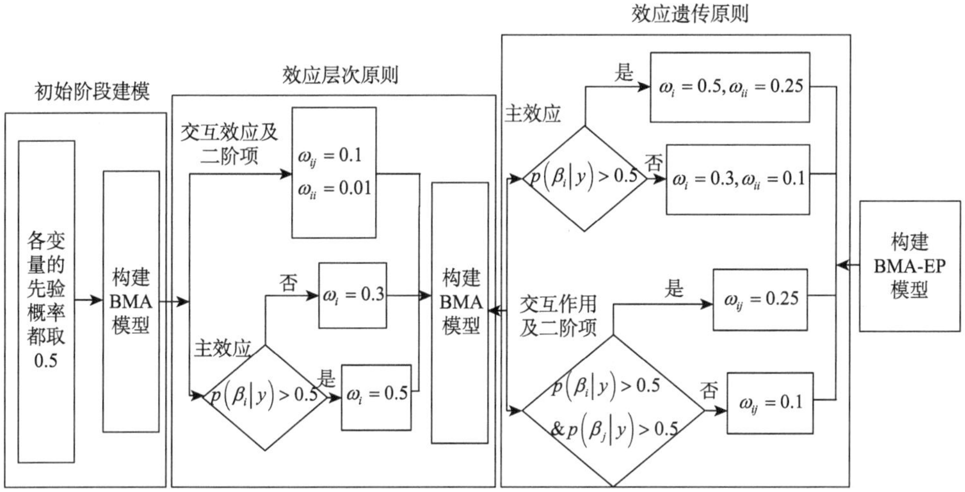

图 5-10　BMA-EP 构建流程图

5.2.2　实例分析

在本节中，采用文献[38]的实例，该案例研究目的是通过试验设计确定最佳因子水平组合以提高过程产出能力。试验者选择三个可控因子：反应时间 A、反应温度 B 和催化剂 C，响应变量 y_1 为聚合物的转化效率，y_2 为热中子放射性。其中，y_1 为望大特性，可接收的上下界限为 80~100；y_2 为望目特性，目标值为 57.5，可接收的上下界限为 55~60。试验者采用中心复合设计试验，其原始试验数据见文献[38]。

5.2.2.1　构建 BMA-EP 模型

依据建模步骤，首先选取各变量的先验概率为 0.5，回归参数的先验为 Zellner's g 先验，标准差采用 Jeffreys 无信息先验。由式（5-39）~式（5-41）与式（5-44）可计算出各效应的后验概率，其具体数据如表 5-6 所示。

表 5-6　各主效应的后验概率

因子	y_1（后验概率）	y_2（后验概率）
A	0.221	0.999
B	0.855	0.204
C	0.986	0.998

根据表 5-6 中各主效应的后验概率，可以得出对于响应 y_1，因子 B 和 C 是重

要变量（后验概率均大于 0.5）；对于响应 y_2，因子 A 和 C 是重要变量（后验概率均大于0.5）。结合变量的后验概率和效应层次原则，更新变量的先验概率：针对响应 y_1，因子 A 的先验概率为 0.3，因子 B 和 C 的先验概率为 0.5；交互项 AB、AC 和 BC 的先验概率分别为 0.1、0.1、0.1；二阶项 A^2、B^2、C^2 的先验概率分别为 0.01、0.01、0.01。针对响应 y_2，因子 B 的先验概率为 0.3，因子 A 和 C 的先验概率为 0.5；交互项 AB、AC 和 BC 的先验概率分别为 0.1、0.1、0.1；二阶项 A^2、B^2、C^2 的先验概率分别为 0.01、0.01、0.01。基于更新后的模型先验，重新计算各变量的后验概率，结果如表 5-7 所示。

表 5-7 各效应的先验及后验概率

效应	y_1（先验概率）	y_2（先验概率）	y_1（后验概率）	y_2（后验概率）
A	0.3	0.5	0.094	0.999
B	0.5	0.3	0.524	0.098
C	0.5	0.5	0.837	0.997
AB	0.1	0.1	0.031	0.029
AC	0.1	0.1	0.857	0.024
BC	0.1	0.1	0.060	0.027
A^2	0.01	0.01	0.003	0.013
B^2	0.01	0.01	0.010	0.002
C^2	0.01	0.01	0.089	0.002

基于更新先验信息后的变量后验概率及效应遗传原则，可以再次更新各变量的先验概率，以确定模型的先验分布。针对响应 y_1，根据遗传效应原则，因子 A 的先验概率为 0.3，因子 B 和 C 的先验概率为 0.5；交互项 AB、AC 和 BC 的先验概率分别为 0.1、0.1、0.25；二阶项 A^2、B^2、C^2 的先验概率分别为 0.1、0.25、0.25。同理，针对响应 y_2，因子 B 的先验概率为 0.3，因子 A 和 C 的先验概率为 0.5；交互项 AB、AC 和 BC 的先验概率分别为 0.1、0.25、0.1；二阶项 A^2、B^2、C^2 的先验概率分别为 0.25、0.1、0.25。基于此次更新的先验信息，可以计算各变量的后验概率和相应回归系数的后验均值，其模型如下：

$$
\begin{aligned}
y_1 &= 80.39 + 0.100A + 2.847B + 5.614C + 0.078AB + 10.457AC \\
&\quad - 1.038BC - 0.096A^2 + 1.050B^2 - 4.022C^2 \\
y_2 &= 60.35 + 3.412A + 0.024B + 2.119C - 0.011AB - 0.002AC \\
&\quad + 0.008BC + 0.236A^2 + 0.0004B^2 - 0.002C^2
\end{aligned}
$$

5.2.2.2 模型的优化与比较分析

基于建立的模型，选用满意度函数作为优化指标，其优化模型如下：

$$\max D = \left(d_1 \cdot d_2 \cdots d_m\right)^{1/m}$$
$$\text{s.t.}\ -1.682 \leqslant x_i \leqslant 1.682\ \ i = 1,2,3$$

其中，满意度函数 d_i 的计算公式可参考文献[10]。

采用 R 软件中 optim 函数对目标函数进行优化。由于 optim 函数在优化过程中，优化结果对初始点的选取敏感。因此，在−1.682 到 1.682 之间对每个因子等间隔抽取 10 个点，构建一个具有 1 000 组参数组合的网格，以每一个网格点作为优化的初始点，最终得到一个稳健的优化解。经过优化，可以得出 $\boldsymbol{x}$ 的最佳参数水平组合为（−0.726，1.682，−0.259），综合满意度为 0.676。

在构建模型先验时，传统的 BMA 模型以等概率作为效应的先验概率，并且取值在 0~0.5。在比较分析时，选择先验概率 ω 分别为 0.1、0.3 和 0.5 构建不考虑因子效应原则的 BMA 模型及经典的 RSM 模型，并将所提模型和上述模型的优化结果进行比较，结果见表 5-8。

表 5-8　不同模型的优化结果比较

模型	x_1	x_2	x_3	D
不考虑因子效应原则（ $\omega = 0.5$ ）	−0.685	1.682	−0.259	0.774
不考虑因子效应原则（ $\omega = 0.3$ ）	−0.699	1.682	0.306	0.632
不考虑因子效应原则（ $\omega = 0.1$ ）	−0.765	1.682	−0.540	0.289
经典 RSM 模型	−0.544	1.682	−0.599	0.871
考虑因子效应原则（BMA-EP）	−0.726	1.682	−0.259	0.676

由表 5-8 可知，利用所提方法能够得到比较理想的满意度。尽管在 ω 为 0.5 的情况下，其满意度为 0.774，比所提方法的满意度略大。但是在这种情形下，选择较大的先验概率在提高了满意度的同时也增大了不满足因子效应原则模型的概率。而且，这种以等概率构建模型先验的方法是以各变量间相互独立为前提的，故用在试验设计的建模时有一定的局限性。同时，在稳健设计中，模型对稳健设计有决定性的影响，虽然经典 RSM 方法的满意度为 0.871，但是以贝叶斯组合模型来替代单一的多项式模型在一定程度上会增加模型的可靠性。

5.2.3　仿真试验

为了进一步测试所提模型的有效性，本节对某一含有三因子和单响应的中心复合设计问题进行了仿真分析。仿真试验由 2^3 的析因设计、6 个轴点和 6 个中心点组成，其中，质量特性 y 为望目特性，目标值为 25。响应数据由下面函数生成。公式如下：

$$y = 3 + 2A + 4B + 6AC + 6A^2 + \varepsilon$$

不失一般性，在该测试函数中，取ε服从标准正态分布。

5.2.3.1 构建回归模型

在仿真试验中，比较了两种不同的贝叶斯模型平均建模方法及经典的RSM模型。一种为提出的 BMA-EP 模型；另外一种为不考虑因子效应原则，并选取先验概率ω分别为 0.5、0.3 和 0.1。通过贝叶斯模型建模的步骤，构建了如下五种模型。

模型一（BMA-EP 模型）：

$$y = 3.622 + 1.870A + 4.173B + 0.018C - 0.114AB + 6.023AC - 0.007BC + 5.49A^2 + 0.024B^2 + 0.013C^2$$

模型二（不考虑因子效应原则的贝叶斯模型平均建模，$\omega = 0.5$）：

$$y = 3.530 + 1.875A + 4.173B + 0.03C - 0.270AB + 6.023AC - 0.051BC + 5.500A^2 + 0.065B^2 + 0.096C^2$$

模型三（不考虑因子效应原则的贝叶斯模型平均建模，$\omega = 0.3$）：

$$y = 3.592 + 1.800A + 4.173B + 0.018C - 0.140AB + 6.023AC - 0.024BC + 5.494A^2 + 0.031B^2 + 0.046C^2$$

模型四（不考虑因子效应原则的贝叶斯模型平均建模，$\omega = 0.1$）：

$$y = 3.634 + 1.497A + 4.171B + 0.005C - 0.039AB + 6.022AC - 0.007BC + 5.488A^2 + 0.008B^2 + 0.013C^2$$

模型五（经典 RSM 模型）：

$$y = 2.608 + 1.841A + 3.915B - 0.432C + 0.496AB + 5.916AC + 0.326BC + 5.994A^2 + 0.279B^2 + 0.205C^2$$

5.2.3.2 模型回归系数比较

分别将模型一（BMA-EP模型）、模型二及经典RSM模型与真实模型的显著变量与不显著变量的回归系数进行对比，该结果分别见表 5-9 与表 5-10。其他两种贝叶斯模型与真实模型的比较同样可以参考下表的方法。

表 5-9 显著变量的回归系数比较

变量	真实模型回归系数	模型一	模型二	经典 RSM
截距	3	3.622	3.530	3.200
A	2	1.870	1.875	2.055
B	4	4.173	4.173	4.163
AC	6	6.023	6.023	5.873
A^2	6	5.490	5.500	6.310

表 5-10　不显著变量的回归系数比较

变量	真实模型回归系数	模型一	模型二	经典 RSM
C	0	0.018	0.030	−0.162
AB	0	−0.114	−0.270	0.435
BC	0	−0.007	−0.051	−0.104
B^2	0	0.024	0.065	−0.187
C^2	0	0.013	0.096	−0.629

由表 5-9 和表 5-10 可知：对于显著变量的回归系数，经典 RSM 模型的估计值更加接近真实值，其相比模型一（BMA-EP）而言，回归系数的估计误差降低的最大幅度为 14.07%，最小降低幅度为 0.25%。然而，由表 5-10 可知：对于不显著变量的回归系数，各模型中的估计值差距较大，BMA-EP 模型估计的系数更加接近真实值，如变量 C 的二次项效应为 0（即不显著），在经典的 RSM 中，其估计值却为−0.629。在 BMA-EP 模型中该项的估计值只有 0.013。其相比经典的 RSM 模型而言，回归系数的估计误差降低的最大幅度为 97.93%，最小降低幅度达到 73.79%。由于变量的回归系数代表其对模型的贡献大小，故 BMA-EP 模型有效地降低了不显著变量（即回归系数在真实模型中为 0 的变量）对模型预测性能的干扰。BMA-EP 模型在估计不显著变量的回归系数时比其他几种模型更加接近 0，表明所提模型相比经典RSM模型对不显著变量的抗干扰能力更强。同时，从另一个角度可看出，所提方法在筛选不显著因子时，具有一定的借鉴意义。

5.2.3.3　模型预测性能比较

为了验证考虑因子效应原则建模方法的有效性，本节采取 RMSE、MAE 和 AAE 三个常见的定量指标来评价不同先验的 BMA 模型及 RSM 模型的预测性能。其中，各指标的计算见式（4-50）~式（4-52）。本节采用蒙特卡罗仿真方法在−1.682 到 1.682 之间对因子 A、B 和 C 进行随机抽样，测试集分别为 50、500 和 5 000，对模型的预测能力进行验证分析。

针对不同的测试集，分别采用式（4-50）~式（4-52）对五个模型的预测性能进行比较，结果如表 5-11~表 5-13 所示。

表 5-11　测试集为 50 时不同模型的预测性能比较

模型	RMSE	MAE	AAE
不考虑因子效应原则（ $\omega=0.5$ ）	0.530	1.156	0.448
不考虑因子效应原则（ $\omega=0.3$ ）	0.553	1.119	0.481
不考虑因子效应原则（ $\omega=0.1$ ）	0.725	1.613	0.613
经典 RSM 模型	1.148	3.248	0.781
考虑因子效应原则（BMA-EP）	0.512	1.219	0.434

表 5-12 测试集为 500 时不同模型的预测性能比较

模型	RMSE	MAE	AAE
不考虑因子效应原则（ $\omega=0.5$ ）	0.579	1.447	0.497
不考虑因子效应原则（ $\omega=0.3$ ）	0.549	1.183	0.471
不考虑因子效应原则（ $\omega=0.1$ ）	0.693	1.762	0.597
经典 RSM 模型	0.732	2.574	0.541
考虑因子效应原则（BMA-EP）	0.496	1.197	0.428

表 5-13 测试集为 5 000 时不同模型的预测性能比较

模型	RMSE	MAE	AAE
不考虑因子效应原则（ $\omega=0.5$ ）	0.588	1.525	0.503
不考虑因子效应原则（ $\omega=0.3$ ）	0.555	1.226	0.479
不考虑因子效应原则（ $\omega=0.1$ ）	0.705	1.839	0.604
经典 RSM 模型	1.102	4.074	0.888
考虑因子效应原则（BMA-EP）	0.509	1.271	0.441

由表 5-11~表 5-13 的试验结果可知，当测试集分别为 50、500 和 5 000 时，BMA-EP 模型在 RMSE、MAE 和 AAE 三个指标上的数值相比其他四个模型都要小。这说明在建立 BMA 模型时，考虑因子效应原则来构建模型先验，可以合理调节各模型的后验概率（即模型加权时的权重），进而提高模型的预测性能。

为了研究不同的系统波动对 BMA-EP 模型的影响，设 ε 的标准差为 1、1.5、2、2.5 与 3，以这五组数据为例进行分析，比较 BMA-EP 模型与经典 RSM 模型的性能，以观察所提 BMA-EP 模型优于经典 RSM 模型的性能是否稳健。其预测性能比较结果见图 5-11（以测试集 500 为例）。

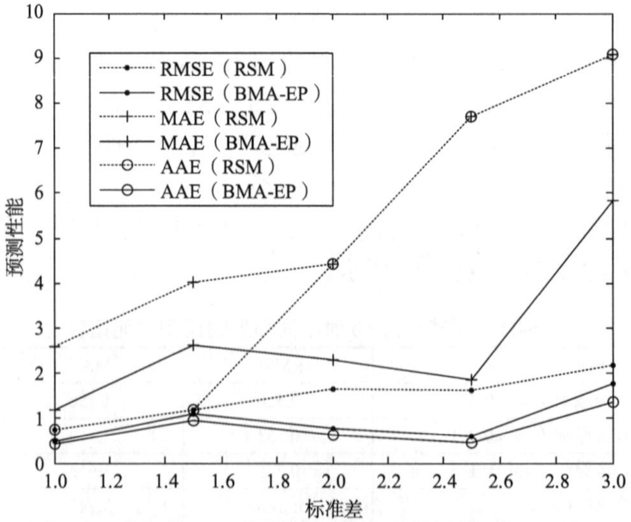

图 5-11 不同波动下模型的预测性能比较

从图 5-11 中可知，当系统的波动增加时，在各性能评价指标下，BMA-EP 模型的预测性能曲线都低于经典的 RSM 方法的性能曲线。对于不同系统的波动，BMA-EP 模型的预测性能都优于经典 RSM 模型，因此 BMA-EP 模型预测性能的优越性是稳健的。这也正是 BMA 模型的优点所在，以贝叶斯后验概率为权重组合各模型，将比传统的单一多项式模型要可靠。特别是当系统的波动较大时，利用贝叶斯组合模型减小系统的不确定性，将比用传统的RSM模型去刻画系统的输入输出关系更加合理。

5.2.3.4　模型优化结果比较

由 5.2.3.2 节与 5.2.3.3 节可以看出，BMA-EP 模型的预测性能优于其他不考虑因子效应原则的 BMA 模型及 RSM 模型。为了进一步分析不同模型对稳健参数设计的影响，以二次质量损失函数为优化模型，即与目标值的偏差平方和最小，比较不同模型的优化结果，其优化函数如下：

$$\min \ L=\left(y-T\right)^2$$

$$\text{s.t.}\ -1.682 \leqslant x_i \leqslant 1.682,\ i=1,2,3$$

分别将模型一、二、三、四代入优化函数中，得到最优参数组合与损失值（损失目标值是将最优化参数组合代入真实模型中计算）。各模型的优化结果见表 5-14。

表 5-14　不同模型的优化结果比较

模型	A	B	C	L
不考虑因子效应原则（$\omega=0.5$）	−1.573	1.670	−0.309	0.495
不考虑因子效应原则（$\omega=0.3$）	−1.004	1.682	−1.681	1.222
不考虑因子效应原则（$\omega=0.1$）	−1.330	1.682	−0.813	0.690
经典 RSM 模型	−1.515	1.633	−0.489	0.087
考虑因子效应原则（BMA-EP）	−1.558	1.682	−0.381	0.069

由 5.2.3.3 节中各模型的比较分析以及表 5-14 中的数据可以看出：稳健参数设计受所构建的模型影响较大。在仿真试验中，基于 BMA-EP 模型进行稳健参数设计，所得的损失值是最小的。采用不考虑因子效应的 BMA 模型，无论等概率先验采取 0.5、0.3 或 0.1，所得的损失值都比考虑因子效应原则的优化结果大。虽然经典RSM优化目标值与所提方法的比较接近，但是在稳健设计中当使用的模型不正确时，有可能存在高估试验结果的情况，所以进行稳健设计时，必须构建准确的模型。

5.3 基于稳健贝叶斯的质量设计

通过对持续改进中最坏情况的分析，本节提出了一种基于贝叶斯可信域的考虑模型参数不确定性的损失函数方法。在实现产品质量设计时，模型参数的不确定性是影响质量设计有效与否的关键因素。RSM 是六西格玛设计中的重要工具，是实现质量设计的重要手段。本节首先介绍了基于 SUR 模型的贝叶斯推理，随后给出了一个鲁棒优化策略（即基于贝叶斯可信区间构造的损失函数）。接着介绍了多元过程能力指数（multiple process capability index，MPCI），用于评估不同方法的输出性能。最后，分析了 Nd：YLF 激光微纳加工过程的质量设计，以说明所提出的方法的有效性。

5.3.1 稳健贝叶斯模型

5.3.1.1 模型基本假设

在 5.1 节中，我们回顾了 SUR 模型的基本原理。在式（5-1）和式（5-3）的基础上，根据 Zellner[23]，模型参数 $\hat{\boldsymbol{\beta}}$ 可以计算为

$$\hat{\boldsymbol{\beta}}=\left(\boldsymbol{X}^{\mathrm{T}}\left(\boldsymbol{\Psi}\otimes\boldsymbol{I}_n\right)^{-1}\boldsymbol{X}\right)^{-1}\boldsymbol{X}^{\mathrm{T}}\left(\boldsymbol{\Psi}\otimes\boldsymbol{I}_n\right)^{-1}\boldsymbol{y} \tag{5-45}$$

其中，$\boldsymbol{\Psi}$ 为响应的方差-协方差矩阵；$\boldsymbol{I}_n$ 为 $n\times n$ 单位矩阵。由 SUR 给出的协方差矩阵 $\hat{\boldsymbol{\beta}}$ 为

$$\operatorname{cov}\left[\hat{\boldsymbol{\beta}}\right]=\left(\boldsymbol{X}^{\mathrm{T}}\left(\boldsymbol{\Psi}\otimes\boldsymbol{I}_n\right)^{-1}\boldsymbol{X}\right)^{-1} \tag{5-46}$$

其中，$\operatorname{cov}\left[\hat{\boldsymbol{\beta}}\right]$ 为 $K\times K$ 矩阵。预测协方差矩阵 $\boldsymbol{\Sigma}_{\hat{y}(\boldsymbol{x})}$ 可用 $\operatorname{cov}\left[\hat{\boldsymbol{\beta}}\right]$ 进行计算。进而可以将矩阵 $\operatorname{cov}\left[\hat{\boldsymbol{\beta}}\right]$ 分块表示，分块矩阵 i，j 表示为 $\operatorname{cov}\left[\hat{\boldsymbol{\beta}}_i,\hat{\boldsymbol{\beta}}_j\right]$，表示 $\hat{\boldsymbol{\beta}}_i$ 与 $\hat{\boldsymbol{\beta}}_j$ 之间的 $K_i\times K_j$ 协方差矩阵。然后，矩阵 $\boldsymbol{\Sigma}_{\hat{y}(\boldsymbol{x})}=\left[\sigma^2_{\hat{y}_{ij}(\boldsymbol{x})}\right]$ 计算为

$$\sigma^2_{\hat{y}_{ij}(\boldsymbol{x})}=\boldsymbol{x}_i^{\mathrm{T}}\operatorname{cov}\left[\hat{\boldsymbol{\beta}}_i,\hat{\boldsymbol{\beta}}_j\right]\boldsymbol{x}_j,\quad i,j=1,2,\cdots,p \tag{5-47}$$

其中，$\boldsymbol{x}_i$ 为一个 $K_i\times 1$ 向量，为第 i 个响应的回归元向量 $\boldsymbol{x}$ 的子集。通常，式（5-45）中估计的模型参数存在试验误差。式（5-46）和式（5-47）的目的是通过参数协方差考虑模型参数的不确定性。

5.3.1.2 蒙特卡罗转换模型

如上所述，与 OLS 相比，SUR 考虑了模型误差项的相关性，在预测和优化上更有效。为此，针对激光微孔加工过程，我们在质量改进中引入了 SUR 模型。然而，在 SUR 模型的贝叶斯分析中，一个重要的问题是如何有效地计算参数的后验密度和预测密度。本节的目的是给出简单有效的 SUR 模型贝叶斯推理过程。由式（5-3）可以看出，SUR 模型中的误差项假设是相关的。在非贝叶斯方法中，模型参数的估计技术（如广义最小二乘或最大似然估计）通常依赖于误差项的协方差矩阵。由于模型参数和预测的后验边缘密度复杂，本节需要采用数值方法进行贝叶斯分析。为了降低数值方法的计算成本，Zellner 和 Ando[16]提出了一种转换模型来实现 SUR 模型的直接蒙特卡罗仿真过程。他们将式（5-3）中的 SUR 模型重新表述为

$$\begin{cases} \boldsymbol{y}_1 = \boldsymbol{X}_1\boldsymbol{\beta}_1 + \boldsymbol{\varepsilon}_1, \qquad \text{with } \boldsymbol{\varepsilon}_1 = \boldsymbol{u}_1 \\ \boldsymbol{y}_2 = \boldsymbol{X}_2\boldsymbol{\beta}_2 + \rho_{21}\boldsymbol{u}_1 + \boldsymbol{\varepsilon}_2 \\ \quad \vdots \\ \boldsymbol{y}_p = \boldsymbol{X}_p\boldsymbol{\beta}_p + \sum\limits_{j=1}^{p-1}\rho_{pj}\boldsymbol{u}_j + \boldsymbol{\varepsilon}_p \end{cases} \tag{5-48}$$

其中，$E\left[\boldsymbol{\varepsilon}_i\boldsymbol{\varepsilon}_j\right] = \boldsymbol{\Sigma} = \begin{cases} 0, & i \neq j \\ \sigma_i^2 I, & i = j \end{cases}$；$\boldsymbol{\Sigma} = \operatorname{diag}\left\{\sigma_1^2, \sigma_2^2, \cdots, \sigma_p^2\right\}$。

需要指出的是，$\boldsymbol{\Sigma}$ 和 $\boldsymbol{\Psi}$ 的对角元素是不同的。与式（5-3）中的误差项相比，可以发现式（5-48）中的误差项是不相关的。因此，我们可以将式（5-48）改写为

$$\begin{cases} \boldsymbol{y}_1 = \boldsymbol{X}_1\boldsymbol{\beta}_1 + \boldsymbol{\varepsilon}_1 = \boldsymbol{Z}_1\boldsymbol{b}_1 + \boldsymbol{\varepsilon}_1 \\ \boldsymbol{y}_j = \boldsymbol{X}_j\boldsymbol{\beta}_j + \sum\limits_{k=1}^{j-1}\rho_{jk}\left(\boldsymbol{y}_k - \boldsymbol{X}_k\boldsymbol{\beta}_k\right) + \boldsymbol{\varepsilon}_j = \boldsymbol{Z}_j\boldsymbol{b}_j + \boldsymbol{\varepsilon}_j \\ j = 2, 3, \cdots, p \end{cases} \tag{5-49}$$

其中，矩阵 $\boldsymbol{Z}_j$ 由模型参数 $\boldsymbol{\beta}_{j-1}, \boldsymbol{\beta}_{j-2}, \cdots, \boldsymbol{\beta}_1$ 和模型矩阵 $\boldsymbol{X}_j$ 构成。由式（5-48）和式（5-49）可知，两种模型参数之间的关系为

$$\begin{cases} \boldsymbol{b}_1 = \boldsymbol{\beta}_1 \\ \quad \vdots \\ \boldsymbol{b}_j = \left(\boldsymbol{\beta}_j, \rho_{j1}, \cdots, \rho_{j,j-1}\right) \end{cases} \tag{5-50}$$

同时，可以得到 $\boldsymbol{\Sigma}$ 和 $\boldsymbol{\Psi}$ 的关系为

$$\begin{cases}\omega_1^2=\sigma_1^2\\ \omega_j^2=\sum\limits_{k=1}^{j-1}\rho_{jk}^2\omega_k^2+\sum\limits_{k,l=1,\,k<l}^{j-1}\rho_{jk}\rho_{jl}\omega_{lk}+\sigma_j^2,\quad(j\neq 1)\\ \omega_{ji}=\sum\limits_{k=1,\,k\neq i}^{j-1}\rho_{jk}\omega_{ki}+\rho_{ji}^2\omega_i^2,\qquad\qquad(j\neq 1)\end{cases}\tag{5-51}$$

模型参数和协方差在两个模型[式（5-3）和式（5-49）]中可以根据式（5-50）和式（5-51）轻松变换。应该注意的是，这种转换极大地简化了估计问题。由于式（5-49）中误差项不相关，参数的似然函数为

$$L(D\mid\boldsymbol{b},\boldsymbol{\Sigma})=\prod_{j=1}^{p}\frac{1}{\left(2\pi\sigma_j^2\right)^{n/2}}\exp\left[-\frac{\left(\boldsymbol{y}_j-\boldsymbol{Z}_j\boldsymbol{b}_j\right)'\left(\boldsymbol{y}_j-\boldsymbol{Z}_j\boldsymbol{b}_j\right)}{2\sigma_j^2}\right]\tag{5-52}$$

式（5-52）的详细推导见附录。

5.3.1.3　贝叶斯后验分析

本小节的目的是将贝叶斯后验信息纳入 5.3.2 节给出的优化策略中。贝叶斯方法通过似然函数和先验信息确定参数的准确后验密度，因此基于贝叶斯方法可以保证相应的优化方案对模型参数不确定性是鲁棒的。Jeffreys[15]的非信息性先验不变性原理被广泛用于推断贝叶斯后验分析。同时，使用这个先验的一个重要原因是它不依赖于参数空间的变量集。在本方法中，假设参数是独立的，因此基于 Fisher 信息函数的非信息先验可以表示为

$$\pi(\boldsymbol{b},\boldsymbol{\Sigma})=\pi(\boldsymbol{b})\pi(\boldsymbol{\Sigma})\propto\prod_{j=1}^{p}\left(\sigma_j\right)^{-1}\tag{5-53}$$

根据式（5-52）的似然函数和式（5-53）的非信息先验，联合后验参数密度计算为

$$g(\boldsymbol{b},\boldsymbol{\Sigma}\mid D)\propto\prod_{j=1}^{p}\sigma_j^{-(n+1)}\exp\left[-\frac{\left(\boldsymbol{y}_j-\boldsymbol{Z}_j\boldsymbol{b}_j\right)'\left(\boldsymbol{y}_j-\boldsymbol{Z}_j\boldsymbol{b}_j\right)}{2\sigma_j^2}\right]\tag{5-54}$$

同时，模型参数和误差项的后验边缘密度为

$$g\left(\boldsymbol{b}_j\mid\boldsymbol{b}_j,\cdots,\boldsymbol{b}_1,\sigma_j^2,D\right)\sim N\left(\hat{\boldsymbol{b}}_j,\sigma_j^2\left(\boldsymbol{Z}_j'\boldsymbol{Z}_j\right)^{-1}\right)\tag{5-55}$$

$$g\left(\sigma_j^2\mid\boldsymbol{b}_{j-1},\cdots,\boldsymbol{b}_1,D\right)\sim\mathrm{IG}\left(\frac{1}{2}\left(\boldsymbol{y}_j-\boldsymbol{Z}_j\hat{\boldsymbol{b}}_j\right)'\left(\boldsymbol{y}_j-\boldsymbol{Z}_j\hat{\boldsymbol{b}}_j\right),\frac{1}{2}\left(n-K_j-j+1\right)\right)\tag{5-56}$$

其中，$N(\bullet,\bullet)$ 和 $\mathrm{IG}(\bullet,\bullet)$ 分别表示正态分布和逆 Gamma 分布。式（5-55）和式（5-56）的意义是给出模型参数的后验信息，用于获得模型预测和后续优化结果。

为了计算任意给定输入设置 $\boldsymbol{x}$ 下的模型预测，首先从模型参数和误差项各自的后验分布中采样。采样过程需要重复 N 次，以获得模型预测的可信区域和误差项的方差。首先从逆 Gamma 密度 $g\left(\sigma_1^2 \middle| D\right)$ 中提取误差 σ_1^2，然后从逆 Gamma 密度 $g\left(\boldsymbol{b}_1 \middle| \sigma_1^2, D\right)$ 中提取模型参数 $\boldsymbol{b}_1$。其次对误差 σ_2^2 进行采样，最后基于 $\boldsymbol{b}_1$ 和 σ_2^2 对模型参数从 $g\left(\sigma_2^2 \middle| \boldsymbol{b}_1, D\right)$ 中进行采样。针对其他质量响应，将上述两步应用于相应的 $(p-1)$ 模型中。具体算法总结如下。

算法 5-2 直接蒙特卡罗采样算法

for $j=1$ to p do

for $k=1$ to N do

从分布 $\mathrm{IG}\left(\frac{1}{2}\left(\boldsymbol{y}_j - \boldsymbol{Z}_j \hat{\boldsymbol{b}}_{j(k-1)}\right)'\left(\boldsymbol{y}_j - \boldsymbol{Z}_j \hat{\boldsymbol{b}}_{j(k-1)}\right), \frac{1}{2}\left(n - K_j - j + 1\right)\right)$ 抽取 σ_{jk}^2

从分布 $N\left(\hat{\boldsymbol{b}}_j, \sigma_{jk}^2\left(\boldsymbol{Z}_j'\boldsymbol{Z}_j\right)^{-1}\right)$ 抽取 $\boldsymbol{b}_{jk}^2$

end for

end for

5.3.2 基于贝叶斯后验区间的鲁棒优化

在 3.2.2 节损失函数的基础上，本节重在将模型参数的区间估计融入损失函数中。鲁棒优化能够有效地实现不确定环境下的持续改进。然而，鲁棒优化的核心技术之一是构造模型参数的不确定性集。在本节中，我们将基于贝叶斯后验区间构造不确定性集。由于试验中存在 p 个响应，应该同时为模型预测和误差项的协方差建立可信区间。在贝叶斯推理中，可信区间是置信区间的贝叶斯模拟。可信度 $100(1-\alpha)\%$ 的区间 $\boldsymbol{\gamma}$ 是参数的子集，如下所示：

$$\int_{\gamma} \pi\left(\boldsymbol{\theta} \middle| D\right) \mathrm{d}\boldsymbol{\theta} = 1 - \alpha \tag{5-57}$$

根据式（5-60），需要构建两个可信区间 CR_1 和 CR_2，分别进行模型预测 $E\left[\tilde{\boldsymbol{y}}(\boldsymbol{x})\right]$ 和协方差 $\boldsymbol{\Sigma}_{\hat{y}(\boldsymbol{x})}$。以模型预测为例，主要说明如何构造可信域 CR_1。然后，可以用计算 CR_1 的方法来构造 CR_2。

如果 y_{iL}^{*} 和 y_{iU}^{*} 分别为第 i 个响应的后验预测分位数 $\alpha/2$ 和 $1-\alpha/2$，则 $\left(y_{iL}^{*}, y_{iU}^{*}\right)$ 为第 i 个响应的 $100(1-\alpha)\%$ 可信区间为

$$\operatorname{Prob}\left\{y_i \in\left(y_{iL}^{*}, y_{iU}^{*}\right) \mid D\right\}=1-\alpha \tag{5-58}$$

构造区间的一种直接方法是确定联合可信区间，如未知参数可信区间的乘积。由 Bonferroni 不等式可知，区间的显著性水平至少为 $(1-\alpha)\times 100\%$：

$$\begin{aligned}
&\operatorname{Prob}\left\{\left(y_1, y_2, \cdots, y_p\right) \in \mathrm{CR}_1\right\} \\
&=\operatorname{Prob}\left\{y_1 \in \gamma_1, y_2 \in \gamma_2, \cdots, y_p \in \gamma_p\right\} \\
&\geqslant 1-\left[\operatorname{Prob}\left\{y_1 \notin \gamma_1\right\}+\operatorname{Prob}\left\{y_2 \notin \gamma_2\right\}+\cdots+\operatorname{Prob}\left\{y_p \notin \gamma_p\right\}\right] \\
&=1-\alpha / p \times p=1-\alpha
\end{aligned} \tag{5-59}$$

其中，p 为未知参数个数；y_p、CR_1 和 γ_p 分别为模型对第 p 个响应的预测、模型预测的可信区间、第 p 个响应的可信区间。

根据这两个可信区间，$E\left[\hat{\boldsymbol{y}}(\boldsymbol{x})\right]$ 和 $\boldsymbol{\Sigma}_{\hat{\boldsymbol{y}}(\boldsymbol{x})}$ 的不确定集可定义为

$$U=\left\{\boldsymbol{\theta}=\left(\boldsymbol{\theta}_1, \boldsymbol{\theta}_2\right) \mid E\left[\tilde{\boldsymbol{y}}(\boldsymbol{x})\right] \in \mathrm{CR}_1 ; \boldsymbol{\Sigma}_{\hat{\boldsymbol{y}}(\boldsymbol{x})} \in \mathrm{CR}_2\right\} \tag{5-60}$$

其中，$\boldsymbol{\theta}_1$ 和 $\boldsymbol{\theta}_2$ 分别代表 $E\left[\tilde{\boldsymbol{y}}(\boldsymbol{x})\right]$ 和 $\boldsymbol{\Sigma}_{\hat{\boldsymbol{y}}(\boldsymbol{x})}$。

假设 $E\left[\tilde{\boldsymbol{y}}(\boldsymbol{x})\right]=E\left[\tilde{\boldsymbol{y}}\left(\boldsymbol{x}, \hat{\boldsymbol{\beta}}\right)\right]=\boldsymbol{y}(\boldsymbol{x}, \boldsymbol{\beta})$，损失函数的鲁棒对应函数为

$$\mathrm{EL}_R(\boldsymbol{x})=\max _{\boldsymbol{\theta}}\left\{\left(\boldsymbol{y}(\boldsymbol{x}, \boldsymbol{\beta})-\boldsymbol{T}\right)^{\prime} \boldsymbol{C}\left(\boldsymbol{y}(\boldsymbol{x}, \boldsymbol{\beta})-\boldsymbol{T}\right)+\operatorname{trace}\left[\boldsymbol{C} \boldsymbol{\Sigma}_{\hat{\boldsymbol{y}}(\boldsymbol{x})}\right]+\operatorname{trace}\left[\boldsymbol{C} \boldsymbol{\Sigma}_{\boldsymbol{y}(\boldsymbol{x})}\right] \mid \boldsymbol{\theta} \in U\right\} \tag{5-61}$$

其中，$\mathrm{EL}_R(\boldsymbol{x})$ 为稳健损失函数。当真实参数被假定属于不确定集时，该方法考虑了最大的损失，从而给出了最坏的情况。

根据式（5-61），优化策略为

$$\begin{aligned}
&\min_{\boldsymbol{x}} \ \mathrm{EL}_R(\boldsymbol{x}) \\
&\text{s.t. } \boldsymbol{x} \in \boldsymbol{\Omega}
\end{aligned} \tag{5-62}$$

其中，$\boldsymbol{\Omega}$ 为设计变量的可接受区间。当显著性水平为 0 时，式（3-15）中给出的损失函数可以看作稳健函数的特例。显著性水平反映了参数的可信度及解决方案返回的可信度。如果显著性水平提高，可信区间就会扩大，从而使鲁棒性得到更大的重视。

5.3.3 绩效评估标准

为了比较不同优化策略的性能，在接下来的验证试验中采用了过程能力指数

（process capability index，PCI）。PCI 通常被定义为执行任务或实现目标的能力。在现代工业中，有许多生产过程的质量是由几个相关的特征来衡量的。在此基础上，提出了MPCI来度量多变量制造过程。MPCI是过程能力的统计度量：过程在规格限制内产生输出的能力。

自 20 世纪 90 年代由 Chan 等[39]提出 MPCI 以来，大多采用以下方法进行计算：使用容差区域体积与过程区域体积的比值。在本案例的验证性试验中，我们以容差区间体积与过程区域体积的比值来比较各方法的性能[40]。它的表达式可以写成：

$$\mathrm{MPCI}=\left[\frac{\text{置信区域的体积}}{\text{过程区域的体积}}\right]^{1/p}=\left[\frac{V_1}{V_2}\right]^{1/p} \tag{5-63}$$

分子为修改后的公差区间 V_1 的体积，分母为调整后的 99.73%加工区间 V_2 的体积。修正后的公差区间 V_1 是在原公差区间内完全以目标为中心的最大椭球区域。修正后的容差区体积为

$$V_1=\frac{2\pi^{p/2}\prod_{i=1}^{p}a_i}{p\Gamma(p/2)} \tag{5-64}$$

其中，p 为响应数；$a_i(i=1,2,\cdots,p)$ 为半轴长度；$\Gamma(\bullet)$ 为 Gamma 函数。

在多元正态假设下 V_2 为椭球形，相应的区域体积 V_2 为

$$V_2=\mathrm{Volume}\left((\boldsymbol{Y}-\boldsymbol{\mu})'\boldsymbol{\Sigma}_T^{-1}(\boldsymbol{Y}-\boldsymbol{\mu})\leqslant K\right) \tag{5-65}$$

其中，$\boldsymbol{Y}$ 为一个具有均值向量 $\boldsymbol{\mu}$ 和协方差矩阵 $\boldsymbol{\Sigma}$ 的多元正态分布的 $p\times1$ 向量；$\boldsymbol{\Sigma}_T=E\left[(\boldsymbol{Y}-\boldsymbol{T})(\boldsymbol{Y}-\boldsymbol{T})'\right]$ 为过程的 MSE 矩阵；$\boldsymbol{T}$ 为一个 $p\times1$ 目标值向量；K 是 p 自由度 χ^2 分布的 99.73 个百分位。过程区域的体积 V_2 可以得到计算为[41]

$$V_2=|\boldsymbol{\Sigma}|^{1/2}(\pi K)^{p/2}\left[\Gamma(p/2+1)\right]^{-1}\left[1+(\boldsymbol{\mu}-\boldsymbol{T})'\boldsymbol{\Sigma}^{-1}(\boldsymbol{\mu}-\boldsymbol{T})'\right]^{1/2} \tag{5-66}$$

上述计算过程可以在 R 软件中实现。在实际中，$\boldsymbol{\mu}$ 和 $\boldsymbol{\Sigma}$ 是在给定大小为 n 的随机样本 $\boldsymbol{Y}_1,\boldsymbol{Y}_2,\cdots,\boldsymbol{Y}_n$ 的基础上，通过样本均值和协方差矩阵估计的。

$$\hat{\boldsymbol{\mu}}=\frac{1}{n}\sum_{i=1}^{n}\boldsymbol{Y}_i \tag{5-67}$$

$$\hat{\boldsymbol{\Sigma}}=\frac{1}{n-1}\sum_{i=1}^{n}(\boldsymbol{Y}_i-\hat{\boldsymbol{\mu}})(\boldsymbol{Y}_i-\hat{\boldsymbol{\mu}})' \tag{5-68}$$

5.3.4 实例分析

5.3.4.1 问题描述

如第 4 章所述，LBM 是一种先进的加工工艺，几乎可以加工所有种类的工程材料。激光束广泛用于切割、钻孔、打标、焊接、蚀刻和热处理。本节以 Nd：YLF 激光束微钻过程为例，说明该方法的有效性。该过程中有三个设计变量[即平均功率（x_1）、脉冲频率（x_2）和切割速度（x_3）]，两个响应变量[即微钻孔过程中微孔的半径（y_1）和圆度（y_2）]。三个设计变量的描述如表 5-15 所示。本试验的目的是确定最优的加工参数以实现质量设计。

表 5-15 钻孔实例中的设计变量

变量	代表	单位	编码水平		
			−1	0	1
x_1	平均功率	MW	50	100	150
x_2	脉冲频率	Hz	500	650	800
x_3	切割速度	0.01mm/s	1	2	3

以四轴数控飞秒激光微加工中心为基础，采用中心复合设计收集试验数据。同时，数控微加工中心由 Nd：YLF 飞秒激光系统、四轴数控控制系统等部件组成。该中心为基础研究和工业应用提供了良好的基础设施和试验平台。相应的试验结果见表 5-16。如果有 k 个设计变量，一个复合设计试验将由 2^k 个因子点、$2k$ 个轴点和在设计中心 n_0 运行组成。轴线点与设计中心的距离为 α 。α 值的选择是为了使设计满足某些设计特性，如可旋转性或容纳一个立方体区域。完全随机复合设计试验的常见选择是 $\alpha=\left(2^k\right)^{1/4}$，其中，$2^k$ 为设计的阶乘部分的点数。至于 n_0 的值，工程师通常根据试验成本选择 $n_0=k$ 。因此，轴点位置为 $\alpha=\left(2^k\right)^{1/4}\approx 1.682$，中心运行次数为 3。因此，试验运行总次数为 17 次。

表 5-16 三个变量和两个响应的试验结果

运行	x_1	x_2	x_3	y_1	y_2
1	−1	−1	−1	21.178	0.716
2	1	−1	−1	28.822	0.608
3	−1	1	−1	18.312	0.744
4	1	1	−1	25.478	0.647

续表

运行	x_1	x_2	x_3	y_1	y_2
5	−1	−1	1	19.586	0.755
6	1	−1	1	27.229	0.634
7	−1	1	1	16.561	0.772
8	1	1	1	23.248	0.666
9	−1.682	0	0	14.809	0.635
10	1.682	0	0	27.548	0.622
11	0	−1.682	0	25.478	0.607
12	0	1.682	0	19.904	0.598
13	0	0	−1.682	23.408	0.711
14	0	0	1.682	19.904	0.725
15	0	0	0	21.338	0.619
16	0	0	0	22.611	0.639
17	0	0	0	21.497	0.611

为了对不同的优化策略进行性能比较，我们对每种优化策略在响应变量的 12 组目标值下进行分析。具体来说，假设半径有四个目标值 $T_1 = 17\ \mu\text{m}$ 、18 μm、19 μm 和 20 μm，圆度有三个目标值 $T_2 = 0.8$ 、0.9 和 1.0。同时，接下来的验证性试验由 12 个矩阵阵列组成，每个矩阵阵列有 50 个微孔。选择 600 微孔是为了平衡制造时间、成本和规格要求。根据工程知识，成本矩阵可设为 $\boldsymbol{C} = [0.100\ 0.025;\ 0.025\ 0.500]$ 。成本矩阵的确定往往是基于工程人员的先验信息。如果工程人员可以给出一些参考点的损失，成本矩阵可以根据式（5-62）计算。

5.3.4.2　贝叶斯后验推理

显著效应是基于 Zellner[23]提出的两步过程和试验设计中的效应遗传原则获得的。效应遗传表明，只有当一个或两个亲本效应（主效应）也是有效时，交互作用才能有效。基于上述准则，y_1 和 y_2 的模型如下：

$$\hat{y}_1 = 21.802 + 3.702x_1 - 1.654x_2 - 0.956x_3 + 0.459x_2^2$$

$$\hat{y}_2 = 0.637 - 0.033x_1 + 0.010x_3 + 0.035x_3^2$$

两个模型的方差分析见表 5-17。p 值小于给定的显著性水平（如 0.05 或 0.005），表明该模型可以用于后续的推断和优化。

表 5-17 两个模型的方差分析

响应	方差源	误差平方和	自由度	MSE	F值	P值
y_1	模型	0.037	3	0.012	8.980	0.002
	误差	0.018	13	0.001		
	总体	0.055	16			
y_2	模型	239.812	4	59.953	216.14	0.000
	误差	3.329	12	0.277		
	总体	243.140	16			

根据式（5-48）和式（5-49）中的转换模型，可以估计出转换后的模型参数为

$$\hat{\boldsymbol{b}}_1 = [21.802, 3.702, -1.654, -0.956, 0.459]'$$

$$\hat{\boldsymbol{b}}_2 = [0.637, -0.033, 0.010, 0.035, 0.041]'$$

在这个例子中，由于协方差矩阵是未知的，我们可以采用最大似然法求解。最大似然法也称为最大似然估计，是一种为给定的统计量寻找一个或多个参数值，使已知的似然分布为最大值的方法。根据过程误差的分布，可以得到最大似然估计为 $\hat{\boldsymbol{\Sigma}}_{y(x)} = \begin{bmatrix} \hat{\varepsilon}_1'\hat{\varepsilon}_1/n & 0 \\ 0 & \hat{\varepsilon}_2'\hat{\varepsilon}_2/n \end{bmatrix}$。则协方差矩阵可估计为

$$\hat{\boldsymbol{\Sigma}}_{y(x)} = \begin{bmatrix} 0.196 & 0 \\ 0 & 0.001 \end{bmatrix}$$

根据式（5-56）中 Jeffreys 的非信息先验，可以得到 $\boldsymbol{b}_1$ 和 σ_1 的后验分布为

$$g\left(\boldsymbol{b}_1 | \sigma_j^2, D\right) \sim N\left(\hat{\boldsymbol{b}}_1, \hat{\sigma}_1^2 \left(\boldsymbol{X}_1'\boldsymbol{X}_1\right)^{-1}\right)$$

$$g\left(\sigma_1^2 | D\right) \sim \mathrm{IG}(1.664, 6)$$

其中，$N(\bullet,\bullet)$ 和 $\mathrm{IG}(\bullet,\bullet)$ 分别表示正态分布和逆 Gamma 分布；$\left[\hat{\boldsymbol{b}}_1, \hat{\sigma}_1^2\right]' = [21.802, 3.702, -1.654, -0.956, 0.459, 0.196]'$。通过 5.3.1.3 节中的直接蒙特卡罗采样算法，可以得到两个模型的后验信息，从而用于后续的优化过程。在直接蒙特卡罗采样过程中，选择 N 为 10 000，显著性水平为 95%。

5.3.4.3 优化结果分析

当响应的协方差矩阵为常数矩阵时，有两种主要的损失函数方法用于多响应优化。第一种是 Pignatiello[41]提出的损失函数 $\mathrm{EL}_P(\boldsymbol{x})$，其优化策略为

$$\min_{x}\ \mathrm{EL}_P(\boldsymbol{x})=\left(E\left[\hat{\boldsymbol{y}}(\boldsymbol{x})\right]-\boldsymbol{T}\right)'\boldsymbol{C}\left(E\left[\hat{\boldsymbol{y}}(\boldsymbol{x})\right]-\boldsymbol{T}\right)+\mathrm{trace}\left[\boldsymbol{C}\boldsymbol{\Sigma}_{y(x)}\right] \quad (5\text{-}69)$$
$$\text{s.t. } \boldsymbol{x}\in\boldsymbol{\Omega}$$

其中，$\boldsymbol{\Omega}$ 为设计变量的可接受区间；$\boldsymbol{\Sigma}_{y(\boldsymbol{x})}$ 为一个 y 在 x 点的 $p\times p$ 协方差矩阵。在期望损失中有两个重要的组成部分：偏差部分（如 $\left(E\left[\hat{\boldsymbol{y}}(\boldsymbol{x})\right]-\boldsymbol{T}\right)'\boldsymbol{C}\left(E\left[\hat{\boldsymbol{y}}(\boldsymbol{x})\right]-\boldsymbol{T}\right)$）和响应的协方差分量（如 $\mathrm{trace}\left[\boldsymbol{C}\boldsymbol{\Sigma}_{y(\boldsymbol{x})}\right]$）。由于本例中的协方差分量是一个常数矩阵，故该优化策略的目标是使偏差部分最小化。

如前所述，本例中的协方差分量为常数矩阵。因此，我们将 Ko 等[26]提出的损失函数作为第二种损失函数 $\mathrm{EL}_K(\boldsymbol{x})$，给出相应的优化策略为

$$\min_{x}\ \mathrm{EL}_K(\boldsymbol{x})=\left(E\left[\hat{\boldsymbol{y}}(\boldsymbol{x})\right]-\boldsymbol{T}\right)'\boldsymbol{C}\left(E\left[\hat{\boldsymbol{y}}(\boldsymbol{x})\right]-\boldsymbol{T}\right)+\mathrm{trace}\left[\boldsymbol{C}\boldsymbol{\Sigma}_{\hat{y}(x)}\right]+\mathrm{trace}\left[\boldsymbol{C}\boldsymbol{\Sigma}_{y(x)}\right]$$
$$\text{s.t. } \boldsymbol{x}\in\boldsymbol{\Omega} \quad (5\text{-}70)$$

其中，$\boldsymbol{\Sigma}_{\hat{y}(\boldsymbol{x})}$ 和 $\boldsymbol{\Sigma}_{y(\boldsymbol{x})}$ 分别为估计均值响应和真实响应的协方差矩阵。由式（5-70）可以看出，存在三个分量：偏差分量、模型预测质量{如 $\mathrm{trace}\left[\boldsymbol{C}\boldsymbol{\Sigma}_{\hat{y}(\boldsymbol{x})}\right]$}和响应的协方差分量。那么，两种现有优化策略之间的唯一区别[即式（5-69）和式（5-70）]取决于模型预测的质量。

为便于比较，假设 $\boldsymbol{x}_P^*$、$\boldsymbol{x}_K^*$ 和 $\boldsymbol{x}_R^*$ 表示第一种优化策略[即式（5-69）]，第二种优化策略[即式（5-70）]和所提优化策略[即式（5-62）]，相应的优化结果见表 5-18~表 5-20。

表 5-18　EL_P的优化结果

T_1	T_2	优化设置	$E(\hat{y}_1)$	$\mathrm{Std}(\hat{y}_1)$	$E(\hat{y}_2)$	$\mathrm{Std}(\hat{y}_2)$
17	0.8	（−1.206，−0.638，1.682）	17.001	0.358	0.794	0.035
	0.9	（−1.681，−1.314，1.681）	17.004	0.444	0.806	0.038
	1.0	（−1.682，−1.324，1.682）	17.059	0.459	0.810	0.038
18	0.8	（−1.445，−1.345，1.669）	18.021	0.434	0.798	0.037
	0.9	（−1.596，−1.537，1.681）	18.016	0.467	0.804	0.038
	1.0	（−1.682，−1.632，1.682）	17.989	0.505	0.806	0.038
19	0.8	（−0.843，−0.910，1.682）	19.015	0.349	0.781	0.033
	0.9	（−1.309，−1.519，1.682）	19.034	0.441	0.795	0.035
	1.0	（−1.448，−1.682，1.682）	19.039	0.519	0.800	0.036

续表

T_1	T_2	优化设置	$E(\hat{y}_1)$	$\mathrm{Std}(\hat{y}_1)$	$E(\hat{y}_2)$	$\mathrm{Std}(\hat{y}_2)$
20	0.8	(−0.769，−1.178，1.682)	20.012	0.366	0.778	0.033
	0.9	(−1.049，−1.533，1.681)	20.045	0.439	0.787	0.034
	1.0	(−1.177，−1.682，1.682)	20.074	0.490	0.792	0.033

表 5-19　EL_K的优化结果

T_1	T_2	优化设置	$E(\hat{y}_1)$	$\mathrm{Std}(\hat{y}_1)$	$E(\hat{y}_2)$	$\mathrm{Std}(\hat{y}_2)$
17	0.8	(−0.648，0.634，1.556)	17.018	0.304	0.759	0.029
	0.9	(−1.174，−0.598，1.682)	17.025	0.360	0.791	0.034
	1.0	(−1.380，−0.919，1.682)	17.047	0.387	0.798	0.035
18	0.8	(−0.391，0.549，1.608)	17.999	0.314	0.757	0.029
	0.9	(−0.961，−0.690，1.682)	18.022	0.350	0.785	0.033
	1.0	(−0.381，0.520，1.682)	18.009	0.313	0.766	0.032
19	0.8	(−0.590，−0.469，1.568)	19.004	0.317	0.759	0.029
	0.9	(−0.758，−0.794，1.682)	19.030	0.336	0.778	0.031
	1.0	(−0.888，−0.989，1.682)	19.052	0.352	0.780	0.033
20	0.8	(−0.391，−0.606，1.611)	20.008	0.323	0.758	0.029
	0.9	(−0.557，−0.895，1.682)	20.036	0.345	0.771	0.031
	1.0	(−0.690，−1.089，1.682)	20.054	0.349	0.774	0.034

表 5-20　EL_R的优化结果

T_1	T_2	优化设置	$E(\hat{y}_1)$	$\mathrm{Std}(\hat{y}_1)$	$E(\hat{y}_2)$	$\mathrm{Std}(\hat{y}_2)$
17	0.8	(−0.898，0.466，0.678)	17.111	0.243	0.690	0.017
	0.9	(−0.929，0.513，0.456)	17.168	0.245	0.680	0.017
	1.0	(−0.962，0.254，0.733)	17.116	0.254	0.695	0.019
18	0.8	(−0.613，0.758，0.369)	18.147	0.196	0.666	0.015
	0.9	(−0.925，−0.125，0.458)	18.137	0.236	0.679	0.018
	1.0	(−0.604，0.394，0.926)	18.061	0.241	0.696	0.016
19	0.8	(−0.381，0.643，0.445)	19.044	0.193	0.660	0.014
	0.9	(−0.509，0.343，0.202)	19.180	0.186	0.657	0.015
	1.0	(−0.385，0.417，0.635)	19.133	0.210	0.670	0.015
20	0.8	(−0.165，0.440，0.434)	20.107	0.185	0.653	0.015
	0.9	(−0.166，0.161，0.810)	20.133	0.217	0.673	0.015
	1.0	(−0.458，−0.237，0.408)	20.129	0.196	0.663	0.015

由表 5-18~表 5-20 可以看出，最佳加工参数 $\boldsymbol{x}_p^*$ 在响应圆度的平均性能方面表现最好。然而，在标准差方面，提出的优化策略性能最差，这是因为模型参数不

确定性对稳健性能有显著影响。这些现象可以从式（5-70）中得到解释，即它只是优化了偏差成分。在优化过程中，响应半径会比响应圆度优先考虑。同时，表 5-19 给出了 $\mathrm{EL}_K(\boldsymbol{x})$ 的方法，其明确考虑了参数不确定性对模型预测质量的影响，从而提高了稳健性能。优化策略 EL_K 的平均偏差 y_1 略优于 EL_P，但这通常是以 y_2 的平均偏差为代价的。在加工参数 $\boldsymbol{x}_R^*$ 的设定上，该方法的标准差都优于其他两种方法。例如，与加工参数设置 $\boldsymbol{x}_K^*$ 相比，两种响应的稳健性能平均分别提高了 36%和 50%。因为该优化策略从贝叶斯角度考虑了模型参数不确定性的影响，因此其优于其他优化策略。同时，该策略下的预测均值 $\boldsymbol{x}_R^*$ 与其他两种策略的预测均值具有可比性。

5.3.4.4　验证性试验

验证性试验由 12 个矩阵组成，每个矩阵有 50 个微孔。在验证性试验的基础上，分析了这些孔的几何特征（如半径和圆度）和三种优化策略的性能准则。在三种最佳加工参数下（$\boldsymbol{x}_P^*$、$\boldsymbol{x}_K^*$ 和 $\boldsymbol{x}_R^*$），我们各加工了 5×10 个微孔。

为全面合理地比较各优化策略，响应变量在 12 组目标值下选择不同的规范限值。具体而言，针对响应半径，我们选择四种不同规格限值：（15，19）、（16，20）、（17，21）、（18，22）。响应圆度的规范限值设为（0.6，1）。需要注意的是，选择响应圆度规范限值的原因是该响应的最大值为 1。同时，当一个微孔的圆度小于 0.6 时，客户通常不会满意。根据 5.3.3 节的计算，得到三种优化策略的 MPCI 值，如表 5-21 所示。同时，图 5-12 给出了在 $T_1 = 20\mu\mathrm{m}$ 和 $T_2 = 1\mu\mathrm{m}$ 时 5×10 微孔的微观视图。

表 5-21　验证试验的比较结果

T_1	T_2	y_1		y_2		MPCI		
		LSL	USL	LSL	USL	EL_P	EL_K	EL_R
17	0.8	15	19	0.6	1	0.494	0.631	1.117
	0.9	15	19	0.6	1	0.455	0.635	1.117
	1.0	15	19	0.6	1	0.309	0.538	0.856
18	0.8	16	20	0.6	1	0.549	0.775	1.349
	0.9	16	20	0.6	1	0.574	0.963	2.212
	1.0	16	20	0.6	1	0.319	0.648	1.040
19	0.8	17	21	0.6	1	0.507	1.231	2.605
	0.9	17	21	0.6	1	0.423	1.492	2.095
	1.0	17	21	0.6	1	0.284	0.771	1.833
20	0.8	18	22	0.6	1	0.468	1.019	2.347
	0.9	18	22	0.6	1	0.431	1.166	3.083
	1.0	18	22	0.6	1	0.248	0.612	0.777

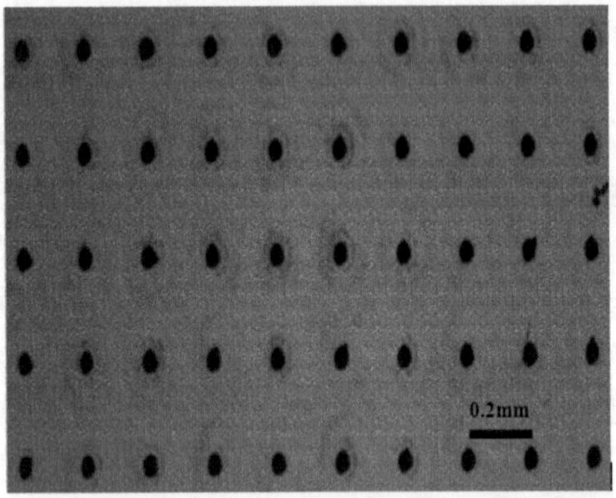

（a）EL_P 法

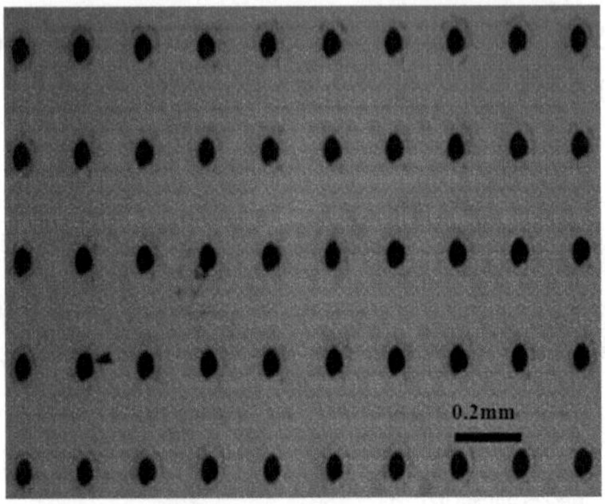

（b）EL_K 法

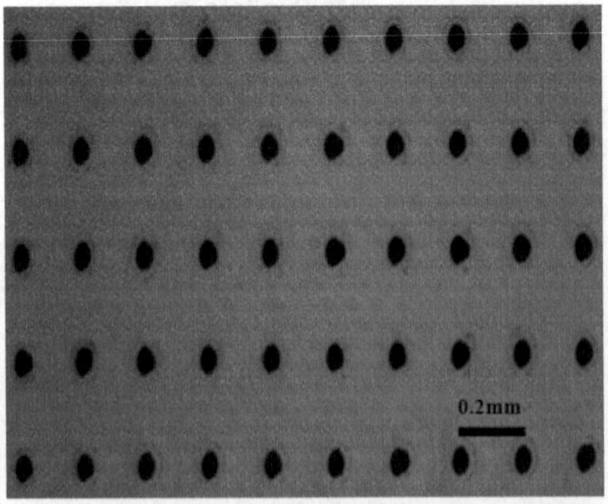

（c）EL_R 法

图 5-12　5×10 微孔显微图

从表 5-21 可以看出，所提出的策略 EL_R 具有最大的 MPCI，这意味着微孔加工过程在规格限制内产生输出的质量能力优于策略 EL_P 和 EL_K。对于微钻工艺，MPCI 越大，工艺质量越高；MPCI 越小，工艺预期损失越大。具体来说，与上述两策略相比，所提方法的 MPCI 在不同的目标值和规范限内的平均改进量分别为 307%和 91%。由于稳健性能的提高，策略 EL_K 的表现要优于策略 EL_P。由于忽略参数不确定性对模型预测质量的影响，策略 EL_K 的 MPCI 平均下降了 49%。对比结果表明，将参数不确定性引入激光微孔加工过程的质量设计中，并通过后验参数分布和鲁棒优化方法可以提高加工能力。

参 考 文 献

[1] Apley D W，Kim J. A cautious approach to robust design with model parameter uncertainty[J]. IIE Transactions，2011，43（7）：471-482.

[2] Bayarri M J，Berger J O，Forte A，et al. Criteria for Bayesian model choice with application to variable selection[J]. The Annals of Statistics，2012，40：1550-1577.

[3] Jiang B C，Wang C C，Lu J，et al. Using simulation techniques to determine optimal operational region for multi-responses problems[J]. International Journal of Production Research，2009，47（12）：3219-3230.

[4] Ng S H. A Bayesian-model averaging approach for multiple-response problem[J]. Journal of Quality Technology，2010，42（1）：52-68.

[5] Ouyang L H，Park C，Ma Y，et al. Bayesian hierarchical modeling for process optimization[J]. International Journal of Production Research，2021，59（15）：4649-4669.

[6] 欧阳林寒，马义中，刘利平，等. 基于改进贝叶斯方法的稳健性设计建模技术[J]. 计算机集成制造系统，2013，19（8）：1967-1974.

[7] Ouyang L H，Ma Y Z，Chen J X，et al. Robust optimization of Nd：YLF laser beam micro-drilling process using Bayesian probabilistic approach [J]. International Journal of Production Research，2016，54（21）：6644-6659.

[8] Ouyang L H，Ma Y Z，Byun J H. An integrative loss function approach to multi-response optimization[J]. Quality and Reliability Engineering International，2015，31（2）：193-204.

[9] Boylan G L，Cho B R. Robust parameter design in embedded high-variability production processes：an alternative approach to mitigating sources of variability[J]. International Journal of Production Research，2013，51（15）：4517-4538.

[10] Wan W，Birch J B. A semiparametric technique for the multi-response optimization problem[J].

Quality and Reliability Engineering International，2011，27（1）：47-59.

[11] del Castillo E，Montgomery D C，McCarville D R. Modified desirability functions for multiple response optimization[J]. Journal of Quality Technology，1996，28（3）：337-345.

[12] Fogliatto F S，Albin S L. Variance of predicted response as an optimization criterion in multiresponse experiments[J]. Quality Engineering，2000，12（4）：523-533.

[13] Shah H K，Montgomery D C，Carlyle W M. Response surface modeling and optimization in multiresponse experiments using seemingly unrelated regressions[J]. Quality Engineering，2004，16（3）：387-397.

[14] Percy D F. Prediction for seemingly unrelated regressions[J]. Journal of the Royal Statistical Society：Series B（Methodological），1992，54（1）：243-252.

[15] Jeffreys H. An invariant form for the prior probability in estimation problems[J]. Proceedings of the Royal Society of London. Series A，Mathematical and Physical Sciences，1946，186（1007）：453-461.

[16] Zellner A，Ando T. A direct Monte Carlo approach for Bayesian analysis of the seemingly unrelated regression model[J]. Journal of Econometrics，2010，159（1）：33-45.

[17] Ando T. Bayesian variable selection for the seemingly unrelated regression models with a large number of predictors[J]. Journal of the Japan Statistical Society，2012，41（2）：187-203.

[18] Wang M，Sun X. Bayesian inference for the correlation coefficient in two seemingly unrelated regressions[J]. Computational Statistics & Data Analysis，2012，56（8）：2442-2453.

[19] Smith M，Kohn R. Nonparametric seemingly unrelated regression[J]. Journal of Econometrics，2000，98（2）：257-281.

[20] Wang M，Sun X，Lu T. Bayesian structured variable selection in linear regression models[J]. Computational Statistics，2015，30（1）：205-229.

[21] Geweke J. Evaluating the Accuracy of Sampling-Based Approaches to the Calculating of Posterior Moments[C]. In Bayesian Statistics 4（ed JM Bernado，JO Berger，AP Dawid and AFM Smith）. Clarendon Press，1992，Oxford，UK.

[22] Gelman A. Inference and Monitoring Convergence[C]. In W. R. Gilks，S. Richardson，& D. J. Spiegelhalter（Eds.），Markov Chain Monto Carlo in Practice.（pp. 131–143）. 1996，Boca Raton，Florida：Chapman and Hall/CRC.

[23] Zellner A. An efficient method of estimating seemingly unrelated regressions and tests for aggregation bias[J]. Journal of the American Statistical Association，1962，57（298）：348-368.

[24] Ramezani M，Bashiri M，Atkinson A C. A goal programming-TOPSIS approach to multiple response optimization using the concepts of non-dominated solutions and prediction intervals[J]. Expert Systems with Applications，2011，38（8）：9557-9563.

[25] Raftery A E，Lewis S M. One long run with diagnostics：implementation strategies for Markov chain Monte Carlo[J]. Statistical Science，1992，7（4）：493-497.
[26] Ko Y H，Kim K J，Jun C H. A new loss function-based method for multi-response optimization[J]. Journal of Quality Technology，2005，37（1）：50-59.
[27] Köksoy O，Doganaksoy N. Joint optimization of mean and standard deviation using response surface methods[J]. Journal of Quality Technology，2003，35（3）：239-252.
[28] Tan M H Y，Ng S H. Estimation of the mean and variance response surfaces when the means and variances of the noise variables are unknown[J]. IIE Transactions，2009，41（11）：942-956.
[29] Ding R，Lin D K J，Wei D. Dual-response surface optimization：a weighted MSE approach[J]. Quality Engineering，2004，16（3）：377-385.
[30] Leamer E E. Specification Searches：Ad Hoc Inference with Nonexperimental Data[M]. New York：John Wiley & Sons，1978.
[31] Hoeting J A，Madigna D，Raftery A，et al. Bayesian model averaging：a tutorial[J]. Statistical Science，1999，14（4）：382-417.
[32] Eicher T S，Papageorgiou C，Raftery A E. Default priors and predictive performance in bayesian model averaging，with application to growth determinants[J]. Journal of Applied Econometrics，2011，26（1）：30-55.
[33] Box G E P，Meyer R D. Finding the active factors in fractionated screening experiments[J]. Journal of Quality Technology，1993，25（2）：94-105.
[34] Wu C F J，Hamada M. Experiments：Planning，Analysis and Parameter Design Optimization[M]. New York：John Wiley & Sons，2000.
[35] Chipman H. Bayesian variable selection with related predictors[J]. The Canadian Journal of Statistics，1996，24（1）：17-36.
[36] Beattie S D，Fong D K H，Lin D K J. A two-stage Bayesian model selection strategy for supersaturated designs[J]. Technometrics，2002，44（1）：55-63.
[37] Raftery A E. Bayesian model selection in social research[J]. Sociological Methodology，1995，25：111-163.
[38] Vining G G. A compromise approach to multiresponse optimization[J]. Journal of Quality Technology，1998，30（4）：309-313.
[39] Chan L K，Cheng S W，Spiring F A. A multivariate measure of process capability[J]. International Journal of Modelling & Simulation，1991，11（1）：1-6.
[40] Taam W，Subbaiah P，Liddy J W. A note on multivariate capability indices[J]. Journal of Applied Statistics，1993，20（3）：339-351.
[41] Pignatiello，Jr. J J. Strategies for robust multiresponse quality engineering[J]. IIE Transactions，

1993，25（3）：5-15.

本 章 附 录

命题 5-1 的证明：

如果 $\boldsymbol{X}_\gamma$ 被转换为 $\boldsymbol{X}_\gamma \boldsymbol{D}$，其中，$\boldsymbol{D}$ 为一个正定对角矩阵，然后将相应的回归系数 $\boldsymbol{\beta}_\gamma$ 重新标度为 $\boldsymbol{D}^{-1}\boldsymbol{\beta}_\gamma$。然后，可以观察到 $\boldsymbol{D}^{-1}\boldsymbol{\beta}_\gamma \mid \boldsymbol{\Omega}, \boldsymbol{y}$ 的条件后验均值和协方差为

$$\left(\left(\boldsymbol{X}_\gamma \boldsymbol{D}\right)^{\mathrm{T}} \boldsymbol{A}\left(\boldsymbol{X}_\gamma \boldsymbol{D}\right)\right)^{-1}\left(\boldsymbol{X}_\gamma \boldsymbol{D}\right)^{\mathrm{T}} \boldsymbol{A}\boldsymbol{y} = \boldsymbol{D}^{-1}\left(\boldsymbol{X}_\gamma{}^{\mathrm{T}} \boldsymbol{A}\boldsymbol{X}_\gamma\right)^{-1} \boldsymbol{X}_\gamma{}^{\mathrm{T}} \boldsymbol{A}\boldsymbol{y} = \boldsymbol{D}^{-1}\hat{\boldsymbol{\beta}}$$

$$\left(\left(\boldsymbol{X}_\gamma \boldsymbol{D}\right)^{\mathrm{T}} \boldsymbol{A}\left(\boldsymbol{X}_\gamma \boldsymbol{D}\right)\right)^{-1} = \boldsymbol{D}^{-1}\hat{\boldsymbol{\Omega}}_{\beta}\boldsymbol{D}^{-1}$$

表示条件后验 $\boldsymbol{\beta}_\gamma \mid \boldsymbol{\Omega}, \boldsymbol{y}$ 在重新置换下是不变的。可以很容易地证明，$\boldsymbol{\Omega} \mid \boldsymbol{\beta}, \boldsymbol{y}$ 也是不变的，因为 R 在重新置换下不会改变。由于 $\boldsymbol{\beta}_\gamma, \boldsymbol{\Omega}$ 和 $\mathbf{b}_\gamma, \boldsymbol{\Sigma}$ 之间的一对一关系，可以得出结论，算法 5-1 前四步的后验抽样分布在重新置换下是不变的。为了显示步骤 5 的不变性，只需要证明 $\boldsymbol{S}_{01} = \boldsymbol{X}_{\gamma 0}\left(\boldsymbol{X}_{\gamma 0}^{\mathrm{T}} \boldsymbol{A}\boldsymbol{X}_{\gamma 0}\right)^{-1} \boldsymbol{X}_{\gamma 0}^{\mathrm{T}} - \boldsymbol{X}_{\gamma 1}\left(\boldsymbol{X}_{\gamma 1}^{\mathrm{T}} \boldsymbol{A}\boldsymbol{X}_{\gamma 1}\right)^{-1} \boldsymbol{X}_{\gamma 1}^{\mathrm{T}}$ 的不变性。当 $\boldsymbol{X}_\gamma$ 被重新置换为 $\boldsymbol{X}_\gamma D$ 时，可以证明：

$$\boldsymbol{X}_{\gamma 0} D\left(\left(\boldsymbol{X}_{\gamma 0} D\right)^{\mathrm{T}} A\left(\boldsymbol{X}_{\gamma 0} D\right)\right)^{-1}\left(\boldsymbol{X}_{\gamma 0} D\right)^{\mathrm{T}} - \boldsymbol{X}_{\gamma 1} D\left(\left(\boldsymbol{X}_{\gamma 1} D\right)^{\mathrm{T}} A\left(\boldsymbol{X}_{\gamma 1} D\right)\right)^{-1}\left(\boldsymbol{X}_{\gamma 1} D\right) = \boldsymbol{S}_{01}$$

这确保了在重新置换下的不变性。完成命题 5-1 的证明。

式（5-52）的证明：

设 $Y_{j1}, Y_{j2}, \cdots, Y_{jn}$ 为具有独立同分布样本 $f\left(y_j \mid \boldsymbol{\theta}_j\right)$，其中，$\boldsymbol{\theta}_j$ 为一个 $(k \times 1)$ 表征参数 $f\left(y_j \mid \boldsymbol{\theta}_j\right)$ 的向量。在所给例子中，Y_j 服从均值 μ_j 和方差 σ_j^2 的正态分布，即 $\boldsymbol{\theta}_j = \left(\mu_j, \sigma_j^2\right)'$。然后，$f\left(y_j \mid \boldsymbol{\theta}_j\right) = \left(2\pi\sigma_j^2\right)^{-1/2} \exp\left(-\frac{1}{2\sigma_j^2}\left(y_j - \mu_j\right)^2\right)$。通过独立性，样本的联合密度等于边际密度的乘积：

$$f\left(y_{j1}, \cdots, y_{jn} \mid \boldsymbol{\theta}_j\right) = f\left(y_{j1} \mid \boldsymbol{\theta}_j\right) \cdots f\left(y_{jn} \mid \boldsymbol{\theta}_j\right) = \prod_{i=1}^{n} f\left(y_{ji} \mid \boldsymbol{\theta}_j\right)$$

$$= \frac{1}{\left(2\pi\sigma_j^2\right)^{n/2}} \exp\left[-\frac{\sum_{i=1}^{n}\left(y_j - \mu_j\right)^2}{2\sigma_j^2}\right]$$

联合密度是给定参数向量的数据的 n 维函数。由式（5-49）和式（5-50）可以得到：

$$\sum_{i=1}^{n}\left(y_j-\mu_j\right)^2=\left(\boldsymbol{y}_j-\boldsymbol{Z}_j\boldsymbol{b}_j\right)'\left(\boldsymbol{y}_j-\boldsymbol{Z}_j\boldsymbol{b}_j\right)$$

似然函数定义为作为参数 $\boldsymbol{\theta}_j$ 的函数处理的联合密度。由于转换模型中的误差项是独立的，因此参数的似然函数可表示为

$$L(D\,|\,\boldsymbol{b},\boldsymbol{\Sigma})=\prod_{j=1}^{p}f\left(y_{j1},\cdots,y_{jn}\left|\boldsymbol{\theta}_j\right.\right)=\prod_{j=1}^{p}\prod_{i=1}^{n}f\left(y_{ji}\left|\boldsymbol{\theta}_j\right.\right)$$

$$=\prod_{j=1}^{p}\frac{1}{\left(2\pi\sigma_j^2\right)^{n/2}}\exp\left[-\frac{\left(\boldsymbol{y}_j-\boldsymbol{Z}_j\boldsymbol{b}_j\right)'\left(\boldsymbol{y}_j-\boldsymbol{Z}_j\boldsymbol{b}_j\right)}{2\sigma_j^2}\right]$$

其中，p 为响应个数；$\boldsymbol{b}$ 为模型参数；$\boldsymbol{\Sigma}=\mathrm{diag}\left\{\sigma_1^2,\sigma_2^2,\cdots,\sigma_p^2\right\}$。

第 6 章　融入多重效应的质量设计

在产品的开发与设计过程中，通常会存在相当多的因素影响产品/过程的质量。在这些因素之中，除了特定的因素会影响产品设计过程中特定的产品质量外，因素之间的交互作用也会对产品质量产生不可忽视的影响。因此，在产品设计与开发的过程中，重视并分析影响产品质量的因素之间的交互作用并将其应用到产品的开发与设计之中便显得十分重要，即融入多重效应的质量设计。本章将重点探讨多重效应质量设计过程中非常重要的三种改进型方法：基于最优化性与稳健性的优化策略，即集成损失函数的多响应优化方法；基于最优化性和可靠性的优化策略，即基于两阶段 Bootstrap 的质量建模技术；基于最优化性和经济性的优化策略。

本章的结构如下：6.1 节回顾并比较了用于多响应优化的现有方法，简要介绍了建模过程和权重确定方法并提出了综合损失函数法。在此基础上通过一个流行的例子说明了所提出方法的有效性[1]。6.2 节介绍了响应面方法论的一个基本过程假设，并提出了基于两阶段枚举法的集成建模技术，给出了一种同时考虑运行条件的最优化性和可靠性的优化策略[2]。6.3 节回顾了用于确定位置和分散效应的相对权重的基于偏好的方法，并接着提出了一种基于区间规划模型的经济优化策略[3]。

6.1　基于最优化性和稳健性的优化策略

尽管田口方法的基本思想已被学术界和工业界广泛地接受和认可，但在稳健参数设计的实现技术方面仍然存在相当大的争议[4]。为此，国内外的众多学者针对稳健参数设计这一研究课题进行了深入的研究，产生了一系列的研究成果。针对多响应的参数设计，多元损失函数法因其考虑响应间的相关性、经济性等优点，故在多响应的产品/过程设计中得到了广泛的应用。然而，在实际应用中，该方法存在明显的不足之处。第一，仅考虑了二次损失的位置效应，而忽视了散度效应的影响。仅仅优化了位置效应下的最优解，可能会造成输出性能的波动较大。图 6-1 展示了位置效应与散度效应的差异，如点“A”处，其质量损失要小于点“B”处的质量损失，即点“A”处的位置效应要优于点“B”；然而，点“B”处的波动要明显小于点“A”处的波动，即点“B”处的散度效应要优于点“A”。第二，多元损失函数忽视了模型不确定性对最优解的影响。由于多元损失函数是基于统计回归模型的一种优化策略，其有效性在很大程度上取决于模型的预测准确与否。由于统计回归模型（即拟合模型）是基于有限的试验数据估计出来的，必然会产生估计误差。如图 6-2 所示，真实的最优解位于点“c”处，而基于统计回归模型的优化方法寻得的最优解为点“d”。因此同时考虑位置效应、散度效应及模型不确定性对产品/过程的有效设计有着重要的意义。

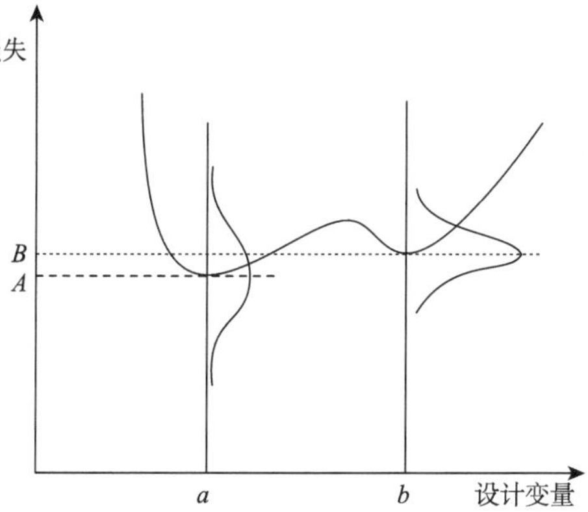

图 6-1　位置效应与散度效应的说明

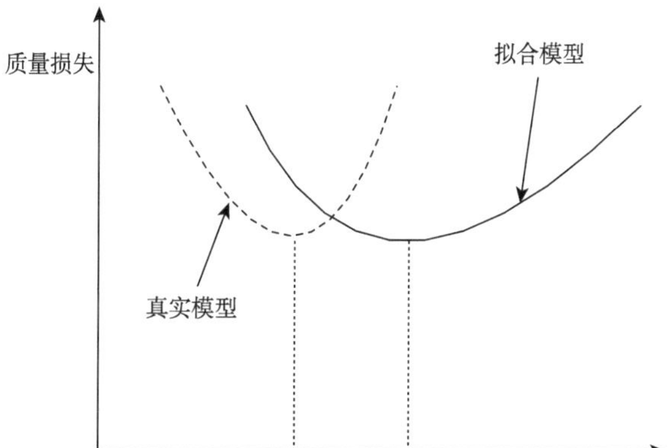

图 6-2　模型不确定对最优解的影响

近年来，由于损失函数具有诸多优势，国内外一些学者在损失函数的基础上不断更新与改进该优化策略，如考虑散度效应、模型不确定性与可靠性。对于单一响应，田口博士用损失函数来衡量产品或过程偏离目标值所造成的损失，通过使损失函数最小化来解决稳健设计的问题。Pignatiello[5]、Vining[6]与 Ko 等[7]从不同角度扩展了多元损失函数以解决多响应稳健设计问题。多元损失函数既考虑了响应的相关性，又考虑了过程的经济性，但是成本矩阵的确定比较困难，同时这些优化策略都没有考虑过程的稳健性。Köksoy 和 Fan[8]指出传统的损失函数并不能准确刻画响应偏离目标值所造成的损失程度，并提出了改进的损失函数，该函数不仅能够更加合理地对响应偏离目标值进行风险评估及测算，而且当响应落入规格限外时，试验者能够对函数中的尺度参数进行调整。Yadav 等[9]将可靠性的概率融入质量损失函数中，该函数的主要意义在于输入值是在最优化性与可靠性间进行权衡，故该优化解不仅使得最优参数值处的质量损失最小，同时要求该点处的可靠性达到指定要求。针对多响应的稳健优化设计问题，本章在借鉴以往研究成果的基础上，从模型预测区间的角度，考虑二次损失的散度效应，从而构建稳健优化策略。

本章将首先介绍现有的多元损失函数方法；其次在此基础上考虑二次损失的位置效应与散度效应，同时从过程输出规格限的角度考虑模型不确定性对过程输出性能的影响；最后采用熵权法确定位置效应与散度效应的权重，并采用线性加权的方法构建稳健的损失函数。另外，本章从矩形预测区间的角度量化了模型预测的不确定性，并以最大化可靠度为标准，研究了置信水平的选择问题。

6.1.1 多元损失函数法

日本著名的质量工程专家田口认为“质量特性一旦偏离其设计目标值，就会造成质量损失，偏离越远，损失越大”，即无论产品的质量特性在或不在规格限内，都会造成质量损失，而传统的观点只认为质量特性落在规格限外才会造成质量损失[4]。为了近似地描述产品质量特性y偏离目标值T所造成的质量损失，田口将过程输出质量特性分成了三类：望大特性、望目特性及望小特性。此处，我们以望目特性的二次损失函数为例，其具体表达为

$$L(y)=k(y-T)^2 \tag{6-1}$$

其中，k为与y无关的常数，通常由功能界限和丧失功能的损失来确定。为了进一步量化质量损失，田口提出了期望损失函数的概念，即用$L(y)$的数学期望$E(L(y))$表示期望质量损失，其表达式为

$$
\begin{aligned}
E\left(L(y)\right) &= kE\left(y-T\right)^2 \\
&= kE\left(y-Ey+Ey-T\right)^2 \\
&= k\left[\sigma^2+\left(Ey-T\right)^2\right]
\end{aligned} \tag{6-2}
$$

从式（6-2）可知，为了最大限度地减少产品或过程的质量损失，应该在保持过程输出均值 $E(y)$ 落在或接近设计目标值的情况下，尽可能地减少过程输出的波动，即响应 y 的方差 σ^2。Pignatiello[5]扩展了田口二次损失函数并提出了多元质量损失函数，见式（5-69）。然而，针对式（3-14），Vining[6]运用响应预测值 $\hat{\boldsymbol{y}}(\boldsymbol{x})$ 预测值，提出了一种新的期望质量损失函数：

$$
E\left[L\left(\hat{\boldsymbol{y}}(\boldsymbol{x}),\boldsymbol{T}\right)\right]=\left(E\left[\hat{\boldsymbol{y}}(\boldsymbol{x})\right]-\boldsymbol{T}\right)'\boldsymbol{C}\left(E\left[\hat{\boldsymbol{y}}(\boldsymbol{x})\right]-\boldsymbol{T}\right)+\operatorname{trace}\left[\boldsymbol{C\Sigma}_{\hat{\boldsymbol{y}}(\boldsymbol{x})}\right] \tag{6-3}
$$

最后，Ko 等[7]结合了 Pignatiello[5]和 Vining[6]两种方法的优势提出了一种新的多元质量损失函数，具体表达式见式（3-15）。式（3-15）右边包含了三个部分，分别反映了过程预测值偏离目标值的偏差（L_{bias}）、过程的预测性能（L_{pred}）及过程的稳健性（L_{robust}）。

6.1.2　稳健损失函数法

在稳健损失函数的构建中，重点是确定二次损失的散度效应及优化策略的构建，因为稳健损失函数的构建关键在于如何求解散度效应及确定多目标转化为单一目标的准则。为此，本节以二次损失方差度量散度效应，并采用线性加权的方式构建优化策略，同时通过熵权的方法求解位置效应与散度效应的权重。

6.1.2.1　考虑二次损失的散度效应

从式（6-3）可知：现有的损失函数都是集中在最优的位置效应上，而忽视了二次损失的散度效应，为了寻找稳健最优的输入变量设置，本节重点从散度效应与模型不确定性角度构建稳健的损失函数优化策略。

式（3-14）的散度效应可以表示为

$$
\operatorname{Var}\left(L(\tilde{\boldsymbol{y}},\boldsymbol{T})\right)=4\left(\left(E\left[\tilde{\boldsymbol{y}}(\boldsymbol{x})\right]-\boldsymbol{T}\right)'\boldsymbol{C\Sigma}_{\tilde{\boldsymbol{y}}(\boldsymbol{x})}\boldsymbol{C}\left(E\left[\tilde{\boldsymbol{y}}(\boldsymbol{x})\right]-\boldsymbol{T}\right)\right)+2\operatorname{trace}\left[\left(\boldsymbol{C\Sigma}_{\tilde{\boldsymbol{y}}(\boldsymbol{x})}\right)^2\right] \tag{6-4}
$$

在式（6-4）中，$\left(E\left[\tilde{\boldsymbol{y}}(\boldsymbol{x})\right]-\boldsymbol{T}\right)'\boldsymbol{C\Sigma}_{\tilde{\boldsymbol{y}}(\boldsymbol{x})}\boldsymbol{C}\left(E\left[\tilde{\boldsymbol{y}}(\boldsymbol{x})\right]-\boldsymbol{T}\right)$ 与式（6-3）是不同的，因为其将预测响应的方差-协方差 $\boldsymbol{\Sigma}_{\tilde{\boldsymbol{y}}(\boldsymbol{x})}$ 融入偏差响应的优化中，而在

式（6-3）中偏差响应的优化只涉及模型预测的期望值。如果将 $\boldsymbol{C\Sigma}_{\tilde{y}(\boldsymbol{x})}\boldsymbol{C}$ 视为一个单一的矩阵，其类似于 Vining[6]提出的成本矩阵的确定方法。Vining[6]指出在确定成本矩阵时，考虑模型的方差-协方差结构是十分有必要的，因为过程的经济性与响应间的相关性可以通过成本矩阵 $\boldsymbol{C}$ 来刻画。关于成本矩阵的确定方法，Ozdemir 和 Maghsoodloo[10]，Maghsoodloo 和 Chang[11]提出了结合优化算法与新增样本信息的方法来确定成本矩阵。当然，工程师们可以根据自己的经验知识及对过程的了解程度来确定大致的成本矩阵。另外，散度效应反映了在优化过程中对过程预测值偏离目标值的偏差（L_{bias}）、过程的预测性能（L_{pred}）及过程的稳健性（L_{robust}）三种输出性能的重视程度不同。

6.1.2.2 稳健损失函数的构建

在稳健设计中，权重的确定有着重要的作用。目前对于权重的确定往往只考虑试验者的主观权重，并没有考虑决策目标集本身具有的信息[12]。由于主观性较强，优化结果的有效性在一定程度上将受主观信息的影响。按照系统理论中熵的思想，人们在决策中获得信息数量，是影响决策的精度和可靠性的决定因素之一，故在优化过程中，必须考虑指标本身所提供的信息。由于本章中的试验问题符合熵权的特性，本章首先采用熵权理论确定位置效应和散度效应的权重，然后构建稳健的损失函数，进而确定最优的参数组合。熵权求解方法的步骤见式（3-1）~式（3-7）。

为了同时优化位置效应与散度效应，即式（3-15）与式（6-4），以线性加权的方式构建优化函数，同时这也将多目标优化问题转变成单目标优化问题。其形式如下：

$$\text{WLF} = \omega_1 E\left(L\left(\tilde{\boldsymbol{y}},\boldsymbol{T}\right)\right) + \omega_2\sqrt{\text{Var}\left(L\left(\tilde{\boldsymbol{y}},\boldsymbol{T}\right)\right)} \tag{6-5}$$

在式（6-5）中，$E\left(L\left(\tilde{\boldsymbol{y}},\boldsymbol{T}\right)\right)$为二次损失的期望值，其可作为度量过程输出的位置效应；而 $\text{Var}\left(L\left(\tilde{\boldsymbol{y}},\boldsymbol{T}\right)\right)$ 为二次损失的方差值，其可作为度量过程输出的散度效应；ω_1 与 ω_2 分别为位置效应与散度效应的权重，并且 $\omega_1+\omega_2=1$。

不同于以往多响应优化的约束条件，即仅考虑输入变量的可行域，本章所提的稳健损失函数的约束条件将模型的不确定性因素考虑进来：模型预测置信区间须满足过程输出的规格限要求。针对一个给定的模型，在 $(1-\alpha)$ 置信水平下的模型预测区间可以表示为[13]

$$\tilde{y}_0 \in \tilde{y}_0^I = \left[\tilde{y}_{0L}\left(\boldsymbol{x}_0\right), \tilde{y}_{0U}\left(\boldsymbol{x}_0\right)\right] = \left(\boldsymbol{x}_0'\hat{\boldsymbol{\beta}} \pm t_{\alpha/2,n-p}\hat{\sigma}\sqrt{\left(1+\boldsymbol{x}_0'\left(\boldsymbol{X}'\boldsymbol{X}\right)^{-1}\boldsymbol{x}_0\right)}\right) \tag{6-6}$$

在式（6-6）中，$\tilde{y}_0^I$ 为模型预测值的置信区间；$t_{\alpha/2,n-p}$ 为 $(1-\alpha/2)$ 下自由度

为（$n-p$）的 t 分布的分位数。$\tilde{y}_0^I$ 不仅考虑了系统过程的波动，而且考虑了模型预测本身的不确定性因素。基于式（6-5）与式（6-6），相应的优化策略可以表现为

$$\begin{gathered}\min_{\boldsymbol{x}} \ \ \mathrm{WLF}=\omega_1 E\left(L\left(\tilde{y}(\boldsymbol{x}),\boldsymbol{\theta}\right)\right)+\omega_2\sqrt{\mathrm{Var}\left(L\left(\tilde{y}(\boldsymbol{x}),\boldsymbol{\theta}\right)\right)}\\ \text{s.t. } \tilde{y}_i^I\subset\left[y_i^{\text{lower}},y_i^{\text{upper}}\right],\ \ i=1,2,\cdots,q \\ \omega_1+\omega_2=1;\ \ \boldsymbol{x}\in\boldsymbol{\Omega}\end{gathered} \tag{6-7}$$

其中，y_i^{lower} 与 y_i^{upper} 分别为第 i 个响应模型预测区间的下限与上限；$\boldsymbol{\Omega}$ 为设计变量的可行域；q 为过程输出响应的个数。

从式（6-7）中可以看出，过程输入值的确定受置信区间大小的影响，而置信区间的大小与置信系数是直接相关的。在实践中，工程师通常选择 90%或 95%的置信水平。当过程方差较大时，输入变量的可行域可能会局限于仅仅是满足过程输出的规格限。相反，如果过程方差较小时，输入变量的可行域会增大。对于给定的试验数据，置信水平越大，预测区间就会越大，这将导致质量损失变大，因为输入变量的可行域就会缩小。关于置信水平的选择，我们将在后面再详细讨论。

6.1.3　实例分析

6.1.3.1　问题描述

为了考察所提方法的有效性，本章以轮胎面性能试验为例，该案例来源于文献[14]，主要目的是确定影响轮胎表面性能的因素。在该轮胎面的性能试验中，共有四个输出响应：磨损指数（y_1）、200%模量（y_2）、刹车后的延长距离（y_3）与表面硬度（y_4）。输入变量分别为硅酸水平（x_1）、硅烷偶联剂水平（x_2）、硫磺水平（x_3）。基于工程人员的先验知识，四个响应的规格限要求如下：$120\leqslant y_1$，$1\,000\leqslant y_2$，$300\leqslant y_3\leqslant 700$，$60\leqslant y_4\leqslant 75$，同时四个响应的目标值分别为 170、1 300、500 及 67.5。研究人员选择了中心复合试验设计方案，具体的试验数据如表 6-1 所示。

表 6-1　轮胎面试验数据

x_1	x_2	x_3	y_1	y_2	y_3	y_4
−1	−1	−1	102	900	470	67.5
1	−1	−1	120	860	410	65.0
−1	1	−1	117	800	570	77.5
1	1	−1	198	2 294	240	74.5
−1	−1	1	103	490	640	62.5

续表

x_1	x_2	x_3	y_1	y_2	y_3	y_4
−1	−1	1	132	1 289	270	67.0
−1	1	1	132	1 270	410	78.0
1	1	1	139	1 090	380	70.0
−1.633	0	0	102	770	590	76.0
1.633	0	0	154	1 690	260	70.0
0	−1.633	0	96	700	520	63.0
0	1.633	0	163	1 540	380	75.0
0	0	−1.633	116	2 184	520	65.0
0	0	1.633	153	1 784	290	71.0
0	0	0	133	1 300	380	70.0
0	0	0	133	1 300	380	68.5
0	0	0	140	1 145	430	68.0
0	0	0	142	1 090	430	68.0
0	0	0	145	1 260	390	69.0
0	0	0	142	1 344	390	70.0

基于表 6-1 的试验数据，采用 OLS 可以求得各响应的模型参数，四个响应如下所示：

$$\hat{y}_1 = 133.100 + 16.494x_1 + 17.881x_2 - 7.875x_1x_3 - 7.125x_2x_3$$

$$\hat{y}_2 = 1197.448 + 268.151x_1 + 246.503x_2 - 118.818x_2^2 + 205.141x_3^2$$

$$\hat{y}_3 = 417.500 - 99.666x_1 - 31.396x_2 - 27.419x_3$$

$$\hat{y}_4 = 68.725 - 1.410x_1 + 4.320x_2 - 1.625x_1x_2 + 1.575x_1^2$$

为了后续优化的需要，假设成本矩阵为

$$\boldsymbol{C} = \begin{bmatrix} 0.1 & 0.025 & 0.025 & 0.025 \\ 0.025 & 0.5 & 0.025 & 0.025 \\ 0.025 & 0.025 & 0.5 & 0.025 \\ 0.025 & 0.025 & 0.025 & 0.5 \end{bmatrix}$$

同时，采用最大似然估计法可得到过程的方差-协方差为

$$\hat{\boldsymbol{\Sigma}} = \begin{bmatrix} 123.57 & 1395.09 & -535.99 & 12.60 \\ 1\,395.09 & 81\,426.89 & -9\,401.55 & 162.42 \\ -535.99 & -9\,401.55 & 3\,628.10 & -76.39 \\ 12.60 & 162.42 & -76.39 & 2.69 \end{bmatrix}$$

根据熵权的计算步骤，首先需要计算每一轮次下的位置效应与散度效应，其结果见表 6-2。

表 6-2　位置效应与散度效应的数值

x_1	x_2	x_3	均值	标准差
−1	−1	−1	194 509	182 743
1	−1	−1	58 992	70 878
−1	1	−1	52 226	71 409
1	1	−1	189 486	175 738
−1	−1	1	192 478	181 302
−1	−1	1	67 255	71 330
−1	1	1	53 068	71 272
1	1	1	199 059	176 516
−1.633	0	0	203 096	193 943
1.633	0	0	137 995	138 401
0	−1.633	0	406 753	306 680
0	1.633	0	74 781	90 970
0	0	−1.633	156 423	168 253
0	0	1.633	161 801	169 369
0	0	0	56 179	71 256
0	0	0	56 179	71 256
0	0	0	56 179	71 256
0	0	0	56 179	71 256
0	0	0	56 179	71 256
0	0	0	56 179	71 256

6.1.3.2　优化结果分析

基于所构建模的响应曲面模型，首先分析传统损失函数下的最优解。相应的优化策略如下：

$$\begin{aligned} \min_{x} \quad & \mathrm{WLF} = E\Big(L\big(\tilde{y}(\boldsymbol{x}),\boldsymbol{\theta}\big)\Big) \\ \text{s.t.} \quad & \boldsymbol{x} \in \boldsymbol{\Omega} \end{aligned} \tag{6-8}$$

从式（6-8）中可看出，该优化策略并没有考虑二次损失的散度效应、规格限的要求及模型不确定性的影响。为了保证优化解的精确性，本章采用混合的智能算法（遗传算法与模式搜索算法）优化相应的损失函数。优化结果见表 6-3。从表中可以看出，响应 y_1 与 y_2 都没有达到规格限的下限要求，故在模型不确定性的情形下，传统损失函数下的最优解并不能满足工程人员对响应的性能要求。类似的结论在图 6-3 和图 6-4 中同样可以发现。

表 6-3　传统损失函数下的优化结果

最优输入设置	响应	L_i	y_{Li}	$\hat{y}_i$	y_{Ui}	U_i
（-0.293，0.005，-0.932）	y_1	120	101.8	126.2	150.7	
	y_2	1 000	654.3	1 298.3	1942.3	
	y_3	300	336.9	472.1	607.3	700
	y_4	60	65.7	69.3	72.9	75

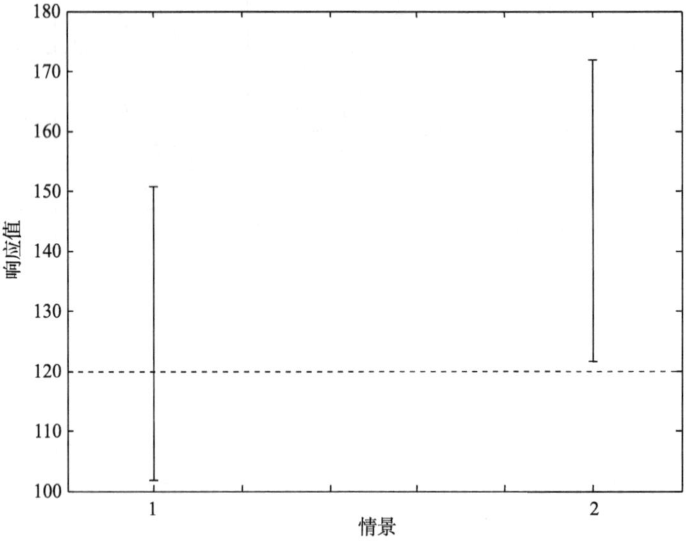

图 6-3　响应 y_1 的预测置信区间

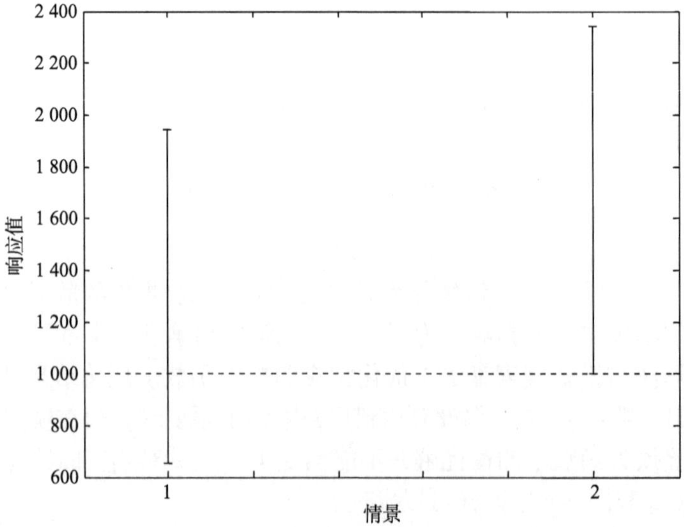

图 6-4　响应 y_2 的预测置信区间

在分析所提方法前，我们进一步构建考虑散度效应与响应规格限的优化策略，如下所示：

$$\begin{aligned}&\min_{\boldsymbol{x}}\ \ \text{WLF}=\omega_1 E\left(L\left(\tilde{y}\left(\boldsymbol{x}\right),\boldsymbol{\theta}\right)\right)+\omega_2\sqrt{\text{Var}\left(L\left(\tilde{y}\left(\boldsymbol{x}\right)\boldsymbol{\theta}\right)\right)}\\&\text{s.t.}\ \ \hat{y}_1\left(\boldsymbol{x}\right)\geqslant 120;\quad \hat{y}_2\left(\boldsymbol{x}\right)\geqslant 1\,000\\&300\leqslant\hat{y}_3\left(\boldsymbol{x}\right)\leqslant 700;\quad 60\leqslant\hat{y}_4\left(\boldsymbol{x}\right)\leqslant 75\\&\omega_1+\omega_2=1;\ \ \boldsymbol{x}\in\boldsymbol{\Omega}\end{aligned}\tag{6-9}$$

其中，$\hat{y}_i$ 为模型的单点预测值；ω_1 与 ω_2 分别为位置效应与散度效应的权重。值得指出的是，优化策略式（6-9）是所提策略的特殊情形，即置信水平取 0。因为在此种情形下，预测区间将会退化成一个实数。当 $\omega_1=1$ 时，优化策略式（6-9）将退化为传统的损失函数；当 $\omega_1=0$ 时，优化策略将只优化散度效应，如同传统的损失函数只优化位置效应一样。图 6-5 和表 6-4 展示了不同权重下最优输入的变化，同时，相应的位置效应与散度效应已展示在表 6-4 中。

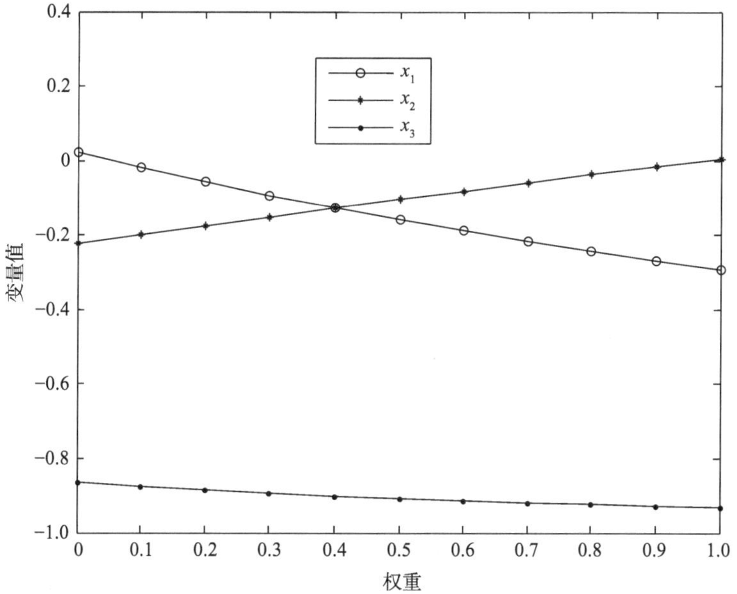

图 6-5　不同权重下最优解的变化

表 6-4　不同权重下优化结果

ω_1	最优输入设置	位置效应	散度效应	WLF
0.0	（0.022，−0.224，−0.865）	47 130	62 630	62 630
0.1	（−0.019，−0.199，−0.876）	47 000	62 640	61 080

续表

ω_1	最优输入设置	位置效应	散度效应	WLF
0.2	(−0.057，−0.175，−0.886)	46 820	62 660	59 490
0.3	(−0.093，−0.151，−0.894)	46 710	62 700	48 310
0.4	(−0.127，−0.128，−0.902)	46 630	62 740	56 300
0.5	(−0.159，−0.104，−0.908)	46 560	62 790	54 680
0.6	(−0.189，−0.081，−0.914)	46 520	62 850	53 050
0.7	(−0.217，−0.059，−0.919)	46 480	62 910	51 410
0.8	(−0.244，−0.037，−0.924)	46 460	62 970	49 760
0.9	(−0.269，−0.016，−0.928)	46 450	63 040	48 110
1.0	(−0.293，0.005，−0.932)	46 450	63 110	46 450

从图 6-5 中可看出，随着权重 ω_1 的逐渐增大，硅酸水平（x_1）与硫磺水平（x_3）的数值不断减小，而硅烷偶联剂水平（x_2）则逐渐增加。从表 6-4 中可看出，当 $\omega_1=0$ 时，目标函数的最优解为（0.022，−0.224，−0.865），相应的位置效应为 47 130（所有权重情形下位置效应最大值），散度效应为 62 630（所有权重情形下位散度应最小值）。当 $\omega_1=1$ 时，目标函数的最优解为（−0.293，0.005，−0.932），相应的位置效应与散度效应分别为 46 450 与 63 110。随着 ω_1 从 0 到 1 变化，最优解的变化由散度效应下的解向位置效应下的解靠近，当 ω_1 为 0.5 时，最优解为（−0.159，−0.104，−0.908），其接近散度效应下最优解（$\omega_1=0$）与位置效应下最优解（$\omega_1=1$）的平均值。

将模型不确定性融入优化策略式（6-9）中，即所提的优化策略，其综合考虑了二次损失的散度效应、响应输出的规格限与模型不确定性。以置信水平为 0.95 为例，相应的优化策略可以表示为

$$
\begin{aligned}
\min_{\boldsymbol{x}}\ & \mathrm{WLF}=\omega_1 E\left(L\left(\tilde{y}(\boldsymbol{x}),\boldsymbol{\theta}\right)\right)+\omega_2\sqrt{\mathrm{Var}\left(L\left(\tilde{y}(\boldsymbol{x}),\boldsymbol{\theta}\right)\right)}\\
\text{s.t.}\ & \tilde{y}_{1L}(\boldsymbol{x})\geqslant 120;\quad \tilde{y}_{2L}(\boldsymbol{x})\geqslant 1000\\
& \tilde{y}_3^I\subset[300,700];\quad \tilde{y}_4^I\subset[60,75]\\
& \omega_1+\omega_2=1;\quad \boldsymbol{x}\in\boldsymbol{\Omega}
\end{aligned}
\tag{6-10}
$$

在式（6-10）中，$\tilde{y}_{1L}(\boldsymbol{x})$ 与 $\tilde{y}_{2L}(\boldsymbol{x})$ 分别为响应 y_1 与 y_2 预测区间的下限。

表 6-5 展示了优化策略式（6-10）下的最优解与输出结果。从表 6-5 中可看出：在模型不确定性下，模型预测区间满足了规格限的要求。在置信水平为 0.95

情形下，最优输入设置为（−0.013，0.505，−1.366）。相应的位置效应与散度效应分别为 119 828 和 134 721。

表 6-5　所提优化策略下的结果分析

最优输入设置	响应	L_i	y_{Li}	$\hat{y}_i$	y_{Ui}	U_i
（−0.013，0.505，−1.366）	y_1	120	121.5	146.5	171.9	
	y_2	1 000	1 000.0	1 671.0	2 342.0	
	y_3	300	300.0	440.4	580.8	700
	y_4	60	67.3	70.9	74.6	75

在多响应的优化设计中，通过将二次损失的散度效应融入优化中，确保最优的输入设置对过程中的噪声因素或波动稳健。从表 6-4 中可以看出，当 ω_1 等于 1 时，式（6-10）仅体现了二次损失的位置效应，相应的最优输入设置为（−0.293，0.005，−0.932）且期望损失为 46 450。该处的最优解如图 6-1 中的"*a*"点所示，该点处对应的散度效应为 63 110，是对过程波动最为敏感的优化解。当 $\omega_1=0$ 时，该情形下的最优解（0.022，−0.224，−0.865）对应图 6-1 中的"*b*"点所示。从散度效应的数值可以看出，该点的稳健性比最优解（−0.293，0.005，−0.932）下的稳健性好，但其是以牺牲位置效应（即期望损失）为代价。

从式（6-10）中可以看出，最优解易受置信水平的影响：当置信水平越大时，预测区间就越大，则优化策略中的可行域将会变小，反之亦反。以置信水平为 95%情形下的最优解（−0.013，0.505，−1.366）为例，其意义是该最优解能以 95%的概率确保过程输出满足规格限。针对任一给定的设计点 $\boldsymbol{x}_0$，可通过最大化置信区间满足规格限为前提条件，求解最大的置信水平 $\tilde{y}_i^I \subset \left[y_i^{\text{lower}}, y_i^{\text{upper}}\right], i=1,2,\cdots,q$；从另一方面讲，当给定的置信水平大于最大的置信水平时，优化的可行域将为空集。图 6-6 展示了响应为一维时的最大置信水平求解原理。设计点下 $\boldsymbol{x}_0$ 的最大置信水平是正好满足 $\tilde{y}_0^I \subset \left[y_0^{\text{lower}}, y_0^{\text{upper}}\right]$ 的约束。针对给定的规格限要求，最大的置信水平可以通过以下优化策略求解。

$$\begin{aligned}&\max_{\alpha}\ 1-\alpha\\ &\text{s.t.}\ \ y_i^{\text{lower}} \leqslant \tilde{y}_i^I \leqslant y_i^{\text{upper}},\quad i=1,2,\cdots,q\\ &\qquad \boldsymbol{x}\in\boldsymbol{\Omega}\end{aligned} \tag{6-11}$$

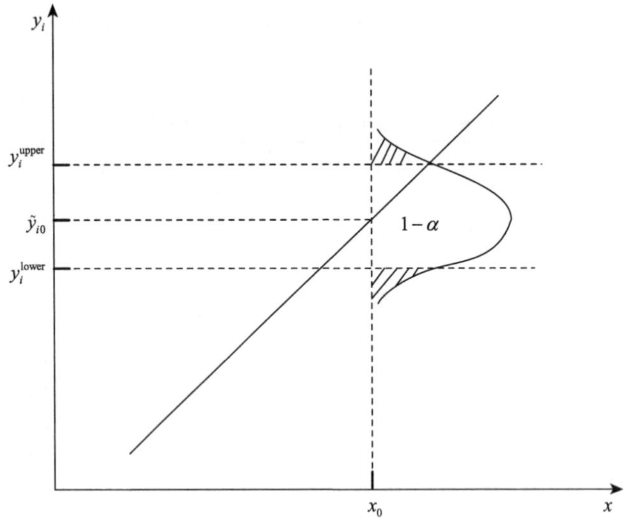

图 6-6 规格限与置信水平

如果式（6-11）求得的最大置信水平低于 0.9，工程人员则需要改善试验，降低模型的拟合误差；如果最大置信水平大于 0.9，可以根据工程人员的偏好选择 0.9 或 0.95。针对本章采用的案例，其最大的置信水平为 95.7%，所以 0.9 或 0.95 置信水平的优化方案都能确保优化可行域不为空集。0.95 的置信水平表明该情形下的最优解更加可靠；当工程人员更加注重过程的期望损失时，置信水平为 0.9 将是更合适的选择。

针对以往损失函数优化多响应设计的不足之处（忽视二次损失的散度效应），本章基于线性加权法同时考虑了二次损失的位置效应与散度效应，构建了稳健的损失函数优化策略，并结合工业实例展示了所提方法的有效性。在多响应的稳健参数设计中，位置效应与散度效应在确定最优输入设置时，往往起着至关重要的作用。忽视其中任何一个效应都会损失最优解在该效应下所反映出的信息。在上述研究的基础上进一步考虑了模型不确定性对最优输入变量的影响，本章从模型预测区间的角度降低了最优解的过程输出违背规格限要求的概率。与以往的研究方法相比，所提的新方法有如下三个优点。

（1）在多响应的稳健参数设计中，考虑了二次损失的位置效应与散度效应，所得的最优解权衡了最优化性与稳健性。

（2）通过预测区间的思想，将区间限制在规格限内，相比传统的单点估计，所得的最优解将大大提高过程输出的质量可靠性。

（3）通过数值优化的方法，结合预测区间与规格限要求，确定了置信水平取值的区间，使得置信水平的选择更合理且柔性。

需要特别指出的是，所提出的新方法仅仅是从约束条件的角度考虑了模型不确定性，并没有直接地将模型不确定性的影响融入目标函数中。同时，在推导二次损失的散度效应时，需假设响应是服从正态分布的。然而在一些试验设计中往往存在响应为非正态的情形，如何将所提方法扩展为更一般的情形，还有待进一步地深入研究。

6.2　基于最优化性和可靠性的优化策略

由于近年来微孔加工技术的飞速发展，带有微孔阵列的微型、精密产品已广泛应用于许多工业应用[15]。优化微纳制造过程的首要任务是确定一个与过程性能和加工参数相关的模型。尽管在某些情况下可以基于物理机制构建模型，但是当实际过程过于复杂而无法由基本物理定律解释时，就无法精确获得基础的机械模型。因此，从试验得出的经验模型被广泛应用于工程问题中[16]。经验模型的构建和现有方法的后续优化分为三个阶段。首先，通过选择各种级别的加工参数，运行试验，收集试验数据进行试验[8]。其次，基于试验数据建立模型。最后，基于模型构造优化策略，然后识别加工参数的级别。

现有的方法通常有两大缺点。第一，经验模型的估计参数容易受到试验或估计误差的影响。第二，一种建模技术可能不能同时适合几个响应。例如，均值响应的最优建模技术是参数回归，而标准偏差响应的最优建模技术是非参数回归。对响应和加工参数之间关系的描述信息不足，使得工程人员很难确定哪种建模技术是最优方法。因此，现有的优化估计模型的方法可能会造成估计模型的最优解与真实模型的最优解相差甚远的问题。

基于这一现象，提出了一种基于两阶段 Bootstrap 方法的集成建模方法。第一阶段，在逐步选择模型的基础上，使用 Bootstrap 方法对最终集成中包含的每个模型进行计数，然后使用 Pareto 图确定最终的模型，构建集成模型。第二阶段，基于 Bootstrap 方法计算每个模型的区间权重。然后，采用区间规划的方法确定微纳制造过程的最优操作条件。

6.2.1　过程假设

假设在微纳制造过程中，一个输出响应 y 受一组加工参数 $x_1, x_2, \cdots, x_k$ 的影响。在试验中，有 n 个试验样本，每一次响应都包含 m 次复制。y_{ij} 表示第 i 次运行时的第 j 次复制，其中，$i = 1, 2, \cdots, N$ 且 $j = 1, 2, \cdots, m$，详细信息见表 4-8。每次试验的均值和标准差，可以得到均值和标准差响应的经验模型，具体见式（4-28）和式（4-29）。

在得到这两个模型后，可以提出几种优化策略来优化双响应面。为了获得最优的输入设置，需要考虑两个目标：一是预期损失；二是过程性能的可接受区域。在微纳加工过程中，目标之一通常是识别产生微孔制造鲁棒性的加工参数，使$L<\hat{\sigma}(\boldsymbol{x})<U$，其中，$L$ 和 U 分别表示给定的下界和上界。因此，对于第二个目标，表达式$P\left(L<\hat{\sigma}(\boldsymbol{x})<U\right)$可以从稳健性的角度提供一个完整的方法来评估任何一组操作条件的可靠性。由于可靠性的信息是由标准差响应直接反映的，因此综合优化策略可以表示为

$$\begin{aligned}&\min_{\boldsymbol{x}}\ \lambda\left[\hat{\mu}(\boldsymbol{x})-T\right]^2+(1-\lambda)\hat{\sigma}^2(\boldsymbol{x})\\&\text{s.t. } P\left(L<\hat{\sigma}(\boldsymbol{x})<U\right)\geqslant R\\&\qquad \boldsymbol{x}\in\boldsymbol{\Omega}\end{aligned}\tag{6-12}$$

其中，R 为规定的可靠性目标；$\boldsymbol{\Omega}$ 为加工参数的可接受区域；T 为均值响应的目标值；λ为平方偏差的权值。

6.2.2 质量模型构建

与多元回归模型一样，基本的集成模型可以表示为

$$y=\beta_0+\beta_1 f(\boldsymbol{x})+\cdots+\beta_p f_p(\boldsymbol{x})+\varepsilon\tag{6-13}$$

然后，分别用模型$M_1(\boldsymbol{x}),M_2(\boldsymbol{x}),\cdots,M_p(\boldsymbol{x})$替换$f_1(\boldsymbol{x}),f_2(\boldsymbol{x}),\cdots,f_p(\boldsymbol{x})$，式（6-13）可以重写为

$$y=\beta_0+\beta_1 M_1(\boldsymbol{x})+\cdots+\beta_p M_p(\boldsymbol{x})+\varepsilon\tag{6-14}$$

其中，$M_1(\boldsymbol{x}),\cdots,M_p(\boldsymbol{x})$表示候选建模技术。

根据表 6-1 的试验设计，线性回归模型变为$N\times(p+1)$方程组：

$$\begin{pmatrix}y^{(1)}\\ \vdots\\ y^{(N)}\end{pmatrix}=\begin{pmatrix}1 & M_1\left(\boldsymbol{x}^{(1)}\right) & \cdots & M_p\left(\boldsymbol{x}^{(1)}\right)\\ \vdots & \vdots & & \vdots\\ 1 & M_1\left(\boldsymbol{x}^{(N)}\right) & \cdots & M_p\left(\boldsymbol{x}^{(N)}\right)\end{pmatrix}\begin{pmatrix}\beta_0\\ \beta_1\\ \vdots\\ \beta_p\end{pmatrix}+\begin{pmatrix}\varepsilon^{(1)}\\ \varepsilon^{(1)}\\ \vdots\\ \varepsilon^{(N)}\end{pmatrix}\tag{6-15}$$

其中，$M_i\left(\boldsymbol{x}^{(j)}\right)(i=1,2,\cdots,p;\ j=1,2,\cdots,N)$为第$j$次试验样本中第$i$种建模技术的预测值。在构建第 i 个模型时，第 j 个试验样本会从训练数据集中删除，新的试验数据可以表示为

$$\left\{\left(\boldsymbol{x}^{(1)}, y^{(1)}\right), \cdots, \left(\boldsymbol{x}^{(j-1)}, y^{(j-1)}\right), \left(\boldsymbol{x}^{(j+1)}, y^{(j+1)}\right), \cdots, \left(\boldsymbol{x}^{(N)}, y^{(N)}\right)\right\}$$

新的数据可以用来构建模型 $M_1(\bullet), \cdots, M_p(\bullet)$，然后分别使用这些模型来预测 $\boldsymbol{x}^j$ 点处的输出。重复上述步骤，得到式（6-15）中的整个矩阵。需要注意的是，模型参数 $\boldsymbol{\beta}=\left(\beta_0, \beta_1, \cdots, \beta_p\right)^{\mathrm{T}}$ 可以用 OLS 估计。

为了实现选择过程，将每种建模技术视为一项或一个输入变量，然后可以使用逐步选择规则来拒绝冗余建模技术。本节选择了七种常见的建模技术作为候选集，包括一阶参数模型（Par1）、二阶参数模型（Par2）、非参数模型（Non）、半参数模型（Semi）、克里金模型（Krig）、支持向量回归（SVR）和径向基函数（RBF）。然后采用这些模型来计算 LOO（leave-one-out）交叉验证预测，即使用 N-1 个样本来预测被省略的样本。然后可以将新样本集设为

$$\left(\boldsymbol{Y}_M \middle| \boldsymbol{Y}_t\right)=\left(\begin{array}{ccccccc|c} y_{\text{Par1}}^{(1)} & y_{\text{Par2}}^{(1)} & y_{\text{Non}}^{(1)} & y_{\text{Semi}}^{(1)} & y_{\text{Krig}}^{(1)} & y_{\text{SVR}}^{(1)} & y_{\text{RBF}}^{(1)} & y_t^{(1)} \\ \vdots & \vdots & \vdots & \vdots & \vdots & \vdots & \vdots & \vdots \\ y_{\text{Par1}}^{(N)} & y_{\text{Par2}}^{(N)} & y_{\text{Non}}^{(N)} & y_{\text{Semi}}^{(N)} & y_{\text{Krig}}^{(N)} & y_{\text{SVR}}^{(N)} & y_{\text{RBF}}^{(N)} & y_t^{(N)} \end{array}\right) \tag{6-16}$$

其中，$\left(y_{\text{Par1}}^{(i)}, y_{\text{Par2}}^{(i)}, y_{\text{Non}}^{(i)}, y_{\text{Semi}}^{(i)}, y_{\text{Krig}}^{(i)}, y_{\text{SVR}}^{(i)}, y_{\text{RBF}}^{(i)}\right)$ 和 $y_t^{(i)}\ (i=1, 2, \cdots, N)$ 分别被视为新的输入变量和真实响应值。与传统的逐步选择过程类似，此选择方法从初始模型开始，然后比较逐渐变小的和变大的模型解释力。基于统计信息（即 F 统计的 p 值），可以选择最终有效的建模技术。由于每种建模技术都被视为预测变量，因此在每个步骤中，都基于某些预先指定的标准进行建模技术的筛选。关于逐步筛选程序的内容，请参见 Zhou 和 Jiang[17]。

显然，上述模型选择是一次选择的结果，不能从鲁棒性的角度反映每种建模技术的优劣。因此，在构建质量模型时，我们采用 4.1 节的建模方法。同时，各模型的权重求解依然采用 4.1.3 节的方法。

然后利用式（4-7）从模拟数据集中计算出每个模型的权重。基于这些权重，可以通过百分位 Bootstrapping（percentile bootstrap，PB）法、偏差修正百分位 Bootstrapping（bias-corrected percentile bootstrap，BCPB）法或偏差修正加速百分位 Bootstrapping（bias-corrected and accelerated，BCa）法得到各模型的区间权重。Efron 和 Tibshirani 说明了 BCa 方法的性能优于 BCPB 方法，因此使用这两种 Bootstrap 方法（即主要用 PB 和 BCa）构建区间权重。详见 Wang 等[18]。最后，我们将选择策略推广到所有模型中。

6.2.3　可靠优化策略

使用 Bootstrap 法计算的第 i 个模型的区间权重为 $\omega_i=[\omega_{Li}, \omega_{Ui}]=\{\omega:\omega_{Li}\leqslant\omega\leqslant\omega_{Ui}, \omega\in\Re\}$，其中，$\omega_{Li}$ 和 ω_{Ui} 分别为实线 R 的区间权值的上下限[19, 20]。由于所选模型的权值和为 1，我们提出了一种转换方法，为每个区间权值引入超参数 $\boldsymbol{\varsigma}$。超参数可由以下方程求解：

$$\begin{bmatrix} \omega_{L1} & \omega_{U2} & \omega_{U3} & \cdots & \omega_{Um} \\ \omega_{L2} & \omega_{U1} & \omega_{U3} & \cdots & \omega_{Um} \\ \vdots & \vdots & \vdots & & \vdots \\ \omega_{Lm} & \omega_{U1} & \omega_{U2} & \cdots & \omega_{U(m-1)} \end{bmatrix} \begin{bmatrix} \varsigma_1 \\ \varsigma_2 \\ \vdots \\ \varsigma_m \end{bmatrix} = \begin{bmatrix} 1 \\ 1 \\ \vdots \\ 1 \end{bmatrix} \tag{6-17}$$

在得到向量 $\boldsymbol{\varsigma}=[\varsigma_1, \varsigma_2,\cdots,\varsigma_m]'$ 后，可以将每个模型的新的区间权重修改为

$$\omega_i^*=[\varsigma_i\omega_{Li}, \varsigma_i\omega_{Ui}]=\{\omega^*:\omega_{Li}^*\leqslant\omega^*\leqslant\omega_{Ui}^*, \omega^*\in R\} \tag{6-18}$$

由于每个模型的权重是一个区间数，因此模型预测的 $\hat{\mu}(\boldsymbol{x}_0)$ 和 $\hat{\sigma}(\boldsymbol{x}_0)$ 在任意给定的加工参数 $\boldsymbol{x}_0$ 上不只是两个实数，而是两个区间数。该区间上限值和下限值可以通过以下方式获得：

$$J_{\text{MSEU}}(\boldsymbol{x})=\max_{\boldsymbol{\omega}}[\hat{\mu}(\boldsymbol{x},\boldsymbol{\omega})-T]^2+\hat{\sigma}^2(\boldsymbol{x},\boldsymbol{\omega}) \tag{6-19}$$

$$J_{\text{MSEL}}(\boldsymbol{x})=\min_{\boldsymbol{\omega}}[\hat{\mu}(\boldsymbol{x},\boldsymbol{\omega})-T]^2+\hat{\sigma}^2(\boldsymbol{x},\boldsymbol{\omega}) \tag{6-20}$$

其中，$J_{\text{MSEU}}(\boldsymbol{x})$ 和 $J_{\text{MSEL}}(\boldsymbol{x})$ 分别表示 MSE 的最大值和最小值。

根据区间分析理论，区间的中点和半径可以分别用来测量位置和散度效应[21]。那么，区间值可以改写为

$$\text{CI}_{\text{MSE}}(\boldsymbol{x})=\langle \text{MSE}^m(\boldsymbol{x}), \text{MSE}^r(\boldsymbol{x})\rangle \tag{6-21}$$

其中，

$$\text{MSE}^m(\boldsymbol{x})=\frac{J_{\text{MSEU}}(\boldsymbol{x})+J_{\text{MSEL}}(\boldsymbol{x})}{2} \tag{6-22}$$

$$\text{MSE}^r(\boldsymbol{x})=\frac{J_{\text{MSEU}}(\boldsymbol{x})-J_{\text{MSEL}}(\boldsymbol{x})}{2} \tag{6-23}$$

则式（6-12）中的目标可变为 $\lambda\text{MSE}^m(\boldsymbol{x})+(1-\lambda)\text{MSE}^r(\boldsymbol{x})$。$\text{MSE}^m(\boldsymbol{x})$ 和 $\text{MSE}^r(\boldsymbol{x})$ 的函数分别与 $[\hat{\mu}(\boldsymbol{x})-T]^2$ 和 $\hat{\sigma}^2(\boldsymbol{x})$ 相似。前者是对位置效应的度量，后者是对散度效应的度量。但 $\lambda[\hat{\mu}(\boldsymbol{x})-T]^2+(1-\lambda)\hat{\sigma}^2(\boldsymbol{x})$ 与 $\lambda\text{MSE}^m(\boldsymbol{x})+(1-\lambda)\text{MSE}^r(\boldsymbol{x})$ 有两个不同之处：一是 $\lambda\text{MSE}^m(\boldsymbol{x})+(1-\lambda)\text{MSE}^r(\boldsymbol{x})$ 是基于集成

建模策略构造的，对模型具有较强的预测性能；二是将区间分析纳入 $\lambda\left[\hat{\mu}(\boldsymbol{x})-T\right]^2+(1-\lambda)\hat{\sigma}^2(\boldsymbol{x})$ 的构造中，可以得到可靠的运行条件。

同时，对于式（6-12）中的可靠性约束，提出了区间满意度的概念。区间满意度的概念用于考虑响应的可靠性要求。假设有两个输入设置 $\boldsymbol{x}_1$ 和 $\boldsymbol{x}_2$，$\hat{\sigma}^1(\boldsymbol{x}_1)$ 和 $\hat{\sigma}^2(\boldsymbol{x}_2)$ 可以分别写成 $\left[\hat{\sigma}_L^1,\hat{\sigma}_U^1\right]$ 和 $\left[\hat{\sigma}_L^2,\hat{\sigma}_U^2\right]$。为了计算比较 $\hat{\sigma}^1$ 和 $\hat{\sigma}^2$ 的可能性，有 6 种位置情况，如图 6-7 所示[22]。

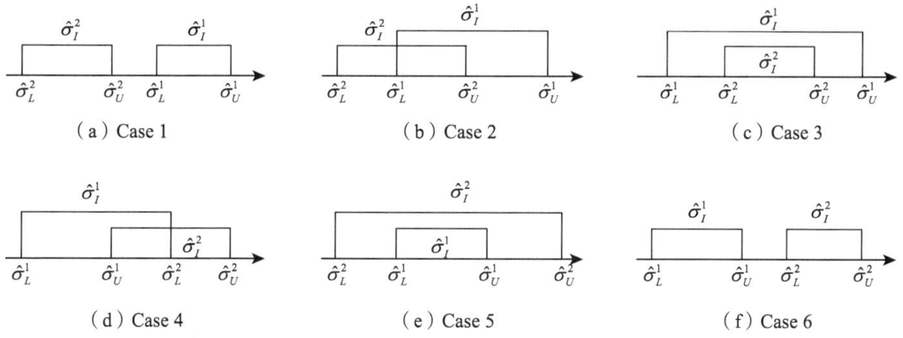

图 6-7　六种区间位置

根据这 6 个位置，可以计算出相应的区间满意度为

$$
P_{\hat{\sigma}^2\leqslant\hat{\sigma}^1}=\begin{cases}
1, & \hat{\sigma}_U^2\leqslant\hat{\sigma}_L^1\\
\dfrac{\hat{\sigma}_U^1-\hat{\sigma}_U^2}{\hat{\sigma}_U^1-\hat{\sigma}_L^1}+\dfrac{\hat{\sigma}_U^2-\hat{\sigma}_L^1}{\hat{\sigma}_U^1-\hat{\sigma}_L^1}\dfrac{\hat{\sigma}_L^1-\hat{\sigma}_L^2}{\hat{\sigma}_U^2-\hat{\sigma}_L^2}+0.5\dfrac{\hat{\sigma}_U^2-\hat{\sigma}_L^1}{\hat{\sigma}_U^1-\hat{\sigma}_L^1}\dfrac{\hat{\sigma}_U^2-\hat{\sigma}_L^1}{\hat{\sigma}_U^2-\hat{\sigma}_L^2}, & \hat{\sigma}_L^2\leqslant\hat{\sigma}_L^1<\hat{\sigma}_U^2\leqslant\hat{\sigma}_U^1\\
\dfrac{\hat{\sigma}_U^1-\hat{\sigma}_U^2}{\hat{\sigma}_U^1-\hat{\sigma}_L^1}+0.5\dfrac{\hat{\sigma}_U^2-\hat{\sigma}_L^2}{\hat{\sigma}_U^1-\hat{\sigma}_L^1}, & \hat{\sigma}_L^1<\hat{\sigma}_L^2<\hat{\sigma}_U^2\leqslant\hat{\sigma}_U^1\\
0.5\dfrac{\hat{\sigma}_U^1-\hat{\sigma}_L^2}{\hat{\sigma}_U^1-\hat{\sigma}_L^1}\dfrac{\hat{\sigma}_U^1-\hat{\sigma}_L^2}{\hat{\sigma}_U^2-\hat{\sigma}_L^2}, & \hat{\sigma}_L^2\leqslant\hat{\sigma}_L^1<\hat{\sigma}_U^2\leqslant\hat{\sigma}_U^1\\
\dfrac{\hat{\sigma}_L^1-\hat{\sigma}_L^2}{\hat{\sigma}_U^2-\hat{\sigma}_L^2}+0.5\dfrac{\hat{\sigma}_U^1-\hat{\sigma}_L^1}{\hat{\sigma}_U^2-\hat{\sigma}_L^2}, & \hat{\sigma}_L^2\leqslant\hat{\sigma}_L^1<\hat{\sigma}_U^2\leqslant\hat{\sigma}_U^1\\
0, & \hat{\sigma}_U^1\leqslant\hat{\sigma}_L^2
\end{cases}
\tag{6-24}
$$

由式（6-24）可知，$P_{\hat{\sigma}^2\leqslant\hat{\sigma}^1}=R(0\leqslant R\leqslant1)$ 表示可靠性 R 为 $\hat{\sigma}^2$ 小于 $\hat{\sigma}^1$，则提出的优化策略可表示为

$$\begin{aligned} \min_{\boldsymbol{x}} \quad & J_P(\boldsymbol{x}) = \lambda \mathrm{MSE}^m(\boldsymbol{x}) + (1-\lambda)\mathrm{MSE}^r(\boldsymbol{x}) \\ \text{s.t.} \quad & P_{\hat{\sigma}(\boldsymbol{x})<\mathrm{LU}} \geqslant R \\ & \boldsymbol{x} \in \boldsymbol{\Omega} \end{aligned} \tag{6-25}$$

其中，R 为工程人员给出的预定可靠性；LU 表示对标准偏差响应的要求；$\boldsymbol{\Omega}$ 为加工参数的可接受范围。式（6-25）中 R 的可行区域可通过以下公式计算：

$$\begin{aligned} \max_{\boldsymbol{x}} \quad & S_{\max} = P_{\hat{\sigma}(\boldsymbol{x})<\mathrm{LU}} \\ \text{s.t.} \quad & \boldsymbol{x} \in \boldsymbol{\Omega} \end{aligned} \tag{6-26}$$

然后，通过$[0, S_{\max}]$获得 R 的可行区域。

本节分析了三种特殊的目标函数，即 λ=0、0.5、1，分别表示 $\mathrm{MSE}^r(\boldsymbol{x})$、$J_{\mathrm{MSEU}}(\boldsymbol{x})$ 和 $\mathrm{MSE}^m(\boldsymbol{x})$。需要注意的是，$J_{\mathrm{MSEU}}(\boldsymbol{x})$ 是被广泛用于缓解不确定性影响的最坏情况策略[23]。然而，在持续的质量改进中，该策略通常产生一个过于保守的设计。

6.2.4 实例分析

6.2.4.1 问题描述

本节采用 4.1.5 的案例数据进行不同模型的筛选分析。与第 4 章分析不同，本节主要侧重优化策略的差异。通过将可靠性融入优化策略中，以寻求最优的输入参数设置。具体的试验方案和试验数据见 4.1.5 节。

如前所述，本节将 7 种不同的建模技术视为候选模型。根据每种建模技术的不同特点，选择这些建模技术作为集成的候选对象。例如，与参数化和非参数化建模技术不同，半参数化建模技术不需要大的样本量，并且在样本量较小时趋向于很好地工作。同时，在逼近能力方面，克里格技术通常比参数技术表现更好，因为它可以提供高度非线性函数的准确预测。

在选择候选模型之前，使用交叉验证来识别每个模型中的所有超参数。为了在非参数和半参数模型中获得合适的超参数，可以采用惩罚的预测残差平方和（PRESS**）作为标准[24]，同时还可以使用均方预测误差（MSPE）作为 RBF、SVR 和 Kriging 的模型筛选标准[25, 26]。在获得超参数之后，可以利用 6.2.2 小节的内容来选择模型。

根据质量工具 Pareto 图表中的 80/20 规则，从图 6-8 中可以看出，针对均值响应的集成模型的最优子集包含 SVR 和 RBF 模型，对于标准偏差响应，则为 SVR、Non 和 Par1 模型。所选模型的区间权重见表 6-6。

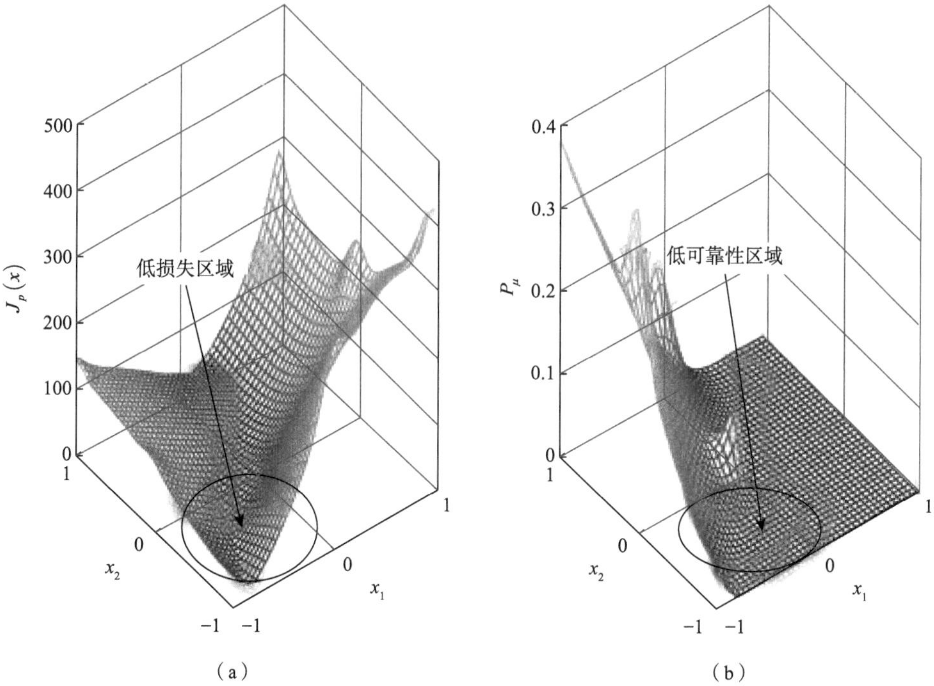

图 6-8 $E[\mathrm{TC}]$ 和 P_{WMSE} 在 x_1 和 x_2 下的三维图

表 6-6 基于 Bootstrap 方法的区间权重

响应	模型	PB	长度	BCPB	长度	BCa	长度
均值	SVR	[0.101，0.300]	0.200	[0.059，0.183]	0.124	[0.058，0.182]	0.123
	RBF	[0.700，0.899]	0.199	[0.817，0.941]	0.124	[0.818，0.941]	0.123
标准差	SVR	[0.226，0.334]	0.109	[0.208，0.275]	0.067	[0.208，0.275]	0.067
	Non	[0.306，0.493]	0.187	[0.369，0.533]	0.164	[0.369，0.533]	0.164
	Par1	[0.276，0.369]	0.093	[0.258，0.356]	0.098	[0.259，0.356]	0.098

由表 6-6 可以看出，基于三种 Bootstrap 方法计算了不同的区间权值。总的来说，BCa 方法的性能最好，而 PB 方法的性能最差，我们的试验也从区间长度上验证了这一点。例如，对于均值响应的模型 SVR（或 RBF），BCa 获得的区间的精确度与 PB 相比仅提高了 39%。同样，当采用 BCa 计算区间权重时，标准差响应的区间长度平均提高了 15%。虽然在 PB 方法下，Par1 模型的区间长度是最短的，但是BCa方法的性能是可以比较的。众所周知，如果Bootstrap分布中的偏度不需要调整，BCPB 和 BCa 方法的结果通常是相同的。

6.2.4.2 优化结果分析

在本案例研究中，由于无法确定微纳制造过程的真实模型，因此无法确定真实的最优制造参数。然而，为了更好地理解所提出的建模技术的重要性和含义，我们可以使用“真实”的最优加工参数与从不同建模技术中获得的估计参数之间的欧氏距离来分析优化结果。在提出的建模技术中，对权值λ进行了三个值的分析，即$\lambda=0$、$\lambda=0.5$和$\lambda=1$。这三个条件对应于不同的优化策略，它们分别缩写为“Ens1”、“Ens2”和“Ens3”。

表 6-7 给出了欧氏距离的比较结果，表中加粗的数字代表相应的性能最好。例如，假设真实模型为“Par1”，但“SVR”模型的“最优”加工参数为（−0.355，1，1），得到的欧氏距离为 1.516。从统计数据可以看出，与其他建模技术相比，所提出的建模技术的欧氏距离最小。具体来说，在以更高的平均距离为代价的情况下，提出的优化策略“Ens 1”和“Ens3”分别使欧氏距离的标准差提高了 37%和 58%。同时，“Ens2”在平均欧氏距离方面实现了 14%的改进，同时在标准差响应上表现较好。此外，所提出的优化策略也具有最小的最大欧氏距离，因此可以提高最坏情况下的性能。从而可以得出结论，无论真实的过程模型（在假定的模型族内），集成建模技术得到的解都可以提供合适的可行解。换句话说，正是在这个意义上，所提出的优化策略对模型的不确定性是鲁棒的。这一优势可以解释为集成建模技术可以通过减少不良建模技术的影响来提高优化方案的鲁棒性。

表 6-7 真实模型与假设模型间的欧氏距离

假设模型→	过程优化中的模型									
真实模型↓	Par1	Par2	Non	MRR	Krig	RBF	SVR	Ens1	Ens2	Ens3
Par1	0.00	1.53	2.03	1.58	1.96	1.33	1.46	0.33	1.76	0.58
Par2	1.53	0.00	0.51	0.07	0.43	1.48	1.31	1.21	0.23	0.95
Non	2.03	0.51	0.00	0.45	0.12	1.81	1.59	1.72	0.30	1.46
MRR	1.58	0.07	0.45	0.00	0.38	1.49	1.32	1.26	0.20	1.01
Krig	1.96	0.43	0.12	0.38	0.00	1.78	1.57	1.63	0.20	1.38
RBF	1.33	1.48	1.81	1.49	1.78	0.00	0.27	1.23	1.64	1.19
SVR	1.46	1.31	1.59	1.32	1.57	0.27	0.00	1.31	1.45	1.21
Max	2.03	1.53	2.03	1.58	1.96	1.81	1.59	1.72	1.76	**1.46**
均值	1.41	**0.76**	0.93	**0.76**	0.89	1.17	1.07	1.24	0.82	1.11
标准差	0.67	0.66	0.85	0.68	0.84	0.73	0.65	**0.45**	0.75	**0.30**

为了全面比较不同的方法，在约束中使用六个不同的可靠性来比较三种优化策略。我们将可靠性分为两个区域：一个是低可靠性区域，即 $R=0, 0.2, 0.4$；而另一个是高可靠性区域，即 $R=0.6, 0.8, 1.0$。假设当可靠性位于低可靠性区域时，顾客对制造过程不满意，则至少在优化阶段，R 应该设置为 0.6。相应的优化结果展示在表 6-8~表 6-10 中。

表 6-8　λ=0 下不同可靠度下的欧氏距离

模型	$J_P(\lambda=0)$					
	$R=0$	$R=0.2$	$R=0.4$	$R=0.6$	$R=0.8$	$R=1.0$
Par1	1.610	2.031	0.325	1.151	0.504	0.625
Par2	0.120	0.503	1.209	0.475	1.500	1.518
Non	0.427	0.049	1.715	0.967	2.004	2.016
MRR	0.056	0.452	1.260	0.546	1.565	1.585
Krig	0.363	0.098	1.634	0.864	1.905	1.912
RBF	1.473	1.800	1.234	1.408	1.572	1.646
SVR	1.290	1.582	1.306	1.311	1.655	1.719
均值	0.763	0.931	1.241	0.960	1.529	1.575
标准差	0.669	0.844	0.452	0.360	0.490	0.455

表 6-9　λ=0.5 下不同可靠度下的欧氏距离

模型	$J_P(\lambda=0.5)$					
	$R=0$	$R=0.2$	$R=0.4$	$R=0.6$	$R=0.8$	$R=1.0$
Par1	1.695	2.002	1.759	1.215	0.504	0.625
Par2	0.304	0.474	0.230	0.428	1.500	1.518
Non	0.448	0.052	0.296	0.912	2.004	2.016
MRR	0.283	0.424	0.198	0.501	1.565	1.585
Krig	0.389	0.078	0.198	0.807	1.905	1.912
RBF	1.404	1.781	1.641	1.438	1.572	1.638
SVR	1.196	1.566	1.449	1.330	1.655	1.711
均值	0.817	0.911	0.824	0.947	1.529	1.572
标准差	0.596	0.840	0.747	0.398	0.490	0.454

表 6-10 $\lambda=1$ 真实模型与假设模型间的欧氏距离

模型	$J_P(\lambda=1)$					
	$R=0$	$R=0.2$	$R=0.4$	$R=0.6$	$R=0.8$	$R=1.0$
Par1	2.048	2.048	0.578	0.366	0.507	0.625
Par2	0.519	0.519	0.953	1.492	1.501	1.518
Non	0.075	0.075	1.460	1.500	2.005	2.016
MRR	0.472	0.472	1.005	1.553	1.565	1.585
Krig	0.100	0.100	1.378	1.006	1.905	1.912
RBF	1.825	1.825	1.192	1.492	1.566	1.638
SVR	1.608	1.608	1.211	1.587	1.650	1.711
均值	0.949	0.949	1.111	1.285	1.528	1.572
标准差	0.847	0.847	0.297	0.450	0.488	0.454

从 3 个表中可以看出，最优结果随 R 值的不同而变化。具体而言，R 与欧氏距离的平均值成反比，即低可靠性区域中的距离的平均值小于高可靠性区域中的距离的平均值，但与标准偏差性能成正向相关。整体而言，即低可靠性区域中距离的鲁棒性低于高可靠性区域中距离的鲁棒性。当 R 从 1 减小到 0 时，欧氏距离的平均值从 1.572 减小到 0.949，而标准偏差从 0.454 增大到 0.847。该现象是以下事实造成的：较高的可靠性使约束更严格，从而导致较小的可行区域。在图 6-8 中可以更清楚地看到这种机制。从优化结果可以看出，偏差的平方和可靠性是矛盾的。更好的设计目标（即低距离区域）是以约束的可靠性较小为代价的。例如，当 R 从 0.8 降至 0.4 时，所提出的策略（如 $\lambda=0.5$）可实现 45%的改善。但是，这会导致标准偏差增加 52%，这意味着该方法的优势不稳定。因此，在所提出的优化策略中，可以通过调整约束的可靠性来权衡优化结果。由这三个表的比较结果可知，与 $\lambda=0$ 和 $\lambda=1$ 时的策略相比，$\lambda=0.5$ 时的策略有更好的结果。

根据以上比较结果，可以观察到三个结论。

（1）与任何单一的建模技术相比，集成的建模技术可以提供更可靠的设计。这是因为工程人员往往不能精确地得到真实的模型，而所提出的建模技术至少可以改善最坏的情况。

（2）可靠性约束与过程性能是矛盾的，即随着可靠性的增加，过程性能会恶化，或者更普遍地说，所提出的优化策略会选择远离无可靠性约束的最优加工参数。

（3）每种设计方法的最优化性和稳健性通常无法同时实现。因此，工程人员需要了解每种设计方法的特性，以实现持续的质量改进。

为了实现微纳制造工程的质量设计，我们提出了一种包括建模和优化的两阶段优化方法。同时，为了说明该方法的优越性和稳健性，我们对 100 种不同的微纳制造工艺进行了分析。具体以半径的目标值为 20~60 纳米的 100 个工艺过程为分析对象。优化结果如图 6-9 所示。

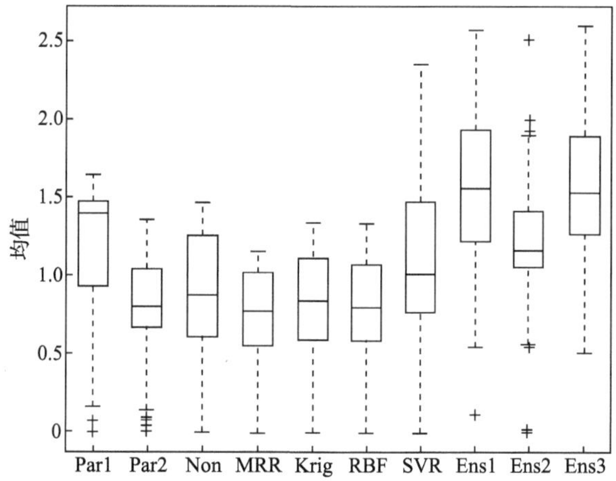

（a）均值响应的敏感性分析

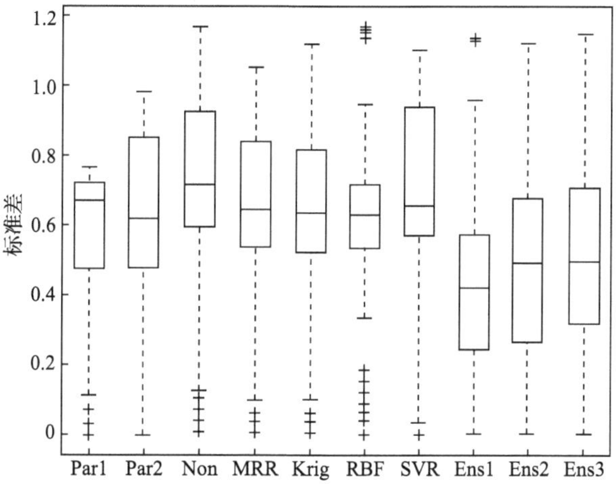

（b）标准差响应的敏感性分析

图 6-9　具体优化结果

从图 6-9 可以看出，对于微纳制造过程，没有一种单一的建模技术可以在不同的目标下始终表现得最好。例如，以欧氏距离的平均值为指标，建模技术“Non”优于“Par1”，而在标准差上却不能保持其优势。因此，工程人员在面对这些建模技术时通常会感到困惑，他们不知道在质量改进过程中应该选择何种建模技术。从图 6-9（b）可以看出，与每种单一建模技术相比，所提出的建模技术可以获得更好的稳健性能。同时，从图 6-9（a）可以看出，“Ens2”的平均性能和每种建模技术相当。这表明所提出的方法，特别是“Ens2”，对模型结构的不确定性不敏感，从而其可以作为一种替代的建模技术。

6.3 基于最优化性和经济性的优化策略

在现有文献中，检验政策是确保所需质量水平的重要工具[27]。但是，检验是处理质量问题的非增值方式，在质量改进方面并不经济。因此，最具挑战性的问题之一是如何在 LBM 过程中使用优化方法来实现持续质量改进的经济效益。在实际中，工程人员通常使用响应面方法来实现过程的持续质量改进，这是六西格玛设计中的重要工具[28]。促进连续质量改进的一种典型技术是保持输出响应变量的平均值接近指定的目标值，同时使响应变量的可变性最小。由于输出响应变量的平均值会随时间而变化，因此确定合适的加工参数对于降低制造成本至关重要[29]。例如，假设微孔半径的目标值和规格极限分别为 30μm 和[25μm，35μm]，不合适的加工参数设置将导致半径小于规格极限，从而会导致制造成本增加。因此，一个较好的持续质量改进的优化策略应该同时考虑质量水平和相关成本。

用于过程优化的双响应面方法是持续提高质量的重要工具[30, 31]。近年来，人们已经开发了各种优化策略，以获得最优输入设置。基于 MSE 的优化策略的加权优势在于，它反映了平方误差和方差之间的相对重要性。正如 Kim 和 Lin[32]所提到的，MSE 的最小化主要是由两个部分组成，值得为平方误差或方差分配适当的权重。迄今为止，研究人员已经提出了多种确定权重的方法。Ding 等[12]提出了一种基于数据驱动的方法来确定权重，该方法基于“有效曲线”和欧氏距离的思想，并且数据驱动的方法易于实现和解释。Jeong 等[33]提出了一种基于偏好的方法，根据决策者的偏好结构来确定平方误差和方差的权重。该方法的基本前提是，决策者可以预先指定其对两种响应（即均值和标准差）的偏好。

上述持续质量改进的方法导致了稳健性和目标偏移间的权衡。然而，当确定使用 WMSE 策略来获得最优加工参数时，通常忽略了持续质量改进的经济性。只有少数研究人员尝试从公差设计的角度将经济因素纳入持续质量改进中。Kim 和 Cho[34]提出了一种集成设计优化方案，其可以同时考虑参数和公差设计。然而，在优化过程中，当产品不满足设计规格限制时，制造商的成本往往被忽略。为了解决这个问题，Jeang[35]构建了同时考虑制造成本和质量损失的数学模型来确定最优参数。Dodd 等[36]指出，对于经常产生废料和返工的生产过程，最优的工艺设置意味着可以显著影响盈利能力。他们开发了一种新的最优均值设定方法，在最大化预期利润方面优于现有方法。然而，他们并没有考虑平方误差和方差的相对重要性，这可能是不实际的，因为平方误差和方差的重要性是有差异的。同时，这些方法也没有将决策者的偏好信息纳入优化过程中。

6.3.1　偏好机制设计

基于偏好的方法的优点是它真实地反映了决策者的偏好信息或判断。我们假定试验中的每个设计点都有 n 个试验设计点，并且有 m 个重复。令 $y_1^i, y_2^i,\cdots, y_m^i$ 表示在第 $i\left(i=1,2,\cdots,n\right)$ 个设计点收集的 m 个重复数据。然后，使用下式求解每个设计点的平方误差 $\left(z_1^i\right)$ 和方差 $\left(z_2^i\right)$：

$$z_1^i=\left(\overline{y}^i-T\right)^2 \tag{6-27}$$

$$z_2^i=\frac{1}{m-1}\sum_{s=1}^{m}\left(y_s^i-\overline{y}^i\right)^2 \tag{6-28}$$

其中，$\overline{y}^i$ 为 $y_1^i, y_2^i,\cdots,y_m^i$ 的均值。如果平方误差和方差表示为向量 $\boldsymbol{z}^i=\left(z_1^i, z_2^i\right)^{\mathrm{T}}$。然后，在第 i 个设计点处的加权最小均方误差可以简单地表示为

$$\mathrm{WMSE}^i=\boldsymbol{\lambda z}^i \tag{6-29}$$

其中，$\boldsymbol{\lambda}=\left(\lambda,1-\lambda\right)^{\mathrm{T}}$。该方法的基本前提是决策者给出的 $\boldsymbol{z}^i$ 的排序应该与 WMSE 值的排序一致。例如，如果决策者喜欢 $\boldsymbol{z}^i$ 而不喜欢 $\boldsymbol{z}^j$（记为 $\boldsymbol{z}^i\to\boldsymbol{z}^j$），则 $\boldsymbol{\lambda z}^i$ 的值应该小于 $\boldsymbol{\lambda z}^j$，可以用不等式 $\boldsymbol{\lambda z}^i<\boldsymbol{\lambda z}^j$ 表示。

通常，假设决策者从试验运行中提取 k 个成对排序 $z_1^i, z_2^i,\cdots,z_k^i$。当要求决策者比较 $\boldsymbol{z}^i$ 和 $\boldsymbol{z}^j$ 时，其将根据某些标准（例如过程能力和质量损失）分析和评估优劣。可以观察到三种类型的排序：①$\boldsymbol{z}^i$ 优先于 $\boldsymbol{z}^j$（$\boldsymbol{z}^i\to\boldsymbol{z}^j$）；②$\boldsymbol{z}^j$ 优先于 $\boldsymbol{z}^i$（$\boldsymbol{z}^j\to\boldsymbol{z}^i$）；③比较结果予以保留（$\boldsymbol{z}^i ? \boldsymbol{z}^j$）。对应的两两排序将被收集在两两排序表中。假设选择了 q 个试验进行比较，则 $q\times q$ 矩阵包含决策者确定的 $\boldsymbol{z}^i$ 中的两两排序。当 $\boldsymbol{z}^i$ 优先于 $\boldsymbol{z}^j$ 时，第 i 行第 j 列中的元素为"→"。在类型②和③下，第 i 行和第 j 列中的元素分别可能是"←"和"？"。决策者只需填充矩阵的下三角部分，因为它是对称的。完成两两排序表后，将相应结果汇总为有序对的索引集：

$$I_p=\left\{\left(i,j\right)\middle|\boldsymbol{z}^i\to\boldsymbol{z}^j\right\} \tag{6-30}$$

其中，下标 p 表示首选。集合 I_p 与类型①和②相关联，需要注意的是，通过调整 $\boldsymbol{z}^i$ 和 $\boldsymbol{z}^j$ 的位置，可以很容易地将类型②转换为类型①。根据 WMSE 标准，将提取的两两排序结果改写为不等式：

$$\boldsymbol{\lambda} \boldsymbol{z}^i < \boldsymbol{\lambda} \boldsymbol{z}^j \quad \forall (i, j) \in I_p \tag{6-31}$$

λ的最终集合$\boldsymbol{\Lambda}$可以通过将式（6-31）中所有不等式的单个集合相交而获得。如果为$\boldsymbol{\Lambda} \neq \varnothing$，则确定过程结束，当前解$\boldsymbol{\Lambda}$为最终集合。显然，作为区间获得的集合$\boldsymbol{\Lambda}$与所有当前的成对排序一致。相反，如果两两排序之间存在不一致，则应采用修订过程以消除这种不一致。详细的修订过程可参见文献[33]。

6.3.2　经济优化策略

我们提出了一种基于区间规划的双响应优化策略。所提出的策略既不仅考虑了满足加工规格的满意度，而且考虑了用于持续质量改进的预期总成本。满意度表示以下可能性：$\mathrm{WMSE}_I(\boldsymbol{x})$表示在加工参数设置$\boldsymbol{x}$处的区间值小于WMSE的给定可接受公差范围（tolerance region，TR）。两个区间的比较可以参见 6.2.2 节。TR 的值是根据加工规格计算出来的。例如，平方误差和方差的允许范围分别为[0，0.4]和[1，2]，在区间权值λ为[0.4，0.6]的情况下，TR 的值可计算为[0.4，1.44]。具体来说，TR 由$\lambda \times [0, 0.4] + (1-\lambda) \times [1, 2]$得到。预期总成本包括顾客成本和制造成本。当产品性能在规格限制内但未达到目标时，将产生顾客成本。当产品性能超出规格限制时，制造成本通常包含返工成本和报废成本。应该注意的是，本节中括号（　）和[　]括号的含义是不同的。例如，向量$\boldsymbol{\lambda} = (\lambda, 1-\lambda)^{\mathrm{T}}$表示$\boldsymbol{\lambda}$中有两个参数，即$\lambda_1$和$\lambda_1$，其值分别为$\lambda$和$1-\lambda$。但是，参数$\lambda_1 = [0, 0.4]$表示$\lambda_1$的可行区域在 0~0.4。

6.3.2.1　区间满意度

在区间数学中，区间数 A 通常表示为$[a_L, a_U] = \{a : a_L \leqslant a \leqslant a_U, a \in \Re\}$，其中，$a_L$和$a_U$分别为区间数$A$的下限和上限[19]。区间数的满意度表示一个区间数比另一个更小或更大的可能性。例如，假设有两个区间数 A 和 B，则区间数 A 为大于 B 的可能性将被表示为$P_{A>B}$。应该注意的是，$P_{A>B}$实际上是可能性的模糊定义。λ的值是一个区间数，而 WMSE 是由$\lambda\left[\hat{\omega}_\mu(\boldsymbol{x}) - T\right]^2 + (1-\lambda)\hat{\omega}_\sigma^2(\boldsymbol{x})$构造的，因此，在任意给定输入设置 $\boldsymbol{x}$ 下，WMSE 是一个区间数。更具体地说，在计算 WMSE 之前已经确定了权重，因此可以通过区间算法得到区间值。例如，微纳制造过程中权重λ的区间为[0.248，0.748]，$1-\lambda$的区间为[0.252，0.752]。假设平方误差和方差分别为 1 和 2，则 WMSE 的区间可计算为[0.752，2.252]。假设有两个输入设置$\boldsymbol{x}_1$和$\boldsymbol{x}_2$，对应的区间值分别为WMSE_I^1和WMSE_I^2，其中，下标 I 表示区间。同时，我们将WMSE_I^1和WMSE_I^2分别写成$\left[\mathrm{WMSE}_L^1, \mathrm{WMSE}_U^1\right]$和

$\left[\mathrm{WMSE}_L^2, \mathrm{WMSE}_U^2\right]$。区间规划模型是一种利用区间参数处理数学规划问题的技术。为了计算比较 WMSE_I^1 和 WMSE_I^2 时的满意度，图 6-10 给出了 6 个位置情形。

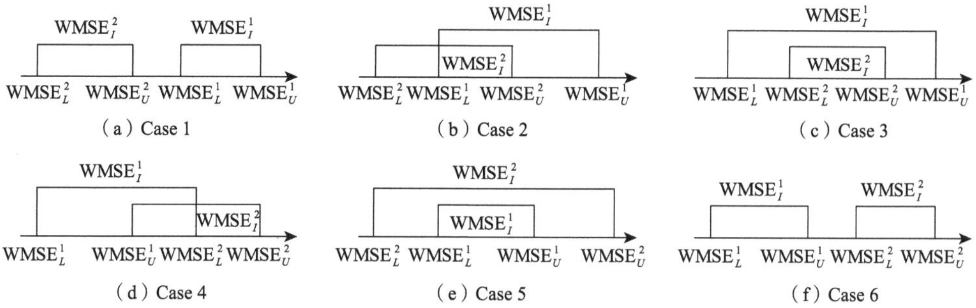

图 6-10　两个区间值的 6 个位置

根据这 6 个位置，满意度的计算表达式为

$$P_{\mathrm{WMSE}_I^2 \leqslant \mathrm{WMSE}_I^1}=\begin{cases}1, & \mathrm{WMSE}_U^2 \leqslant \mathrm{WMSE}_L^1 \\ \dfrac{\mathrm{WMSE}_U^1-\mathrm{WMSE}_U^2}{\mathrm{WMSE}_U^1-\mathrm{WMSE}_L^1}+\dfrac{\mathrm{WMSE}_U^2-\mathrm{WMSE}_L^1}{\mathrm{WMSE}_U^1-\mathrm{WMSE}_L^1}\dfrac{\mathrm{WMSE}_L^1-\mathrm{WMSE}_L^2}{\mathrm{WMSE}_R^2-\mathrm{WMSE}_L^2} & \\ +0.5\dfrac{\mathrm{WMSE}_U^2-\mathrm{WMSE}_L^1}{\mathrm{WMSE}_U^1-\mathrm{WMSE}_L^1}\dfrac{\mathrm{WMSE}_U^2-\mathrm{WMSE}_L^1}{\mathrm{WMSE}_U^2-\mathrm{WMSE}_L^2}, & \mathrm{WMSE}_L^2 \leqslant \mathrm{WMSE}_L^1<\mathrm{WMSE}_U^2 \leqslant \mathrm{WMSE}_U^1 \\ \dfrac{\mathrm{WMSE}_U^1-\mathrm{WMSE}_U^2}{\mathrm{WMSE}_U^1-\mathrm{WMSE}_L^1}+0.5\dfrac{\mathrm{WMSE}_U^2-\mathrm{WMSE}_L^2}{\mathrm{WMSE}_U^1-\mathrm{WMSE}_L^1}, & \mathrm{WMSE}_L^1<\mathrm{WMSE}_L^2<\mathrm{WMSE}_U^2 \leqslant \mathrm{WMSE}_U^1 \\ 0.5\dfrac{\mathrm{WMSE}_U^1-\mathrm{WMSE}_L^2}{\mathrm{WMSE}_U^1-\mathrm{WMSE}_L^1}\dfrac{\mathrm{WMSE}_U^1-\mathrm{WMSE}_L^2}{\mathrm{WMSE}_U^2-\mathrm{WMSE}_L^2}, & \mathrm{WMSE}_L^2 \leqslant \mathrm{WMSE}_L^1<\mathrm{WMSE}_U^2 \leqslant \mathrm{WMSE}_U^1 \\ \dfrac{\mathrm{WMSE}_L^1-\mathrm{WMSE}_L^2}{\mathrm{WMSE}_U^2-\mathrm{WMSE}_L^2}+0.5\dfrac{\mathrm{WMSE}_U^1-\mathrm{WMSE}_L^1}{\mathrm{WMSE}_U^2-\mathrm{WMSE}_L^2}, & \mathrm{WMSE}_L^2 \leqslant \mathrm{WMSE}_L^1<\mathrm{WMSE}_U^2 \leqslant \mathrm{WMSE}_U^1 \\ 0, & \mathrm{WMSE}_U^1 \leqslant \mathrm{WMSE}_L^2\end{cases} \tag{6-32}$$

由式（6-32）可以看出，当 $P_{\mathrm{WMSE}_I^2 \leqslant \mathrm{WMSE}_I^1}=\alpha$（$0 \leqslant \alpha \leqslant 1$）时，表示 WMSE_I^2 小于 WMSE_I^1 的概率为 α。从图 6-10 也可以看出，由于 WMSE_I^1 严格大于 WMSE_I^2，所以 $P_{\mathrm{WMSE}_I^2 \leqslant \mathrm{WMSE}_I^1}$ 在 Case 1 时等于 1。对于 $P_{\mathrm{WMSE}_I^2 \leqslant \mathrm{WMSE}_I^1}=0$，在 Case 6 中也可以给出类似的解释。在 Case 2~Case 5 中，随着 WMSE_L^2 的减小或 WMSE_U^1 的增大，$P_{\mathrm{WMSE}_I^2 \leqslant \mathrm{WMSE}_I^1}$ 的值会明显增大。

6.3.2.2　成本函数构建

生产的经济性也是持续提高质量活动中需要考虑的因素。出于经济原因，需要在微纳制造过程中降低顾客和制造商的成本。因此，生产经济性和产品质量应同时纳入优化过程。实施持续质量改进的过程中包含了两种经济问题。我们假定质量特性为y且规格下限和上限分别为LSL和USL的产品。如果产品不符合设计规格要求，将产生制造成本。更具体地，当质量特性的值小于预定的LSL时，产生返工成本。当值大于预定义的USL时，将产生报废成本。此外，当产品的功能质量特性偏离其目标（或名义）值时，总是会产生顾客成本，图6-11清楚地说明了不同的成本。图6-11 实质上是正态分布，因此横轴和纵轴分别为响应（y）和对应的概率密度。图6-11根据相应的概率显示了三个成本函数，因为假设成本系数为1。例如，返工成本可以通过将成本系数乘以概率来计算。

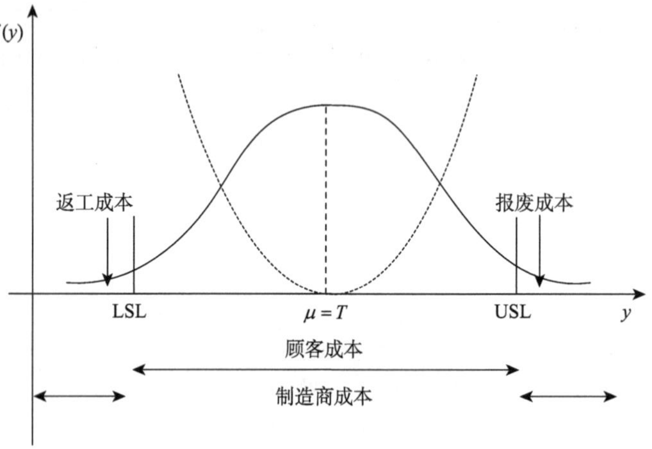

图6-11 不同成本的说明

1）顾客成本

当质量特性 y 在规格限制范围内但未达到目标时，将会造成顾客质量损失。预期的质量损失$E[L]$可表示为

$$E[L]=\int_{\mathrm{LSL}}^{\mathrm{USL}} L(y) f(y)\mathrm{d}y=\int_{\mathrm{LSL}}^{\mathrm{USL}} \tau(y-T)^2 f(y)\mathrm{d}y \tag{6-33}$$

其中，T 为该质量特征的目标值；τ为取决于该质量特征的大小或损失影响的常数；$f(y)$为该质量特征的概率密度函数。令$z=(y-\mu)/\sigma$，其中，μ和σ分别表示过程参数优化阶段产生的过程平均值和标准偏差，可以将式（6-33）重写为

$$E[L]=\int_{(\mathrm{LSL}-\mu)/\sigma}^{(\mathrm{USL}-\mu)/\sigma} \tau(z\sigma+\mu-T)^2 \phi(z)\mathrm{d}z \tag{6-34}$$

其中，$\phi(z)$为标准正态分布的概率密度函数。

2）制造成本

当质量特性 y 超出规格限制时，制造成本通常包括返工成本和报废成本。假定C_R和C_S分别为返工单位成本和报废单位成本，则返工成本和报废成本$E[C_R]$

和 $E[C_S]$ 可定义为

$$E[C_R] = C_R \int_{-\infty}^{\mathrm{LSL}} f(y)\mathrm{d}y \tag{6-35}$$

$$E[C_S] = C_S \int_{\mathrm{USL}}^{\infty} f(y)\mathrm{d}y \tag{6-36}$$

使用 $z=(y-\mu)/\sigma$，式（6-35）和式（6-36）可以被修改为

$$E[C_R] = C_R \int_{-\infty}^{(\mathrm{LSL}-\mu)/\sigma} \phi(z)\mathrm{d}z \tag{6-37}$$

$$E[C_S] = C_S \left(1 - \int_{-\infty}^{(\mathrm{USL}-\mu)/\sigma} \phi(z)\mathrm{d}z\right) \tag{6-38}$$

3）总成本

实施过程检验时的预期总成本可以由下式得出：

$$E[\mathrm{TC}] = E[L] + E[C_R] + E[C_S] \tag{6-39}$$

根据式（6-37）、式（6-38）和式（6-39），总成本可以表示为

$$\begin{aligned} E[\mathrm{TC}] = & \int_{(\mathrm{LSL}-\mu)/\sigma}^{(\mathrm{USL}-\mu)/\sigma} \tau(z\sigma+\mu-T)^2 \phi(z)\mathrm{d}z + C_R \int_{-\infty}^{(\mathrm{LSL}-\mu)/\sigma} \phi(z)\mathrm{d}z \\ & + C_S \left(1 - \int_{-\infty}^{(\mathrm{USL}-\mu)/\sigma} \phi(z)\mathrm{d}z\right) \end{aligned} \tag{6-40}$$

然后，所提出的优化策略会导致经济性与产品质量之间的权衡，可以表示为

$$\begin{aligned} \min_{\boldsymbol{x}} J_P = E[\mathrm{TC}] = & \int_{(\mathrm{LSL}-\mu)/\sigma}^{(\mathrm{USL}-\mu)/\sigma} \tau(z\sigma+\mu-T)^2 \phi(z)\mathrm{d}z + C_R \int_{-\infty}^{(\mathrm{LSL}-\mu)/\sigma} \phi(z)\mathrm{d}z \\ & + C_S \left(1 - \int_{-\infty}^{(\mathrm{USL}-\mu)/\sigma} \phi(z)\mathrm{d}z\right) \\ \text{s.t.} \quad & P_{\mathrm{WMSE}_I(\boldsymbol{x})} \geqslant \zeta \\ & \mathrm{LSL} \leqslant \hat{\omega}_\mu \leqslant \mathrm{USL} \\ & \boldsymbol{x} \in \boldsymbol{\Omega} \end{aligned} \tag{6-41}$$

其中，ζ 为工程人员给出的预定满意度；$\boldsymbol{\Omega}$ 为设计变量的可接受范围。ζ 的可行区域可通过下式计算：

$$\begin{aligned} \max_{\boldsymbol{x}} \quad & S_{\max} = P_{\mathrm{WMSE}_I(\boldsymbol{x}) \leqslant \mathrm{TR}} \\ \text{s.t.} \quad & \boldsymbol{x} \in \boldsymbol{\Omega} \end{aligned} \tag{6-42}$$

其中，TR 表示 WMSE 的公差范围；$\mathrm{WMSE}_I(\boldsymbol{x})$ 为加工参数设置 $\boldsymbol{x}$ 处的区间值。然后，通过 $[0, S_{\max}]$ 获得 ζ 的可行区域。本节提出的优化策略的主要目标是在满意度大于预定值的约束下，在持续质量改进中使生产经济最大化。

6.3.3 实例分析

6.3.3.1 问题描述

本节采用 4.1.5 的案例数据进行优化分析。与 6.2 节的优化不同，本节侧重优化策略的差异。通过将经济性融入优化策略中，以寻求最优的输入参数设置。方便偏好信息的比较，我们修改了试验数据的呈现方式，具体见表 6-11，表中具体内容的将在 6.3.3.2 节中介绍。

表 6-11 试验设计和数据

Run	x_1	x_2	x_3	y_1	y_2	y_3	$\bar{y}$	s	$(\bar{y}-T)^2$	s^2
1	−1	1	1	26.806	22.300	22.454	23.853	2.558	260.715	6.545
2	−1	0	0	27.200	22.406	34.043	27.883	5.849	146.826	34.208
3	−1	−1	−1	27.462	23.507	44.908	31.959	11.387	64.663	129.674
4	−1	0	1	29.698	26.800	26.800	27.766	1.673	149.675	2.799
5	**−1**	**0**	**0**	**43.460**	**41.287**	**44.908**	**43.218**	**1.823**	**10.356**	**3.323**
6	−1	0	−1	58.671	60.843	52.946	57.487	4.079	305.778	16.642
7	−1	−1	1	23.179	21.730	23.403	22.770	0.908	296.867	0.825
8	−1	0	0	36.941	35.492	40.562	37.665	2.611	5.453	6.820
9	−1	1	−1	49.530	55.773	52.152	52.485	3.135	155.867	9.829
10	0	1	0	36.216	31.319	35.492	34.342	2.643	32.009	6.986
11	0	0	0	52.152	61.568	57.222	56.980	4.713	288.326	22.209
12	0	−1	0	57.946	59.395	65.189	60.843	3.833	434.438	14.689
13	0	0	0	29.698	30.422	26.800	28.973	1.916	121.595	3.672
14	**0**	**0**	**0**	**42.011**	**39.838**	**42.735**	**41.528**	**1.508**	**2.335**	**2.273**
15	0	0	0	57.222	53.998	55.049	55.423	1.644	237.854	2.703
16	0	−1	0	25.800	24.300	29.698	26.599	2.786	179.582	7.762
17	**0**	**0**	**0**	**38.389**	**35.165**	**38.389**	**37.314**	**1.861**	**7.213**	**3.465**
18	0	1	0	52.876	59.395	55.773	56.014	3.266	256.459	10.668
19	**1**	**1**	**−1**	**33.319**	**34.043**	**34.043**	**33.802**	**0.418**	**38.419**	**0.175**
20	1	0	0	52.152	55.049	57.946	55.049	2.897	226.462	8.394
21	1	−1	1	60.119	57.222	55.773	57.705	2.213	313.449	4.897
22	1	0	−1	26.698	27.525	28.973	27.732	1.152	150.512	1.327
23	1	0	0	44.908	48.530	46.357	46.598	1.823	43.536	3.322

续表

Run	x_1	x_2	x_3	y_1	y_2	y_3	$\bar{y}$	s	$(\bar{y}-T)^2$	s^2
24	1	0	1	62.292	66.638	59.395	62.775	3.646	518.693	13.292
25	1	−1	−1	26.800	28.249	27.525	27.524	0.724	155.642	0.525
26	**1**	**0**	**0**	**36.216**	**39.838**	**40.562**	**38.872**	**2.328**	**1.272**	**5.422**
27	1	1	1	54.325	49.254	59.395	54.324	5.070	205.187	25.707

为了便于比较不同优化策略的差异，本节采用线性模型来拟合数据：

$$\begin{aligned}\hat{\omega}_{\mu} &= 46.996+13.092x_1-1.603x_2+4.405x_3+2.285x_1x_2+1.517x_1x_3\\&\quad-4.588x_2x_3-1.547x_1^2-2.612x_2^2-3.698x_3^2\\\hat{\omega}_{\sigma} &= 1.837+1.305x_1-0.768x_2-0.764x_3-0.397x_1x_2-0.402x_1x_3\\&\quad+1.311x_2x_3+0.124x_1^2+1.149x_2^2+0.331x_3^2\end{aligned}$$

6.3.3.2　偏好信息分析

在本案例研究中，使用 27 个设计点来收集试验数据。如果要比较所有设计点，则成对比较的总数为 $C_{27}^2=351$。为减少成对比较的次数，通过设定某阈值来减少候选的设计点。根据工程人员的经验，平方误差和方差值的上限分别假定为 40 和 6[33]。因此，从表 6-12 中可以看出，在权重确定过程中仅剩下五个设计要点进行比较。在表 6-11 中以粗体标记的 $\boldsymbol{z}^1$、$\boldsymbol{z}^2$、$\boldsymbol{z}^3$、$\boldsymbol{z}^4$ 和 $\boldsymbol{z}^5$ 的平方误差和方差是（10.356、3.323）、（2.335、2.273）、（7.213、3.465）、（38.419、0.175）和（1.272、5.422），在表 6-12 中可以看到详细信息。应该注意，存在两个支配关系，即 $\boldsymbol{z}^1$ 和 $\boldsymbol{z}^2$ 以及 $\boldsymbol{z}^2$ 和 $\boldsymbol{z}^3$。在比较中，我们用“*”来表示这样的关系。因此，决策者无需对这些关系进行比较。从表 6-12 可以看出，有八个不等式需要比较。基于式（6-46）和式（6-47），这些不等式的对应集合为[0.043，1]、[0.101，1]、[0.188，1]、[0.055，1]、[0，0.748]、[0.095，1]、[0.248，1]和[0.124，1]。因此，$\boldsymbol{\Lambda}$ 和 λ 可以通过将所有不等式的单个集合相交而获得最终的集合，即 $\boldsymbol{\Lambda}=[0.248, 0.748]$。

表 6-12　试验样本中的排序分析

变量	z^1	z^2	z^3	z^4	z^5
z^1					
z^2	*				
z^3	→	*			
z^4	←	←	←		
z^5	→	→	→	→	

为了比较不同方法的性能，本案例研究中考虑了三种常用的权重确定方法。第一个是基于均值和标准差同等重要的假设，所以权重设置为 0.5。第二种是 Ding 等[12]提出的基于“有效曲线”和欧氏距离的数据驱动方法。根据“有效曲线”的概念，它能很好地平衡均值和标准差。第三种方法是 Jeong 等[37]提出的贝叶斯方法。采用这三种权重方法可能有四种原因：①平均权重法很流行，专家在很多情况下推荐这种简单的方法[38]；②现有的许多方法都是数据驱动加权方法的特例，是过程优化中最具代表性的加权方法之一；③贝叶斯加权方法的唯一性在于，它考虑了决策者的偏好信息；④由于三种加权方法是从不同的角度提出的（即主观方法、数据驱动方法、贝叶斯方法）。因此，在本节中值得分析三种方法的结果。对于本案例研究的试验数据，三种方法的确定权重分别为 0.5、0.150 和 0.492。

6.3.3.3 优化结果分析

如上所述，双响应优化中，第一种优化策略可以表示为

$$\begin{aligned} \min_{x} \quad & J_E = 0.5\left(\hat{\omega}_\mu - T\right)^2 + 0.5\hat{\omega}_\sigma^2 \\ \text{s.t.} \quad & \boldsymbol{x} \in \boldsymbol{\Omega} \end{aligned} \tag{6-43}$$

其中，$\boldsymbol{\Omega}$ 为设计变量的可接受区域。同时，Ding 等[12]和 Jeong 等[37]提出的另外两种优化策略可表示为

$$\begin{aligned} \min_{x} \quad & J_D = \lambda_D\left(\hat{\omega}_\mu - T\right)^2 + \left(1-\lambda_D\right)\hat{\omega}_\sigma^2 \\ \text{s.t.} \quad & \boldsymbol{x} \in \boldsymbol{\Omega} \end{aligned} \tag{6-44}$$

和

$$\begin{aligned} \min_{x} \quad & J_B = \lambda_B\left(\hat{\omega}_\mu - T\right)^2 + \left(1-\lambda_B\right)\hat{\omega}_\sigma^2 \\ \text{s.t.} \quad & \boldsymbol{x} \in \boldsymbol{\Omega} \end{aligned} \tag{6-45}$$

其中，J_D 和 J_B 分别表示采用数据驱动法和贝叶斯法计算权重的两种优化策略。在这个案例研究中，我们假设响应和 WMSE 的规格分别为 $40 \pm 0.2\mu\text{m}$ 和 [0.5，1]。

为便于比较，我们假设 $\boldsymbol{x}_E^*$、$\boldsymbol{x}_D^*$、$\boldsymbol{x}_B^*$ 和 $\boldsymbol{x}_P^*$ 表示第一种优化策略的最优加工参数[即式（6-43）]，第二种优化策略[即式（6-44）]，第三种优化策略[即式（6-45）]，所提出的优化策略[即式（6-41）]根据响应规范限值，利用式（6-42）可得到最大满意度，其值为 1。这表明 ζ 的可行域为（0，1），选取 11 个不同的 ζ 值（0，0.1，0.2，0.3，0.4，0.5，0.6，0.7，0.8，0.9，1）进行优化结果分析。优化结果见表 6-13 和表 6-14。

表 6-13　现有方法的优化结果

ξ	x_1	x_2	x_3	$E[TC]$	P_{WMSE}	$\hat{\omega}_\sigma^2$	$(\hat{\omega}_\mu - T)^2$
$\boldsymbol{x}_E^*$	−0.698	−0.494	1.000	72.077	1	0.503	0.002
$\boldsymbol{x}_D^*$	−0.710	−0.494	1.000	81.138	1	0.487	0.051
$\boldsymbol{x}_B^*$	−0.697	−0.491	1.000	72.077	1	0.503	0.002

表 6-14　所提方法的优化结果

ξ	x_1	x_2	x_3	$E[TC]$	P_{WMSE}	$\hat{\omega}_\sigma^2$	$(\hat{\omega}_\mu - T)^2$
0	0.868	−1.000	−1.000	53.158	0	65.285	0.040
0.1	−0.271	0.725	−0.130	55.793	0.1	2.512	0.040
0.2	−0.650	−0.614	0.280	56.093	0.2	2.095	0.040
0.3	−0.417	0.121	−0.186	56.335	0.3	1.826	0.040
0.4	−0.406	0.291	−0.096	56.560	0.4	1.620	0.040
0.5	−0.435	0.293	0.562	56.770	0.5	1.454	0.040
0.6	−0.479	0.137	0.094	56.969	0.6	1.319	0.040
0.7	−0.489	0.171	0.277	57.172	0.7	1.198	0.040
0.8	−0.493	0.091	0.767	57.426	0.8	1.068	0.040
0.9	−0.551	−0.009	0.543	57.781	0.9	0.916	0.040
1	−0.753	−0.726	0.997	58.746	1.0	0.625	0.040

由表 6-13 可以看出，三种最优加工参数 $\boldsymbol{x}_E^*$ 、 $\boldsymbol{x}_D^*$ 和 $\boldsymbol{x}_B^*$ 的满意度均为最大值，而 $\boldsymbol{x}_D^*$ 在期望总成本方面表现最差。同时，该方法产生了最大的偏差，从而不能满足微孔的规格限制。由于 J_E 和 J_B 方法计算出的权重无显著差异，故在本案例中我们认为它们是相同的。此外，将权重 λ 从 0.150（由数据驱动方法计算的权重）提高到0.5，可使预期总成本略有提高 11%。这是由于增加的均值响应导致了平方误差的快速减少。

表 6-14 显示最优加工参数设置随 ζ 值的不同而变化。ζ 与 $\hat{\omega}_\sigma^2$ 呈反比关系（即 ζ 的值越大，$\hat{\omega}_\sigma^2$ 的值越小），但与预期总成本 $E[\mathrm{TC}]$ 有正相关关系（即 ζ 的值越大，$E[\mathrm{TC}]$ 的值越大）。当 ζ =1 时，平均功率的最优值最小，而切割速度最大，导致最大 $E[\mathrm{TC}]$ 值为 58.746。该现象是由于以下事实：设定的平均功率越小且切削速度越大，制造过程中的变化越大。ζ 从 1 减小到 0 时，$E[\mathrm{TC}]$ 变得越来越小。当 ζ =0 时，其值为 53.158，最优加工参数分别为−0.868、−1.000 和

−1.000。该结果来自这样的趋势，即满意度越大，约束越严格，从而导致加工参数的可行区域更小。在图 6-12 中可以更清楚地看到这种机制。应该注意，预期总成本和满意度是矛盾的。更好的设计目标（即最小化预期总成本）是以约束的满意度较小为代价的。例如，如果$\zeta \geqslant 0.8$，则与J_D相比，所提出的方法可将预期总成本$E[\mathrm{TC}]$平均提高 29%。因此，在提出的方法中，通过调整约束的满意度，可以在这两个因素之间进行适当的权衡。需要指出的是，由于均值响应与目标值的正偏差与总成本$E[\mathrm{TC}]$呈反比关系，因此均值响应的最优值等于 40.2，平方误差为 0.04。产生这种相反关系的原因是，在优化过程中返工单位成本大于废品单位成本，从而均值响应在优化过程中更倾向于朝规格上限移动。

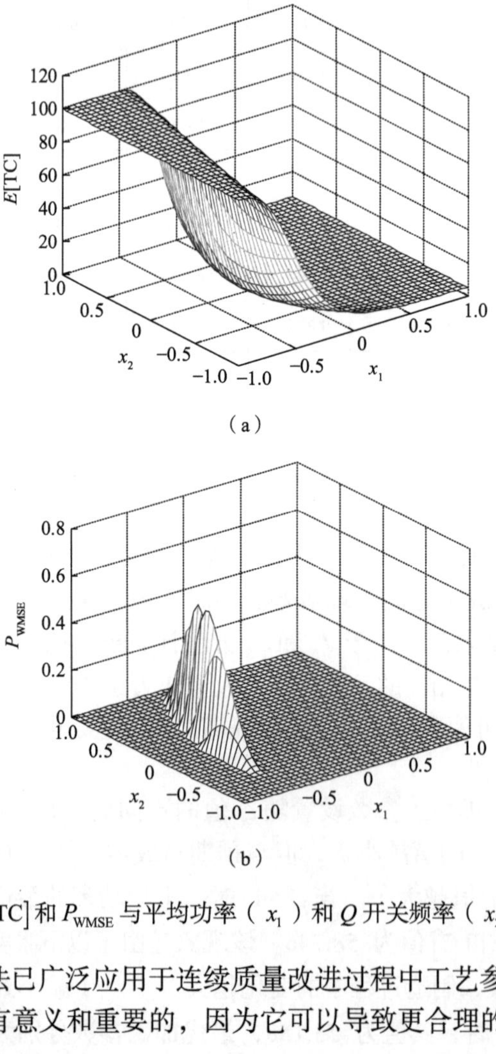

图 6-12　$E[\mathrm{TC}]$和P_{WMSE}与平均功率（x_1）和 Q 开关频率（x_2）的关系图

双响应曲面方法已广泛应用于连续质量改进过程中工艺参数的优化。将经济问题纳入该方法是有意义和重要的，因为它可以导致更合理的加工参数设置。根据上述优化策略的比较结果，我们可以发现，忽略经济问题可以获得较大的满意度，但可能会增加总成本，导致次最优解。例如，当$\zeta = 0.8$时，三种方法的满意度为 1.0，但总成本较所提方法分别增加 26%、41%和 26%。基于以上的比较结果，可以得出该方法有两个优势：一是基于区间规划模型在持续质量改进中可以考虑质量水平；二是通过顾客和制造成本函数来量化持续质量改进的经济成本。

6.3.4　敏感性分析

为了对不同的优化策略进行比较，使用响应变量的 10 组目标值对每种优化策略进行分析。半径的目标值为 30 nm、31 nm、…、39 nm。假设顾客对制造过程不满意，当满意度小于 0.8 时，在优化过程中可以将ζ设定为 0.8。根据 6.3.3 节的计算步骤和超参数设置，得到了相应优化策略的优化结果，如表 6-15 所示。

表 6-15　不同目标下的比较结果

方法	目标	x_1	x_2	x_3	$E[TC]$	P_{WMSE}	$\hat{\omega}_\sigma^2$	$(\hat{\omega}_\mu - T)^2$
J_E	30	−1.000	0.360	−0.271	70.411	1.000	0.000	0.443
	31	−1.000	0.262	−0.074	71.091	1.000	0.000	0.410
	32	−1.000	−0.046	0.974	71.251	1.000	0.002	0.334
	33	−1.000	−0.186	1.000	74.668	1.000	0.001	0.240
	34	−1.000	−0.322	1.000	78.819	1.000	0.000	0.195
	35	−1.000	−0.475	1.000	80.777	1.000	0.000	0.192
	36	−0.962	−0.537	1.000	79.316	1.000	0.001	0.235
	37	−0.896	−0.523	1.000	77.239	1.000	0.001	0.290
	38	−0.830	−0.512	1.000	75.444	1.000	0.001	0.353
	39	−0.764	−0.502	1.000	73.615	1.000	0.001	0.424
J_D	30	−1.000	0.347	−0.246	62.495	1.000	0.024	0.439
	31	−1.000	0.249	−0.037	62.467	1.000	0.026	0.405
	32	−1.000	−0.089	1.000	54.760	1.000	0.080	0.303
	33	−1.000	−0.197	1.000	68.622	1.000	0.013	0.235
	34	−1.000	−0.327	1.000	76.026	1.000	0.002	0.194
	35	−1.000	−0.471	1.000	82.548	1.000	0.001	0.191
	36	−0.966	−0.534	1.000	84.565	1.000	0.011	0.231
	37	−0.903	−0.524	1.000	84.036	1.000	0.020	0.284
	38	−0.839	−0.514	1.000	83.091	1.000	0.030	0.344
	39	−0.775	−0.504	1.000	82.239	1.000	0.041	0.411

续表

方法	目标	x_1	x_2	x_3	E[TC]	P_{WMSE}	$\hat{\omega}_{\sigma}^2$	$(\hat{\omega}_{\mu}-T)^2$
J_B	30	−1.000	0.362	−0.269	70.681	1.000	0.000	0.443
	31	−1.000	0.262	−0.063	69.550	1.000	0.002	0.409
	32	−1.000	−0.065	1.000	68.601	1.000	0.007	0.324
	33	−1.000	−0.190	1.000	72.357	1.000	0.004	0.238
	34	−1.000	−0.326	1.000	77.016	1.000	0.001	0.194
	35	−1.000	−0.410	1.000	100.327	1.000	0.174	0.187
	36	−0.964	−0.532	1.000	83.988	1.000	0.009	0.231
	37	−0.899	−0.525	1.000	79.551	1.000	0.005	0.288
	38	−0.836	−0.516	1.000	79.419	1.000	0.011	0.348
	39	−0.767	−0.505	1.000	75.161	1.000	0.004	0.422
J_P	30	−0.900	0.355	0.975	57.005	0.800	1.296	0.040
	31	−0.882	0.589	−0.008	57.908	0.800	0.868	0.040
	32	−0.858	0.327	0.775	57.588	0.800	0.994	0.040
	33	−0.826	0.307	0.706	57.760	0.800	0.924	0.040
	34	−0.761	0.449	0.121	57.771	0.800	0.920	0.040
	35	−0.805	0.159	0.227	58.759	0.800	0.622	0.040
	36	−0.706	0.224	0.030	57.967	0.800	0.848	0.040
	37	−0.666	0.178	0.116	57.848	0.800	0.890	0.040
	38	−0.658	0.057	0.423	58.152	0.800	0.787	0.040
	39	−0.657	−0.188	0.320	57.747	0.800	0.929	0.040

从表 6-15 可以看出，所提出的策略 J_P 具有最低的预期总成本 $E[\mathrm{TC}]$，这意味着所提方法的经济效率要优于其他方法。更重要的是，阈值为 0.8，因此工程人员可以接受满意度。与 J_E、J_D 和 J_B 相比，在选择最优加工参数设置时，通过考虑质量水平和相关成本，可以使 $E[\mathrm{TC}]$ 的平均提高 23%、20%和 25%。值得注意的是三种现有方法的平方误差值均超出了规格限制。应当指出，当使用贝叶斯方法的目标值为 $T=35\ \mu\text{m}$ 时，权重 λ 等于 0，这对于贝叶斯方法可能是不利的。在优化过程中完全忽略了平方误差的影响，这可能会在持续质量改进中产生不合理的优化方案。从比较的结果可以看出，所提方法的关键特征是通过平衡质量水平和相关的制造成本来获得最优的加工参数。

一般来说，在一定程度上提高切削速度，不仅可以提高微孔的质量，而且可以提高加工效率。但是在微纳加工过程中，扫描路径方向的改变会导致速度的变化，即加速/减速。这种情况会导致高速加工中刀具的转速急剧变化，刀具振动加剧，加工质量下降。因此，本试验选择相对较低的切削速度。值得注意的是，在考虑生产经济性和满意度的情况下，所指定的切割速度范围可能仅适合于所提方法，具体见表 6-14。现有的三种方法中切削速度等于 1 的原因：一是只考虑了平方误差和方差，切削速度越大，通常产生的MSE越小；二是忽视了微纳制造过程中经济问题的影响，而经济问题对切削速度的确定有重要影响。这种影响参见表 6-15。因此，为了实现最优的质量设计，工程人员在构建优化策略时，应根据实际需要融入合适的因素。

参 考 文 献

[1] Ouyang L H，Ma Y Z，Byun J H. An integrative loss function approach to multi-response optimization[J]. Quality and Reliability Engineering International，2015，31（2）：193-204.

[2] Ouyang L H，Zhou D Q，Park C，et al. Ensemble modelling technique for a micro-drilling process based on a two-stage bootstrap[J]. Engineering Optimization，2019，51（3）：503-519.

[3] Ouyang L H，Ma Y Z，Wang J J，et al. An interval programming model for continuous improvement in micro-manufacturing[J]. Engineering Optimization，2018，50（3）：400-414.

[4] Georgiou S D，Stylianou S，Aggarwal M. A class of composite designs for response surface methodology[J]. Computational Statistics & Data Analysis，2014，71（4）：1124-1133.

[5] Pignatiello，Jr. J J. Strategies for robust multiresponse quality engineering[J]. IIE Transactions，1993，25（3）：5-15.

[6] Vining G G. A compromise approach to multiresponse optimization[J]. Journal of Quality Technology，1998，30（4）：309-313.

[7] Ko Y H，Kim K J，Jun C H. A new loss function-based method for multiresponse optimization[J]. Journal of Quality Technology，2005，37（1）：50-59.

[8] Köksoy O，Fan S K S. An upside-down normal loss function-based method for quality improvement[J]. Engineering Optimization，2012，44（8）：935-945.

[9] Yadav O P，Bhamare S S，Rathore A. Reliability-based robust design optimization：a multi-objective framework using hybrid quality loss function[J]. Quality and Reliability Engineering International，2010，26（1）：27-41.

[10] Ozdemir G，Maghsoodloo S. Quadratic quality loss functions and signal-to-noise ratios for a trivariate response[J]. Journal of Manufacturing Systems，2004，23（2）：144-171.

[11] Maghsoodloo S，Chang C L. Quadratic loss functions and signal-to-noise ratios for a bivariate response[J]. Journal of Manufacturing Systems，2001，20（1）：1-12.

[12] Ding R，Lin D K J，Wei D. Dual response surface optimization：a weighted MSE approach[J].

Quality Engineering，2004，16（3）：377-385.

[13] Montgomery D C，Peck E A，Vining G G. Introduction to Linear Regression Analysis[M]. New York：John Wiley & Sons，2012.

[14] Derringer G，Suich R. Simultaneous optimization of several response variables[J]. Journal of Quality Technology，1980，12（4）：214-219.

[15] Ouyang L H，Ma Y Z，Chen J X，et al. Robust optimization of Nd：YLF laser beam micro-drilling process using Bayesian probabilistic approach[J]. International Journal of Production Research，2016，54（21）：6644-6659.

[16] Kovach J，Cho B R. Development of a multidisciplinary-multiresponse robust design optimization model[J]. Engineering Optimization，2008，40（9）：805-819.

[17] Zhou X J，Jiang T. Metamodel selection based on stepwise regression[J]. Structural and Multidisciplinary Optimization，2016，54（3）：641-657.

[18] Wang G D，He Z，Xue L，et al. Bootstrap analysis of designed experiments for reliability improvement with a non-constant scale parameter[J]. Reliability Engineering & System Safety，2017，160（4）：114-121.

[19] Liu F，Zhang W G，Fu J H. A new method of obtaining the priority weights from an interval fuzzy preference relation[J]. Information Sciences，2012，185（1）：32-42.

[20] Liu F，Zhang W G，Zhang L H. Consistency analysis of triangular fuzzy reciprocal preference relations[J]. European Journal of Operational Research，2014，235（3）：718-726.

[21] Jiang C，Zhang Z G，Zhang Q F，et al. A new nonlinear interval programming method for uncertain problems with dependent interval variables[J]. European Journal of Operational Research，2014，238（1）：245-253.

[22] Cheng J，Liu Z，Wu Z，et al. Direct optimization of uncertain structures based on degree of interval constraint violation[J]. Computers & Structures，2016，164：83-94.

[23] He Z，Zhu P F，Park S H. A robust desirability function method for multi-response surface optimization considering model uncertainty[J]. European Journal of Operational Research，2012，221（1）：241-247.

[24] Wan W，Birch J B. A semiparametric technique for the multi-response optimization problem[J]. Quality and Reliability Engineering International，2011，27（1）：47-59.

[25] Goel T，Haftka R T，Shyy W，et al. Ensemble of surrogates[J]. Structural and Multidiscipline Optimization，2007，33（3）：199-216.

[26] Zhou X J，Ma Y Z，Tu Y L，et al. Ensemble of surrogates for dual response surface modeling in robust parameter design[J]. Quality and Reliability Engineering International，2013，29（2）：173-197.

[27] Dubey A K，Yadava V. Laser beam machining—a review[J]. International Journal of Machine

Tools and Manufacture，2008，48（6）：609-628.

[28] Fan S K S. A generalized global optimization algorithm for dual response systems[J]. Journal of Quality Technology，2000，32（4）：444-456.

[29] Ong K H，Harvey C M，Shehab R L，et al. The effects of three statistical control charts on task performance[J]. Production Planning & Control，2004，15（3）：313-323.

[30] Luner J J. Achieving continuous improvement with the dual approach：a demonstration of the roman catapult[J]. Quality Engineering，1994，6（4）：691-705.

[31] Köksoy O，Yalcinoz T. Robust design using Pareto type optimization：a genetic algorithm with arithmetic crossover[J]. Computers & Industrial Engineering，2008，55（1）：208-218.

[32] Kim K J，Lin D K J. Dual response surface optimization：a fuzzy modeling approach[J]. Journal of Quality Technology，1998，30（1）：1-10.

[33] Jeong I J，Kim K J，Chang S Y. Optimal weighting of bias and variance in dual response surface optimization[J]. Journal of Quality Technology，2005，37（3）：236-247.

[34] Kim Y J，Cho B R. Economic integration of design optimization[J]. Quality Engineering，2000，12（4）：561-567.

[35] Jeang A. Combined parameter and tolerance design optimization with quality and cost[J]. International Journal of Production Research，2001，39（5）：923-952.

[36] Dodd C，Scanlan J，Marsh R，et al. Improving profitability of optimal mean setting with multiple feature means for dual quality characteristics[J]. The International Journal of Advanced Manufacturing Technology，2015，81（9）：1767-1780.

[37] Jeong I J，Kim K J，Lin D K J. Bayesian analysis for weighted mean-squared error in dual response surface optimization[J]. Quality and Reliability Engineering International，2010，26（5）：417-430.

[38] Tan M H Y，Ng S H. Estimation of the mean and variance response surfaces when the means and variances of the noise variables are unknown[J]. IIE Transactions，2009，41（11）：942-956.

第 7 章　基于稳健统计的质量设计

稳健设计广泛应用于质量提升过程。在汽车、制造、塑料、信息技术等领域，许多工程问题都采用稳健设计方法以提高产品质量与工艺性能。稳健设计其中一个重要目标是利用特定良好的目标函数以获取最佳参数设计。为了实现这一目标，RSM 应运而生，该方法的目的在于选择控制变量参数水平以使得响应变量的波动最小；同时，保持响应变量的均值接近目标值。但是该方法须满足两个基本假设：一是试验数据正态分布；二是数据无污染。在正态假设情形下，样本均值和方差是位置和散度参数的有效无偏估计。背离正态假设或数据污染可能会对最优输入设置的估计产生重大影响。因此，研究RSM中对正态模型偏离稳健的统计建模方法具有重要的意义。

针对正态模型偏离和数据污染情形下的复杂产品稳健设计问题，本章将重点探讨基于多重统计量的稳健设计方法；同时，分析不同统计量下的稳健设计方法在数据污染和模型偏离情形下的性能表现。本章的结构如下：7.1 节讲述数据污染情形下的质量建模与设计问题。7.2 节讲述正态偏离情形下的质量建模与设计问题。

7.1　数据污染情形下的稳健设计

对于某些观测值被污染的情况，Park 和 Cho[1]提出了一种稳健设计方法，使用位置和散度的稳健估计值，研究了中位数、绝对中位差（median absolute deviation，MAD）和四分位间距（interquartile range，IQR）的有效性。这些估计被纳入稳健设计中，被证明是非常有效的。当数据被污染时，得到的最佳操作条件的偏差和 MSE 显著低于基于样本平均值和样本方差得出的偏差和 MSE。同时，在该研究中，Park 和 Cho[1]还表明相同的估计量对模型偏离的敏感性也较低。Park 和 Leeds[2]、Park 等[3]将以平均值、中位数和 Hodges-Lehmann（HL）统计量来估计均值响应；以标准差、MAD、IQR 和 Shamos 统计量来估计标准差响应，并将两个估计量融入稳健设计框架中。利用这些估计值，他们提出了七种建模方法，分别如下：方法 A（样本均值和样本方差）、方法 B（样本中位数和方差的平方）、方法 C（样本中位数和 IQR 的平方）、方法 D（HL 和 Shamos 估计量的平方）、方法 E（样本中位数和 Shamos 估计量的平方）、方法 F（HL 和 MAD 的平方）和方法 G（HL 和 IQR 的平方）。文献[3]中的结果表明，以偏差和 MSE 为性能准则，在数据污染或模型偏离的情况下，方法 D 明显优于其他估计方法。具体地说，在所考虑的所有方法中，用方法 D 得到的估计最佳操作条件的偏差和 MSE 最小。关于稳健统计的一个重要统计问题是崩溃点（breakdown point）的概念[4]。简单来说，估计值的崩溃点代表在估计结果变得不正确之前，样本量中允许污染数据存在的最大百分比。可以得知上述方法 A、B、C、D、E、F、G 的崩溃点分别为 0%、50%、25%、29%、29%、29%、25%。因此，尽管方法 D 的性能优于基于偏差和 MSE 准则的所有其他估计方法，但是方法 D 的崩溃点也比方法 B 低。这就需要开发另一种比方法 D 具有更高崩溃点的估计方法。然后对该方法进行测试，以确定其性能是否与方法 D 相似或优越。

7.1.1　基于响应曲面模型的稳健设计

双响应曲面法的建模过程是建立在以下四个基本假设上的：①响应 Y 取决于 $x=(x_1,x_2,\cdots,x_k)$ 给出的 k 个控制因子的水平，Y 是控制因子 x 的函数 $Y=F(x_1,x_2,\cdots,x_k)$，函数 $F(x)$ 通常是未知的；②每个控制因子 x_i 对于 $i=1,2,\cdots,k$ 是连续和定量的；③试验者有能力设置每个控制因子 x_i 的大小；④稳健设计框架是使用双响应面方法来估计过程的均值响应和方差响应。均值响应和方差响应函数可表示为

$$M(x)=\beta_0+\sum_{i=1}^{k}\beta_i x_i+\sum_{i=1}^{k}\beta_{ii}x_i^2+\sum_{i<j}^{k}\beta_{ij}x_i x_j+\in M \tag{7-1}$$

$$V(x)=\eta_0+\sum_{i=1}^{k}\eta_i x_i+\sum_{i=1}^{k}\eta_{ii}x_i^2+\sum_{i<j}^{k}\eta_{ij}x_i x_j+\in \nu \tag{7-2}$$

通常假设式（7-1）和式（7-2）中误差项 $\in M$ 和 $\in \nu$ 是正态分布。

为了估计双响应曲面，使用经典回归模型得到过程平均响应 $M(x)$ 和过程方差响应 $V(x)$，其中控制因子 $x=(x_1,x_2,\cdots,x_k)$ 是预测因子。在构建 $M(x)$ 和 $V(x)$ 之前，需要获取每个设计点 $x=(x_1,x_2,\cdots,x_k)$ 处的均值和方差响应。假设在第 i 个设计点有 m 个重复的响应观测值，Y_{ij} 表示第 i 个设计点的第 j 个响应观测值，其中，$i=1,2,\cdots,n$ 和 $j=1,2,\cdots,m$，每个设计点的均值和方差的估计值是样本均值和

样本方差。样本均值和方差的计算公式如下：

$$\bar{Y}_i = \frac{1}{m}\sum_{j=1}^{m} Y_{ij} \tag{7-3}$$

$$S_i^2 = \frac{1}{m-1}\sum_{j=1}^{m}\left(Y_{ij} - \bar{Y}_i\right)^2 \tag{7-4}$$

$\hat{M}(x)$ 和 $\hat{V}(x)$ 表示 $M(x)$ 和 $V(x)$ 的估计双响应函数。假设响应函数为二阶多项式，则可构造双响应曲面：

$$\hat{M}(x)=\hat{\beta}_0+\sum_{i=1}^{k}\hat{\beta}_i x_i + \sum_{i=1}^{k}\hat{\beta}_{ii} x_i^2 + \sum_{i<j}^{k}\hat{\beta}_{ij} x_i x_j \tag{7-5}$$

$$\hat{V}(x)=\hat{\eta}_0+\sum_{i=1}^{k}\hat{\eta}_i x_i + \sum_{i=1}^{k}\hat{\eta}_{ii} x_i^2 + \sum_{i<j}^{k}\hat{\eta}_{ij} x_i x_j \tag{7-6}$$

稳健设计的最终目标是估计控制因子 $x=(x_1,x_2,\cdots,x_k)$ 的最佳输入设计，通常通过优化平方损失模型可以获得最佳工作条件：

$$\min\text{imize}\ \left\{\hat{M}(x)-T_0\right\}^2+\hat{V}(x) \tag{7-7}$$

在式（7-7）中，T_0 表示质量特性的目标值。任何约束都用来制定控制因子 $x=(x_1,x_2,\cdots,x_k)$ 的可行区域。在由 k 个控制因子 $x=(x_1,x_2,\cdots,x_k)$ 构成的析因设计中，可行性约束变为 $x_j\in\left[L_j,U_j\right], j=1,2,\cdots,k$。从约束优化问题中获得的控制因子 $x=(x_1,x_2,\cdots,x_k)$ 是最优控制因子。式（7-7）中目标函数等于 MSE。因此，得到的最优控制因子也是最小化的 MSE。双响应优化模型还可以转换为

$$\min\text{imize}\ \hat{V}(x) \tag{7-8}$$

该目标函数的约束是 $\hat{M}(x)=T_0$ 和控制因子 $x=(x_1,x_2,\cdots,x_k)$ 范围。然而，式（7-8）的一个缺点是它限制了零偏差约束，而式（7-7）中的平方损失模型没有这项约束。

最后，在（7-6）响应函数的方差统计量选取上，我们是使用样本方差的对数转换值（即 $\log S_i^2$ ）。在估计过程中对方差进行对数变换，我们可以通过指数法将方差估计值转换回来，进而可以确保估计的方差始终是正的。注意，如果不使用这种转换，那么估计的方差响应有可能为负数，这显然是没有意义的。关于对数变换的更多细节，读者可以参考文献[5]和文献[6]的示例 11.7。在估计过程方差的对数 $V_{\log}(x)$ 后，通过最小化目标函数可以得到了最优输入设置。公式如下：

$$\left\{\hat{M}(x)-T_0\right\}^2+\exp\left(\hat{V}_{\log}(x)\right) \tag{7-9}$$

7.1.2　稳健估计量及其性质

7.1.2.1　稳健估计量

在本节中，我们简要回顾了稳健估计量的求解程序。如 7.1.1 节所述，我们假设每个设计点有 m 个重复值。设 Y_{ij} 表示第 i 个设计点处的第 j 个响应，其中，$i=1,2,\cdots,n$ 和 $j=1,2,\cdots,m$ 。在标准稳健设计方法中，第 i 个设计点分别用式（7-3）和式（7-4）计算样本均值和样本方差，然后用它们来构造响应面，即 $M(x)$ 和 $V(x)$。

众所周知，样本均值和样本方差估计值对异常值非常敏感。因此，当存在异常值时，使用它们作为 $M(x)$ 和 $V(x)$ 的估计值可能会有问题。注意，污染和离群值在统计稳健性研究中经常互换使用，因此需要详细解释它们在研究中的含义。我们将“污染样本”定义为错误记录的数值或在非正常条件下测量值的样本观察值。类似地，我们将样本中的观测值定义为异常值，当其值相对于样本中的大多数观测值异常大或异常小时。存在异常值的一个可能原因是特定观测值被污染。然而，另一种可能是样本的基本分布具有较重的尾部或缺乏对称性，因为基本分布并非假设的那样。异常值可能是由于污染，但也有可能是由于错误的分布假设。由于通常假设一个样本具有正态分布，因此该假设无效的情况称为正态模型偏离[7]。

为了说明异常值如何影响估计和推断，假设我们有一个样本 $Y_{i1},Y_{i2},\cdots,Y_{im}$ 。当 Y_{ij} 变为无穷大时，样本平均值 $\bar{Y}_i=(1/m)\sum_{j=1}^{m}Y_{ij}$ 将变为无穷大。这就是均值和方差估计量的崩溃点是零的原因。作为样本均值的一种替代方法，抗离群值位置估计量包括中位数、HL 和 Huber 估计量。类似地，方差的抗离群值估计量通常称为尺度估计量，包括绝对 MAD、IQR、Shamos[8]、Rousseeuw 和 Croux（简称 RC）估计量[9]。接下来，我们简要回顾这些稳健统计量的一些性质。

1）位置参数估计值

我们简要回顾两个重要的稳健位置估计量，即 HL 和 Huber 的 M-估计量。首先我们介绍 HL 估计量。该位置估计量定义为

$$\underset{i<j}{\text{median}}\left(\frac{Y_i+Y_j}{2}\right) \tag{7-10}$$

当正态分布假设成立时，HL 估计量的相对有效性（asymptotic relative efficiency，ARE）高于中位数。事实上，当正态分布假设成立时，HL 估计量几乎与样本均值一样有效。HL 能作为稳健统计量的原因在于其估计值的崩溃点可以达到 29.3%[10]。同样，Huber 的 M-估计量具有 50%的崩溃点[11]。假设

$Y_1,Y_2,\cdots,Y_m$ 独立于概率密度函数 $f(y-\mu)$ 且具有相同分布。我们假设函数 $f(\cdot)$ 在零处对称，因此 μ 是 Y_i 的分布位置参数。现在假设要估计位置参数 μ，通过求解 μ 的以下方程可以获得最大似然估计：

$$\min_{\mu}\sum_{i=1}^{m}\left\{-\log f\left(y_i-\mu\right)\right\}=\min_{\mu}\sum_{i=1}^{m}\rho\left(y_i-\mu\right) \tag{7-11}$$

其中，$\rho(\cdot)=-\log f(\cdot)$，即密度函数对数的负导数，$\psi(\cdot)=\rho'(\cdot)$ 称为 Huber 的 ψ 函数。从而对数密度的最大似然估计可由以下估计方程求解：

$$\sum_{i=1}^{m}\psi\left(y_i-\mu\right)=0 \tag{7-12}$$

其中，$\psi(t)=t$。为了获得稳健估计量，Huber[12]建议使用以下有界单调 ψ 函数[13]：

$$\psi(t)=\begin{cases}-c, & t<-c\\ x, & |t|\leqslant c\\ c, & t>c\end{cases} \tag{7-13}$$

注意到，当 $c\to 0$，估计方程的解将成为中位数估计。当 $c\to\infty$ 时，估计方程的解将成为平均值估计。

2）尺度参数估计量

在本节中，我们简要地回顾 MAD、Shamos 和 RC 估计量。首先，我们介绍 MAD 估计量，MAD 对于标准偏差是一个稳健估计量：

$$\mathrm{MAD}\left(Y_1,\cdots,Y_m\right)=\underset{1\leqslant i\leqslant m}{\mathrm{median}}\left\{\left|Y_i-\tilde{\mu}\right|\right\} \tag{7-14}$$

其中，$\tilde{\mu}=\mathrm{median}\left(Y_1,\cdots,Y_m\right)$。注意到以上定义的 MAD 在正态分布下并不连续。标准化的 MAD 为

$$\frac{\underset{1\leqslant i\leqslant m}{\mathrm{median}}\left\{\left|Y_i-\hat{\mu}\right|\right\}}{\Phi^{-1}(3/4)}\approx\frac{\underset{1\leqslant i\leqslant m}{\mathrm{median}}\left\{\left|Y_i-\hat{\mu}\right|\right\}}{0.6\,744\,898} \tag{7-15}$$

其中，$\Phi^{-1}(\cdot)$ 为正态累积分布函数的倒数。对于标准化 MAD 的内容可参考文献[1]。

作为 MAD 估计量的替代方法，Shamos[8]提出了一个估计量：

$$\underset{i<j}{\mathrm{median}}\left(\left|Y_i-Y_j\right|\right) \tag{7-16}$$

如同 MAD 估计量一样，Shamos 估计量在正态分布下也是不连续的。一个标准化 Shamos 估计量可以将上述估计量除以 $\sqrt{2}\Phi^{-1}(3/4)$ 得到：

$$\frac{\underset{1\leqslant i\leqslant m}{\mathrm{median}}\left\{\left|Y_i-\hat{\mu}\right|\right\}}{\sqrt{2}\Phi^{-1}(3/4)}\approx\frac{\underset{1\leqslant i\leqslant m}{\mathrm{median}}\left\{\left|Y_i-\hat{\mu}\right|\right\}}{0.9\,538\,726} \tag{7-17}$$

关于正态标准化常数的内容详见 Lévy-Leduc 等[14]。

Rousseeuw 和 Croux[9]提出了另外一种尺度估计量，定义为

$$\underset{i<j}{\text{Quartile}_1}\left(\left|Y_i - Y_j\right|\right) \tag{7-18}$$

其中，Quartile_1 表示第一个四分位数，RC 估计量的正态标准化定义为

$$\frac{\underset{1\leqslant i\leqslant m}{\text{Quartile}_{1i<j}}\left\{\left|Y_i - Y_j\right|\right\}}{\sqrt{2}\Phi^{-1}\left(5/8\right)} \tag{7-19}$$

关于正态标准化常数的内容详见文献[9]。

7.1.2.2　稳健估计的崩溃点

衡量任何估计量稳健性的一个重要标准就是它的崩溃点。有限样本的崩溃点是估计量在不导致严重错误估计的情况下所能处理的错误观测的最大比例。例如，样本均值的有限样本崩溃点为 0，因为当任何一个样本观测值变得任意大时，样本均值将变大。关于有限样本崩溃点的内容详见 Hampel 等[4]的 2.2 节的定义 2 和 Huber 和 Ronchetti[15]的第 11 章。

1）位置参数估计崩溃点

为了更加直观地理解崩溃点地概念，我们对中位数、HL 和 Huber *M*-位置估计量的崩溃点的推导进行了简要介绍。

关于中位数，如果我们有 m 个观测值，那么我们可以对任意大的观测值进行 $\lfloor (m-1)/2 \rfloor$ 并且可以得到中位数的合理估计。中位数估计值将不会变得任意大。注意到，$\lfloor \bullet \rfloor$ 表示取整函数，如 $\lfloor x \rfloor$ 是不超过 x 的最大整数。因此，中位数的有限样本崩溃点为

$$\epsilon_m = \frac{\lfloor (m-1)/2 \rfloor}{m} \tag{7-20}$$

为避免混淆，需要注意的是，Hampel 等[4]使用的崩溃点是通过对有限样本崩溃点取极限求得的，即 $m \to \infty$。假设我们共有 m 个观测值，其中有 $\lfloor (m-1)/2 \rfloor$ 个观测值是任意大的数值。因为 $\lfloor x \rfloor$ 可被重新写为 $\lfloor x \rfloor = x - \delta$，其中 $0 \leqslant \delta < 1$。我们得到：

$$\epsilon_m = \frac{\lfloor (m-1)/2 \rfloor}{m} = \frac{1}{2} - \frac{1}{2m} - \frac{\delta}{m} \tag{7-21}$$

这样我们就得到了崩溃点，$\epsilon = \lim_{m\to\infty} \epsilon_m = 1/2 = 50\%$。

关于 HL 估计量，有限样本崩溃点的推导将比中指的推导更复杂。为简化推导，我们首先考虑 HL 的变体，该变体考虑了所有的成对情形：

$$\underset{\forall (i,j)}{\text{median}}\left(\frac{Y_i + Y_j}{2}\right) \tag{7-22}$$

我们的思路是导出这个估计量的崩溃点，然后使用类似的方法来推导更为标

准的 HL 估计量 $\text{median}_{i<j}\left(Y_i+Y_j\right)/2$。首先，假设共有 m 个观测值，并且假设 m 个观测值中 m^*任意大，崩溃点推导的关键步骤就是注意 $m\times m$ 成对平均项：

$$\frac{Y_i+Y_j}{2} \tag{7-23}$$

其中，$i=1,2,\cdots,n$ 和 $j=1,2,\cdots,m$，由于 HL 估计量为 $m\times m$ 的均值，所以有限崩溃点不能大于 $\left\lfloor\left(m^2-1\right)/2\right\rfloor/m$，这将导致以下关系：

$$\frac{m^2-\left(m-m^*\right)^2}{m^2}\leqslant\frac{1}{m^2}\left\lfloor\frac{m^2-1}{2}\right\rfloor \tag{7-24}$$

简便起见，

$$m^{**}=\max\left\{m^*:1-\left(1-\frac{m^*}{m}\right)^2\leqslant\frac{1}{m^2}\left\lfloor\frac{m^2-1}{2}\right\rfloor\right\} \tag{7-25}$$

那么 HL 估计量的有限样本崩溃点为 $\epsilon_m=m^{**}/m$，这意味着：

$$1-\left(1-\epsilon_m\right)^2\leqslant\frac{1}{m^2}\left\lfloor\frac{m^2-1}{2}-\delta\right\rfloor=\frac{1}{2}-\frac{1}{2m^2}-\frac{\delta}{m^2} \tag{7-26}$$

其中，$0\leqslant\delta<1$。$\epsilon=\lim_{m\to\infty}\epsilon_m$，令 $m\to\infty$。我们可以得到：

$$1-\left(1-\epsilon\right)^2\leqslant\frac{1}{2} \tag{7-27}$$

因此，为了得到 HL 估计量的崩溃点，我们需要找到满足这个不等式的 ϵ 的最大值，容易证明 ϵ 的最大值为 $1-1/\sqrt{2}\approx29.3\%$。给出这个崩溃点的推导，我们可以得到标准 HL 估计量的一个类似结果：

$$\underset{i<j}{\text{median}}\left(\frac{Y_i+Y_j}{2}\right) \tag{7-28}$$

可以证明以下关系成立：

$$\frac{m(m-1)/2-\left(m-m^*\right)\left(m-m^*-1\right)/2}{m(m-1)/2}\leqslant\frac{1}{m(m-1)/2}\left\lfloor\frac{m(m-1)/2-1}{2}\right\rfloor \tag{7-29}$$

设 m^{**} 是满足这个不等式的 m 的最大值，显然，给定 m^{**}，有限样本崩溃点由 $\epsilon_m=m^{**}/m$ 给出。在标准 HL 估计量的情况下，可以再次证明 $1-1/\sqrt{2}\approx29.3\%$。

最后，Huber 的 M-估计量有一个 50%的崩溃点，但它的推导很复杂，所以省略了推导过程。关于推导的内容详见文献[15]和文献[16]。

2）尺度参数估计崩溃点

使用类似于 HL 位置估计量的推导方法可以证明 Shamos 估计量也有一个崩溃

点$\epsilon = 1 - 1/\sqrt{2} \approx 29.3\%$。关于 RC 估计量，有限样本崩溃点可以通过类似于文献[9]中使用的方法来获得。注意到前面导出的中位数$\epsilon_m = \lfloor (m-1)/2 \rfloor / m$关系式同样也适用于 MAD，这意味着 MAD 也有一个 50%的崩溃点。与样本均值类似，样本标准差的崩溃点为 0。最后，IQR 如同中位数一样，其估计量的崩溃点为 25%。

7.1.2.3　稳健估计的相对有效性

稳健估计量的另一个重要性质是它的有效性[17]。相对有效性是比较两个估计量有效性的一个度量。实际中，比较两个估计量（如$\hat{\theta}_2$和$\hat{\theta}_1$）的有效性，常见方法是计算各自估计量的方差之比，这个比值称为$\hat{\theta}_2$和$\hat{\theta}_1$（见 Lehmann[18]的 2.2 节）的相对有效性，并定义为

$$\mathrm{RE}\left(\hat{\theta}_2,\ \hat{\theta}_1\right) = \frac{\mathrm{Var}\left(\hat{\theta}_1\right)}{\mathrm{Var}\left(\hat{\theta}_2\right)} \times 100\% \tag{7-30}$$

其中，$\hat{\theta}_1$通常为一个参数或者基本估计量，相对有效性定义为样本容量$n \to \infty$的 RE 极限值。

我们省略了相对有效性推导过程并在表 7-1 中总结了各估计量的相对效率值及其崩溃点。更多的细节见 Lehmann[18]以及文献[9，17，19]中的研究。

表 7-1　估计量的崩溃点和相对有效性

性质	位置					尺度			
	均值	中位数	HL	Huber	标准差	IQR	MAD	Shamos	RC
崩溃点	0	50%	29%	50%	0	25%	50%	29%	50%
相对效率	100%	64%	96%	95%	100%	38%	37%	86%	82%

7.1.3　仿真分析

本仿真分析的目的是检测各方法的有效性。如前所述，样本观测中产生异常值有两个不同的原因。原因之一是一些观测数据受到了污染。另一种可能的原因是样本的基本分布实际上并不是假设的数据分布。考虑到常见的分布是正态的，这种异常通常被称为正态模型偏离。

我们采用蒙特卡罗仿真来评估所提估计量效果。考虑到异常值存在的两个可能的原因，我们选择了两个不同的仿真来研究稳健方法的有效性。

第一个是仿真 A，将评价所提出的估计量在两种不同情况下的性能。场景一是指仿真数据正态分布且不受污染的基本情况。场景二为数据污染情况，其中仿真数据是正态分布但受到污染。这两种情况都需要考虑，因为稳健估计方法在这

两种情况下都能很好地应用。

第二个是仿真 B，其目标与仿真 A 的目标相同，只是不假设数据被污染，而是假定存在正态模型偏离。此仿真还将考虑估计量在两种不同情况下的性能。场景一称为基本情况，其中没有模型偏离，因为观测值是正态分布的。场景二称为正态偏离情况。

仿真 A 和仿真 B 都有相同的目标，唯一不同的是异常值产生的方式。在接下来的内容中，我们将描述仿真的各个组成部分。除非有特殊说明，此描述适用于仿真 A 和仿真 B 及每个仿真中的两个场景。

7.1.3.1 仿真试验过程

尽管如 7.1.1 节所述，共有 12 种可能的位置和尺度估计量组合，但每个仿真包括以下四种方法。

方法 1：样本均值和样本方差。基本情况下，每个估计量都有一个零崩溃点。各估计量的相对有效性为 100%。

方法 2：样本中位数和 MAD。每个估计量有一个 50%的崩溃点。中位数为 64%，MAD 为 37%。

方法 3：HL 和 Shamos 估计量。这些估计量都有 29%的崩溃点。HL 估计量的相对有效性为 96%，Shamos 估计量的相对有效性为 86%。

方法 4：Huber 的 M 估计和 RC 估计。每个估计量有一个 50%的崩溃点。Huber 的 M 估计量的相对有效性为 96%和 Shamos 估计量是 82%。

在仿真试验中，我们假设真实过程平均值 $M(x)$ 和方差 $V(x)$ 如下：

$$M(x)=T_0+5\left(x_1^2+x_2^2\right) \tag{7-31}$$

$$V(x)=1+\left(x_1-1\right)^2+\left(x_2-1\right)^2 \tag{7-32}$$

其中，目标 T_0=50。从式（7-31）和式（7-32）可知：

$$\Phi(x)=\left\{M(x)-T_0\right\}^2+V(x)=25\left(x_1^2+x_2^2\right)^2+1+\left(x_1-1\right)^2+\left(x_2-1\right)^2 \tag{7-33}$$

通过解 $\partial\Phi/\partial x_1=0$ 和 $\partial\Phi/\partial x_2=0$，可以得到最优条件 $x_1=x_2=1/5$。因此，在我们的仿真框架中，当过程平均值和方差已知时，真实的最优条件为 $x_1^{oc}=1/5$ 和 $x_2^{oc}=1/5$。这两个仿真的目的是通过比较估计的最优条件与真实理论的最优条件来评估所提方法 1~4 的性能。

在两个仿真中，使用的设计点是完全相同的。我们考虑一个标准的 3×3 阶设计，即设计点的位置为 (x_{1i},x_{2i})，其中，$x_{1,i}=-1,0,1$，$x_{2,i}=-1,0,1$。因此在每个仿真中使用 9 个设计点。同时假设在每个设计点有 m=50 个重复值。

7.1.3.2　优化结果分析

使用上述公式，即最小化平方损失来获得估计的操作条件：$\left\{\hat{M}(x)-T_0\right\}^2+\exp\left(\hat{V}_{\log}(x)\right)$。其中，$T_0$ 为客户确定的质量特性目标值。式（7-9）得出了方法 1~4 下的最佳操作条件。

在本节中，我们采用 R 软件中的 optim 函数来最小化目标函数[20]。在每个仿真中，重复值的数目设为 I=10 000，因此，对于所提方法 1~4，可获得 10 000 个估计的最佳操作条件。

7.1.3.3　不同仿真下的样本观测值

如前所述，在仿真 A 中，使用污染方案生成观测值；在仿真 B 中，基于一个正常的模型偏离法生成观测值。下面我们将详细介绍这两种方法。

1）仿真 A：数据污染

在没有污染的情况下，通过基本场景产生样本观测值。在每个设计点，响应函数 $M(x_i)$ 和 $V(x_i)$ 是已知的。因此，在无污染的情况下，在每个设计点 $x_i=(x_{1i},x_{2i})$ $(i=1,2,\cdots,9)$ 上，可能通过均值 $M(x_i)$ 和方差 $V(x_i)$ 的正态分布产生一个大小为 m=50 的随机样本。

显然，仿真的目的是研究所提出估计方法的鲁棒性。实现这一目标的一种方法是使用类似于经验影响函数[21]和 ϵ-影响函数[22，23]的鲁棒性质。我们的方法从本质上评价了各估计量的相对有效性是如何受到污染样本影响的。

对于假设数据集被污染的情况，我们没有使用正常的数据集，而是使用污染了 10%的响应值。同样，由于响应函数是已知的，我们可以通过使用以下混合模型来实施污染方案：

$$Y\sim(1-\pi)\times N\left(M(x),V(x)\right)+\pi\times N\left(M_c^*(x),V(x)\right)\tag{7-34}$$

其中，π=0.1（污染比例），在 $T_c^*=60,70,80$ 情形下，通过 $M_c^*(x)=T_c^*+5\left(x_1^2+x_2^2\right)$ 污染平均响应值。

然后将污染情况重复 I=10 000 次，得出方法 1~4 在三种污染水平下的 10 000 个最佳操作条件：$T_c^*=60,70,80$。注意，这里使用的污染方案与文献[2]中使用的污染方案略有不同，后者使用的是 δ 噪声方案，而不是混合模型。

2）仿真 B：正常偏离模式

响应函数与仿真 A 中的响应函数相同，因此在没有模型偏离的情况下，在基本情况下生成样本观测值的方法与仿真 A 完全相同。m=50 个随机样本是由每个设计点 $x_i=(x_{1i},x_{2i})$ $(i=1,2,\cdots,9)$ 的均值 $M(x_i)$ 和方差 $V(x_i)$ 的正态分布生成的。

对于假定正态偏离的情形，我们考虑六种可选分布。

（1）自由度为 3（df=3）的 t 分布；

（2）自由度为 4（df=4）的 t 分布；

（3）自由度为 5（df=5）的 t 分布；

（4）拉普拉斯分布；

（5）Logistic 分布；

（6）均匀分布。

在每个设计点，响应函数 $M(x_i)$ 和变量 $V(x_i)$ 是已知的且与仿真 A 一样。因此，在正态仿真偏离仿真中生成样本时，我们需要从各自的非正态分布中生成每个样本，设计点 x_i 的均值等于 $M(x_i)$，在同样的设计点的方差为 $V(x_i)$。具体而言，我们需要确定与相应分布相关的参数值，如在每个设计点 x_i 需要满足：

$$E\left(Y_{ij}\right)=E\left[M\left(x_i\right)+U_{ij}\right]=M\left(x_i\right) \tag{7-35}$$

$$\operatorname{Var}\left(Y_{ij}\right)=\operatorname{Var}\left(M\left(x_i\right)+U_{ij}\right)=\operatorname{Var}\left(U_{ij}\right)=V\left(x_i\right) \tag{7-36}$$

下面举一个例子说明该情况。考虑到正态偏差的情况，我们依据拉普拉斯分布来生成样本。根据定义，一个标准的拉普拉斯随机变量 U_{ij} 均值为 0，方差为 2。因此，在拉普拉斯分布情况下，如果我们随机生成样本 Y_{ij}，使用 $Y_{ij}=M\left(x_i\right)+1/\sqrt{2}\,V\left(x_i\right)^{1/2}U_{ij}$，我们可以得到 $E\left(Y_{ij}\right)=M\left(x_i\right)$ 和 $\operatorname{Var}\left(Y_{ij}\right)=V\left(x_i\right)$。这正是在式（7-34）和式（7-35）中设计点 x_i 的均值和方差。

类似的方法也可用于其他分布。在 Logistic 分布下，一个标准的 Logistic 随机变量 U_{ij} 均值为 0，方差为 $\pi^2/3$。因此，如果我们使用 $Y_{ij}=M\left(x_i\right)+\sqrt{3}/\pi V\left(x_i\right)^{1/2}U_{ij}$ 生成 Logistic 样本，那么 Y_{ij} 的均值为 $M(x_i)$，方差为 $V(x_i)$。在三个 t 分布情况下，也可以得到类似的结论。自由度为 ν 的 t 分布随机变量 U_{ij}，均值为 0，方差为 $\nu/(\nu-2)$。因此，我们通过使用 $Y_{ij}=M\left(x_i\right)+\left\{(\nu-2)/\nu\right\}^{1/2}\times V\left(x_i\right)^{1/2}\times U_{ij}$ 生成样本。最后，考虑到均匀分布的情况，如果 U_{ij} 是一个均匀分布变量在（−1，1）内，那么它的方差显然为 1/3。因此，用 $Y_{ij}=M\left(x_i\right)+\sqrt{3}V\left(x_i\right)^{1/2}U_{ij}$ 将获得均值为 $M(x_i)$、方差为 $V(x_i)$ 的样本。

7.1.3.4 性能比较分析

通过运行仿真 A 和仿真 B，得到了基本和非基本情况下的 10 000 个最优条件。在下面的内容里，我们将分别介绍仿真 A 和仿真 B 的相关结论。

1）仿真 A：污染

图 7-1 中，我们画出了方法 1~4 的基本和非基本情况下的最优条件。在仿真 A 中的结果近似于 $T_c^* = 60, 70, 80$，因此我们只画出 $T_c^* = 60$ 的情况。同时，图 7-1 包括 10 000 个数据点中的前 100 个，因为如果使用 10 000 个数据点则很难观察它的规律。

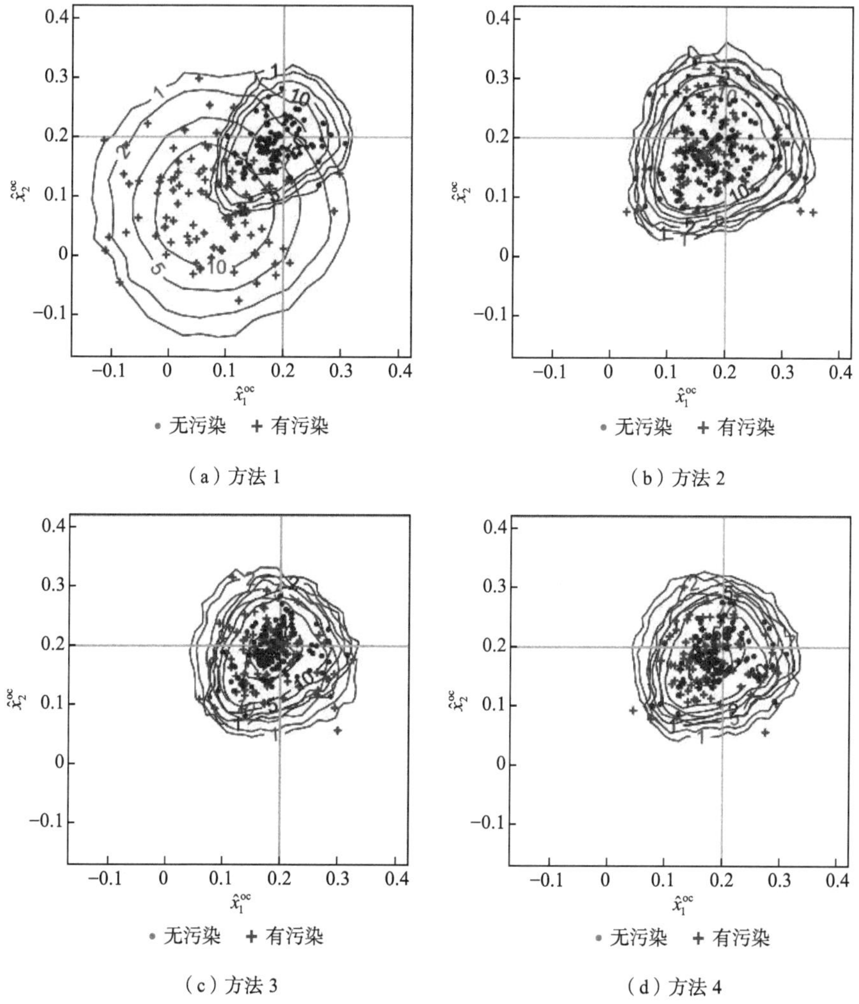

图 7-1　方法 1~4 的最优输入设置

在图 7-1 中，圆圈代表无污染、基本情况下的最优条件，十字表示在污染和非基本情况下的最优条件。真实的最优输入设置位于 $\left(x_1^{oc}, x_1^{oc}\right) = (1/5, 1/5)$。因此，在污染情况下，方法 1 中获得的最佳操作条件偏离了真实的最佳操作条件。

相反，用方法 2~4 得到的结果并不相同，优化结果对数据污染很稳健。为了获得更多的信息，在图 7-1 中，我们根据最佳操作条件的二维核密度[24]绘制了等高线。与散点图不同，在绘制等高线时，我们可以使用 10 000 个最佳操作条件的完整集合。方法 1 中的等高线比其他方法聚集得更紧密，在无污染的情况下样本均值和方差是有效的估计量。

尽管在图 7-1 中表明了方法 2~4 的实用性，但没有提供如何辨别各种方法性能的办法。在无污染的情况下使用方法 1 时，一种更有用的方法是将方法 2~4 的性能与方法 1 相比。

在 7.1.2.3 中，我们介绍了在式（7-30）中相对有效性的概念。不过，通常来讲，相对有效性只能在被比较变量是单变量的情况下使用。然而，在我们的仿真中得到的估计最优输入设置是二元的。为了处理这个多变量问题，我们使用每个估计量的广义方差，广义方差是二元估计计量协方差矩阵的行列式。关于广义方差的更多内容，详见文献[25，26]。计算广义方差的第一步是使用真实的最优输入设置$\left(x_1^{\mathrm{oc}}, x_1^{\mathrm{oc}}\right)=(1/5,1/5)$计算方差–协方差，并作为总体参数的估计值，从而得到方差–协方差矩阵为

$$\boldsymbol{S}_{\ell}=\begin{pmatrix} \dfrac{1}{I}\sum_{i=1}^{I}\left(\hat{x}_{\ell,1,i}-\dfrac{1}{5}\right)^2 & \dfrac{1}{I}\sum_{i=1}^{I}\left(\hat{x}_{\ell,1,i}-\dfrac{1}{5}\right)\left(\hat{x}_{\ell,2,i}-\dfrac{1}{5}\right) \\ \dfrac{1}{I}\sum_{i=1}^{I}\left(\hat{x}_{\ell,1,i}-\dfrac{1}{5}\right)\left(\hat{x}_{\ell,2,i}-\dfrac{1}{5}\right) & \dfrac{1}{I}\sum_{i=1}^{I}\left(\hat{x}_{\ell,2,i}-\dfrac{1}{5}\right)^2 \end{pmatrix} \tag{7-37}$$

其中，I 为蒙特卡罗仿真中的重复数；$\left(\hat{x}_{\ell,1,i}, \hat{x}_{\ell,2,i}\right)$表示使用方法$\ell$第 i 次迭代的最优输入设置。使用式（7-37），基于广义方差的方法ℓ对方法 1 的相对有效性为

$$\mathrm{RE}_{\mathrm{GV}}\left(\mathrm{Method}\ell \middle| \mathrm{Method1}\right)=\frac{\left\|S_1\right\|}{\left\|S_l\right\|} \tag{7-38}$$

其中，$\|\bullet\|$代表矩阵行列式；$l=1,2,3,4$。应该注意的是式（7-38）的分子方差–协方差矩阵$\boldsymbol{S}_1$是从没有数据污染的方法 1 中获得的。

使用式（7-38），我们计算了广义方差，其结果在表 7-2 中显示。更重要的是，我们计算了所有方法对方法 1 的相对有效性，比较结果见表 7-3。为了获得一个直观的相对有效性，我们使用了图 7-2 中的条形图对其进行总结。由表 7-2 和表 7-3 可知，当数据被污染时，方法 2~4 的相对有效性明显优于方法 1。事实上，正如我们所预期的，由于样本均值和样本方差的崩溃点为零，方法 1 的性能很差。当数据未受到污染，方法 1 是理想的估计方法。当数据没有受到污染时，方法 3 和方法 4 的相对有效性分别为 81.30%和 71.45%。

表 7-2　Generalized 变量（$\times 10^6$）

方法	方法 1	方法 2	方法 3	方法 4
无污染	2.430 13	10.118 12	2.952 882	3.401 389
有污染（$T_c^*=60$）	280.160 99	12.387 82	7.226 525	7.204 433
有污染（$T_c^*=70$）	4 643.168 15	12.363 13	7.073 645	7.074 748
有污染（$T_c^*=80$）	26 015.405 87	12.363 13	7.369 051	7.074 732

表 7-3　基于广义方差 T_c^*=60,70,80 的每种方法与方法 1（无污染）的相对效率

方法	方法 1	方法 2	方法 3	方法 4
无污染	100.00%	24.02%	82.30%	71.45%
有污染（$T_c^*=60$）	0.87%	19.62%	33.63%	33.73%
有污染（$T_c^*=70$）	0.05%	19.66%	34.35%	34.35%
有污染（$T_c^*=80$）	0.01%	19.66%	32.98%	34.35%

2）仿真 B：正态偏离

Park 等[3]绘制了使用基于各估计量的最佳操作条件散点图。因此，对于方法 1~3 生成的散点图，读者可参考文献[3]。此外，由于使用方法 4 估算的最佳操作条件的散点图形状与文献[3]中的非常相似，因此我们决定也省略方法 4 散点图。仿真 B 得出的方法 1~4 的相对有效性结果见表 7-4。仿真 B 的相对有效性计算方法与仿真 A 不同。由于仿真 B 是一个模型偏离仿真，显然不存在污染与无污染的概念。因此，在计算相对有效性时，分子和分母使用相同的分布。举例说明该方法，当基本分布为均匀分布时，方法 2 的相对有效性计算可以表示如下：分子是方法 1 产生的广义方差行列式，分母是方法 2 产生的广义方差行列式。因此，可以将方法 1 视为基本方法。

表 7-4　每种方法的广义方差（$\times 10^6$）

分布	方法 1	方法 2	方法 3	方法 4
正态分布	2.330 5	9.668 2	2.825 8	3.288 2
t 分布（df=3）	24.069 9	14.628 4	7.210 0	8.026 6
t 分布（df=4）	10.184 8	12.245 0	5.068 7	5.717 7
t 分布（df=5）	6.547 8	11.338 0	4.330 6	4.955 1
拉普拉斯分布	6.103 9	16.364 1	6.199 5	8.032 2
Logistic 分布	3.676 8	10.531 0	3.625 9	4.226 5
均匀分布	1.018 7	13.828 4	1.266 4	1.138 8

仿真 B 的相对有效性如表 7-5 所示。根据定义，表 7-5 中第 1 列的相对有效性始终为 100%，因此不提供额外信息。关键结果是，在模型偏离的情况下，与方法 1 和方法 2 相比，方法 3 和方法 4 表现出更好的相对性。即使在基本分布为正

态分布情况下，方法 3 和方法 4 的性能仍然是合理的，其相对有效性分别为 82.50%和 70.90%。

表 7-5　分子中使用方法 1 分布的每种方法的相对效率

分布	方法 1	方法 2	方法 3	方法 4	$\kappa-3$	τ_4
正态分布	100.0%	24.1%	82.5%	70.9%	0	0.122 6
t 分布（df=3）	100.0%	164.5%	333.8%	299.9%	∞	0.261 2
t 分布（df=4）	100.0%	83.2%	200.9%	178.1%	∞	0.216 8
t 分布（df=5）	100.0%	57.8%	151.2%	132.1%	6	0.193 6
拉普拉斯分布	100.0%	37.3%	98.5%	76.0%	3	0.235 7
Logistic 分布	100.0%	34.9%	101.4%	87.0%	1.2	0.166 7
均匀分布	100.0%	7.4%	80.4%	89.5%	−1.2	0

表 7-5 揭示了方法估计性能和相应潜在分布的峰度之间具有一定的关系。Park 等[3]建议使用峰度来衡量非正态分布，并将其表示为正态模型偏离的程度。人们往往认为正峰度值意味着正态分布中有更长的尾巴，负值意味着尾巴更短。因此，从统计推断的角度来看，较长的尾巴往往比较短的尾巴问题更大。关于峰度特性的更详细讨论，请参考文献[3，27，28]。

注意，在表 7-5 的第 6 列中给出了每个分布的峰度。随着峰度的增加，方法 3 和方法 4 的性能显著提高。这意味着方法 3 和方法 4 在正常模型偏离更严重的情况下非常有效。这在峰度非常大的 t 分布情况下尤为明显。

峰度与方法 3 和方法 4 的性能成正相关的原因在于标准峰度接近于无穷大。任何比自由度为 4 的 t 分布具有更长尾巴的分布，其峰度值等于 ∞ 。因此，传统的峰度测度方法并不是测量正态模型偏离度的有效方法，尤其是对于较长的尾部分布。为了避免这个问题，我们建议使用由 Hosking[29]提出的 L-峰度。与传统的峰度度量类似，L-峰度可以很好地度量分布尾部的沉重程度。虽然该峰度定义稍微复杂，但它不会像传统峰度测度那样出现 ∞ 。L-峰度定义为

$$\tau_4=\frac{\lambda_4}{\lambda_2} \tag{7-39}$$

这里，定义 λ_2 和 λ_4 为

$$\lambda_2=\frac{1}{2}E\left(X_{(2:2)}-X_{(1:2)}\right) \tag{7-40}$$

$$\lambda_4=\frac{1}{4}E\left(X_{(4:4)}-3X_{(3:4)}+3X_{(2:4)}-X_{(1:4)}\right) \tag{7-41}$$

其中，$X_{(k:n)}$ 表示 n 个样本中第 k 个最小值的顺序统计量。有关详细信息，请参阅 Hosking[29]。表 7-5 的最后一列给出了每个分布的 L-峰度。注意，L-峰度与方法 3 和方法 4 的性能之间的正相关仍然非常明显。综上仿真结果，方法 3 即使用 HL

估计量和 Shamos 估计量能很好地实现质量设计。但是，鉴于方法 3 和方法 4 的性能非常相似，且方法 3 估计量和方法 4 估计量的崩溃点分别为 29%和 50%，我们建议工程人员采用方法 4 来实现质量设计。

7.2　正态模型偏离下的稳健设计

7.2.1　模型偏离下的稳健统计

在正态模型偏离情形下，本节依然从稳健统计的角度，分析稳健统计效应对质量设计的作用。本节采用 7.1 节的模型，从位置参数和散度效应两个角度度量过程的性能。本节采用样本中位数和 HL 估计[30]来估计位置参数；采用正态一致的平均绝对偏差、四分位范围和 Shamos 估计[8]来估计尺度参数。

针对上述位置估计和尺度估计问题，提出了 7 种不同组合的方法。方法 A 采用了样本均值和样本方差。方法 B 采用了样本中位数和平均绝对偏差的平方。方法 C 采用了样本中位数和四分位范围的平方。方法 D 采用了 HL 估计和 Shamos 估计的平方。方法 E 采用了样本中位数和 Shamos 估计的平方。方法 F 采用了 HL 估计和样本中位数的平方。方法 G 采用 HL 估计和四分位范围的平方。

优化设计过程的下一步是建立并求解优化模型，通过该优化模型可得到控制因子 $x=\left(x_1,x_2,\cdots,x_k\right)$ 最优输入设置的估计。优化模型的目标是预先确定一个响应值的同时使响应方差最小。给定响应函数的估计，通过建立平方损失优化模型来估计最优输入设置。该模型[31]的目标是使 $\left\{\hat{M}(x)-T_0\right\}^2+\hat{V}(x)$ 最小化，其约束条件为 $L_j \leqslant x_j \leqslant U_j$ ，$j=1,2,\cdots,k$ 。其中，T_0 代表顾客所关注的质量特征目标值；约束条件规定了变量的可行域。通常，在采用 k 个控制因子水平的因子设计情况下，模型约束变为 $x_j \in\left[L_j,U_j\right]$，$j=1,2,\cdots,k$ 。

7.2.2　实例分析

本节采用 Box 和 Draper[32]中的数据以验证所提出方法的有效性。数据由一个 3^3 的因子试验设计产生，该试验设计具有速度（ x_{i1} ）、压力（ x_{i2} ）、距离（ x_{i3} ）三个试验变量，在每个试验设计点 $i=1,2,\cdots,27$ ，$j=1,2,3$ 上重复三次得到 y_{ij} 。该案例研究的目的是寻找最佳的因子水平组合，使打印机的彩印能力 y 接近目标值 500，同时标准差尽可能地小，具体的试验数据见表 3-1。

所提方法步骤如下。

（1）在每个试验设计点上，采用本节所提出的各方法来获取位置和尺度估计，如表 7-6 所示。

表 7-6　试验数据

设计点			位置			尺度平方			
x_{i1}	x_{i2}	x_{i3}	均值	中位数	HL	方差	MAD	IQR	Shamos
−1	−1	−1	24.00	28	25.00	156.00	79.13	79.13	9.89
0	−1	−1	120.33	116	119.25	70.33	2.20	30.91	0.27
1	−1	−1	213.67	192	208.25	1 834.33	79.13	814.51	9.89
−1	0	−1	86.00	88	86.50	12.00	0.00	4.95	0.00
0	0	−1	136.67	178	147.00	6 465.33	219.81	2 848.66	27.48
1	0	−1	340.67	350	343.00	261.33	0.00	107.70	0.00
−1	1	−1	112.33	110	117.75	760.33	1 266.11	415.57	158.26
0	1	−1	256.33	259	257.00	21.33	0.00	8.79	0.00
1	1	−1	271.67	280	273.75	558.33	219.81	278.19	27.48
−1	−1	0	81.00	81	81.00	0.00	0.00	0.00	0.00
0	−1	0	101.67	93	99.50	312.33	19.78	140.67	2.47
1	−1	0	357.00	376	361.75	1 083.00	0.00	446.34	0.00
−1	0	0	171.33	180	173.50	225.33	0.00	92.87	0.00
0	0	0	372.00	372	372.00	0.00	0.00	0.00	0.00
1	0	0	501.67	541	511.50	8 556.33	1 602.42	4 064.18	200.30
−1	1	0	264.00	288	270.00	4 032.00	1 266.11	1 978.24	158.26
0	1	0	427.00	432	428.25	7 851.00	14 421.75	4 303.90	1 802.72
1	1	0	730.67	725	729.25	444.33	316.53	230.93	39.57
−1	−1	1	220.67	199	215.25	17 908.33	21 981.03	9 647.35	2 747.64
0	−1	1	239.67	232	237.75	550.33	265.97	278.19	33.25
1	−1	1	422.00	415	420.25	343.00	107.71	168.29	13.46
−1	0	1	199.00	182	194.75	867.00	0.00	357.32	0.00
0	0	1	485.33	507	490.75	1 992.33	140.68	901.33	17.58
1	0	1	673.67	640	665.25	25 030.33	24 234.08	13 287.30	3 029.27

续表

设计点			位置			尺度平方			
x_{i1}	x_{i2}	x_{i3}	均值	中位数	HL	方差	MAD	IQR	Shamos
−1	1	1	176.67	168	174.50	3 081.33	3 877.45	1 662.27	484.68
0	1	1	501.00	440	485.75	19 303.00	3 009.20	9 073.66	376.15
1	1	1	1 010.00	991	1 005.25	20 293.00	28 067.57	11 002.44	3 508.46

（2）利用这些估计量，我们得到式（7-1）、式（7-2）中双响应曲面函数的估计系数，如表 7-7 所示。

表 7-7　模型回归系数

	$\hat{M}(x)$				$\hat{V}(x)$			
$\hat{\beta}$	均值	中位数	HL	$\hat{\eta}$	方差	MAD	IQR	Shamos
$\hat{\beta}_0$	327.63	345.89	332.19	$\hat{\eta}_0$	2 348.75	−616.45	1 002.79	−77.06
$\hat{\beta}_1$	177.00	177.00	177.00	$\hat{\eta}_1$	1 742.31	1 453.19	897.90	181.65
$\hat{\beta}_2$	109.43	108.94	109.31	$\hat{\eta}_2$	1 893.72	1 661.64	963.81	207.71
$\hat{\beta}_3$	131.64	120.72	128.78	$\hat{\eta}_3$	4 401.63	4 434.31	2 321.65	554.29
$\hat{\beta}_{11}$	32.00	32.00	32.00	$\hat{\eta}_{11}$	684.13	2 607.68	525.85	325.96
$\hat{\beta}_{22}$	−22.39	−36.17	−25.83	$\hat{\eta}_{22}$	−456.54	1 254.75	−153.85	156.84
$\hat{\beta}_{33}$	−29.06	−44.50	−32.92	$\hat{\eta}_{33}$	3 027.74	2 683.15	1 580.68	335.39
$\hat{\beta}_{12}$	66.03	62.92	65.25	$\hat{\eta}_{12}$	2 352.17	3 672.30	1 312.74	459.04
$\hat{\beta}_{13}$	75.47	75.08	75.38	$\hat{\eta}_{13}$	1 840.33	2 299.77	1 007.53	287.47
$\hat{\beta}_{23}$	43.58	36.67	41.85	$\hat{\eta}_{23}$	2 049.69	939.51	988.88	117.44

（3）如前所述，给定估计的均值与方差的双响应曲面函数，通过最小化 MSE 函数 $\left\{\hat{M}(x)-T_0\right\}^2+\hat{V}(x)$，$T_0=500$，可得到最优输入设置的估计 $\hat{x}^{oc}=\left(\hat{x}_1^{oc},\hat{x}_2^{oc},\hat{x}_3^{oc}\right)$。

（4）对于方法 A~G，我们得到了最优输入设置的估计，如表 7-8 所示。由于在所有方法中 $\hat{x}_1^{oc}=1$，因此，若比较各方法得到的最优输入设置，我们只需考虑 $\left(\hat{x}_2^{oc},\hat{x}_3^{oc}\right)$。

表 7-8 基于方法 A~G 的各类估计

方法	$\hat{x}_1^{oc}$	$\hat{x}_2^{oc}$	$\hat{x}_3^{oc}$	$\hat{M}\left(\hat{x}^{oc}\right)$	$\hat{V}\left(\hat{x}^{oc}\right)$	$\hat{\phi}\left(\hat{x}^{oc}\right)$
A	1.000 0	−0.040 5	−0.194 5	488.493 9	3 519.381 7	3 651.772 4
B	1.000 0	−0.167 5	−0.194 0	486.624 1	1 411.465 9	1 590.379 9
C	1.000 0	−0.111 6	−0.206 0	493.887 9	1 574.693 8	1 612.051 1
D	1.000 0	−0.095 3	−0.127 8	498.214 4	267.799 4	270.987 6
E	1.000 0	−0.130 6	−0.169 0	498.269 8	216.051 7	219.045 1
F	1.000 0	−0.133 9	−0.153 4	486.136 1	1 802.409 4	1 994.616 7
G	1.000 0	−0.040 2	−0.193 3	493.776 7	1 758.090 0	1 796.828 4

最优输入设置如图 7-2 所示，其中（b）为（a）的放大版。由图 7-2 可知，采用这几种方法得到的最优输入设置的估计非常相似，下节将在不同分布假设下采用大量的蒙特卡罗仿真试验来分析各方法。基于方法 A~G 的最优输入设置的估计 $\hat{x}^{oc}$，过程均值估计 $\hat{M}\left(\hat{x}^{oc}\right)$，过程方差估计 $\hat{V}\left(\hat{x}^{oc}\right)$，均方差估计 $\hat{\phi}\left(\hat{x}^{oc}\right)$，见表 7-8。

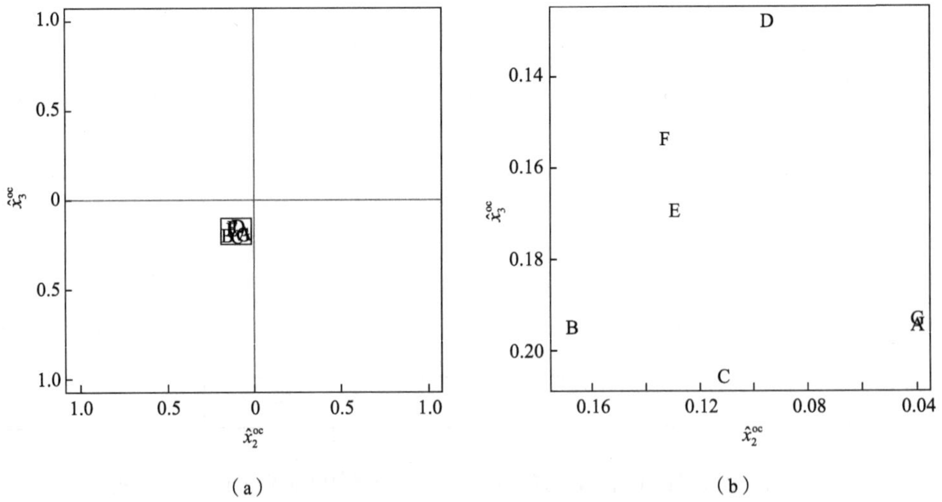

图 7-2 基于方法 A~G 的最优输入设置的估计

7.2.3 仿真分析

本节通过仿真试验来评估方法 A~G 在正态模型偏离方面的有效性。假设真实均值过程 $M(x)$ 和真实方差过程 $V(x)$ 已知，分别为 $M(x)=T_0+5\left(x_1^2+x_2^2\right)$ 和 $V(x)=1+\left(x_1-1\right)^2+\left(x_2-1\right)^2$，目标值为 $T_0=50$。采用以上均值和方差过程，我们得到的运行条件为理论最优，然后利用该条件来评估方法 A~G 的有效性。通过最小化 MSE 方程 $\phi(x)=\{M(x)-T_0\}^2+V(x)$ 得到真实的最优输入设置 $x^{oc}=(x_1^{oc},x_2^{oc})=(1/5,1/5)$。

在评估以上估计的有效性的过程中，通过采用正态分布（无模型偏离）和其他非正态分布（均匀分布、Logistic 分布、拉普拉斯分布和自由度为 5、4、3 的 t 分布）来生成式（7-1）和式（7-2）中的误差项，据此，为了从给定分布中生成一个观测样本，假设与式（7-1）和式（7-4）相关随机项（ε_m 和 ε_v）的分布是给定的。对于正态分布，生成样本较为简单，即在每个试验设计点 i 上采用 $Y_i=M(x_i)+U_i$ 生成 Y_i。其中，U_i 是均值为零、方差为 $V(x_i)$ 的独立同分布的正态随机变量。

尽管仿真的目的是评估各方法在正态模型偏离中的有效性，但在不同的正态模型偏离情形下，若位置–尺度参数不相等，则易使正态模型偏离与位置–尺度参数差异对优化结果有双重影响。因此，为了隔离模型偏离效应，避免与位置或尺度差异混淆，我们在仿真分析中分别从各分布中生成样本，从而使均值和方差与正态分布情况的均值和方差相同，也就是在每个试验设计点上的 $E(Y)=E[M(x)+U]=M(x)$ 和 $\mathrm{Var}(Y)=\mathrm{Var}[M(x)+U]=\mathrm{Var}(U)=V(x)$。考虑在 $\left(-\sqrt{3V(x)},\sqrt{3V(x)}\right)$ 上的均匀分布，则随机变量 U 的均值为 $E(U)=0$，方差为 $\mathrm{Var}(U)=V(x)$。据此，当 $Y=M(x)+U$ 生成样本，可得到 $E(Y)=M(x)$ 和 $\mathrm{Var}(Y)=V(x)$。同样，在 Logistic 分布、拉普拉斯分布和三种不同自由度的 t 分布情况下，使均值和方差相等。因此，在所有的模型偏离情形下，误差项的分布具有相同的均值和方差。

根据仿真结果估计出各种分布假设下的最优输入设置，并与真实的最优输入设置进行比较。在仿真试验中，假设存在试验设计点 $x_{1,i}=-1,0,1$ 和 $x_{2,i}=-1,0,1$，共九个点。在每个试验设计点 $x=(x_{1i},x_{2i})$ 上，从均值为 $M(x)$、方差为 $V(x)$ 的各分布中生成一个样本量为 $m=50$ 的随机样本。据此，得到 Y_{ij}（$i=1,2,\cdots,9$；$j=1,2,\cdots,50$）。随后，针对方法 A~G，得到最优输入设置的估计，然后分别对方法 A~G 重复 $I=10\,000$ 次。

7.2.3.1　离散度比较

基于方法 A~F 进行仿真试验得到的最优输入设置的估计如图 7-3~图 7-9 所示。为得到以上散点图，只采用了 10 000 个数据点中的前 100 个。这一微小修正非常必要，因为若采用通过 10 000 次仿真得到最优输入设置的完整集合会出现重叠点，从而导致混乱。由于方法 G 的表现与方法 F 相似，图 7-3~图 7-9 省略了方法 G。

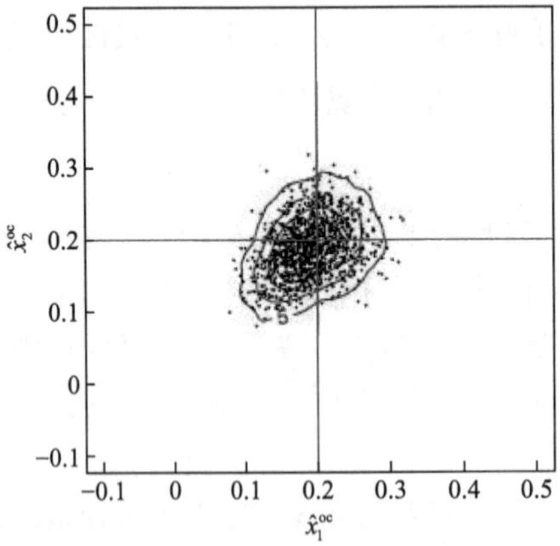

（a）方法 A

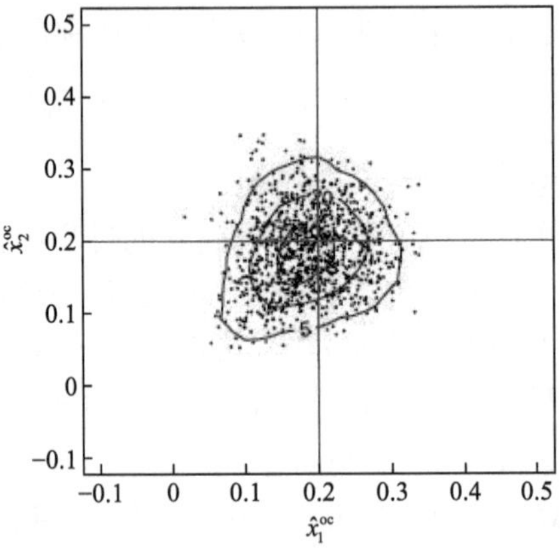

（b）方法 B

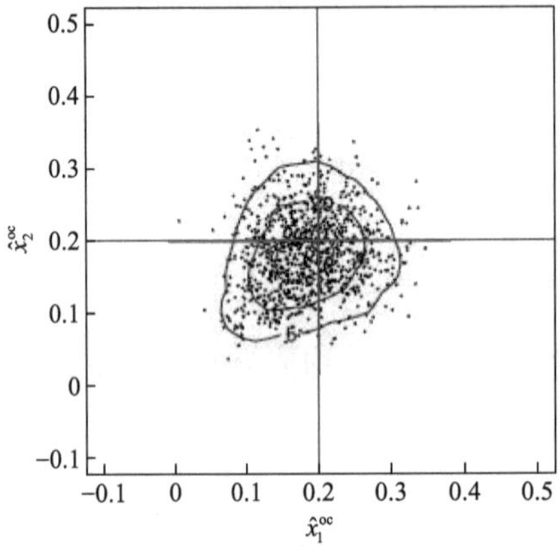

（c）方法 C

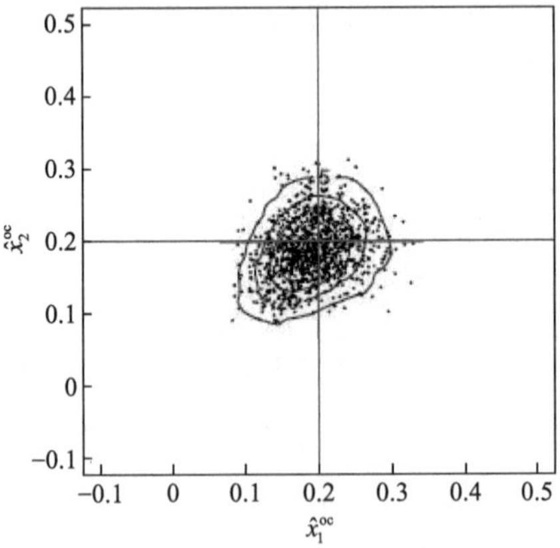

（d）方法 D

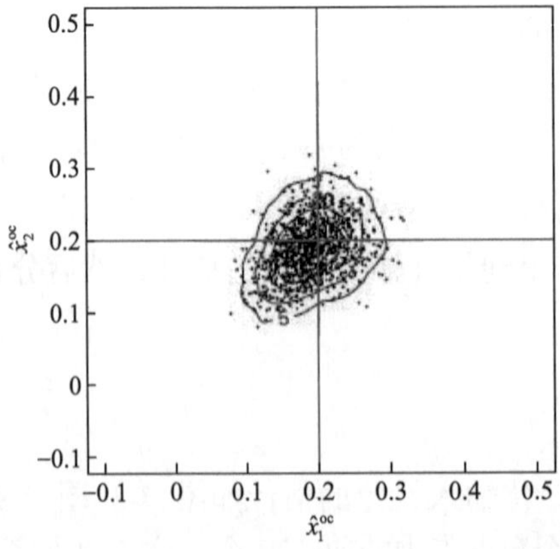

（e）方法 E

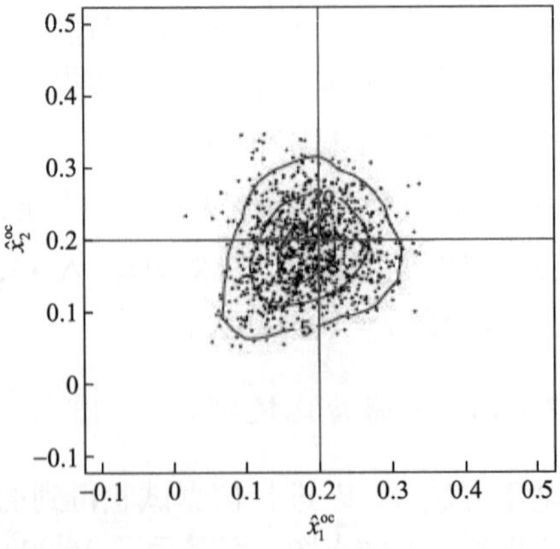

（f）方法 F

图 7-3　正态分布下的最优输入设置的估计

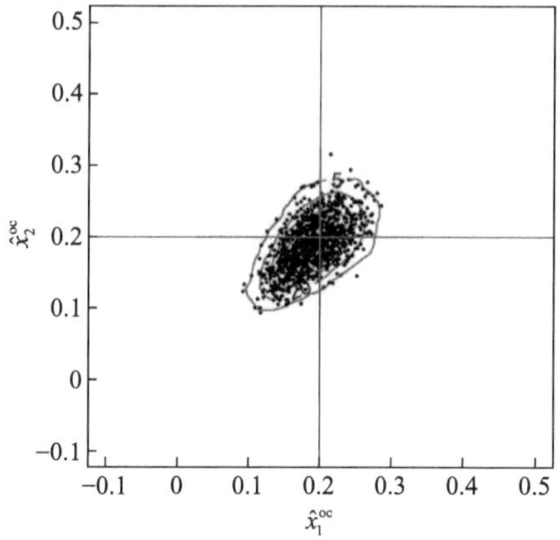

（a）方法 A

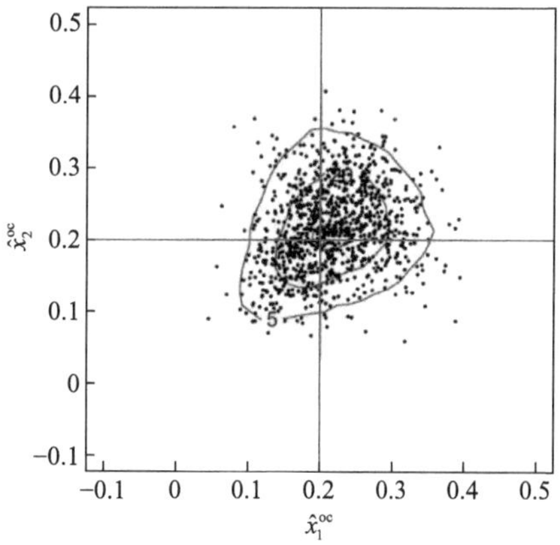

（b）方法 B

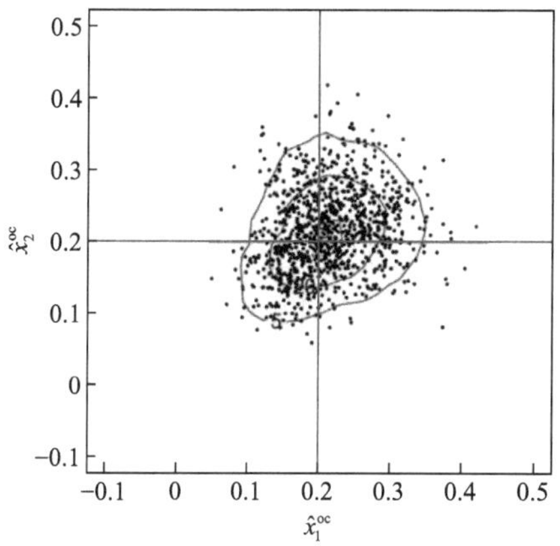

（c）方法 C

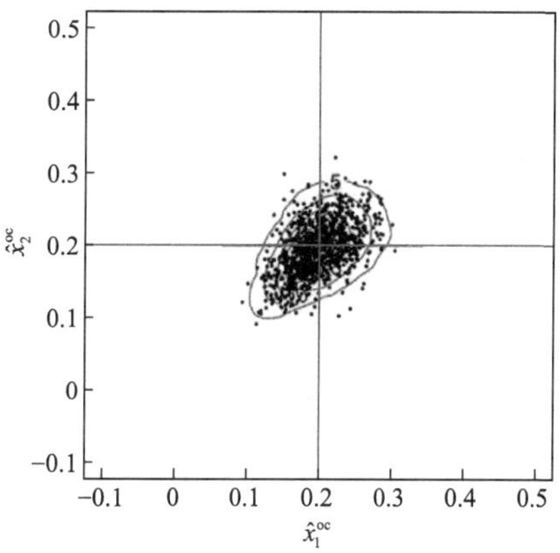

（d）方法 D

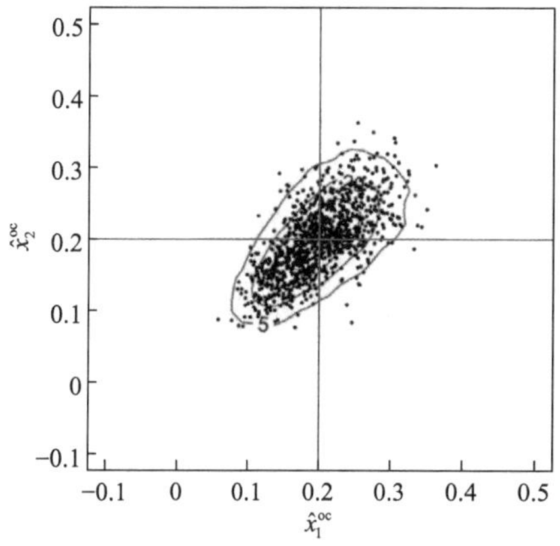

（e）方法 E

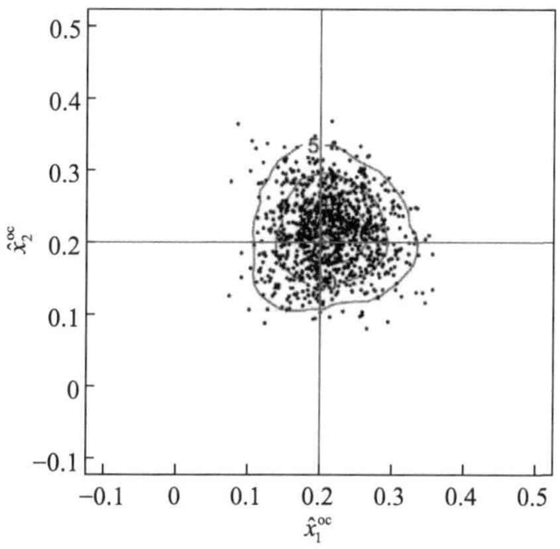

（f）方法 F

图 7-4　均匀分布下的最优输入设置的估计

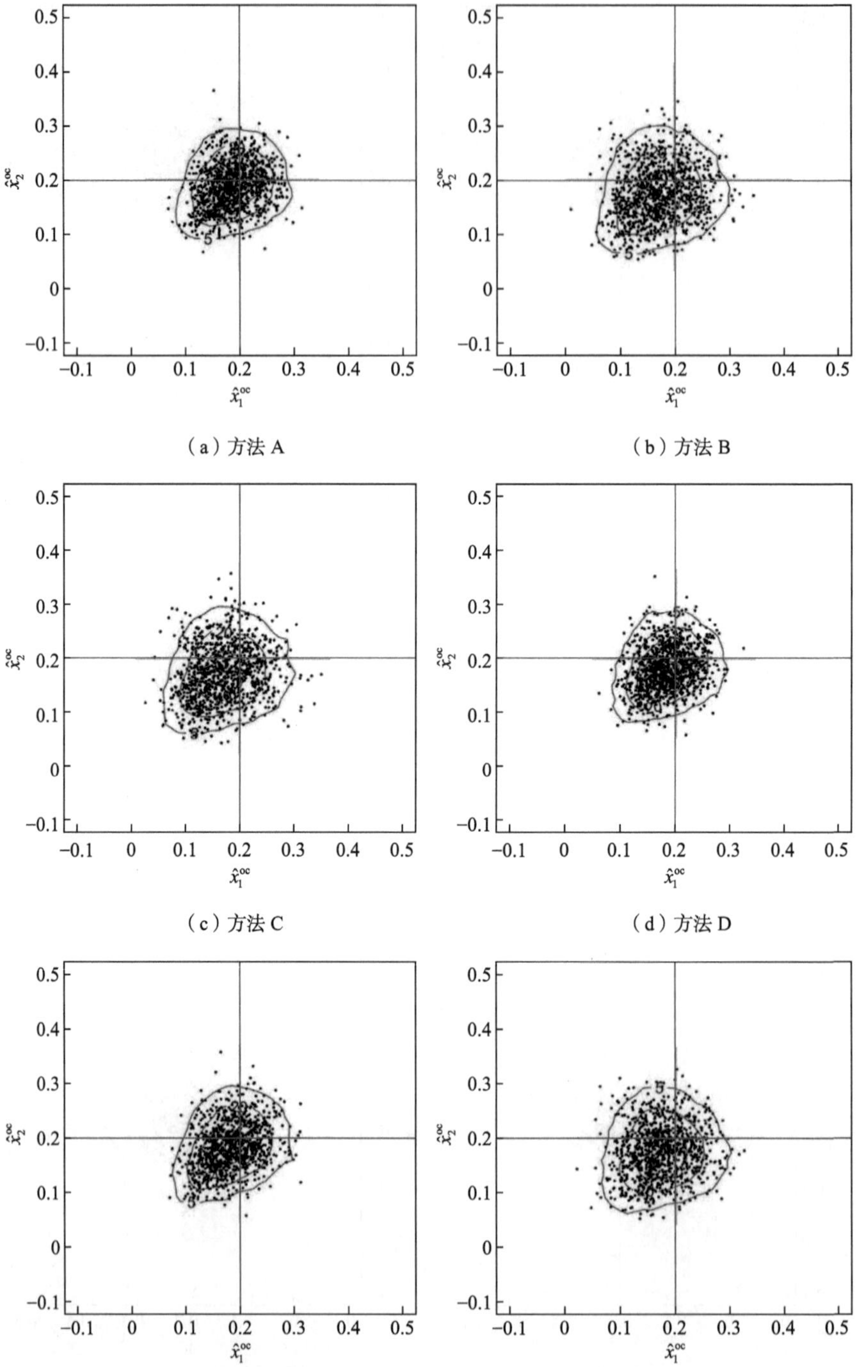

（a）方法 A （b）方法 B

（c）方法 C （d）方法 D

（e）方法 E （f）方法 F

图 7-5 Logistic 分布下的最优输入设置的估计

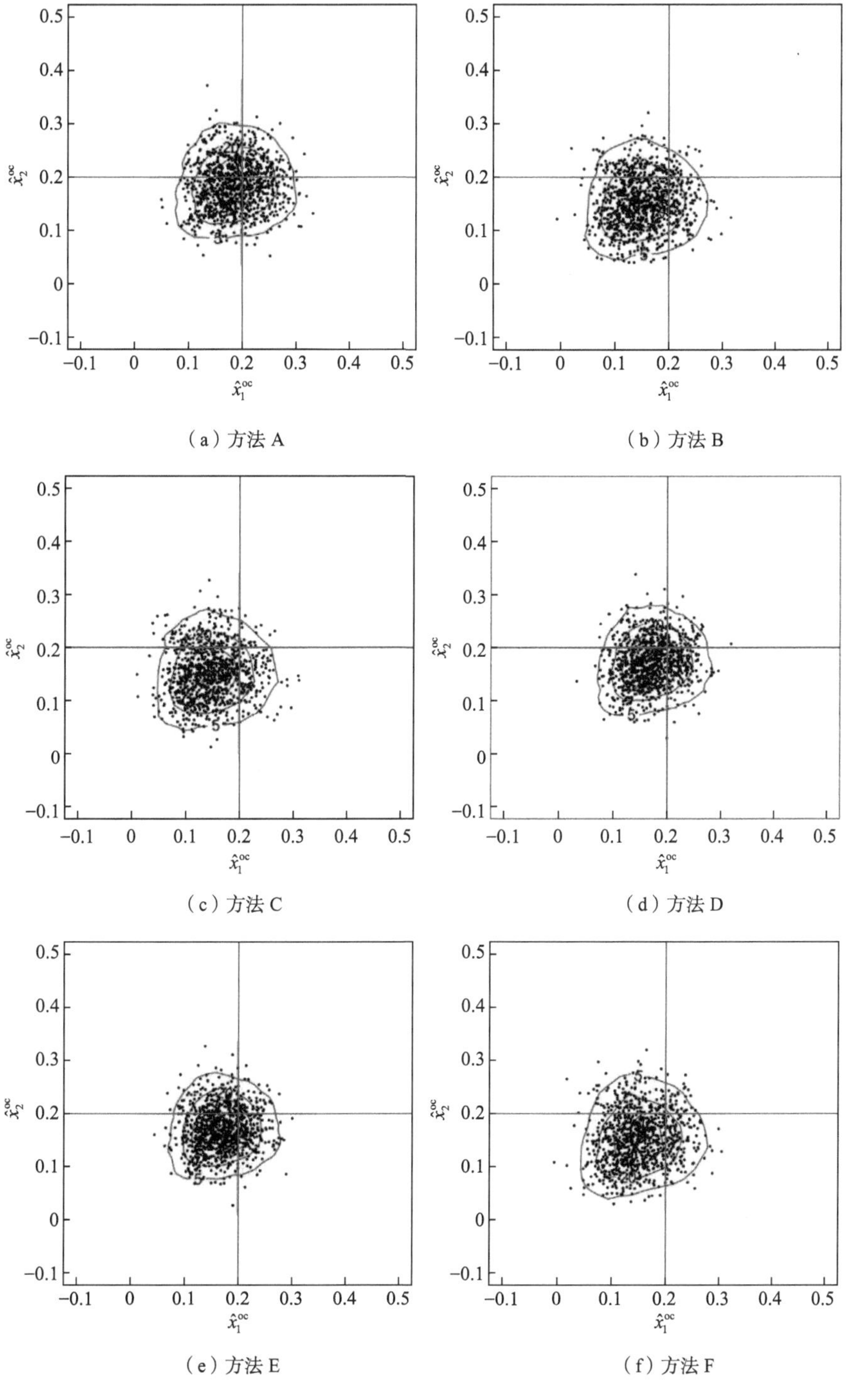

图 7-6　拉普拉斯分布下的最优输入设置的估计

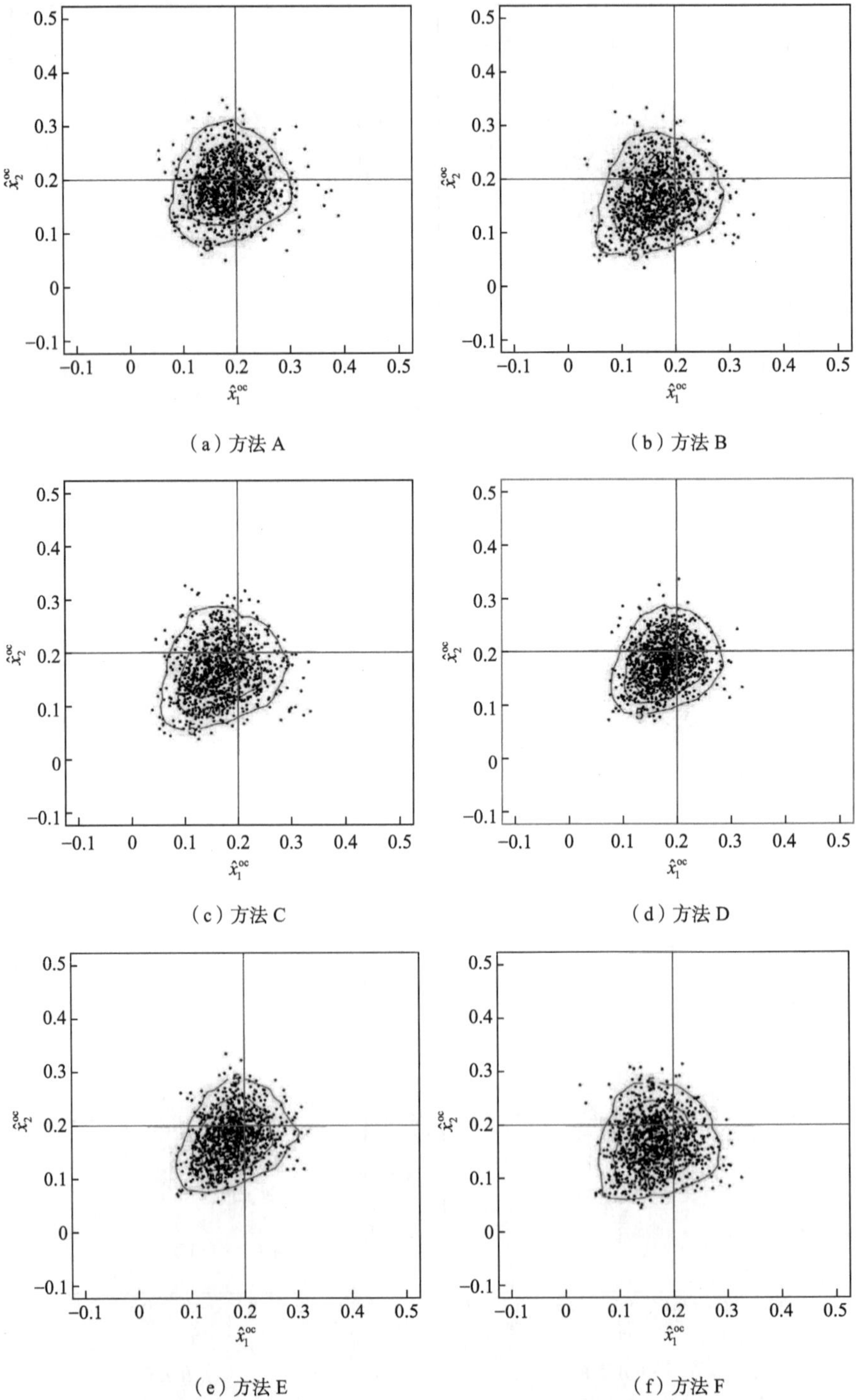

（a）方法 A

（b）方法 B

（c）方法 C

（d）方法 D

（e）方法 E

（f）方法 F

图 7-7　df=5 的 t 分布下的最优输入设置的估计

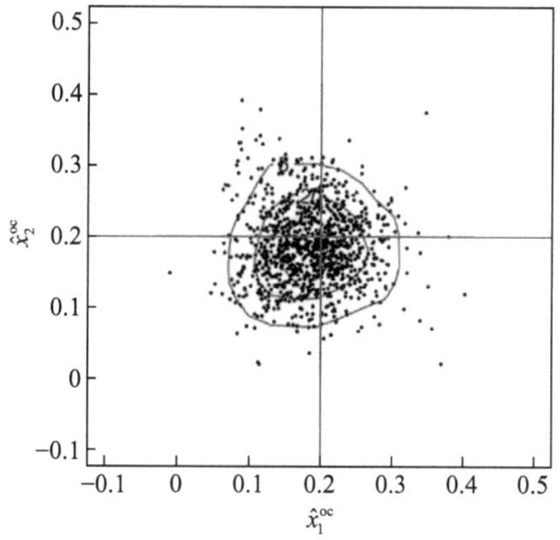

（a）方法 A

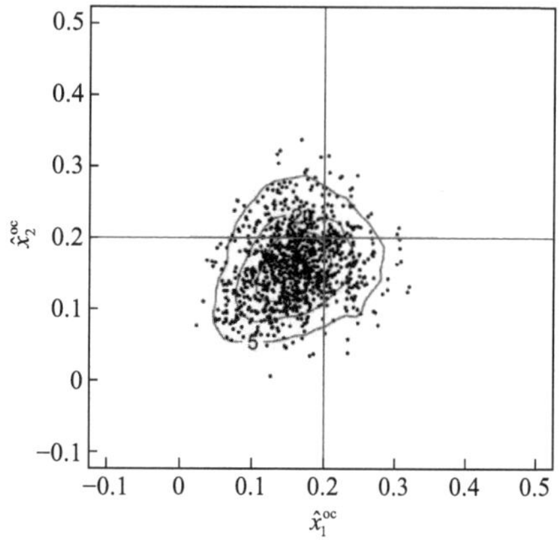

（b）方法 B

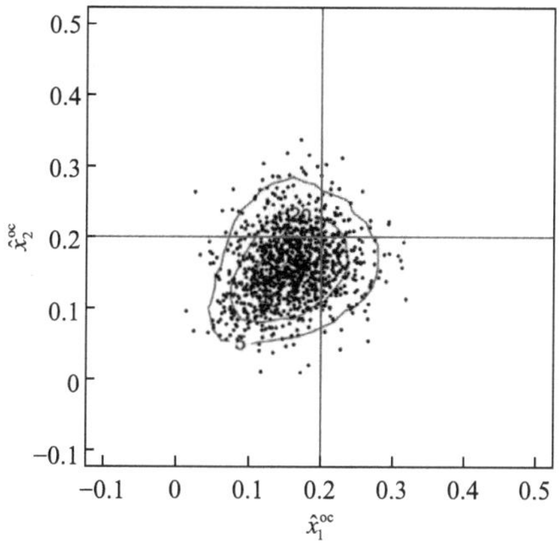

（c）方法 C

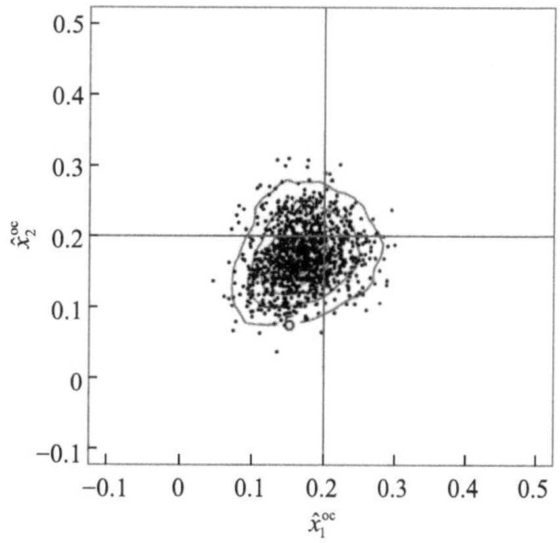

（d）方法 D

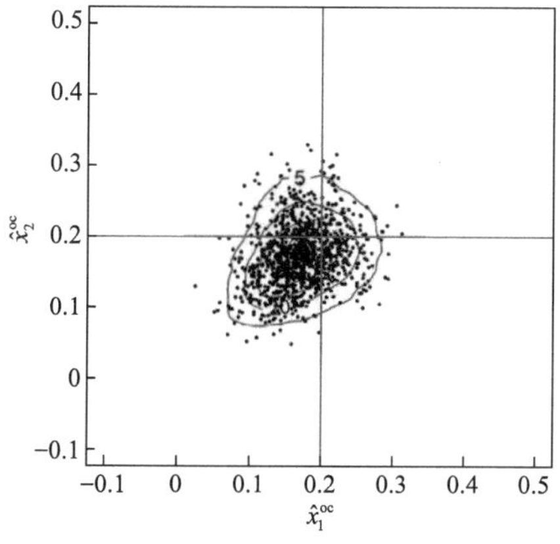

（e）方法 E

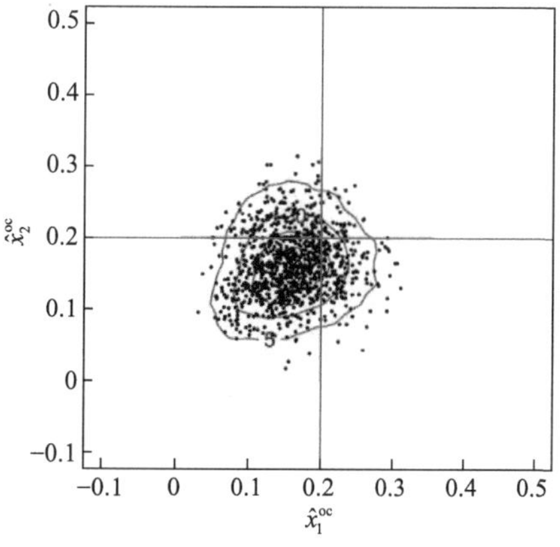

（f）方法 F

图 7-8　df=4 的 t 分布下的最优输入设置的估计

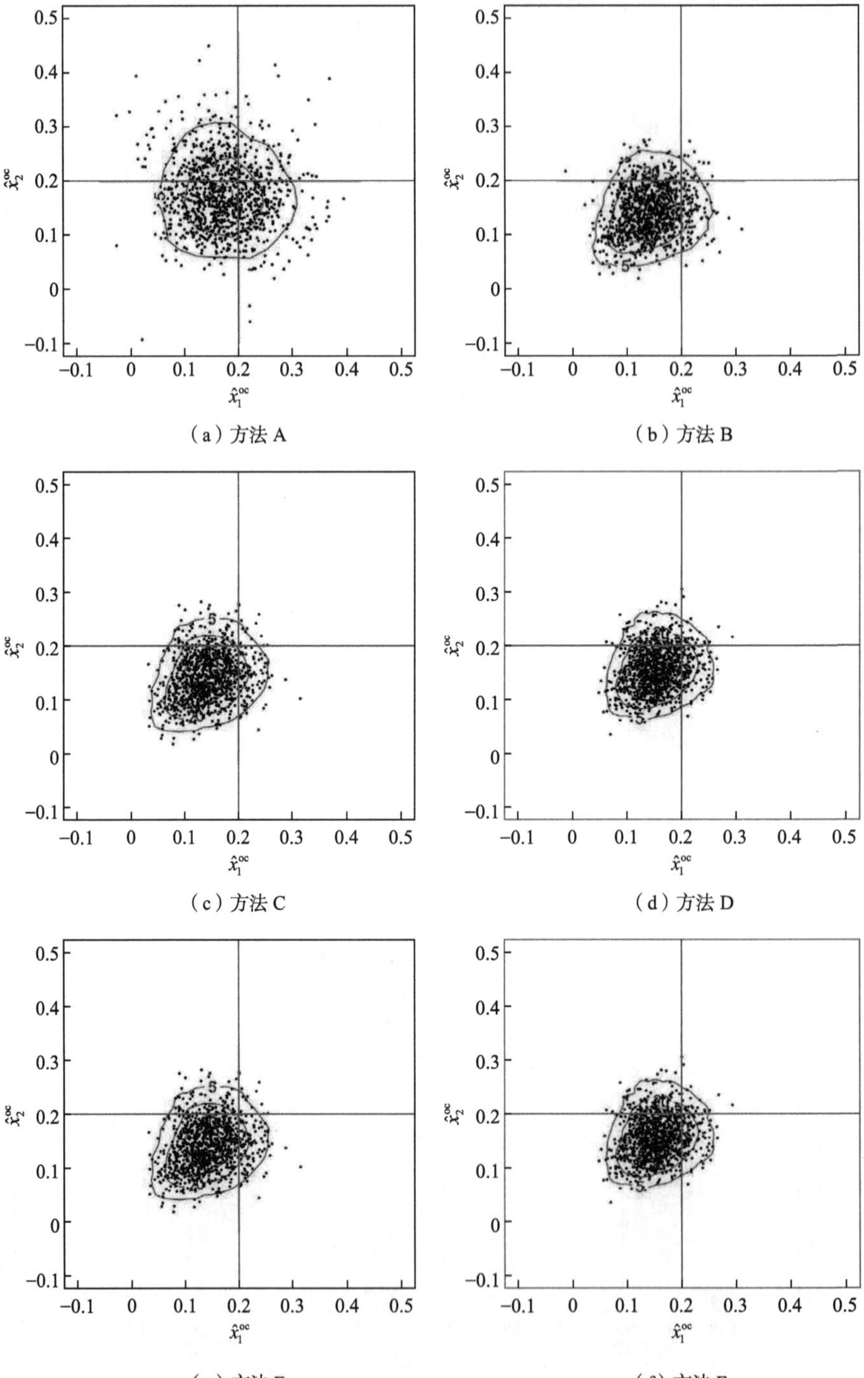

图 7-9　df=3 的 t 分布下的最优输入设置的估计

图 7-3 为正态分布情形下的仿真结果。与预期一致，由于采用方法 A 得到的估计值紧密地聚集在了最优输入设置附近，故使用样本均值和样本方差的方法 A 表现明显较好。方法 D 和方法 E 同样表现较好，且两种方法的离散度较方法 A 稍大。反之，方法 B、C 和 F 的离散度较大，未能使最优输入设置的估计值紧密聚集在最优点附近。

根据图 7-4，均匀分布情形下采用方法 A~F 得到的结果与图 7-3 结果相似。相比方法 D，尽管方法 E 的离散度较大，但从结果上看，方法 E 仍优于方法 B、C 和 F。基于误差项的 Logistic 分布的估计结果如图 7-5 所示。在 Logistic 分布下，方法 D 和方法 E 的离散度与方法 A 的离散度非常相似。同样，在离散度方面，方法 B、C 和 F 在均匀分布中表现类似。根据图 7-6，对于拉普拉斯分布，方法 B、C 和 F 的估计值出现左偏。基于方法 D 和方法 E 的估计值也向左偏，但幅度较小。此外，方法 D 和 E 产生的离散度与方法 A 产生的离散度在本质上无区别。

采用 df 分别为 5、4、3 的 t 分布进行仿真时，我们可得到一个较为有趣的试验结果。如图 7-7 所示，df 为 5 的 t 分布下的结果与拉普拉斯分布下的结果非常相似：方法 D 和方法 E 产生的离散度小于方法 A 产生的离散度。不同的是，方法 D 和方法 E 表现出了轻微的左偏。此外，方法 B、C 和 F 的离散度与方法 A 相似，但与方法 D 和方法 E 相比，方法 B、C 和 F 的左偏程度更大。当 t 分布的 df 逐渐减少时（从 5 减小到 4，再减小到 3），方法 A 的离散度显著增加，同时，方法 B~F 的集群程度显著增加。

尽管很难根据图 7-3~图 7-9 将试验结果进行推广，但我们可以推断，当分布无厚尾时，采用标准样本均值和样本方差估计的方法 A 表现较好。当分布存在厚尾时，方法 A 的表现会显著下滑。此外，方法 D 和方法 E 无论在何种分布假设下均会表现出一致性和稳定性。

7.2.3.2　相对效率比较

虽然图 7-3~图 7-9 提供了一种能够比较方法 A~F 有效性的方式，但采用单变量统计离散度的比较方式将会更加客观、有效。因此，为了比较两个估计量（如 $\hat{\theta}_2$ 和 $\hat{\theta}_1$）的离散度，标准做法是计算两个估计量的方差比，该方差比称为 $\hat{\theta}_2$ 和 $\hat{\theta}_1$ 的相对效率[2, 18, 26]。

通过仿真得到的广义方差和基于这些广义方差得到的相对效率如表 7-9 和表 7-10 所示。本节采用了传统方法（方法 A）作为基准来计算其他方法相对于方法 A 的相对效率，故表 7-10 中方法 A 的相对效率始终为 100%。

表 7-9 各方法下的广义方差（$\times 10^6$）

潜在分布	方法						
	A	B	C	D	E	F	G
正态分布	2.330 5	9.668 2	9.739 3	2.825 8	3.941 8	7.541 7	7.640 4
均匀分布	1.018 7	13.828 4	13.419 9	1.266 4	3.890 4	7.009 9	6.906 7
Logistic 分布	3.676 8	10.530 9	10.601 9	3.625 9	4.413 4	9.141 2	9.205 5
拉普拉斯分布	6.103 8	16.363 9	16.336 3	6.119 5	5.885 9	16.934 8	16.853 3
t 分布（df=5）	6.547 8	11.338 0	11.450 5	4.330 6	4.973 6	10.253 2	10.362 1
t 分布（df=4）	10.184 8	12.244 9	12.266 2	5.068 7	5.645 1	11.276 0	11.309 3
t 分布（df=3）	24.069 9	14.628 2	14.649 2	7.209 8	7.444 7	14.366 1	14.328 9

表 7-10 基于广义方差得到各方法相对于方法 A 的相对效率

潜在分布	方法							峰度值（$\kappa-3$）
	A	B	C	D	E	F	G	
正态分布	100.00%	24.1%	23.9%	82.5%	59.1%	30.9%	30.5%	0
均匀分布	100.00%	7.4%	7.6%	80.4%	26.2%	14.5%	14.7%	−1.2
Logistic 分布	100.00%	34.9%	34.7%	101.4%	83.3%	40.2%	39.9%	1.2
拉普拉斯分布	100.00%	37.3%	37.4%	98.5%	103.7%	36.0%	36.2%	3
t 分布（df=5）	100.00%	57.8%	57.2%	151.2%	131.7%	63.9%	63.2%	6
t 分布（df=4）	100.00%	83.2%	83.0%	200.9%	180.4%	90.3%	90.1%	∞
t 分布（df=3）	100.00%	164.5%	164.3%	333.8%	323.3%	167.5%	168.0%	∞

根据表 7-10 的结果，方法 D 和方法 E 的表现始终优于方法 B、C 和 F。更值得注意的是，出现了两组估计量：方法 D 和方法 E 的表现非常相似，同样，方法 B、C 和 F 的表现也非常相似。我们发现，尽管以上各方法的表现均有相似之处，但方法 D 始终优于方法 E，这说明若要防止正态模型的偏离，首选方法是方法 D 而非方法 A。

当 t 分布产生误差时，方法 D 尤其有效，同时，该情况下方法 A 的表现最差。通过表 7-10 还可以看出，均匀分布下方法 E 的相对效率最低，方法 D 在均匀分布下的相对效率仍为 80%。由此可见，存在正态模型偏离情形下，方法 D 与其他方法的效率具有可比性。因此，当正态模型偏离的可能性较小时，方法 D 应代替方法 A。

7.2.3.3 峰度关系

为了研究是否存在表 7-10 中出现的模式，首先有必要量化非正态分布偏离的程度。将非正态分布的偏离程度进行合理量化的一种方法是利用其峰度值。关于不同峰度分布的性质，读者可参考 DeCarlo[27]和 Westfall[28]。

尽管任何针对正态模型偏离程度的量化都较为主观，但被广泛接受的一点是，峰度值为正表示相对于正态分布的尾部较重；峰度值为负表示相对于正态分布的尾部较轻。但是从统计推断的观点来看，尾部较重对建模和后续优化影响较大。针对表 7-10 中的大多数方法，相对效率与峰度值之间均成正相关关系：随着潜在分布的峰度值逐渐为正，相对效率提升较大，并且会随着峰度值的增加而持续增加。这是因为各方法在正态假设下的表现均会随着分布的尾部加厚而下滑。例如，根据表 7-10，在 t 分布（df=3）情况下，方法 B~G 均优于方法 A。注意，在峰度值较低的情况下，大多数方法的相对效率远低于 100%，只有方法 D 和方法 E 的相对效率未像其他方法那样大幅度下降。事实上，方法 D 的相对效率从未低于 80%。当各分布的峰度值较大（尾部较厚）时，方法 D 的表现优于其他方法；当各分布的峰度值较小（尾部较轻）时，方法 D 的表现没有大幅度下滑。此外，尽管方法 D 在轻尾情况下的表现不如在厚尾情况下的好，但轻尾并不像厚尾那样会给统计推断带来困难。根据仿真得到的离散度、相对效率和峰度值测度，我们可判断方法 D 最优，即无论正态模型是否存在偏离，方法 D 表现较佳。本节采用了 Lin 和 Tu[31]的平方损失优化模型来估计最优输入设置，这在双响应曲面的文献中被称为望目特性。应指出的是，本节所提出的方法通过适当地修正损失函数可以很容易地应用于望大型和望小型的情况[33]。

参 考 文 献

[1] Park C，Cho B R. Development of robust design under contaminated and non-normal data[J]. Quality Engineering，2003，15（3）：463-469.

[2] Park C，Leeds M. A highly efficient robust design under data contamination[J]. Computers & Industrial Engineering，2016，93：131-142.

[3] Park C，Ouyang L H，Byun J H，et al. Robust design under normal model departure[J]. Computers & Industrial Engineering，2017，113：206-220.

[4] Hampel F R，Ronchetti E M，Rousseeuw P J，et al. Robust Statistics：The Approach Based on Influence Functions[M]. New York：Wiley，1986.

[5] Bartlett M S，Kendall D G. The statistical analysis of variance-heterogeneity and the logarithmic transformation[J]. Journal of the Royal Statistical Society，1946，8：128-138.

[6] Myers R H，Montgomery D C. Response Surface Methodology[M]. 2nd ed. New York：Wiley，2002.

[7] Lindsay B G. Efficiency versus robustness：the case for minimum Hellinger distance and related

methods[J]. Annals of Statistics，1994，22（2）：1081-1114.

[8] Shamos M I. Geometry and statistics：problems at the interface[C]. In J. F. Traub（Ed.）. Algorithms and Complexity：New Directions and Recent Results. New York：Academic Press，1976：251-280.

[9] Rousseeuw P J，Croux C. Alternatives to the median absolute deviation[J]. Journal of the American Statistical Association，1993，88（424）：1273-1283.

[10] Hettmansperger T P，McKean J W. Robust Nonparametric Statistical Methods[M]. 2nd ed. Boca Raton：Chapman & Hall/CRC，2010.

[11] Huber P J. Robust estimation of a location parameter[J]. The Annals of Mathematical Statistics，1964，35（1）：73-101.

[12] Huber P J. Robust Statistics[M]. New York：Wiley，1981.

[13] Dixon W J. Simplified estimation from censored normal samples[J]. The Annals of Mathematical Statistics，1960，31（2）：385-391.

[14] Lévy-Leduc C，Boistard H，Moulines E，et al. Large sample behaviour of some well-known robust estimators under long-range dependence[J]. Statistics，2011，45（1）：59-71.

[15] Huber P J，Ronchetti E M. Robust Statistics[M]. 2nd ed. Hoboken：John Wiley & Sons，2009.

[16] Huber P J. Finite sample breakdown of M- and P-estimators[J]. Annals of Statistics，1984，12（1）：119-126.

[17] Serfling R J. Asymptotic relative efficiency in estimation[C]. In M. Lovric（Ed.）. Encyclopedia of Statistical Science，Part I. Berlin：Springer，2011：68-72.

[18] Lehmann E L. Elements of Large-Sample Theory[M]. New York：Springer，1999.

[19] Staudte R G，Sheather S J. Robust Estimation and Testing[M]. Hoboken：John Wiley & Sons，1990.

[20] The R Development Core Team. R：A Language and Environment for Statistical Computing[M]. Vienna：R Foundation for Statistical Computing，2018.

[21] Hampel F R，Marazzi A，Ronchetti E，et al. Handouts for the instructional meeting on robust statistical methods[C]. In The 15th European Meeting of Statisticians，Palermo，Italy，1982.

[22] Park C，Basu A. The generalized kullback-leibler divergence and robust inference[J]. Journal of Statistical Computation and Simulation，2003，73（5）：311-332.

[23] Park C，Basu A. Minimum disparity inference based on tangent disparities[J]. International Journal of Information and Management Sciences，2011，22：1-25.

[24] Silverman B W. Density Estimation for Statisticsand Data Analysis[M]. London：Chapman & Hall，1986.

[25] Anderson T W. An Introduction to Multivariate Statistical Analysis[M]. London：Wiley，1993.

[26] Johnson R A，Wichern D W. Applied Multivariate Statistical Analysis[M]. 6th ed. Englewood

Cliffs：Prentice-Hall，2007.

[27] DeCarlo L T. On the meaning and use of kurtosis[J]. Psychological Methods，1997，2（3）：292-307.

[28] Westfall P H. Kurtosis as peakedness，1905-2014. R.I.P[J]. The American Statistician，2014，68（3）：191-195.

[29] Hosking J R M. L-moments：analysis and estimation of distributions using linear combinations of order statistics[J]. Journal of the Royal Statistical Society：Series B（Methodological），1990，52（1）：105-124.

[30] Hodges J L，Lehmann E L. Estimates of location based on rank tests[J]. The Annals of Mathematical Statistics，1963，34（2）：598-611.

[31] Lin D K J，Tu W. Dual response surface optimization[J]. Journal of Quality Technology，1995，27（1）：34-39.

[32] Box G E P，Draper N R. Empirical Model-Building and Response Surfaces[M]. Hoboken：John Wiley and Sons，1987.

[33] Ross P J. Taguchi Technique for Quality Engineering[M]. New York：McGraw-Hill Book Company，1988.

第 8 章　多重相关特性的质量设计

在产品开发与设计中，衡量产品质量的特性往往有多个。在传统的质量设计中，我们通常假设各质量特性间是相互独立的，从而可以通过对每一个质量特性单独建模。然而，在产品的质量建模中，各质量特性间呈现一定的相关关系。在建模阶段忽视这种相关性，将会大大增加模型参数的估计方差，进而导致质量设计被“高估”或“低估”[1]。在建模阶段，如何考虑质量特性间的相关性，是有效实现质量设计的关键步骤之一。另外，由于多个质量特性中每个质量特性均有可能服从某一个分布，这在一定程度上导致假设所有质量特性服从多元正态分布是不合理的。假设某一个过程中的四个质量特性中有三个质量特性服从正态分布，但第四个质量特性服从非正态分布，这将导致四个质量特性不服从多元正态分布。在质量设计中，解决相关性的质量建模手段，往往都是基于正态分布来展开的。非正态下的多质量特性为建模带来了更大的挑战。因此，在质量建模阶段，如何考虑质量特性相关性、非正态等因素，构建精确和稳健的质量模型具有重要的研究意义。

本章的结构如下：8.1 节在正态分布假设的框架下，在解决相关质量特性建模的基础上，构建考虑模型不确定和实现误差的质量设计。8.2 节在非正态分布情形下，从稳健似然函数的角度，解决非正态情形下的变量筛选、建模等问题。

8.1　正态响应下似不相关的质量设计

在过程或产品设计中，多响应优化是一个常见问题[2，3]。在多响应优化中，最重要的步骤是构建准确的响应模型，因为对较差的多项式模型（代理模型）的优化（如低阶多项式回归模型）可能导致获得的设计方案偏离真正的解决设计方案[4]。通常，模型参数被假定为应该估计的常数。一旦使用实验数据进行估算，就可以将它们视为真实值。但是，通常情况下，这些参数包含大量估计误差，从而导致模型参数不确定性。此外，即使可以忽略模型参数中的不确定性，也无法如连续优化中所假定的那样以最佳精度实现最佳设置。例如，最佳设置是 2 的平方根，但是实现的解决方案是 1.4（由于截断/舍入误差而导致）。因此，所谓的“最佳”设置在许多情况下都不理想，甚至不可行。

通常，基于模型的过程优化仅适用于准确的模型，因为它基于输出性能和设计变量之间的真实关系[5]。有时可以基于物理机制构造模型。有时可以根据物理机制来构造模型。在这种情况下，参数是已知的变量。然而，基本物理定律往往难以获取其潜在的力学模型。因此，由实验推导而来的经验模型在工程中得到了广泛的应用。显然，经验模型中的估计参数存在实验误差或估计误差[6]。不考虑不确定性会导致错误的质量估计，从而导致过程设计不佳[1]。同时，如果在优化过程中不考虑不确定性，就会出现性能下降等不良现象[7]。

近年来，有一些人试图将模型参数的不确定性纳入多响应优化过程。Chipman[8]推荐了一种蒙特卡罗模拟，其中模型参数的值来自它们的后验分布，并代入优化策略。Peterson[9]和 Miro-Quesada 等[10]提出了一种贝叶斯方法，该方法使响应落在特定容差区间内的后验概率最大化。响应的后验分布考虑了模型参数的不确定性。Myers 等[11]通过考虑模型参数的协方差推导出了模型预测方差的无偏估计量。Wang 等[12]提出了一种新的贝叶斯方法来处理模型参数的不确定性，其中将可接受优化结果的可靠性和预期损失纳入了提出的优化策略。He 等[13]采用最坏情况策略构建稳健的期望函数，同时优化多个响应。他们方法的优点是考虑了置信区间中的所有值，而不是每个响应的单一预测值。Ouyang 等[14]考虑了误差平方损失的方差，提出了一个综合损失函数，将参数不确定性纳入多个响应的优化。上述方法虽然考虑了模型参数的不确定性，但都假定设计变量的最优设置可以在优化过程中获得精确值的情况下实现。换句话说，他们不考虑实现误差的问题。McAdams 和 Wood[15]强调，理解设计变量中的实现误差是实践者的一个关键问题。规范或标准方法忽略了实现误差的影响，在某些过程或产品设计中可能产生次优甚至不可行的设计方案。为了克服这一问题，Lamberti 和 Tucci[16]基于区间算法理论考虑了设计变量的变化，提出了一种基于最坏情况策略的稳健设计新方法。

在现有文献的启发下，本节提出了一种新的处理模型参数不确定性和实现误差的损失函数方法。本节提出的多响应目标值损失函数法将多响应问题转化为单一度量的多响应问题，避免了矢量优化和约束优化。

8.1.1　损失函数法

为了验证所提方法的有效性，在比较分析过程中加入了三种现有损失函数方法。在本节中，我们将简要描述这些方法。自 20 世纪 80 年代以来，Taguchi 就引入了质量损失函数作为产品质量性能的衡量标准。Taguchi[17]指出，质量是产品在传输后对社会造成的损失，而不是由其内在功能造成的损失。Taguchi 认为，当产品的功能性质量特征偏离其理想目标（或名义值）时，无论偏差有多小，总是会产生质量损失。下节将介绍其在多响应优化中的应用。

8.1.1.1 基于偏差的损失函数

假设 $\boldsymbol{x}=[x_1,x_2,\cdots,x_d]'$ 表示设计变量向量，$\boldsymbol{y}=[y_1,y_2,\cdots,y_p]'$ 表示响应向量，$\boldsymbol{T}=[T_1,T_2,\cdots,T_p]'$ 表示响应向量的特定目标值。Pignatiello[18]将 Taguchi 单变量损失函数扩展为一般多响应损失函数。定义在设计变量 $\boldsymbol{x}$ 处的损失函数为

$$L(\boldsymbol{y}(\boldsymbol{x}),\boldsymbol{T})=[\boldsymbol{y}(\boldsymbol{x})-\boldsymbol{T}]'\boldsymbol{C}[\boldsymbol{y}(\boldsymbol{x})-\boldsymbol{T}] \tag{8-1}$$

其中，$\boldsymbol{y}(\boldsymbol{x})$ 为 $\boldsymbol{x}$ 处响应的 $p\times1$ 维向量；$\boldsymbol{C}$ 为由过程经济学确定的 $p\times p$ 的正定成本矩阵。期望损失可表示为

$$E\left[L(\boldsymbol{y}(\boldsymbol{x}),\boldsymbol{T})\right]=\left(E[\boldsymbol{y}(\boldsymbol{x})]-\boldsymbol{T}\right)'\boldsymbol{C}\left(E[\boldsymbol{y}(\boldsymbol{x})]-\boldsymbol{T}\right)+\mathrm{trace}\left[\boldsymbol{C}\boldsymbol{\Sigma}_{\boldsymbol{y}(\boldsymbol{x})}\right] \tag{8-2}$$

其中，$\boldsymbol{\Sigma}_{\boldsymbol{y}(\boldsymbol{x})}$ 为 $\boldsymbol{y}$ 在 $\boldsymbol{x}$ 处的 $p\times p$ 方差-协方差矩阵。式（8-2）中有两个重要组成部分：偏差部分 $\left(E[\boldsymbol{y}(\boldsymbol{x})]-\boldsymbol{T}\right)'\boldsymbol{C}\left(E[\boldsymbol{y}(\boldsymbol{x})]-\boldsymbol{T}\right)$ 和协方差部分 $\mathrm{trace}\left[\boldsymbol{C}\boldsymbol{\Sigma}_{\boldsymbol{y}(\boldsymbol{x})}\right]$。这种方法的基本前提是每个响应方差在试验设计空间中不一定是恒定。因此，当波动对过程性能有显著影响时，将方差波动纳入期望损失是有效果的。

8.1.1.2 基于预测不确定的损失函数

为了测度模型预测质量，Vining[19]提出了一种新的平方误差损失方法通过将式（8-1）中的 $\hat{\boldsymbol{y}}(\boldsymbol{x})$ 替换 $\boldsymbol{y}(\boldsymbol{x})$：

$$L(\hat{\boldsymbol{y}}(\boldsymbol{x}),\boldsymbol{T})=[\hat{\boldsymbol{y}}(\boldsymbol{x})-\boldsymbol{T}]'\boldsymbol{C}[\hat{\boldsymbol{y}}(\boldsymbol{x})-\boldsymbol{T}] \tag{8-3}$$

其中，$\hat{\boldsymbol{y}}(\boldsymbol{x})$ 为在 $\boldsymbol{x}$ 点的处 $p\times1$ 预测响应向量，根据式（8-3），可计算出一个新的期望损失为

$$E\left[L(\hat{\boldsymbol{y}}(\boldsymbol{x}),\boldsymbol{T})\right]=\left(E[\hat{\boldsymbol{y}}(\boldsymbol{x})]-\boldsymbol{T}\right)'\boldsymbol{C}\left(E[\hat{\boldsymbol{y}}(\boldsymbol{x})]-\boldsymbol{T}\right)+\mathrm{trace}\left[\boldsymbol{C}\boldsymbol{\Sigma}_{\hat{\boldsymbol{y}}(\boldsymbol{x})}\right] \tag{8-4}$$

其中，$\boldsymbol{\Sigma}_{\hat{\boldsymbol{y}}(\boldsymbol{x})}$ 为 $\hat{\boldsymbol{y}}(\boldsymbol{x})$ 的 $p\times p$ 方差-协方差矩阵，若 $\hat{\boldsymbol{y}}(\boldsymbol{x})$ 是无偏估计量，式（8-4）中 $E[\hat{\boldsymbol{y}}(\boldsymbol{x})]$ 项将等于 $E[\boldsymbol{y}(\boldsymbol{x})]$ 项。那么，两种损失函数方法，即式（8-2）和式（8-4）唯一区别在于协方差分量。式（8-2）中 $\mathrm{trace}\left[\boldsymbol{C}\boldsymbol{\Sigma}_{\boldsymbol{y}(\boldsymbol{x})}\right]$ 项表示在 $\boldsymbol{x}$ 处的

稳健性惩罚，然而，式（8-4）中 trace$\left[\boldsymbol{C\Sigma}_{\hat{y}(x)}\right]$项表示在预测响应中模型参数不确定性而产生的惩罚。

8.1.1.3　基于稳健性能的损失函数

Ko 等[20]提出了一种损失函数新定义采用预测响应 $\tilde{\boldsymbol{y}}(\boldsymbol{x})$ 替代 $\hat{\boldsymbol{y}}(\boldsymbol{x})$（简称 Ko 等方法），则式（8-1）可表示为

$$L\left(\tilde{\boldsymbol{y}}(\boldsymbol{x}),\boldsymbol{T}\right)=\left[\tilde{\boldsymbol{y}}(\boldsymbol{x})-\boldsymbol{T}\right]'\boldsymbol{C}\left[\tilde{\boldsymbol{y}}(\boldsymbol{x})-\boldsymbol{T}\right] \tag{8-5}$$

通常，最优解 $\boldsymbol{x}$ 可通过使期望损失最小化 $E\left[L\left(\tilde{\boldsymbol{y}}(\boldsymbol{x}),\boldsymbol{T}\right)\right]$：

$$E\left[L\left(\tilde{\boldsymbol{y}}(\boldsymbol{x}),\boldsymbol{T}\right)\right]=\left(E\left[\tilde{\boldsymbol{y}}(\boldsymbol{x})\right]-\boldsymbol{T}\right)'\boldsymbol{C}\left(E\left[\tilde{\boldsymbol{y}}(\boldsymbol{x})\right]-\boldsymbol{T}\right)+\mathrm{trace}\left[\boldsymbol{C\Sigma}_{\hat{y}(x)}\right]+\mathrm{trace}\left[\boldsymbol{C\Sigma}_{y(x)}\right] \tag{8-6}$$

其中，$\boldsymbol{\Sigma}_{\hat{y}(x)}$ 和 $\boldsymbol{\Sigma}_{y(x)}$ 分别为平均估计响应值和真实响应值的方差−协方差矩阵。

式（8-6）中的损失函数是 Pignatiello[18]和 Vining[19]方法的结合。如果 $\boldsymbol{\Sigma}_{y(x)}$ 是常数，那么 trace$\left[\boldsymbol{C\Sigma}_{y(x)}\right]$项也是常数。那么，使最小化式（8-6）等同于最小化式（8-4）；同样的，带有相同预测质量，trace$\left[\boldsymbol{C\Sigma}_{\hat{y}(x)}\right]$项可以省略，那么，使最小化式（8-6）等同于最小化式（8-2）。因此，Pignatiello 和 Vining 的方法都是 Ko 等[20]损失函数方法的特殊情况。

在此，我们讨论成本矩阵 $\boldsymbol{C}$ 特征和含义。对于对角矩阵 $\boldsymbol{C}$，每个元素代表对应目标响应的相对重要性，损失函数为 p 个单响应二次损失函数的加权之和。如果 $\boldsymbol{C}$ 是一个非对角矩阵，则非对角元素被解释为对多个响应偏离目标时产生的增量损失。在实际情况下，成本参数是用一些提供损失的参考点来估计的。为了说明计算过程，假设在一个工程问题中有两个响应（y_1 和 y_2），其对应的目标值分别为 T_1 和 T_2。同时，这两个响应的偏差值分别为 Δ_1 和 Δ_2。y_1 和 y_2 的容差分别为 $\left[T_1-\Delta_1,T_1+\Delta_1\right]$ 和 $\left[T_2-\Delta_2,T_2+\Delta_2\right]$。由于成本矩阵是对称的，因此，有三个未知参数。当 $\boldsymbol{Y}=\left[T_1\pm\Delta_1,\ T_2\right]$，式（8-1）的损失是 A_1。当 $\boldsymbol{Y}=\left[T_1,\ T_2\pm\Delta_2\right]$ 和 $\boldsymbol{Y}=\left[T_1\pm\Delta_1,\ T_2\pm\Delta_2\right]$ 情形下，它们的损失分别为 A_2 和 A_{12}。那么，成本矩阵中的参数可以计算为

$$\begin{cases} c_{11}\Delta_1^2=A_1 \\ c_{22}\Delta_2^2=A_2 \\ c_{12}\Delta_1\Delta_2=A_{12}-A_1-A_2 \end{cases} \tag{8-7}$$

其中，c_{11}、c_{22}、c_{12} 为成本矩阵中的参数。这种方法的关键在于可为工程人员获

得损失提供一些参考依据。

8.1.2 基于模型不确定与实现误差的损失函数

多响应优化中的一个重要任务是识别输出响应与设计变量之间的关联模型。当响应变量相关时，SUR 能起到重要作用。因为它们可以产生比 OLS 更精确的估计量。在本节中，首先，基于 SUR 模型提出过程模型假设；其次，通过参数协方差提出一种考虑模型参数的不确定性和实现误差的新型损失函数。表 8-1 列出了在模型公式中使用的主要符号。

表 8-1 在模型公式中使用的符号列表

符号	含义
MPU（model parameter uncertainty）	模型参数不确定性
IE（index error）	实现误差
MPUIE（model parameters uncertainty and implementation error）	模型参数的不确定性和实现误差
MRO（multi-response optimi-zation）	多响应优化
SUR	似不相关回归
OLS	最小二乘回归
CCD（central composite design）	中心复合设计
$\boldsymbol{C}$	成本矩阵
T	目标值
MTV（mean of total variance）	总方差平均值
L_{bias}	偏离目标的惩罚值
L_{robust}	系统变异的惩罚值
L_{mpu}	模型不确定性的惩罚值
L_{ie}	实现误差的惩罚值
L_{iot}	模型参数的不确定性和实现误差的惩罚值

8.1.2.1 过程模型假设

假设第 i 个响应有 p 个响应和 N 个 K_i 回归观测值。则这 p 个模型为[21]

$$\boldsymbol{y}_i = \boldsymbol{X}_i \boldsymbol{\beta}_i + \varepsilon_i, \quad i = 1, 2, \cdots, p \tag{8-8}$$

将式（8-8）模型改写成：

$$\begin{bmatrix} y_1 \\ y_2 \\ \vdots \\ y_p \end{bmatrix} = \begin{bmatrix} X_1 & 0 & \cdots & 0 \\ 0 & X_2 & \cdots & 0 \\ \vdots & \vdots & & \vdots \\ 0 & 0 & \cdots & X_p \end{bmatrix} \begin{bmatrix} \beta_1 \\ \beta_2 \\ \vdots \\ \beta_p \end{bmatrix} + \begin{bmatrix} \varepsilon_1 \\ \varepsilon_2 \\ \vdots \\ \varepsilon_p \end{bmatrix} \tag{8-9}$$

其中，$\boldsymbol{y}_i$ 为 $Np \times 1$ 向量；$\boldsymbol{X}_i$ 为 $Np \times K$ 矩阵（$K = \sum_{i=1}^{p} K_i$）；$\boldsymbol{\beta}_i$ 是 $K_i \times 1$ 向量。根据 Zellner[22]的研究，待估参数 $\hat{\boldsymbol{\beta}}$ 可通过式（8-10）计算：

$$\hat{\boldsymbol{\beta}} = \left(\boldsymbol{X}^{\mathrm{T}} \left(\boldsymbol{\Sigma}_{\boldsymbol{y}(\boldsymbol{x})} \otimes \boldsymbol{I}_N \right)^{-1} \boldsymbol{X} \right)^{-1} \boldsymbol{X}^{\mathrm{T}} \left(\boldsymbol{\Sigma}_{\boldsymbol{y}(\boldsymbol{x})} \otimes \boldsymbol{I}_N \right)^{-1} \boldsymbol{y} \tag{8-10}$$

其中，$\boldsymbol{\Sigma}_{\boldsymbol{y}(\boldsymbol{x})}$ 为响应的方差–协方差矩阵；$\boldsymbol{I}_N$ 为一个 $N \times N$ 单位矩阵。同时，$\hat{\boldsymbol{\beta}}$ 的协方差矩阵可由式（8-11）计算：

$$\operatorname{cov}\left[\hat{\boldsymbol{\beta}}\right] = \left(\boldsymbol{X}^{\mathrm{T}} \left(\boldsymbol{\Sigma}_{\boldsymbol{y}(\boldsymbol{x})} \otimes \boldsymbol{I}_N \right)^{-1} \boldsymbol{X} \right)^{-1} \tag{8-11}$$

其中，$\operatorname{cov}\left[\hat{\boldsymbol{\beta}}\right]$ 为 $K \times K$ 矩阵；$\boldsymbol{\Sigma}_{\hat{\boldsymbol{y}}(\boldsymbol{x})}$ 通过计算 $\operatorname{cov}\left[\hat{\boldsymbol{\beta}}\right]$ 可得；反之，$\operatorname{cov}\left[\hat{\boldsymbol{\beta}}\right]$ 可分块表示。例如，一个分块矩阵 $\operatorname{cov}\left[\hat{\boldsymbol{\beta}}_i, \hat{\boldsymbol{\beta}}_j\right]$ 表示 $\hat{\boldsymbol{\beta}}_i$ 和 $\hat{\boldsymbol{\beta}}_j$ 之间的协方差，该矩阵大小为 $K_i \times K_j$。故矩阵 $\boldsymbol{\Sigma}_{\hat{\boldsymbol{y}}(\boldsymbol{x})} = \left[\sigma^2_{\hat{\boldsymbol{y}}_{ij}(\boldsymbol{x})}\right]$ 由式（8-12）计算可得

$$\sigma^2_{\hat{\boldsymbol{y}}_{ij}(\boldsymbol{x})} = \boldsymbol{x}_i^{\mathrm{T}} \operatorname{cov}\left[\hat{\boldsymbol{\beta}}_i, \hat{\boldsymbol{\beta}}_j\right] \boldsymbol{x}_j,\ \ i, j = 1, 2, \cdots, p \tag{8-12}$$

其中，$\boldsymbol{x}_i$ 为 $\boldsymbol{x}$ 的子集，其由第 i 个响应的 $K_i \times 1$ 回归量组成。

然后，通过式（8-10）和式（8-11）分别计算出模型参数 $\hat{\boldsymbol{\beta}}$ 和协方差 $\operatorname{cov}\left(\hat{\boldsymbol{\beta}}\right)$。然而，前提是需要知道 $\boldsymbol{\Sigma}_{\boldsymbol{y}(\boldsymbol{x})}$ 的先验知识，这一先验知识通常是未知的。因此，需要用到非奇异参数估计的 $\boldsymbol{\Sigma}_{\boldsymbol{y}(\boldsymbol{x})}$。

Zellner[22]提出一个 $\boldsymbol{\Sigma}_{\boldsymbol{y}(\boldsymbol{x})} = \left(\hat{\sigma}_{ij}\right)$ 的估计：

$$\hat{\sigma}_{ij} = \frac{\boldsymbol{y}_i^{\mathrm{T}} \left[\boldsymbol{I}_N - \boldsymbol{X}_i \left(\boldsymbol{X}_i^{\mathrm{T}} \right)^{-1} \boldsymbol{X}_i^{\mathrm{T}} \right] \left[\boldsymbol{I}_N - \boldsymbol{X}_j \left(\boldsymbol{X}_j^{\mathrm{T}} \boldsymbol{X}_j \right)^{-1} \boldsymbol{X}_i^{\mathrm{T}} \right] \boldsymbol{y}_j}{N},\ \ i, j = 1, 2, \cdots, p \tag{8-13}$$

实际上，$\hat{\sigma}_{ij}$ 由第 i 个和第 j 个响应模型的 OLS 拟合得到的残差向量计算。需要注意的是，当所有模型具有相同的模型形式时，SUR 和 OLS 是等价的。

本章提出的损失函数，需要满足以下假设。

（1）由试验设计数据估计模型参数，并表示为 $\hat{\boldsymbol{\beta}} = \boldsymbol{\beta} + \boldsymbol{e}_{\hat{\beta}}$。其中，$\boldsymbol{\beta}$ 为真实向量值；$\hat{\boldsymbol{\beta}}$ 是来自试验数据的模型参数估计；$\boldsymbol{e}_{\hat{\beta}}$ 为估计误差。$\operatorname{cov}\left(\boldsymbol{e}_{\hat{\beta}}\right) = \boldsymbol{\Sigma}_{\boldsymbol{e}_{\hat{\beta}}}$ 表示估计的不确定性。估计误差与模型参数不确定性具有相同的定义，并假定为正态分布。

（2）设计变量的实施值可以为最优值 $\boldsymbol{x}_0$ 提供无偏估计，可表示为 $\hat{\boldsymbol{x}} = \boldsymbol{x}_0 + \boldsymbol{e}_{\hat{x}}$，其中，$\boldsymbol{e}_{\hat{x}}$ 为实现误差。实施值是无偏，即 $E\left(\boldsymbol{e}_{\hat{x}}\right) = 0$。$\operatorname{cov}\left(\boldsymbol{e}_{\hat{x}}\right) = \boldsymbol{\Sigma}_{\boldsymbol{e}_{\hat{x}}}$

表示实现误差。

为了简化计算过程，$\boldsymbol{e}_{\hat{x}}$、$\boldsymbol{e}_{\hat{\beta}}$和$\boldsymbol{\varepsilon}$是假设相互独立的。（1）中的模型参数不确定性$\boldsymbol{\Sigma}_{\boldsymbol{e}_{\hat{\beta}}}$在可以通过试验数据计算获得。（2）中的实现误差$\boldsymbol{\Sigma}_{\boldsymbol{e}_{\hat{x}}}$可从行业规范估计或重复测量获取。为了方便地研究模型参数的不确定性和实现误差对优化结果的影响，引入了总方差，并将其定义为各组成部分方差的总和[23]。由于对角元素包含了方差，故这个量就是协方差矩阵的迹。因此，模型参数的 MTV 可计算为

$$\text{MTV}=\frac{\text{trace}\left(\text{cov}\left[\hat{\boldsymbol{\beta}}\right]\right)}{\zeta}=\frac{\text{trace}\left(\left(\boldsymbol{X}^{\mathrm{T}}\left(\boldsymbol{\Sigma}_{\boldsymbol{y}(\boldsymbol{x})}\otimes\boldsymbol{I}_N\right)^{-1}\boldsymbol{X}\right)^{-1}\right)}{\zeta} \tag{8-14}$$

其中，ζ 为协方差矩阵中对角元素的个数。

8.1.2.2　损失函数构建

本章提出的损失函数目的是选择最佳参数，以使输出响应的波动性最小；同时，使响应均值保证接近目标。由于 Pignatiello[18]和 Vining[19]的方法都是 Ko 等[20]方法的特殊情况，因此，本章提出的损失函数是基于式（8-5）中的平方误差损失来构造的。当模型参数的不确定性和实现误差引入到新型质量损失函数式（8-6）时，则$E\left[\tilde{\boldsymbol{y}}(\boldsymbol{x})\right]$和$\boldsymbol{\Sigma}_{\hat{\boldsymbol{y}}(\boldsymbol{x})}$将被重新定义。

考虑模型参数的不确定性和实现误差，预测响应的表达式$\tilde{y}_i(\boldsymbol{x})$由式（8-15）计算可得

$$E\left[\tilde{y}_i(\boldsymbol{x})\right]=\beta_{i0}+\sum_{k=1}^{m}\beta_{ik}x_{iko}+\sum_{k=1}^{s-1}\sum_{l=k+1}^{s}\beta_{ikl}x_{iko}x_{ilo}+\sum_{k=1}^{t}\beta_{ikk}\left(x_{iko}^2+\sigma_{e_{\hat{x}_{ik}}}^2\right) \tag{8-15}$$

其中，$\tilde{y}_i(\boldsymbol{x})$表示第 i 个预测响应[即$\tilde{y}_i(\boldsymbol{x})=\hat{y}_i(\boldsymbol{x})+\varepsilon_i$]；$m$、$s'$和 t 分别表示显著主效应、交互效应和二次效应的数量。需要指出的是，当 m、s'和 t 的值分别为 d、$d(d-1)/2$、$2d$ 时，式（8-15）采用完全二阶模型，其证明过程见本章附录 A。

为了估计$E\left[\tilde{y}_i(\boldsymbol{x})\right]$，我们通常将式（8-15）中的参数替换为它们各自的估计量$\left(\boldsymbol{X}^{\mathrm{T}}\left(\hat{\boldsymbol{\Sigma}}_{\boldsymbol{y}(\boldsymbol{x})}\otimes\boldsymbol{I}_N\right)^{-1}\boldsymbol{X}\right)^{-1}\boldsymbol{X}^{\mathrm{T}}\left(\hat{\boldsymbol{\Sigma}}_{\boldsymbol{y}(\boldsymbol{x})}\otimes\boldsymbol{I}_N\right)^{-1}\boldsymbol{y}$。那么，$E\left[\tilde{y}_i(\boldsymbol{x})\right]$的估计量可计算为

$$\hat{E}\left[\tilde{y}_i(\boldsymbol{x})\right]=\hat{\beta}_{i0}+\sum_{k=1}^{m}\hat{\beta}_{ik}x_{iko}+\sum_{k=1}^{s-1}\sum_{l=k+1}^{s}\hat{\beta}_{ikl}x_{iko}x_{ilo}+\sum_{k=1}^{t}\hat{\beta}_{ikk}\left(x_{iko}^2+\hat{\sigma}_{e_{\hat{x}_{ik}}}^2\right) \tag{8-16}$$

同时，预测协方差可表示为

$$\boldsymbol{\Sigma}_{y(\boldsymbol{x})}=\left[\boldsymbol{x}_{ci}^{\mathrm{T}}\hat{\boldsymbol{\Sigma}}_{\mathbf{e}_{\hat{\beta}_i}\mathbf{e}_{\hat{\beta}_j}}\boldsymbol{x}_{cj}\right]_{ij}+\left[\left(\boldsymbol{\beta}_i^{\mathrm{T}}\boldsymbol{\Sigma}_{\mathbf{e}_{\hat{x}_i}\mathbf{e}_{\hat{x}_j}}\boldsymbol{\beta}_j\right)\right]_{ij}+\left[\mathrm{trace}\left(\boldsymbol{\Sigma}_{\mathbf{e}_{\hat{\beta}_i}\mathbf{e}_{\hat{\beta}_j}}\boldsymbol{\Sigma}_{\mathbf{e}_{\hat{x}_i}\mathbf{e}_{\hat{x}_j}}\right)\right]_{ij} \tag{8-17}$$

其中，$\boldsymbol{x}_c=\left[\boldsymbol{x}_{io}+\boldsymbol{s}_{x_i}\right]$；$\boldsymbol{s}_{x_i}=\left[0,0,\cdots,0,\sigma_{e_{\hat{x}_{i1}}}^2,\cdots,\sigma_{e_{\hat{x}_{it}}}^2\right]^{\mathrm{T}}$，表示第 i 个响应模型中的 t 次效应，其证明过程见附录 B。为了简化新的损失函数表达式，让 $\boldsymbol{B}=\left[\boldsymbol{x}_{ci}^{\mathrm{T}}\hat{\boldsymbol{\Sigma}}_{\mathbf{e}_{\hat{\beta}_i}\mathbf{e}_{\hat{\beta}_j}}\mathbf{x}_{cj}\right]_{ij}$、$\boldsymbol{D}=\left[\boldsymbol{\beta}_i^{\mathrm{T}}\boldsymbol{\Sigma}_{\mathbf{e}_{\hat{x}_i}\mathbf{e}_{\hat{x}_j}}\boldsymbol{\beta}_j\right]_{ij}$ 和 $\boldsymbol{P}=\left[\mathrm{trace}\left(\boldsymbol{\Sigma}_{\mathbf{e}_{\hat{\beta}_i}\mathbf{e}_{\hat{\beta}_j}}\boldsymbol{\Sigma}_{\mathbf{e}_{\hat{x}_i}\mathbf{e}_{\hat{x}_j}}\right)\right]_{ij}$ 分别表示为模型参数、设计变量及其交互作用引起的预测波动。因此，提出的损失函数可写成：

$$E\left[L\left(\tilde{\boldsymbol{y}}(\boldsymbol{x}),\boldsymbol{T}\right)\right]=\left(E\left[\tilde{\boldsymbol{y}}(\boldsymbol{x})\right]-\boldsymbol{T}\right)^{\mathrm{T}}\boldsymbol{C}\left(E\left[\tilde{\boldsymbol{y}}(\boldsymbol{x})\right]-\boldsymbol{T}\right)+\mathrm{trace}\left[\boldsymbol{C}\boldsymbol{\Sigma}_{y(\boldsymbol{x})}\right]+\mathrm{trace}[\boldsymbol{CB}]+\mathrm{trace}[\boldsymbol{CD}]+\mathrm{trace}[\boldsymbol{CP}] \tag{8-18}$$

其中，$\left(E\left[\tilde{\boldsymbol{y}}(\boldsymbol{x})\right]-\boldsymbol{T}\right)^{\mathrm{T}}\boldsymbol{C}\left(E\left[\tilde{\boldsymbol{y}}(\boldsymbol{x})\right]-\boldsymbol{T}\right)$ 表示因偏离目标产生的处罚值；$\mathrm{trace}\left[\boldsymbol{C}\boldsymbol{\Sigma}_{y(\boldsymbol{x})}\right]$表示由 $\boldsymbol{y}(\boldsymbol{x})$ 固有波动产生的惩罚值；$\mathrm{trace}[\boldsymbol{CB}]$表示由模型参数不确定性产生的惩罚值；$\mathrm{trace}[\boldsymbol{CD}]$表示由实现误差产生的惩罚值；$\mathrm{trace}[\boldsymbol{CP}]$表示由两项交互作用而产生的惩罚值（即模型参数的不确定性和实现误差）。同时，将式（8-18）中的五个分量分别称为 L_{bias}、L_{robust}、L_{mpu}、L_{ie} 和 L_{iot}。期望损失简化为

$$\mathrm{EL}(\boldsymbol{x})=L_{\mathrm{bias}}+L_{\mathrm{robust}}+L_{\mathrm{mpu}}+L_{\mathrm{ie}}+L_{\mathrm{iot}} \tag{8-19}$$

其中，$\mathrm{EL}(\boldsymbol{x})$表示$E\left[L\left(\tilde{\boldsymbol{y}}(\boldsymbol{x}),\boldsymbol{T}\right)\right]$。

如果$\boldsymbol{\Sigma}_{e_{\hat{x}}}$是 0，$[\boldsymbol{CD}]$和$[\boldsymbol{CP}]$的迹变成 0，那么，本章提出的损失函数将变为 Ko 等[20]提出的损失函数。此外，模型参数的不确定性和实现误差可以忽略这个过程，$\mathrm{trace}[\boldsymbol{CB}]+\mathrm{trace}[\boldsymbol{CD}]+\mathrm{trace}[\boldsymbol{CP}]$将变成 0。在这种情况下，本章提出的损失函数本质上变成 Pignatiello[18]的方法。类似地，如果没有实现误差，那么$\boldsymbol{\Sigma}_{y(\boldsymbol{x})}$是一个常数，最小化本章所提出的损失函数将等价于最小化 Vining[19]的损失函数。以上提到的这些特殊情况将在接下来的案例研究中进一步讨论。

8.1.3　统计性质比较

在本节中，我们提出一个单响应问题来说明本章方法的机理。假设响应 y 与设计变量 x_1、x_2 的真实函数关系为

$$y=6+3x_1-2.5x_2-3x_1x_2+3x_1^2-5x_2^2 \tag{8-20}$$

目标是识别 x_1 和 x_2，以达到该过程的期望目标值，在不失一般性的前提下，设置其目标值 $T=4.0$ 。值得注意的是，在制造过程中有两类输入变量：一类是设计变量；另一类是系统噪声变量，它是一个随机变量，如白噪声。由于相同的设计变量设置不会产生相同的输出值[24]，故这个过程是“噪声的”。输出的波动是试验设计中没有考虑到的其他因素造成的。在经典统计术语中，我们说，该过程显示出数据波动[24]。同时，该过程如图 8-1 所示。

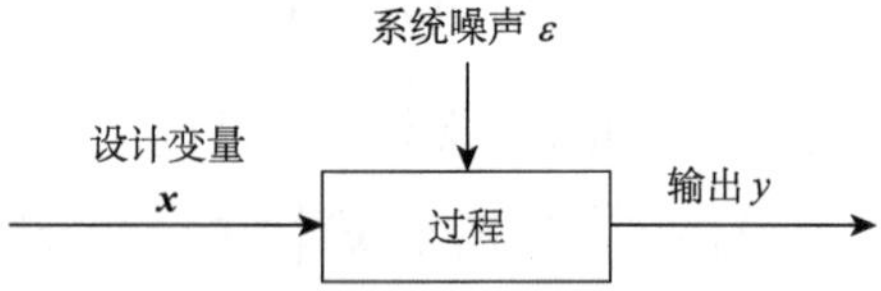

图 8-1　仿真过程中各部分

值得注意的是，真正函数关系是不可知的。因此，目前采用试验设计分析来提升过程性能，这一过程是带有固有噪声的。具体地说，实践者安排试验设计，建立模型，并尝试优化与设计过程性能相关的响应。在这个模拟试验设计中，为了寻求一个二阶函数，采用中心复合设计对 4 个因子，采用中心点 5 次重复和 4 轴点进行安排，产生 13 组 x_1 和 x_2 的试验设计组合。需要注意的是，在模拟试验设计中每个轴点距离中心为 1.414。取而代之真实试验，采用蒙特卡罗模拟产生响应数据，这一模拟等同于式（8-20）中的真实响应函数加上噪声 ε ：

$$y=6+3x_1-2.5x_2-3x_1x_2+3x_1^2-5x_2^2+\varepsilon \qquad (8\text{-}21)$$

其中，误差项 $\varepsilon \sim N\left(0,\sigma^2\right)$。式（8-21）中的输出响应 y 将具有随机性。

利用该方法产生随机响应数据的原因有三：一是试验设计是质量工程领域中重要工具；二是要分析模型参数不确定性的影响，因为估计量是基于采样数据得到；三是许多研究者还建议在真实函数和随机系统噪声的基础上生成随机输出数据。需要注意的是，模拟试验设计是一种随机模拟。Kleijnen[25]讨论了式（8-20）不存在误差项 ε 的确定性模拟。同时，Kleijnen[25]定义了一种新型的随机仿真：仿真模型是确定性的，但其输入的真实值是不确定的，因此，通过蒙特卡罗方法从一个具有先验的输入分布中采样。由于输出数据由假设函数和随机变量 ε 获得，故输出变成随机的。在此基础上，可以基于采样数据估计模型参数，并分析相应不确定性的影响。由于这是单个响应问题，故可以通过最小二乘回归来估计模型参数。与此同时，数据稳健性 $\operatorname{trace}\left[\boldsymbol{C}\boldsymbol{\Sigma}_{y(\boldsymbol{x})}\right]$ 将融入 $\sigma^2(\boldsymbol{x})$。相等和不相等的稳健性分别是指稳健性是否随 $\boldsymbol{x}$ 变化。显然，不相等的稳健性虽然不能通过选择输入参数来改善，但在试验设计空间中，它是一个常数。MTV 值可视为衡量模型参数不确定性的标准。为了说明模型参数不确定性和实现误差的影响，假定

$k = \hat{\sigma}^2_{e_{\hat{x}}} \Big/ \hat{\sigma}^2_{e_{\hat{\beta}}}$，并分析了均匀分布在 0 和 0.15 之间的五个 k 值。对于比率 k 的每个值，执行 500 次以上试验和后续优化。如上所述，对于比率 k 的每个值，执行 500 次蒙特卡罗模拟。因此，比率 k 的每个值都有 500 个模型。为了验证优化中使用的模型，采用了两个通用统计标准的均值和标准差（即模型的方差分析中的 R^2 和 p 值），R^2 值分别为 99%和 0.002，p 值分别为 0.000 和 0.000。在不相等稳健性条件下，也可以计算出相似结果。以上结果表明，这一模型已经过验证，可用于以下推理和优化。

8.1.3.1　设计变量的稳健性恒定

在这种情况下，L_{robust} 相对于 $\boldsymbol{x}$ 没有变化。试验设计数据通过假设 ε 服从 $N\left(0, 0.5^2\right)$。根据模拟数据，MTV 值为 0.029。表 8-2 前七行给出了此模拟实验的期望损失平均值和标准偏差。

表 8-2　相等和不相等稳健性下方法比较

k	Pignatiello 方法		Vining 方法		Ko 等方法		所提方法
	均值（标准差）	p	均值（标准差）	p	均值（标准差）	p	均值（标准差）
0.000	0.141（0.085）	0.288	**0.136**（**0.078**）	0.929	**0.136**（**0.078**）	0.929	**0.136**（**0.078**）
0.037 5	0.203（0.092）	0.000*	0.191（0.084）	0.000*	0.191（0.084）	0.000*	**0.166**（**0.083**）
0.075 0	0.255（0.111）	0.000*	0.230（0.090）	0.000*	0.230（0.090）	0.000*	**0.172**（**0.077**）
0.125 0	0.310（0.134）	0.000*	0.286（0.105）	0.000*	0.286（0.105）	0.000*	**0.185**（**0.081**）
0.150 0	0.376（0.183）	0.000*	0.335（0.128）	0.000*	0.335（0.128）	0.000*	**0.197**（**0.084**）
0.000 0	0.021（0.009）	0.947	0.027（0.017）	0.000*	**0.020**（**0.009**）	0.709	**0.020**（**0.009**）
0.037 5	0.028（0.013）	0.030*	0.036（0.024）	0.000*	0.029（0.014）	0.000*	**0.026**（**0.012**）
0.075 0	0.036（0.020）	0.000*	0.044（0.032）	0.000*	0.037（0.022）	0.000*	**0.030**（**0.015**）
0.112 5	0.045（0.026）	0.000*	0.054（0.044）	0.000*	0.045（0.028）	0.000*	**0.033**（**0.015**）
0.150 0	0.054（0.034）	0.000*	0.067（0.056）	0.000*	0.055（0.035）	0.000*	**0.037**（**0.018**）

在表 8-2 前七行中，粗体字表示相应标准的最小值。由于 L_{robust} 相对于 x 没有变化，因此 Vining[19]的损失函数法和 Ko 等[20]的方法是相同优化策略。从表 8-2 的前七行可以看出，Vining 和 Ko 等的方法通过减少模型参数不确定性对输出性能的影响，优于 Pignatiello[18]的损失函数。但是，当实现误差变得越来越大时，Vining[19]和 Ko 等[20]的方法就会变差。本章提出的方法在均值和标准差方面表现更好，其值与现有方法有很大差异。

8.1.3.2　设计变量的稳健性变异

在试验设计背景下，重复试验是指在每种输入组合下对输出进行多次观察。在这种情况下，每组试验运行都会生成三个不同响应值。数据来自均值为零和方差为 $\exp\left(-4+0.9x_1^2+x_2^2\right)$ 的正态分布，产生关于 x 的不等稳健性。每个因子组合都存在三个不同响应值，因此，可在每个蒙特卡罗模拟中收集样本均值和方差。收集试验数据后，使用对数转换以更好地拟合 $\sigma^2\left(\boldsymbol{x}\right)$。模型可构造为

$$\log\hat{\sigma}^2\left(\boldsymbol{x}\right)=f\left(\boldsymbol{x},\hat{\boldsymbol{b}}\right)=\hat{b}_0+\hat{b}_1x_1^2+\hat{b}_2x_2^2 \qquad (8\text{-}22)$$

具体而言，首先，根据每个设计点 $\boldsymbol{x}_i$ 的重复计算样本方差：$s^2\left(\boldsymbol{x}_i\right)=\sum_{j=1}^{n}\left(y_j\left(\boldsymbol{x}_i\right)-\overline{y}\left(\boldsymbol{x}_i\right)\right)^2\Big/\left(n-1\right)$。然后，应用 OLS 方法估计式（8-22）模型参数。据此，可通过构建的模型预测任何待测点 $\boldsymbol{x}$ 的固有波动。基于误差项的假设，可执行仿真，获得表 8-2 的最后五行中给出优化结果。

在这种情况下，Ko 等的方法与 Pignatiello 的方法之间唯一区别是模型参数不确定性是否包含在内。表 8-2 的最后五行显示，Ko 等方法与 Pignatiello 方法之间的平均值差异在统计上与零之间无显著差异，这表明模型参数不确定性在这种情况下对输出性能没有显著影响（即，当 k 取五个不同的值时，相应的 p 值分别为 0.725、0.365、0.366、0.254 和 0.325）。但是随着实现误差的增加，本章方法与 Vining 和 Ko 等的方法之间的差异在统计上明显不同于 0。表 8-2 最后五行显示，与现有的两种方法相比，所提方法在考虑了模型参数不确定性和实现误差之后显著降低了均值和标准差。因此，在优化过程中，相比模型参数的不确定，考虑实现误差将更有意义。

8.1.4　实例分析

上一节研究了一种相对简单的过程来检查本章所提出方法的性能，在本节中，我们将进一步考虑由三个设计变量和两个响应组成的真实的聚合物反应过程。试验设计中选择的设计变量是反应时间（x_1）、反应温度（x_2）和催化剂量（x_3）。分析人员使用轴向值为 1.682 的中心复合设计收集试验设计数据。表 8-3 为试验结果。可接受的转化范围是[80，100]；因此，转化的合适目标值为 $T_1=100$。同样，在[55，60]的可接受范围内，热反应的目标值为 $T_2=57.5$，成本矩阵为 $\boldsymbol{C}=\left[0.100\ 0.025;0.025\ 0.500\right]$。我们假设成本矩阵是根据从业者的先验信息进行评估的。可以肯定的是，如果从业人员可以在某些参考点上给出损失，则可以基于式（8-7）计算成本矩阵。

表 8-3　三个变量和两个响应的试验设计结果

Run	x_1	x_2	x_3	y_1	y_2
1	−1	−1	−1	74	53.2
2	1	−1	−1	51	62.9
3	−1	1	−1	88	53.4
4	1	1	−1	70	62.6
5	−1	−1	1	71	57.3
6	1	−1	1	90	67.9
7	−1	1	1	66	59.8
8	1	1	1	97	67.8
9	−1.682	0	0	76	59.1
10	1.682	0	0	79	65.9
11	0	−1.682	0	85	60
12	0	1.682	0	97	60.7
13	0	0	−1.682	55	57.4
14	0	0	1.682	81	63.2
15	0	0	0	81	59.2
16	0	0	0	75	60.4
17	0	0	0	76	59.1
18	0	0	0	83	60.6
19	0	0	0	80	60.8
20	0	0	0	91	58.9

与 Vining 和 Ko 等的方法一样，选择回归效应有两个原因：①非统计原因，如 Vining 所述，这两个模型是由具有化学经验的工程师提出的，可以参考他们的模型；②统计原因，Ko 等证明，这两个模型的响应要优于相应的两个完全二阶模型。值得注意的是第一个响应模型（y_1）实际上是完全二阶响应。基于它们的回归变量，可使用 SUR 方法获得两个模型。

$$\hat{y}_1 = 80.931 + 1.029x_1 + 4.106x_2 + 6.206x_3 + 2.029x_1x_2 \\ + 11.366x_1x_3 - 3.797x_2x_3 - 1.630x_1^2 + 2.964x_2^2 - 5.190x_3^2$$

$$\hat{y}_1 = 80.931 + 1.029x_1 + 4.106x_2 + 6.206x_3 + 2.029x_1x_2 \\ + 11.366x_1x_3 - 3.797x_2x_3 - 1.630x_1^2 + 2.964x_2^2 - 5.190x_3^2$$

在这个例子中，方差–协方差矩阵 $\boldsymbol{\Sigma}_{y(\boldsymbol{x})}$ 可基于式（8-13）获得

$$\hat{\boldsymbol{\Sigma}}_{y(\boldsymbol{x})}=\begin{bmatrix}11.120 & -0.545\\ -0.545 & 2.197\end{bmatrix}$$

8.1.4.1 等稳健性下的质量设计优化

由于存在相等鲁棒性，$L_{\text{robust}}=\text{trace}\left[\boldsymbol{C}\hat{\boldsymbol{\Sigma}}_{y(\boldsymbol{x})}\right]=2.183$ 对所有 x 成立。模型参数 MTV 值（即 $\hat{\bar{\sigma}}^2_{\mathbf{e}_{\hat{\beta}}}$）是 0.855。关于实现误差方差，我们首先假设 $k=\hat{\bar{\sigma}}^2_{\mathbf{e}_{\hat{x}}}\Big/\hat{\bar{\sigma}}^2_{\mathbf{e}_{\hat{\beta}}}$ 。

为了说明模型参数不确定性和实现误差的效应，我们在 0 和 0.15 之间，均匀选择了 20 个 k 值。表 8-4 给出了 $k=0$ 和 $k=0.15$ 聚合物反应试验优化结果。$\boldsymbol{x}_P^*$、$\boldsymbol{x}_V^*$、$\boldsymbol{x}_K^*$ 和 $\boldsymbol{x}_{\text{Pr}}^*$ 分别表示由 Pignatiello、Vining、Ko 等和本章方法获得的最佳参数。加粗的值表示采用相应方法考虑式（8-19）中的分量。

表 8-4 k=0 和 0.15 时的优化结果

k	变量	x_1	x_2	x_3	期望损失分解					
					L_{bias}	L_{mpu}	L_{ie}	L_{iot}	L_{robust}	EL
0	$\boldsymbol{x}_P^*$	−0.449	1.682	−0.513	**2.234**	0.957	0	0	**2.183**	5.374
	$\boldsymbol{x}_V^*$	−0.415	1.682	−0.473	**2.251**	**0.920**	0	0	2.183	5.354
	$\boldsymbol{x}_K^*$	−0.415	1.682	−0.473	**2.251**	**0.920**	0	0	**2.183**	5.354
	$\boldsymbol{x}_{\text{Pr}}^*$	−0.415	1.682	−0.473	**2.251**	**0.920**	**0**	**0**	**2.183**	5.354
0.15	$\boldsymbol{x}_P^*$	−0.449	1.682	−0.513	**2.722**	0.956	4.445	0.345	**2.183**	10.651
	$\boldsymbol{x}_V^*$	−0.415	1.682	−0.473	**2.733**	**0.920**	4.422	0.338	2.183	10.596
	$\boldsymbol{x}_K^*$	−0.415	1.682	−0.473	**2.733**	**0.920**	4.422	0.338	**2.183**	10.596
	$\boldsymbol{x}_{\text{Pr}}^*$	−0.424	1.682	−0.417	**2.782**	**0.898**	**4.358**	**0.334**	**2.183**	10.555

表 8-4 显示了当实现误差为 0 时，最佳参数 $\boldsymbol{x}_V^*$、$\boldsymbol{x}_K^*$ 和 $\boldsymbol{x}_{\text{Pr}}^*$ 是一样的。因为这三种优化策略本质上与 Vining 提出的方法一样。与 $\boldsymbol{x}_P^*$ 相比，$\boldsymbol{x}_{\text{Pr}}^*$（或 $\boldsymbol{x}_V^*$，$\boldsymbol{x}_K^*$）数值向原点靠近了，这说明在原点处模型参数不确定性的影响较小。这意味着设计变量的移动可以减轻模型参数不确定性的不利影响。这种机制也可以在图 8-2（a）中看出。但是，四种损失函数方法的结果相似，因为在这种情况下模型参数不确定性的影响很小。为了验证优化结果，我们将增加模型参数不确定性的程度，以分析其对优化结果的影响。

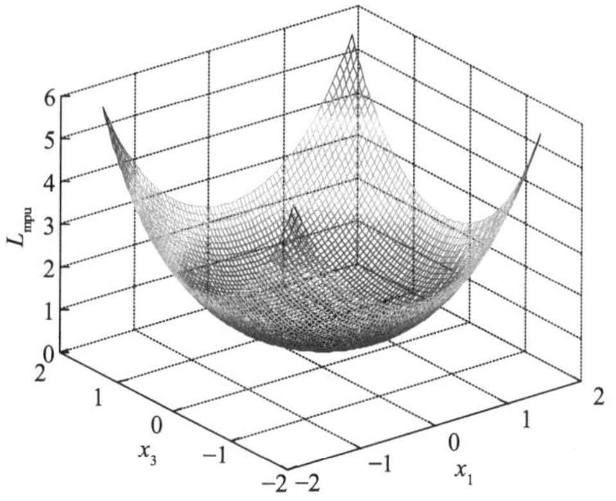

（a）

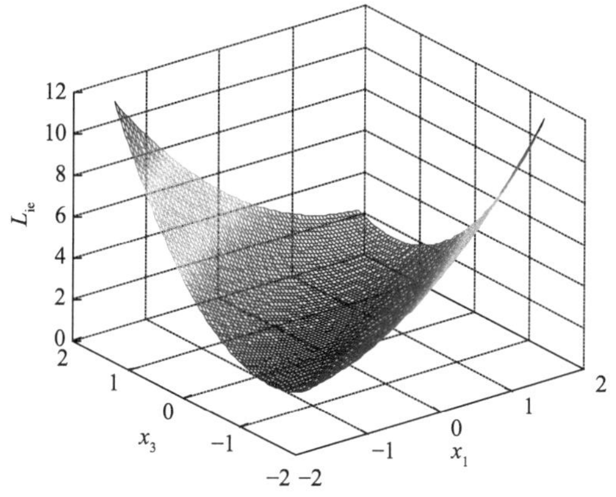

（b）

图 8-2　L_{mpu} 和 L_{ie} 与反应时间（x_1）和催化剂用量（x_3）的关系图

当 k=0.15 时，从表 8-4 中可以看出，$\boldsymbol{x}_{\text{Pr}}^*$ 方法的模型参数不确定性、实现误差及其交互作用要比其他方法要小，尽管要以稍大偏差效果为代价。与 $\boldsymbol{x}_V^*$ 和 $\boldsymbol{x}_K^*$ 相比，$\boldsymbol{x}_{\text{Pr}}^*$ 中的 x_1 减小（即远离原点移动），而 x_3 增大（即向原点移动），这是在模型参数不确定性影响和实现误差之间进行的一种权衡。同时，图 8-2（b）说明，当 x_1 和 x_3 移向原点时，L_{ie} 将会增加。从比较结果可得出结论，本章所提出的损失函数方法可以刻画不同分量对最优输入设置的影响。

图 8-3 显示了本章所提出的损失函数中不同成分的比较。横轴是实现误差与模型参数不确定性的比率。纵轴表示所提出损失函数中不同成分的数值。仔细观察图 8-3 可以发现：①随着比率变大（在本章研究中，$\hat{\sigma}_{\mathbf{e}_{\hat{x}}}^2 \big/ \hat{\sigma}_{\mathbf{e}_{\hat{\beta}}}^2 > 0.033$，即 C 点），实现误差的影响比模型参数不确定性更重要；②随着比率变大（在本章研究中，$\hat{\sigma}_{\mathbf{e}_{\hat{x}}}^2 \big/ \hat{\sigma}_{\mathbf{e}_{\hat{\beta}}}^2 > 0.033$，即 B 点）实现误差的影响比稳健性更重要；③随着比率

变大（在本章研究中，$\hat{\sigma}^2_{\mathbf{e}_{\hat{x}}}\big/\hat{\sigma}^2_{\mathbf{e}_{\hat{\beta}}}>0.090$，即 A 点），实现误差的影响比偏差更重要。如果没有（或足够小地）实现误差，则本章提出的损失函数方法将简化为Ko等[20]的损失函数。但是，当实现误差增加时（如本章研究中的 C 点），该惩罚项将变得更加重要，需要将其纳入优化策略。

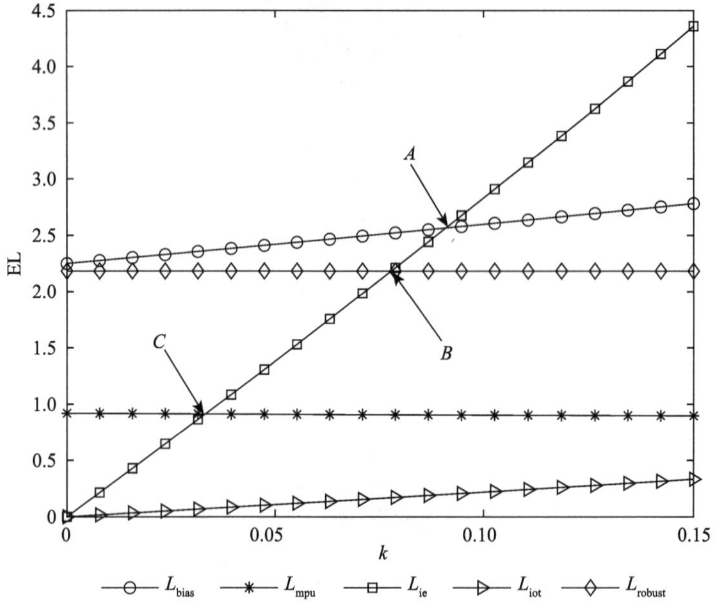

图 8-3　不同方差系数下的优化结果分析

8.1.4.2　差异稳健性下的质量设计优化

在本小节中，将重新讨论聚合物反应过程，以分析不相等稳健性的情况。CCD 试验通常用于构建响应模型。在模拟试验中，每轮试验重复运行 5 次。由于一个中心复合试验有 20 轮（包括 8 个因子、6 个轴点和 6 个中心点），因此，在模拟试验中总共重复试验 100 次。可使用以下模型生成重复试验响应值：

$$\begin{pmatrix} y_{1i}(\boldsymbol{x}) \\ y_{2i}(\boldsymbol{x}) \end{pmatrix}=\begin{pmatrix} y_1(\boldsymbol{x}) \\ y_2(\boldsymbol{x}) \end{pmatrix}+\boldsymbol{\varepsilon}_i,\quad i=1,2,\cdots,5$$

其中，表 8-3 中 $y_1(\boldsymbol{x})$ 和 $y_2(\boldsymbol{x})$ 代表原始数据，误差项可表示为

$$\boldsymbol{\varepsilon}_i\sim N\left[\begin{pmatrix}0\\0\end{pmatrix},\begin{Bmatrix}\sigma_{i11}(\boldsymbol{x}) & \sigma_{i12}(\boldsymbol{x})\\ \sigma_{i21}(\boldsymbol{x}) & \sigma_{i22}(\boldsymbol{x})\end{Bmatrix}\right]$$

其中，i 表示模拟中的第 i 个输入组合；$\sigma_{i11}(\boldsymbol{x})=\exp\left(3-x_{i1}^2-3x_{i3}^2\right)$；$\sigma_{i22}(\boldsymbol{x})=\exp\left(2-2x_{i1}^2-x_{i3}^2\right)$ 和 $\sigma_{i12}(\boldsymbol{x})=\sigma_{i21}(\boldsymbol{x})$=$0.03\sigma_{i11}(\boldsymbol{x})\sigma_{i22}(\boldsymbol{x})$。使用表 8-5 的模拟试验

数据，可以估算出以下两种响应模型：

$$\hat{y}_1 = 80.031 + 1.002x_1 + 4.737x_2 + 6.114x_3 + 2.255x_1x_2 + 11.628x_1x_3 - 3.659x_2x_3 - 1.533x_1^2 + 4.523x_2^2 - 5.255x_3^2$$

$$\hat{y}_2 = 60.351 + 3.690x_1 + 2.014x_3$$

$$\log \operatorname{trace}\left(\boldsymbol{C}\hat{\boldsymbol{\Sigma}}_{y(x)}\right) = 1.388 - 0.103x_1 + 0.126x_3 - 0.299x_1x_3 - 1.188x_1^2 - 1.484x_3^2$$

表 8-5　试验数据

x_1	x_2	x_3	y_1					y_2				
−1	−1	−1	74.1	73.7	74.2	74.2	74.1	53.4	53.5	54.4	52.6	53.5
1	−1	−1	50.7	50.8	52.1	52.3	51.7	64.3	64.2	62.7	62.8	63.4
−1	1	−1	87.9	87.7	88.4	87.5	88.0	52.7	53.6	53.7	52.7	54.3
1	1	−1	70.8	70.4	70.2	70.6	70.6	61.7	61.5	63.2	63.0	63.6
−1	−1	1	70.4	71.4	69.8	71.3	71.2	57.9	56.2	58.8	57.8	57.6
1	−1	1	89.6	89.5	90.2	89.6	89.8	66.8	68.2	67.3	66.8	67.6
−1	1	1	65.2	66.0	66.0	67.0	66.5	60.5	59.3	60.8	61.1	60.9
1	1	1	97.8	97.4	96.1	97.5	96.9	67.9	68.2	67.3	68.1	68.4
−1.68	0	0	77.0	75.0	77.9	75.3	75.6	59.0	59.3	59.0	59.1	59.1
1.68	0	0	78.4	78.2	78.7	76.4	76.6	66.0	65.9	65.7	65.9	66.0
0	−1.68	0	87.1	89.4	82.5	83.0	76.1	63.6	61.0	56.5	61.5	59.7
0	1.68	0	104.6	101.4	105.4	98.4	99.6	61.9	57.1	60.6	62.4	58.1
0	0	−1.68	55.0	55.0	54.9	55.0	55.1	57.3	57.4	57.1	57.7	57.4
0	0	1.68	81.0	81.1	81.1	81.0	81.0	62.7	62.4	62.8	63.0	63.8
0	0	0	80.1	80.7	87.1	77.7	74.6	61.2	62.1	57.0	57.1	59.4
0	0	0	68.9	75.1	76.3	74.7	80.4	58.6	64.2	62.9	62.8	62.1
0	0	0	71.5	68.3	76.8	79.0	82.8	55.6	53.5	58.3	59.2	59.0
0	0	0	87.8	81.2	86.2	80.0	83.3	56.6	58.5	59.1	61.5	60.7
0	0	0	81.9	72.1	80.0	79.6	77.9	55.9	62.8	61.1	61.0	62.9
0	0	0	89.7	92.9	95.6	94.7	95.5	58.5	58.3	57.9	61.3	58.4

基于上述三个模型，在 0 和 0.15 之间均匀选择 20 个 k 值，并构造相应的损失

函数。表 8-6 显示了 k=0.15 时优化策略的结果。加粗的值表示采用相应方法考虑式（8-19）中的分量。

表 8-6　k=0.15 时优化结果

变量	x_1	x_2	x_3	期望损失分解					
				L_{bias}	L_{mpu}	L_{ie}	L_{iot}	L_{robust}	EL
$\boldsymbol{x}_P^*$	−0.426	1.682	−0.893	**0.437**	1.516	10.323	1.232	**0.542**	14.050
$\boldsymbol{x}_V^*$	−0.484	1.678	−0.415	**0.091**	**1.116**	8.590	0.960	1.451	12.208
$\boldsymbol{x}_K^*$	−0.408	1.682	−0.821	**0.262**	**1.416**	10.019	1.168	**0.675**	13.540
$\boldsymbol{x}_{\text{Pr}}^*$	−0.577	1.624	−0.472	**0.446**	**1.110**	**8.253**	**0.945**	**1.175**	11.929

四个最优解（即 $\boldsymbol{x}_P^*$、$\boldsymbol{x}_V^*$、$\boldsymbol{x}_K^*$ 和 $\boldsymbol{x}_{\text{Pr}}^*$）和试验设计区域的中心[即（0，0，0）]之间的欧氏距离分别为 3.808、3.222、3.670 和 3.193。与 $\boldsymbol{x}_V^*$ 相比，Pignatiello 和 Ko 等的方法（即 $\boldsymbol{x}_P^*$ 和 $\boldsymbol{x}_K^*$）通过选择远离试验设计区域中心的最佳参数以提高稳健性效果。但是，实现误差与模型参数不确定性的效果要比 Vining 方法和本章所提出方法差。同时，图 8-4 还表明，输入设置偏离中心越远，将获得越强的稳健性。此外，所提出的方法最优参数下的 L_{mpu}、L_{ie} 和 L_{iot} 相当小，故其产生期望损失最小。总之，与现有的三种方法相比，当模型参数不确定性，实现误差和稳健性是重要问题时，所提出的方法显然会产生更合理的结果。

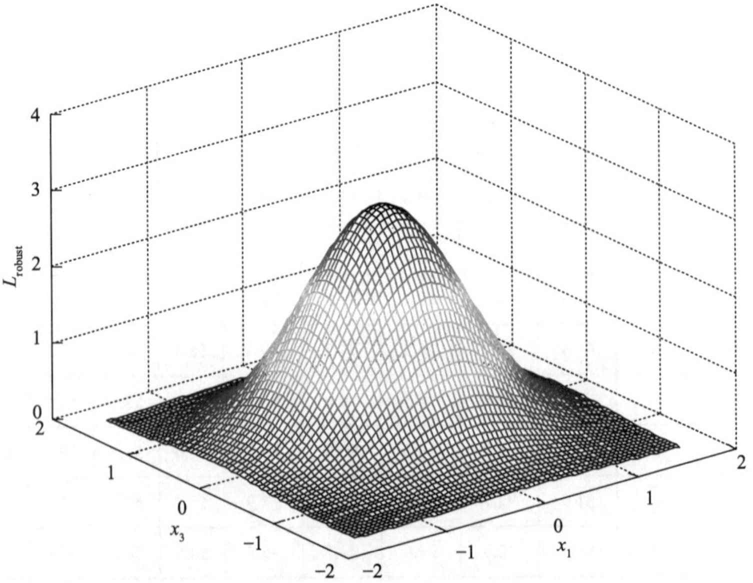

图 8-4　稳健性对反应时间（x_1）和催化剂用量（x_3）的影响

此外，在 0 和 0.15 之间均匀选取 20 个 k 值，相应的优化结果如表 8-7 所示。表中模型参数不确定性的影响随着实现误差的增加而减小。发现这种趋势并不奇怪，因为最佳参数与试验设计区域中心之间的欧氏距离从 1.916 减小到 1.787。此外，图 8-5 显示出了具有不同比率的稳健最佳点[反应时间（x_1）和催化剂量（x_3）]的模式。实际上，工程人员可以根据他们对制造过程的了解来选择不同的值，并通过图 8-5 或表 8-7 找到相应的可靠的最佳解决方案。

表 8-7　k=0.15 时优化结果

k	最优解	L_{bias}	L_{mpu}	L_{ie}	L_{iot}	L_{robust}	EL
0.000	(−0.408，1.682，−0.821)	0.171	1.416	0.000	0.000	1.027	2.614
0.008	(−0.428，1.682，−0.793)	0.145	1.395	0.485	0.055	1.060	3.141
0.016	(−0.450，1.682，−0.762)	0.127	1.374	0.953	0.110	1.095	3.658
0.024	(−0.473，1.682，−0.728)	0.115	1.354	1.404	0.163	1.131	4.167
0.032	(−0.503，1.673，−0.684)	0.135	1.313	1.819	0.213	1.183	4.663
0.039	(−0.525，1.667，−0.648)	0.152	1.284	2.232	0.262	1.218	5.149
0.047	(−0.541，1.663，−0.619)	0.168	1.262	2.647	0.311	1.240	5.629
0.055	(−0.553，1.659，−0.596)	0.183	1.245	3.064	0.361	1.253	6.106
0.063	(−0.562，1.656，−0.577)	0.199	1.230	3.484	0.410	1.259	6.583
0.071	(−0.568，1.653，−0.561)	0.215	1.217	3.908	0.460	1.261	7.060
0.079	(−0.572，1.650，−0.547)	0.232	1.205	4.333	0.509	1.259	7.537
0.087	(−0.575，1.647，−0.535)	0.250	1.193	4.762	0.558	1.254	8.017
0.095	(−0.577，1.645，−0.525)	0.269	1.182	5.192	0.607	1.248	8.498
0.103	(−0.579，1.642，−0.515)	0.290	1.171	5.624	0.656	1.240	8.981
0.111	(−0.579，1.639，−0.507)	0.312	1.161	6.058	0.705	1.231	9.466
0.118	(−0.580，1.636，−0.499)	0.336	1.150	6.494	0.753	1.221	9.954
0.126	(−0.579，1.633，−0.491)	0.361	1.140	6.931	0.801	1.210	10.444
0.134	(−0.579，1.630，−0.485)	0.388	1.130	7.371	0.849	1.199	10.937
0.142	(−0.578，1.627，−0.478)	0.416	1.120	7.811	0.897	1.187	11.432
0.150	(−0.577，1.624，−0.472)	0.446	1.110	8.253	0.945	1.175	11.930

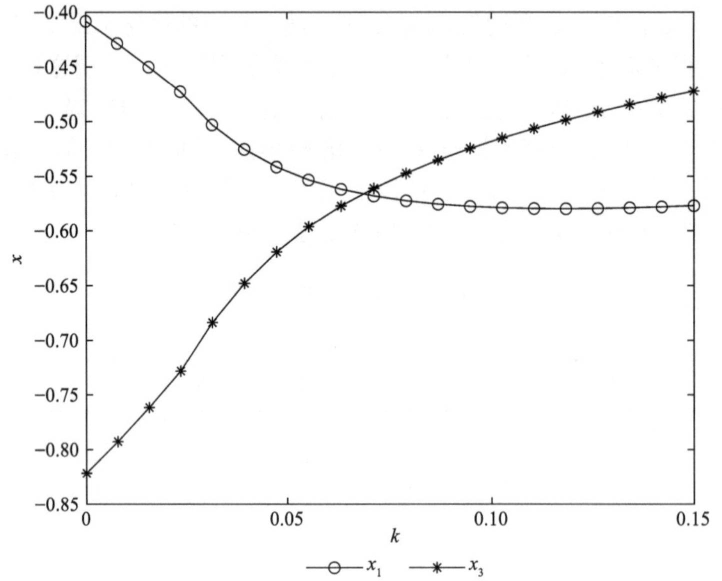

图 8-5 最佳反应时间和不同比例的催化剂量变化关系

8.1.4.3 仿真试验中相关系数的讨论

相关系数由仿真试验中使用的波动函数确定。Ko 等[20]在主观上选择了较低的相关系数。在此，我们重新回顾仿真试验过程并量化相关系数的范围。同时，为了研究不同方法之间的高度相关性对优化结果的影响，本节中添加了一个新的仿真试验。

波动函数$\boldsymbol{\varepsilon}_i$[即$\sigma_{i11}(\boldsymbol{x})$、$\sigma_{i22}(\boldsymbol{x})$和$\sigma_{i12}(\boldsymbol{x})$]用于在每个输入组合处生成仿真数据，并建立模型$\log\operatorname{trace}\left[\boldsymbol{C\Sigma}_{\boldsymbol{y}(\boldsymbol{x})}\right]=f(x_1,x_2,x_3)$。为了保证方差–协方差是半正定，矩阵在每个输入组合的行列式应该是非负的。

$$\min_i \det_i=\begin{vmatrix}\sigma_{i11}(\boldsymbol{x}) & \sigma_{i12}(\boldsymbol{x})\\ \sigma_{i21}(\boldsymbol{x}) & \sigma_{i22}(\boldsymbol{x})\end{vmatrix}\geqslant 0,\quad i=1,2,\cdots,N \tag{8-23}$$

其中，$|\cdot|$和N分别表示矩阵的行列式和仿真试验中输入组合的个数。根据 8.1.4.2 节中的波动函数和 20 种输入组合，可使用式（8-23）获得相关系数范围$\rho\in[-0.082,0.082]$。这就是 Ko 等选择相对较低的相关系数的原因。

为了研究不同方法之间的高相关性对优化结果的影响，我们修改了波动函数，即 $\sigma_{i11}(\boldsymbol{x})=\exp\left(-1+0.5x_{i1}^2-x_{i3}^2\right)$，$\sigma_{i22}(\boldsymbol{x})=\exp\left(-0.9+0.2x_{i1}^2-x_{i3}^2\right)$ 和 $\sigma_{i12}(\boldsymbol{x})=\sigma_{i21}(\boldsymbol{x})\rho\sigma_{i11}(\boldsymbol{x})\sigma_{i22}(\boldsymbol{x})$。基于式（8-23），相关系数的范围变为$[-0.961,0.961]$。在 k = 0.15 时，我们选择相关系数 0.8 来比较的不同方法，优化结果见表 8-8。加

粗的值表示采用相应方法考虑式（8-19）中的分量。

表 8-8　高相关试验的优化结果

变量	x_1	x_2	x_3	期望损失分解					
				L_{bias}	L_{mpu}	L_{ie}	L_{iot}	L_{robust}	EL
$\boldsymbol{x}_P^*$	−0.471	1.682	−0.541	**3.796**	1.001	3.869	0.688	**0.153**	9.507
$\boldsymbol{x}_V^*$	−0.427	1.682	−0.483	**3.805**	**0.947**	3.839	0.656	0.162	9.409
$\boldsymbol{x}_K^*$	−0.424	1.682	−0.495	**3.803**	**0.952**	3.856	0.659	**0.159**	9.428
$\boldsymbol{x}_{\text{Pr}}^*$	−0.433	1.682	−0.443	**3.837**	**0.930**	**3.795**	**0.646**	**0.171**	9.378

与表 8-6 最后四行中的优化结果类似，可从表 8-8 中得出相同结论。四个最优解（即 $\boldsymbol{x}_P^*$、$\boldsymbol{x}_V^*$、$\boldsymbol{x}_K^*$ 和 $\boldsymbol{x}_{\text{Pr}}^*$）和试验设计区域的中心之间的平方欧氏距离分别是 3.344、3.244、3.253 和 3.213。因此，$\boldsymbol{x}_P^*$ 的 L_{robust} 是最好的，L_{mpu} 和 L_{ie} 是最差的。与此同时，由于 $\boldsymbol{x}_{\text{Pr}}^*$ 的欧氏距离是最小的，L_{mpu}、L_{ie} 和 L_{iot} 指标表现最好，故其期望损失是最小的。优化结果表明，该方法也适用于高相关系数的情形。

在 Pignatiello、Vining 和 Ko 等方法的基础上，我们提出了一种新的多响应优化损失函数。该方法允许分析人员在单个损失函数框架中考虑模型参数的不确定性、实现误差、相互作用、稳健性（即响应对不确定性因素的低灵敏度）和偏差（即响应对目标的预期偏差）。采用蒙特卡罗模拟过程和聚合反应过程对损失函数法与已有方法的性能进行了比较。由数值实验结果可知，当过程中存在较大的不确定性时，该方法优于现有方法。当不确定性可以忽略时，该方法接近于现有方法。此外，通过对比研究，我们发现了两个有趣的研究结果。

（1）当模型参数不确定性和稳健性对设计变量取值的影响相同时，Pignatiello 和 Ko 等的损失函数方法均优于 Vining 方法。例如，在仿真过程中，考虑模型参数不确定性或稳健性，选择更靠近实验设计区域中心的输入设置。

（2）当模型参数不确定性和鲁棒性对设计变量值产生影响不同时，Vining 的损失函数法优于 Pignatiello 和 Ko 等方法。例如，在聚合反应过程中，考虑模型参数的不确定性时，输入设置选择离实验设计区域中心较近的位置，而考虑稳健性时，则选择离实验设计区域中心较远的位置。

8.2　非正态响应下似不相关的质量设计

在过程/产品改进中，多维质量特征是很常见的。然后，为特征构建合适的模型是一个重要的步骤[1]。一般来说，基于经验模型的持续改进只有在实验数据能够构建出准确的模型时才有效。然而，由于实验数据有限或建模过程中一些不恰当的假设，如正态性和独立性，模型中的估计量会发生随机变化[26]。不考虑这些不确定性会引起不准确的质量评估，从而导致糟糕的工艺设计。因此，在过程/产品改进中，获得准确的质量预测模型是至关重要的[27]。

对多个质量特征的质量预测是过程/产品改进的重要步骤[28]。在一个典型的过程/产品改进中，工程人员将使用 OLS 对每个特征构建一个经验模型，然后使用这些模型来实现下面的优化过程[29]。实现这样的改进通常是低效的，因为它需要特征之间的独立性和正态性。例如，对于激光熔覆修复（laser cladding repair，LCR）工艺，LCR 工艺误差的多元正态性假设是无效的，熔覆层的质量特征是高度相关的。同时，在这种情况下，如何进行变量选择以提高预测质量是一个具有挑战性的新问题。这就促使研究者在建模过程中需要同时考虑变量选择、多个特征之间的相关性和非正态性情况的方法。

LCR 制造中的质量特征通常在建模过程中是相关的。为了在建模过程中考虑多个响应之间的相关性，del Castillo 等[30]首先将 SUR 方法引入相关多响应的建模过程中。类似的发现也可见于其他文献[31~33]。由于模型的不确定性对模型预测或优化性能有显著影响，一些研究将贝叶斯方法引入 SUR 模型中。Peterson 等[34]提出了一种多响应优化实验的贝叶斯 SUR 预测方法。该研究的一个有趣之处是将回归误差项向量的多元正态分布推广到多元（厚尾）t 分布。这是因为多元 t 分布可以成为建模钟形分布的有用工具，钟形分布的“尾巴”比正常情况下要重。Ouyang 等[35]构建了基于 SUR 模型的贝叶斯可信域，提高了预测的可靠性，并将该区域纳入优化过程。

综上所述，现有的方法大多没有同时研究非正态性、高相关性和变量选择对质量预测性能的影响。本章则提出了 LCR 过程中形状精度预测的综合模型。所建立的模型采用了层次结构，在贝叶斯 SUR 框架中引入了二元指标变量进行变量选择。此外，响应变量的稳健性是通过使用厚尾分布的似然来实现的。因此，所得到的稳健贝叶斯模型可以解释为一个异方差的 SUR 模型。在此基础上，提出了一种基于马尔可夫链蒙特卡罗估计算法的稳健贝叶斯估计方法。

8.2.1 模型的筛选机制

在式（8-8）的基础上，本节引入示性向量 $\boldsymbol{\gamma}^i=\left(\gamma_1^i,\gamma_2^i,\cdots,\gamma_{p_i}^i\right)^{\mathrm{T}}$ 。每一个 γ_k^i 表示第 i 个质量模型的第 k 个成分。该示性变量可以表示为

$$\gamma_k^i = \begin{cases} 0, & \beta_k^i = 0 \\ 1, & \beta_k^i \neq 0 \end{cases}$$

引入示性变量后，基于$\boldsymbol{\gamma}^i$的第 i 个模型可以写成：

$$\boldsymbol{y}_i = \boldsymbol{X}_{M_i}\boldsymbol{\beta}_{M_i} + \boldsymbol{\varepsilon}_i, \quad i = 1,2,\cdots,p \tag{8-24}$$

其中，M_i 表示第 i 个基于显著变量构建的回归模型。假设 M_i 中的非零元素为 q_i，即 $q_i = \sum_{j=1}^{p_i}\gamma_j^i$。然后，$\boldsymbol{X}_{M_i}$ 变成了一个 $n \times q_i$ 的设计矩阵，$\boldsymbol{\beta}_{M_i}$ 表示为一个 q_i 维度的向量。类似于第 i 个模型，基于$\boldsymbol{\gamma}^{\mathrm{T}} = \left[\left(\boldsymbol{\gamma}^1\right)^{\mathrm{T}}, \left(\boldsymbol{\gamma}^2\right)^{\mathrm{T}}, \cdots, \left(\boldsymbol{\gamma}^p\right)^{\mathrm{T}}\right]$的 SUR 模型可以写成：

$$\boldsymbol{y} = \boldsymbol{X}_{\gamma}\boldsymbol{\beta}_{\gamma} + \boldsymbol{\varepsilon} \tag{8-25}$$

其中，误差项为$\mathrm{cov}(\boldsymbol{\varepsilon}) = \boldsymbol{\Sigma} \otimes \boldsymbol{I}$；$\boldsymbol{\Sigma}$ 为 $p \times p$ 的对称矩阵；$\boldsymbol{I}$ 为 $n \times n$ 单位矩阵和，$\otimes$ 表示克罗内克乘积。假设 $q_{\gamma} = \sum_{i=1}^{p} q_i$，$\boldsymbol{X}_{\gamma}$ 为一个 $n \times q_{\gamma}$ 矩阵，$\boldsymbol{\beta}_{\gamma}$ 为向量维度为 q_{γ} 的模型参数。

在贝叶斯 SUR 框架下，式（8-24）的模型估计量是基于 $\boldsymbol{\varepsilon} \sim N(0, \boldsymbol{\Sigma} \otimes \boldsymbol{I})$ 的假设[36]。然而，Myers 和 Montgomery[37]提出非正态响应在质量设计中时常出现，因为试验设计方法已应用于各个领域。然后，工程人员需要建立面向非正态响应的质量模型，如指数分布、泊松分布。而且，在质量改进中，多维质量特性是常见的，并且每个质量特性可能会服从不同的分布函数。当违反正态性假设时，现有方法在变量选择和模型预测方面存在明显的偏差。这些促使我们在贝叶斯 SUR 框架下开发了一种灵活的建模方法，该方法将厚尾分布融入似然函数的构建中，从而建立稳健的似不相关回归模型（robust Bayesian seemingly unrelated regression, RBSUR）。

8.2.2　稳健的贝叶斯质量模型

8.2.2.1　稳健似然函数

设 $\boldsymbol{Z}$ 为多元标准正态分布，即 $\boldsymbol{Z} \sim N\left(0, \boldsymbol{I}_p\right)$，$V$ 是一个与随机变量 $\boldsymbol{Z}$ 无关的非负随机变量。如果一个随机变量 Y 可被表示为如式（8-26）所示的随机表达式，那么我们说随机变量 $\boldsymbol{Y}$ 服从多元正态分布的比例混合，式（8-26）表示为[38]

$$\boldsymbol{Y} = \boldsymbol{\mu} + V^{-1/2}\boldsymbol{\Sigma}^{1/2}\boldsymbol{Z} \tag{8-26}$$

它可以由拉普拉斯变换得到，其中，$\boldsymbol{\mu}$ 为一个 $p \times 1$ 向量；$\boldsymbol{\Sigma}$ 为正定矩阵。随机变

量 V 被称为混合变量，它决定了 y 的密度和分布。在本章中，我们考虑以下三种常见的选择。

第一，多元正态分布。令 $V=1$，得到 $\boldsymbol{Y}=\boldsymbol{\mu}+\boldsymbol{\Sigma}^{1/2}\boldsymbol{Z}$，表示为

$$\boldsymbol{Y}|\boldsymbol{\mu},\boldsymbol{\Sigma}\sim \mathrm{MVN}(\boldsymbol{\mu},\boldsymbol{\Sigma}) \tag{8-27}$$

第二，多元拉普拉斯分布。令 V 服从具有形状参数 $(p+1)/2$ 和尺度参数 $1/2$ 的逆 Gamma 分布，可得 $\boldsymbol{Y}\sim \mathrm{MVL}(\boldsymbol{\mu},\boldsymbol{\Sigma})$，表示为

$$\boldsymbol{Y}|\boldsymbol{\mu},\boldsymbol{\Sigma},V\sim \mathrm{MVN}(\boldsymbol{\mu},V^{-1}\boldsymbol{\Sigma}),\ \ V\sim \mathrm{IG}((p+1)/2,1/2) \tag{8-28}$$

第三，多元 t 分布。令 V 服从具有形状参数 $\upsilon/2$ 和速率参数 $\upsilon/2$ 的 Gamma 分布，可得 $\boldsymbol{Y}\sim \mathrm{MVT}(\boldsymbol{\mu},\boldsymbol{\Sigma},\upsilon)$，其中，$\upsilon$ 为自由度。那么 $\boldsymbol{Y}$ 的分布可表示为

$$\boldsymbol{Y}|\boldsymbol{\mu},\boldsymbol{\Sigma},V\sim \mathrm{MVN}(\boldsymbol{\mu},V^{-1}\boldsymbol{\Sigma}),\ \ V\sim \mathrm{GA}(\upsilon/2,\upsilon/2) \tag{8-29}$$

值得一提的是，选择合适的随机变量 V，则 $\boldsymbol{Y}$ 可成为多元正态分布、多元拉普拉斯分布和多元 t 分布，这表明比例混合多元正态分布可比常采用的多元正态分布的随机误差 SUR 模型提供更灵活和厚尾分布的特征。因此，与多元正态分布误差模型相比本章提出的多元正态混合误差下的 SUR 模型能更好地拟合真实数据。

因此，多元正态混合误差下的 SUR 模型的似然函数可以表示为

$$l(\boldsymbol{y}|\boldsymbol{\beta},\boldsymbol{\Sigma},\upsilon)\propto\prod_{i=1}^{n}\left|\upsilon_i^{-1}\boldsymbol{\Sigma}\right|^{-1/2}\exp\left\{-\frac{1}{2}(\boldsymbol{y}_i-\boldsymbol{X}_i\boldsymbol{\beta})^{\mathrm{T}}(\upsilon_i^{-1}\boldsymbol{\Sigma})^{-1}(\boldsymbol{y}_i-\boldsymbol{X}_i\boldsymbol{\beta})\right\} \tag{8-30}$$

其中，如果误差服从多元正态分布，则 $\upsilon_i=1$；如果误差服从多元拉普拉斯分布，则 $\upsilon_i\sim \mathrm{IG}((p+1)/2,1/2)$；如果误差服从具有 v 个自由度 $(i=1,2,\cdots,n)$ 的多元 t 分布，则 $\upsilon_i\sim \mathrm{GA}(\upsilon/2,\upsilon/2)$。

8.2.2.2 先验信息获取

贝叶斯分析从未知模型参数的先验规范开始。在缺乏先验知识的情况下，非信息性先验往往是许多实际应用的首选。最常用的非信息性先验之一是 Jeffreys 非独立性先验[39]，表示为

$$\pi(\boldsymbol{\beta},\boldsymbol{\Sigma})=\pi(\boldsymbol{\beta})\pi(\boldsymbol{\Sigma})\propto|\boldsymbol{\Sigma}|^{-(p+1)/2} \tag{8-31}$$

为了在 SUR 模型中实现变量筛选，必须对示性变量 γ 给予合适的先验。给定任意一个值给 γ，我们可以计算 $q_\gamma=\sum_{i=1}^{p}q_i$，其中，$q_i=\sum_{j=1}^{p_i}\gamma_j^i$。$\boldsymbol{\beta}_\gamma$ 和 $\boldsymbol{X}_{\gamma^i}$ 是向量 $\boldsymbol{\beta}$ 和 $\boldsymbol{X}_i$ 对应的子成分，其中相应的 γ_j^i 等于 1。对于第 i 个模型，本章指定 $\pi(\gamma_j^i=1|\alpha_i)=\alpha_i$，其中，$\alpha_i\in(0,1)$。同时，给定（0，1）的均匀分布作为 $\boldsymbol{\gamma}$ 的先

验，即

$$\pi(\boldsymbol{\gamma}) \propto \prod_{i=1}^{p} \mathrm{Be}(q_i+1,\ p_i-q_i+1) \tag{8-32}$$

其中，$\mathrm{Be}(\cdot,\ \cdot)$为 Beta 函数，$\boldsymbol{\gamma}_i$的维度为$p_i$。

基于式（8-30）的似然函数和式（8-31）和式（8-32）的先验信息，我们可以计算$\boldsymbol{\beta}_\gamma$、$\boldsymbol{\Sigma}$和$\boldsymbol{V}$的后验信息：

$$p(\boldsymbol{\beta}_\gamma,\boldsymbol{\Sigma},\boldsymbol{V},\boldsymbol{\gamma}|\boldsymbol{y}) \propto l(\boldsymbol{y}|\boldsymbol{\beta}_\gamma,\boldsymbol{\Sigma},\boldsymbol{V})\pi(\boldsymbol{\beta}_\gamma,\boldsymbol{\Sigma})\pi(\boldsymbol{V})\pi(\boldsymbol{\gamma})$$
$$\propto \prod_{j=1}^{n}\left|\upsilon_j^{-1}\boldsymbol{\Sigma}\right|^{-1/2}\exp\left\{-\frac{1}{2}\left(\boldsymbol{y}_j-\boldsymbol{x}_{\gamma_j}\boldsymbol{\beta}_\gamma\right)^{\mathrm{T}}\left(\upsilon_i^{-1}\boldsymbol{\Sigma}\right)^{-1}\left(\boldsymbol{y}_j-\boldsymbol{x}_{\gamma_j}\boldsymbol{\beta}_\gamma\right)\right\}\left|\boldsymbol{\Sigma}\right|^{-(p+1)/2}\pi(\boldsymbol{V})\pi(\boldsymbol{\gamma}) \tag{8-33}$$

8.2.2.3　后验推断

由于式（8-31）中非信息先验在后验推导中的劣势，所以需要检查式（8-33）中的联合后验分布在该先验下是否存在。经过理论证明，我们验证了该后验依然存在，其证明过程见本章附录 C。

理论 8-1　对于式（8-25）中$(\boldsymbol{\beta}_\gamma,\boldsymbol{\Sigma})$的先验信息，如果$n>p+q_\gamma$，则$(\boldsymbol{\beta}_\gamma,\boldsymbol{\Sigma})$的联合分布函数是合适的。

设参数$\boldsymbol{\theta}=(\boldsymbol{\beta}_\gamma,\boldsymbol{\Sigma},\boldsymbol{\gamma})$为未知的向量。然后贝叶斯估计$\boldsymbol{\theta}$可以通过后验样本的均值或中位数求得，该统计量可以通过$p(\boldsymbol{\beta}_\gamma,\boldsymbol{\Sigma},\boldsymbol{V},\boldsymbol{\gamma}|\boldsymbol{y})$抽取。然后，抽取的工作困难的，因为参数$\boldsymbol{V}$也是未知的。此外，确定元素$\boldsymbol{\gamma}$与确定$\boldsymbol{\beta}_\gamma$本质上是完全相同的，这导致了后验抽样方案的一些潜在问题。为了避免这些问题，本章采用了带折叠吉布斯采样器的 Metropolis-Hasting 算法来模拟后验样本，其中每个模型参数块都可以基于全条件后验分布（full conditional posterior distributions，FCPD）进行更新。根据式（8-33）中的联合后验分布，FCPD 如下所示。

（1）$\boldsymbol{\beta}_\gamma|\boldsymbol{\Sigma},\boldsymbol{V},\boldsymbol{\gamma},\boldsymbol{y}$的 FCPD 是一个多元正态分布函数。分布参数（均值$\boldsymbol{\mu}_\gamma$和协方差$\boldsymbol{\Sigma}_\gamma$）为

$$\boldsymbol{\mu}_\gamma=\boldsymbol{\Sigma}_\gamma^{-1}\left(\sum_{j=1}^{n}\boldsymbol{x}_{\gamma_j}\left(V_j^{-1}\boldsymbol{\Sigma}\right)^{-1}\boldsymbol{y}_j\right) \text{和} \boldsymbol{\Sigma}_\gamma=\sum_{j=1}^{n}\boldsymbol{x}_{\gamma_j}\left(V_j^{-1}\boldsymbol{\Sigma}\right)^{-1}\boldsymbol{x}_{\gamma_j}^{\mathrm{T}} \tag{8-34}$$

（2）$\boldsymbol{\Sigma}|\boldsymbol{\beta}_\gamma,\boldsymbol{V},\boldsymbol{\gamma},\boldsymbol{y}$的 FCPD 是逆 Wishart 分布。自由度为n，p维的散度矩阵$\boldsymbol{\Psi}_\gamma$的公式如下：

$$\boldsymbol{\Psi}_\gamma=\sum_{j=1}^{n}V_j\left(\boldsymbol{y}_j-\boldsymbol{x}_{\gamma_j}\boldsymbol{\beta}_\gamma\right)\left(\boldsymbol{y}_j-\boldsymbol{x}_{\gamma_j}\boldsymbol{\beta}_\gamma\right)^{\mathrm{T}} \tag{8-35}$$

（3）$\boldsymbol{V}|\boldsymbol{\beta}_{\gamma},\boldsymbol{\Sigma},\boldsymbol{\gamma},\boldsymbol{y}$ 的 FCPD 依赖于 $\boldsymbol{V}$ 的分布。

如果 $V_i \sim \mathrm{IG}\left((p+1)/2,1/2\right)$，$V_i|V/V_i,\boldsymbol{\beta}_{\gamma},\boldsymbol{\Sigma},\boldsymbol{\gamma},\boldsymbol{y}$ 的 FCPD 服从逆 Gaussian 分布，其中，$\mu_j=\left[\sum_{j=1}^{n}\left(\boldsymbol{y}_j-\boldsymbol{x}_{\gamma_j}\boldsymbol{\beta}_{\gamma}\right)^{\mathrm{T}}\boldsymbol{\Sigma}^{-1}\left(\boldsymbol{y}_j-\boldsymbol{x}_{\gamma_j}\boldsymbol{\beta}_{\gamma}\right)^{\mathrm{T}}\right]^{-1/2}$，$\lambda=1$。同时 v 的逆 Gaussian 分布函数为

$$f(v;\mu,\lambda)=\left(\frac{\lambda}{2\pi v^3}\right)^{1/2}\exp\left(\frac{-\lambda(v-\mu)^2}{2\mu^2 v}\right)$$

如果 $V_i \sim \mathrm{GA}(\upsilon/2,\upsilon/2)$，$V_i|V/V_i,\boldsymbol{\beta}_{\gamma},\boldsymbol{\Sigma},\boldsymbol{\gamma},\boldsymbol{y}$ 的 FCPD 服从 Gamma 分布。同时，形状和速率参数分别为

$$(\upsilon+1)/2$$

和

$$\tau_j=\left[\upsilon+\sum_{j=1}^{n}\left(\boldsymbol{y}_j-\boldsymbol{x}_{\gamma_j}\boldsymbol{\beta}_{\gamma}\right)^{\mathrm{T}}\boldsymbol{\Sigma}^{-1}\left(\boldsymbol{y}_j-\boldsymbol{x}_{\gamma_j}\boldsymbol{\beta}_{\gamma}\right)^{\mathrm{T}}\right]\Big/2$$

对式（8-33）将变量 $\boldsymbol{\beta}_{\gamma}$ 积分后，我们可以通过概率为 $1/\left(1+\pi_j^i\right)$ 的伯努利准则，得到 $\gamma_j^i=1|\boldsymbol{\gamma}\setminus\gamma_j^i,\boldsymbol{\Sigma},\upsilon,\boldsymbol{y}$ 的条件后验分布 $\gamma_j^i=1|\boldsymbol{\gamma}\setminus\gamma_j^i,\boldsymbol{\Sigma},\upsilon,\boldsymbol{y}$。

$$\pi_j^i=\left(\frac{\left|\boldsymbol{A}(\gamma_1)\right|}{\left|\boldsymbol{A}(\gamma_0)\right|}\right)^{1/2}\exp\left\{\frac{1}{2}\boldsymbol{B}(\gamma_0)^{\mathrm{T}}\boldsymbol{A}(\gamma_0)\boldsymbol{B}(\gamma_0)-\boldsymbol{B}(\gamma_1)^{\mathrm{T}}\boldsymbol{A}(\gamma_1)\boldsymbol{B}(\gamma_1)\right\}\frac{p_j-\alpha_{\gamma}^i}{\alpha_{\gamma}^i+1} \tag{8-36}$$

其中，$\boldsymbol{A}(\gamma)=\sum_{j=1}^{n}\boldsymbol{x}_{\gamma_j}\left(\upsilon_j^{-1}\boldsymbol{\Sigma}\right)^{-1}\boldsymbol{x}_{\gamma_j}^{\mathrm{T}}$；$\boldsymbol{B}(\gamma)=\sum_{j=1}^{n}\boldsymbol{x}_{\gamma_j}\left(\upsilon_j^{-1}\boldsymbol{\Sigma}\right)^{-1}\boldsymbol{x}_{\gamma_j}^{\mathrm{T}}\boldsymbol{y}_j$，其证明过程见本章附录 D。

参数 $\boldsymbol{\beta}_{\gamma}$ 和 $\boldsymbol{\Sigma}$ 的样本可以直接从正态分布和逆 Wishart 分布中得到。对于 $\boldsymbol{V}=\left(V_1,V_2,\cdots,V_n\right)^{\mathrm{T}}$，则有两种不同的情况：对于拉普拉斯分布，样本是由逆 Gaussian 分布产生的；对于多元 t 分布，样本是由 Gamma 分布产生的。参数的全条件分布不是来自任何已知的分布族，因此获取参数的样本不容易。在本章中，我们使用 Metropolis-Hasting 算法和一个伯努利分布来生成元素的样本。在 RBSUR 中进行贝叶斯推理的后验抽样算法总结如下。

在贝叶斯回归框架中，测量不变性是贝叶斯过程在变量选择、模型估计或预测等问题上应满足的基本标准之一[40]。算法 8-1 中显示的 RBSUR 在执行尺度转换时具有不变属性。

命题 8-1　算法 8-1 中的后验抽样方法在 SUR 模型中参数估计和变量选择的预测因子尺度变换下具有不变性，其证明过程见附录 E。

算法 8-1　后验抽样算法

输入：试验数据（$\boldsymbol{X}$，$\boldsymbol{y}$）

输出：$\hat{\boldsymbol{\beta}}$、γ 和 $\hat{\boldsymbol{y}}$ 后验分布

for $k=1$ to n 执行

　for $i=1$ to p 执行

　　步骤 1：从均值为 $\boldsymbol{\mu}_\gamma$ 和协方差 $\boldsymbol{\Sigma}_\gamma$ 为的正态分布中抽取 $\boldsymbol{\beta}_\gamma$。

　　步骤 2：从自由度为 n 的逆 Wishart 分布抽取 $\boldsymbol{\Sigma}$ 和一个 p 维的尺度矩阵 $\boldsymbol{\Psi}_\gamma$。

　　步骤3：如果似然函数是正态分布，令 $V_i=1$；如果似然函数为多元拉普拉斯函数，从均值为 μ_i 和 $\lambda=1$ 的逆 Gaussian 分布中抽取 $V_i\left|\boldsymbol{V}\setminus V_i,\boldsymbol{\beta}_\gamma,\boldsymbol{\Sigma},\boldsymbol{\gamma},\boldsymbol{y}\right.$；

　　如果似然函数是多元 t 分布，当 $i=1,2,\cdots,n$，从形状参数为 $(\upsilon+1)/2$ 和速率参数为 τ_i 的 Gamma 分布抽取 $V_i\left|\boldsymbol{V}/V_i,\boldsymbol{\beta}_\gamma,\boldsymbol{\Sigma},\boldsymbol{\gamma},\boldsymbol{y}\right.$。

　　步骤 4：for $i=1$ to p 执行

　　　for $i=1$ to p_i 执行

　　　　从概率为 $1/\left(1+\pi_j^i\right)$ 的伯努利分布抽取 γ_k^i。

　　　end for

　　end for

　end for

end for

8.2.3　仿真试验

本节通过仿真实验验证了 RBSUR 的有效性。式（8-8）中的模型可以用来生成的实验数据。特别地，我们设 y 的维数为 $p=4$。假设在模拟实验中使用了三个预测因子。在 SUR 模型中是否显著需要分析的预测因子有 36 个，即 $p_1=p_2=p_3=p_4=9$。为了进一步证明 RBSUR 的变量选择性能，在 SUR 模型中分析了不同的稀疏度比例。在模拟实验中，假设 $q_1=q_2=3$，$q_3=q_4=5$。显著变量的模型参数设为 1。对于误差中的厚尾问题，我们使用下面的混合模型来生成数据：

$$\varepsilon\sim(1-\zeta)\mathrm{MVN}(0,\boldsymbol{\Sigma})+\zeta\mathrm{MVT}_\upsilon(0,\boldsymbol{\Sigma})$$

其中，ζ 和 υ 确定仿真数据中厚尾的程度。MVN 和 MVT 分别表示多元正态分布和多元 t 分布。对于 $\boldsymbol{\Sigma}$，假设 $\boldsymbol{\Sigma}=\begin{bmatrix} 0.375 & 0.180 & 0.033 & -0.017 \\ 0.180 & 0.12 & 0.011 & -0.018 \\ 0.033 & 0.011 & 0.017 & 0.008 \\ -0.017 & -0.018 & 0.008 & 0.01 \end{bmatrix}$。然而，在实际过程中，该数值往往基于历史数据或试验数据获得。

8.2.3.1 仿真数据生成

在稳健统计中，通常有两个异常值来源：一个是污染；另一个是尾部较重或缺乏对称性的潜在分布。由于工程人员很难知道异常值的来源，本节旨在分析 RBSUR 在两种情况下的性能。本节的仿真试验是在均匀分布[0，1]下产生 50 个试验数据，因此四个响应总共收集了 200 个数据。为了说明污染数据对 SUR 性能的影响，假设 10%的实验数据被污染。具体来说，数据是由正态分布产生的。然后，在模拟中有三种场景。

情景 1：$\zeta=0$，响应数据受到多元正态分布误差的污染。

情景 2：$\zeta=1$，响应数据受到污染，但存在多元 t 分布误差。

情景 3：$\zeta=0.2, 0.5, 0.8$，响应数据受到污染，但存在混合多元分布误差。

为了评估 RBSUR 方法的准确性，我们用多元正态分布、拉普拉斯分布和 t 分布分析了 SUR 模型。多元 t 分布中的自由度在构建鲁棒 SUR 模型中起着至关重要的作用。注意，学术界对 t 分布密度有一个重要的性质：当 $\nu\to+\infty$ 时，t 密度将收敛为正态密度。虽然它是一个近似性质，但它是有效的，且当 $\nu\approx 30$ 时，该性质依然成立[41]。选取[5，30]之间的 6 个平均值来分析鲁棒 SUR 模型的性能。尽管自由度可以指定为一个常量值，但更常见的方法是根据数据估计，甚至将其视为超参数。例如，自由度可以被看作随机变量，然后给定合适的先验分布，得出的相应的后验分布。然而，在这种情况下，估计过程往往不能达到收敛。因此，本章将提出数据驱动的方法来确定自由度的值。

8.2.3.2 性能评价指标

为了评估所考虑的不同方法的准确性，本模拟研究采用了四种不同类型的标准。第一种是检查变量选择的性能。假正例（false positive，FP）是将不重要变量作为显著变量的数量。同样，假负例（false negatives，FN）是指将显著变量视为不显著变量的数量。然后，采用误选变量的总数（即 $\lambda=\mathrm{FP}+\mathrm{FN}$）作为变量选择的标准。第二种是检查模型估计的性能。针对模型参数的 L_2 损失，本章采用 $L_2(\boldsymbol{\beta})=\left\|\hat{\boldsymbol{\beta}}-\boldsymbol{\beta}\right\|_2^2/p$，其中，$\|\bullet\|_2^2$ 代表二阶范数。同时，在方差−协方差 $\boldsymbol{\Sigma}$ 估计

中，需要估计 4 个方差（即主对角元）和 6 个协方差（即上对角元），我们用向量 $\boldsymbol{V}$ 表示。然后，我们用 $L_2(\Sigma)=\dfrac{1}{10}\left\|\hat{\boldsymbol{V}}-\boldsymbol{V}\right\|_2^2$ 来检查相应的性能。最后，响应的预测误差由均方根预测误差 $\text{RMSPE}=\sqrt{\sum_{i=1}^{n}\left(\hat{y}\left(\boldsymbol{x}_i\right)-y_{\text{true}}\left(\boldsymbol{x}_i\right)\right)^2\Big/n}$ 来测量。

8.2.3.3　模型性能分析

基于仿真数据和提出的 RBSUR，我们使用后验样本作为贝叶斯模型的参数估计。对比结果如图 8-6~图 8-8 所示[①]。从图 8-6 可以看出，多元 t 和拉普拉斯分布下的 SUR 模型比多元正态分布下的模型性能更好。这是因为正态分布无法捕获受污染数据产生的“特殊”信息。同时，多元 t 分布下的 SUR 模型的性能会随着自由度的增加而降低。如上所述，正态分布下的 SUR 模型和 t 分布下的 SUR 模型具有几乎相同的性能。

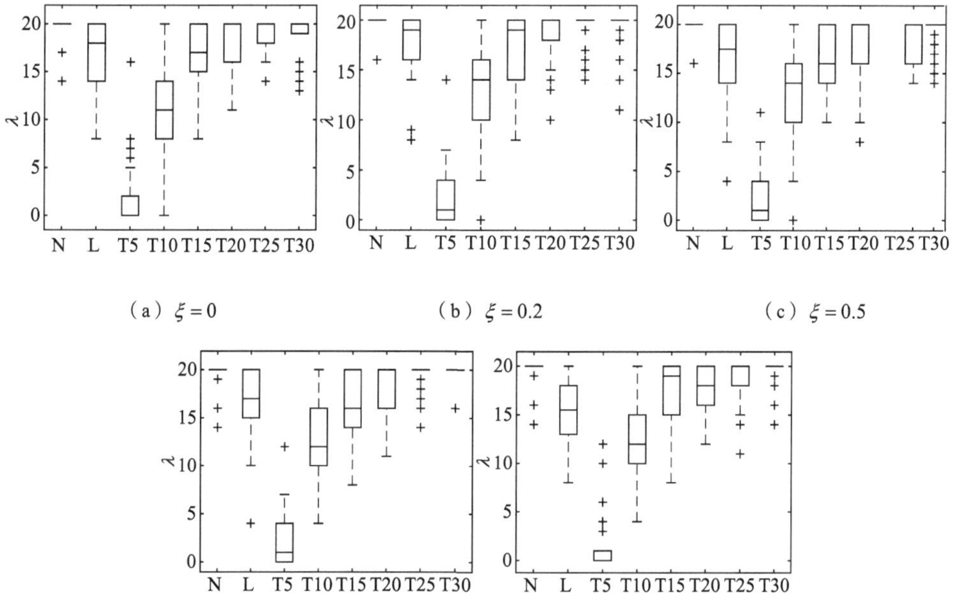

（a）$\xi=0$　（b）$\xi=0.2$　（c）$\xi=0.5$

（d）$\xi=0.8$　（e）$\xi=1$

图 8-6　变量筛选的比较

β

L2)(βL2)(βL2)(2.01.51.00.50T30T25T20T15T10T5LN1.51.00.50T30T25T20T15T10T5LN1.51.00.5

① “N”是正态分布的 SUR；“L”是拉普拉斯分布的 SUR；“T5”是自由度为 5 下 t 分布的 SUR。

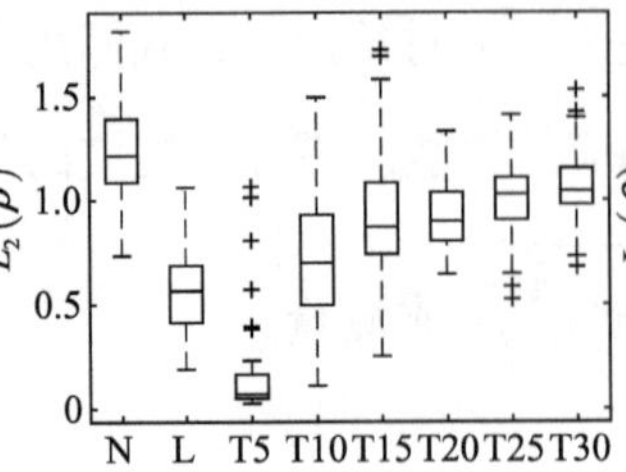

（a）$\xi=0$

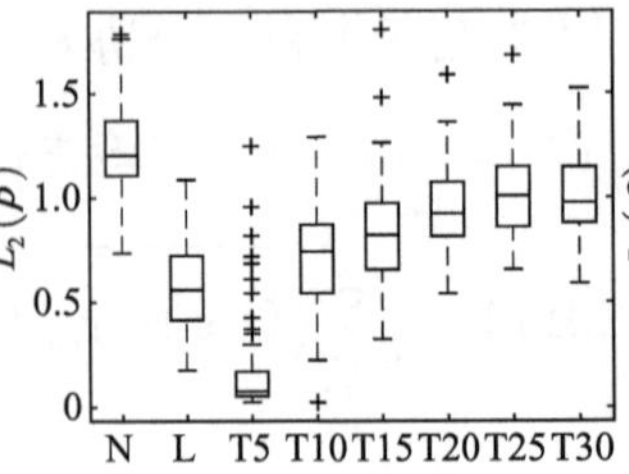

（b）$\xi=0.2$

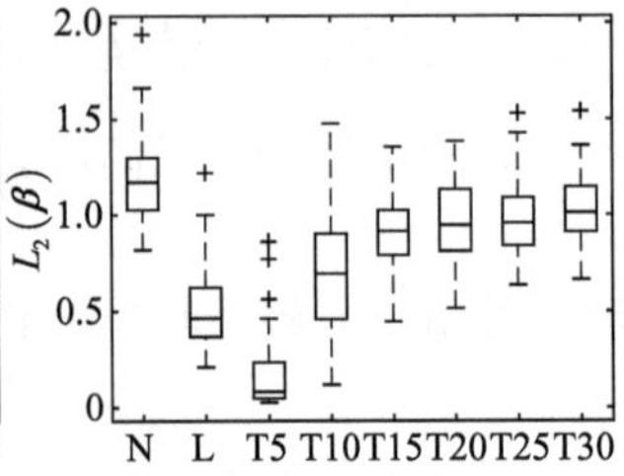

（c）$\xi=0.5$

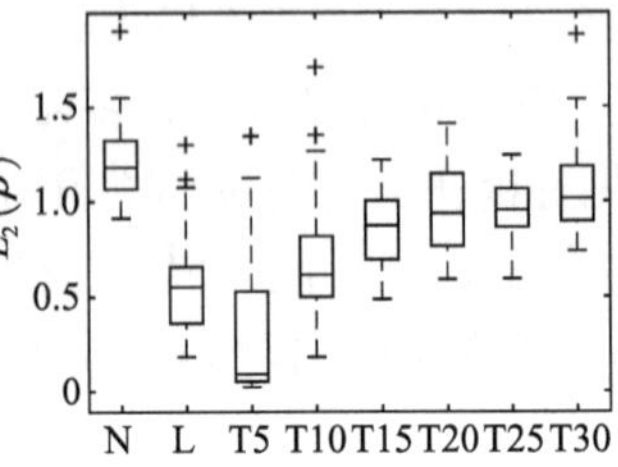

（d）$\xi=0.8$

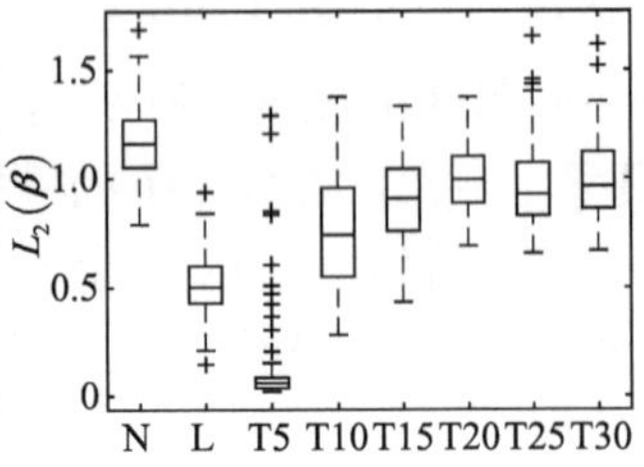

（e）$\xi=1$

图 8-7 模型估计的比较

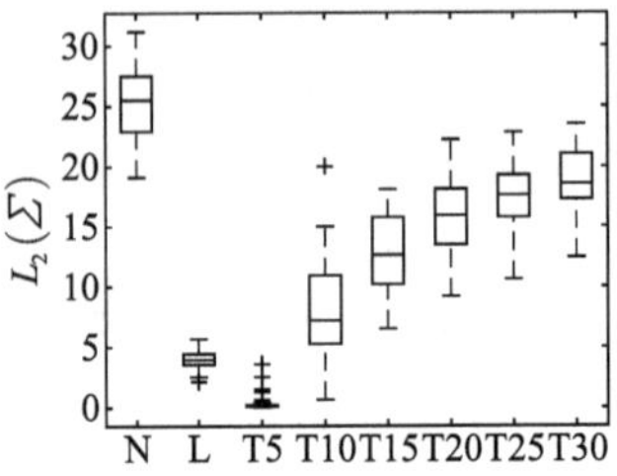

（a）$\xi=0$

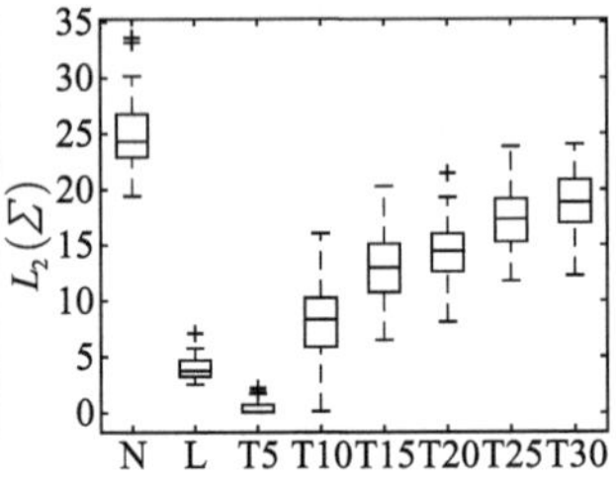

（b）$\xi=0.2$

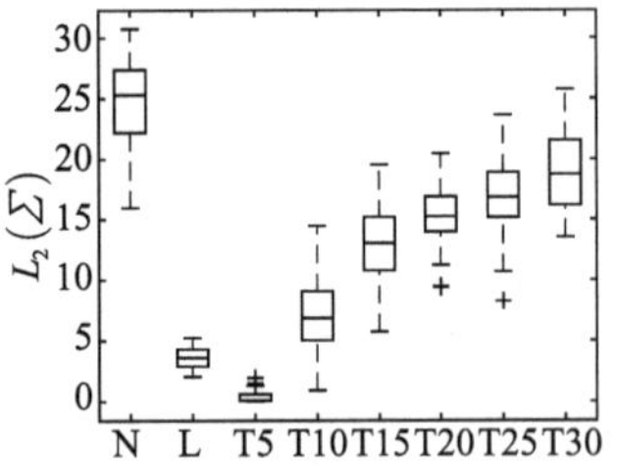

（c）$\xi=0.5$

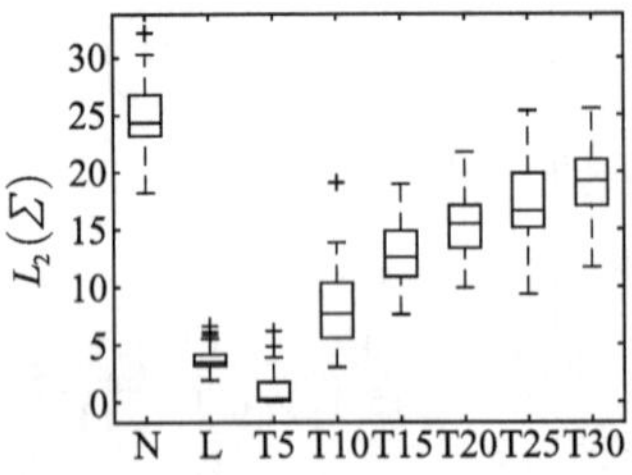

（d）$\xi=0.8$

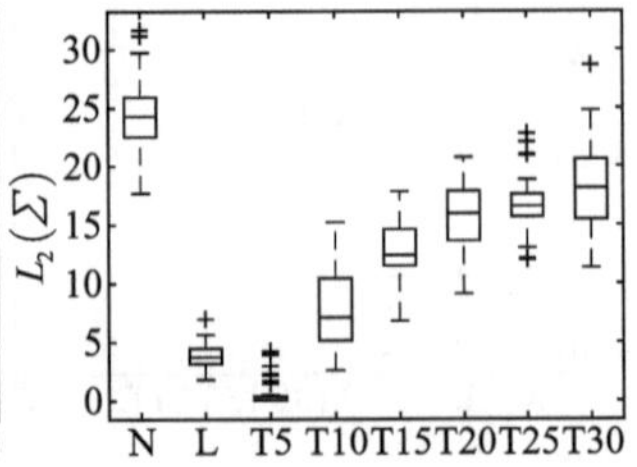

（e）$\xi=1$

图 8-8 协方差估计的比较

对于情景 3，模拟过程中同时存在数据污染和厚尾分布，但带有 t 分布的 SUR 模型仍然表现最好。此外，当误差为多元 t 和正态分布的混合分布时，所提出的 RBSUR 在情景 2 中仍能保持其优越性。从图 8-7 和图 8-8 也可以分别得出 $L_2(\boldsymbol{\beta})$ 和

$L_2(\boldsymbol{\Sigma})$的类似结论。例如，RBSUR 的变量选择结果显著优于正态分布。同时，从参数估计精度$L_2(\boldsymbol{\beta})$上可以看出该方法的优越性。一个可能的原因是RBSUR方法可以产生更准确的变量选择，从而减少不重要变量对参数估计的干扰。根据以上结果，我们可以发现RBSUR与现有的SUR模型具有可比性（即在多元正态分布下）。

对于RMSPE，我们主要比较了多元正态分布、拉普拉斯分布和自由度为5下t分布的SUR模型。比较结果如图8-9所示。从图8-9中我们可以看出，所提出的多元t分布下的RBSUR模型性能在$\zeta = 0, 0.2, 0.5$中表现优越。同时，对于正态误差，RBSUR模型与SUR模型在$\zeta = 0.8, 1$时具有显著的可比性。综上所述，数值模拟结果表明，在误差正态性假设下，所提出的 RBSUR 模型优于经典 SUR 模型。

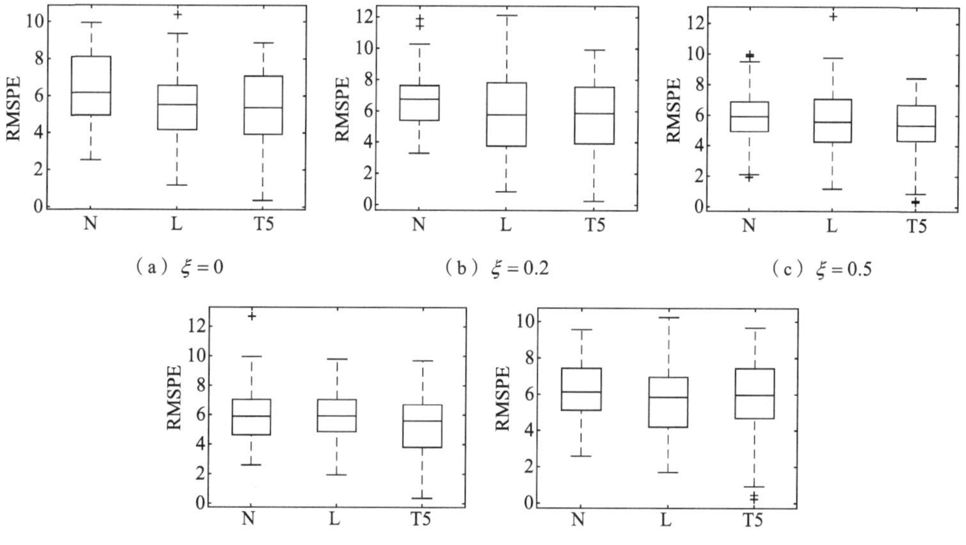

（a）$\xi = 0$　（b）$\xi = 0.2$　（c）$\xi = 0.5$

（d）$\xi = 0.8$　（e）$\xi = 1$

图 8-9　模型预测结果比较

因此，变量选择和参数估计这两个步骤在基于经验模型的质量设计或改进中起着至关重要的作用。如果实践者只关注模型预测性能，他们可能会陷入“比较”陷阱。因为一个公平有效的模型预测比较，应该建立在合适的变量选择和参数估计结果的基础上。我们强烈建议首先在变量选择和参数估计方面做更多的工作。接下来要注意的是提出模型预测或可能的优化程序。总之，与现有SUR模型相比，所提出的 RBSUR 模型不仅处理了变量的选择，而且在潜在分布偏离正态分布的情况下提供了更准确的预测和参数估计。

8.2.4 实例分析

激光涂层过程对现代制造和维修过程产生了重要影响，特别是在航空工业和船舶工业领域。例如，LCR 被广泛用于生产一种保护涂层，以改善产品表面性能和延长产品生命周期。本章所用的原材料由中国商用飞机有限责任公司提供。根据工程知识，确定三个输入变量，其描述如表 8-9 所示。同时，输出响应 y_1、y_2、y_3、y_4 分别为熔覆层宽度 w、熔覆层高度 H、稀释区深度 D、稀释率 d。LCR 设备由一台 6 千瓦连续 Nd：YAG 激光器、同轴送粉系统、数控系统和气体保护系统组成。试验数据基于此设备收集。

表 8-9　LCR 过程的输入变量

输入变量	含义	单位	标准化水平		
			−1	0	1
x_1	激光能量	kW	10	30	50
x_2	扫描速度	$mm \cdot s^{-1}$	2	4	6
x_3	粉末进给速度	$mg \cdot s^{-1}$	4	8	1.2

基于响应数据，我们采用 R 软件中的 MVN 软件进行多元正态性评估。假设检验中的 $p<0.000\,1$。同时，卡方分布如图 8-10 所示。结果表明，在 0.05 显著性水平下，响应数据不服从多变量正态分布。

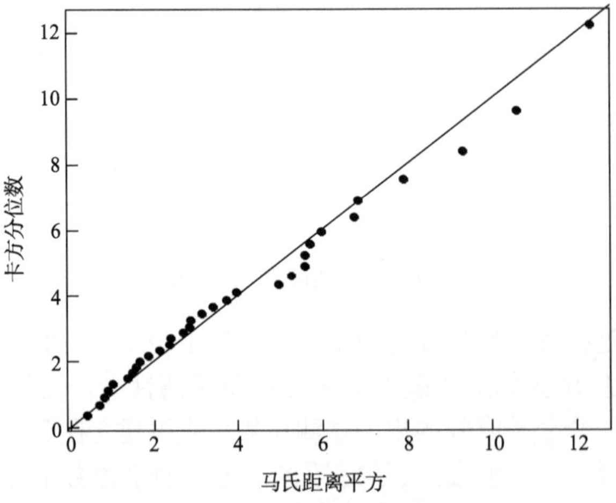

图 8-10　LCR 数据正态性检验

8.2.4.1 不同情境下质量模型性能比较

本节将利用不同的 SUR 方法进行模型选择和预测。具体来说，这些模型是基于多元正态分布、多元拉普拉斯分布和多元 t 分布构建的。为了评估预测性能，我们使用交叉验证方法。其中，随机选取 27 个实验运行作为训练样本，其余 5 个运行作为测试样本。由于 MCMC 过程中的时间因素，我们将整个过程重复进行 50 次。然后，我们可以给出每种方法的基本统计量 RMSE。为了直观地把握这些方法之间的区别，我们给出了现有方法（即基于正态分布的方法）与非正态分布方法的比值。请注意，当比率大于 100%时，意味着某些基于非正态分布的方法比现有的方法具有更好的性能。我们使用现有的方法，即正态分布的 SUR 作为基线方法，计算其他方法与现有方法的比率。比较结果见表 8-10。注意，表 8-10 中现有方法的比率总是 100%。

表 8-10 RMSE 的统计信息

方法	最小值	第一分位数	中位数	第三分位数	最大值
正态	100.00	100.00	100.00	100.00	100.00
拉普拉斯	97.65	107.14	106.52	129.61	105.75
T5	115.28	112.15	103.52	108.41	102.99
T10	107.79	130.43	122.50	108.41	109.52
T15	131.75	113.21	113.08	133.33	100.36
T20	102.47	102.56	107.30	138.92	104.55
T25	110.67	108.11	100.00	131.82	104.94
T30	97.65	100.84	100.00	109.95	103.76

表 8-10 表明，具有非正态分布的 SUR 模型可以提供与现有 SUR 模型相当甚至更好的结果。同时，具有多元 t 分布的 SUR 模型的性能始终优于现有的方法，这表明如果想防止正态模型偏离，基于 t 分布的似然函数将是一个很好的选择。更值得注意的是，在基于 t 分布的 SUR 模型，其性能依赖于自由度的取值。结果表明，随着自由度的增加，具有 t 分布的 SUR 模型的性能先上升后下降。如上一节所述，当自由度接近 30 时，t 分布将收敛到正态分布。同时，不难发现，基于 T30 的 SUR 模型的性能与基于正态分布的相似。然而，其他的一些自由度在性能上均表现与基于正态分布的要好。因此，即使正态分布偏离的可能性很小，我们也建议使用带有 t 分布的 SUR 模型来替代现有的 SUR 模型。

在本案例研究中，从第一响应 y_1 可知，数据并不服从多元正态分布。为了进一步说明鲁棒 SUR 模型的优越性，本节在案例研究的基础上，将响应数据 Y21、Y31 和 Y41 修改为原来响应值的 10 倍。因此，可以在不同比例的非正态响应下分析每种方法的性能。具体来说，情景 1 有两个非正态响应，情景 2 有三个非正态响应，情景 3 有四个非正态响应。如上所述，这三种极端现象也有可能来自总体样本。值得注意的是，在实现变量选择、模型预测和过程优化时，无论观测数据来自何处，采用稳健的建模方法都是必要和重要的。图 8-11 显示了模型预测性能的箱线图。

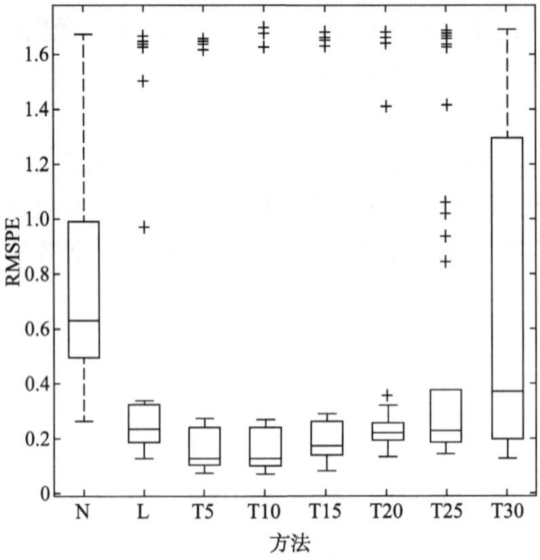

（a）情景 1 下的多元正态分布函数

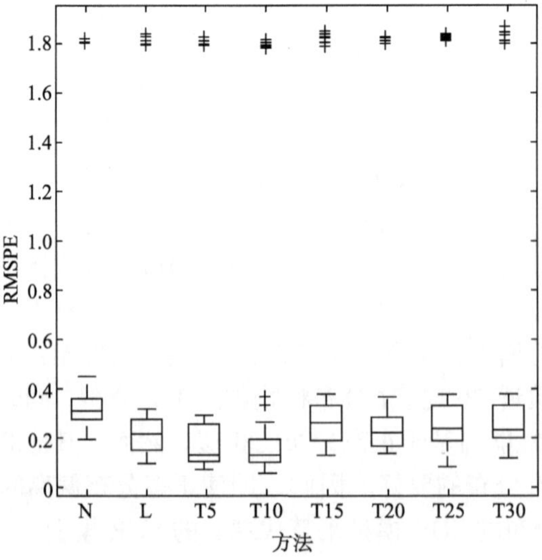

（b）情景 2 下的多元正态分布函数

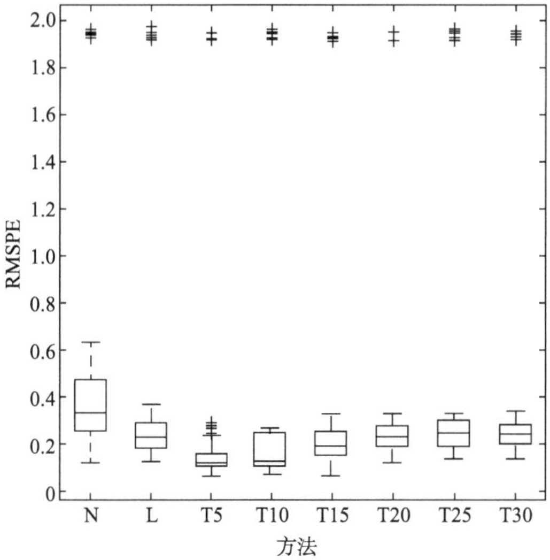

（c）情景 3 下的多元正态分布函数

图 8-11　不同情景下的模型预测性能比较

从图 8-11 可以看出，基于多元尺度的混合正态分布的 SUR 模型比基于正态分布的性能要好，但这是意料之中的。这是因为混合分布，特别是多元 t 分布可以减少正态模型偏离对预测性能的影响。需要注意的是，多元 t 分布的性能随自由度的变化而变化，即使它的 RMSE 最小。这是因为正态模型偏离的程度是通过多元 t 分布中的参数来测量和分析的。仔细查看图 8-11 可以发现，在情景 2 中自由度的最佳值大约是 10，而在场景 3 中大约是 5。这一有趣的现象充分说明了在多元 t 分布中存在一个特定问题的最优值。

8.2.4.2　稳健似然函数自由度确定

采用多变量 t 分布的 SUR 模型进行质量预测时，自由度对似然函数的构造有重要影响。由于先验知识对参数的取值往往是有限的，因此，本节提出了一种数据驱动的方法，直接从抽样数据估计它。在预测性能方面，如果我们采用 N 次重复的预测过程，则将预测误差的均值和标准差分别表示 μ_{RMSE} 和 s_{RMSE}。然后，可以采用数据驱动的方法来确定一个合适的值来平衡这两个指标。

在数据驱动中，我们将预测误差看作 v 的函数。然后，基于任意给定的 v，可以得到向量点（$\mu_{\text{RMSE}}(v)$，$s_{\text{RMSE}}(v)$）。同时，根据不同的 v，可以绘制一条效率曲线：横坐标为 v，纵坐标为（$\mu_{\text{RMSE}}(v)$，$s_{\text{RMSE}}(v)$）。通常，不存在一个数值 v，使得 $\mu_{\text{RMSE}}(v)$ 和 $s_{\text{RMSE}}(v)$ 同时达到最小。严格上来讲，$\mu_{\text{RMSE}}(v)$ 和 $s_{\text{RMSE}}(v)$ 的最小值分别是在 v 取不同数据情形下获得的。因此，可以确定一个离理想值（$s_{\text{RMSE}}(v)$，

$s_{\mathrm{RMSE}}(v)$）最近的点，以此作为自由度的取值。具体可以参考图 8-12。

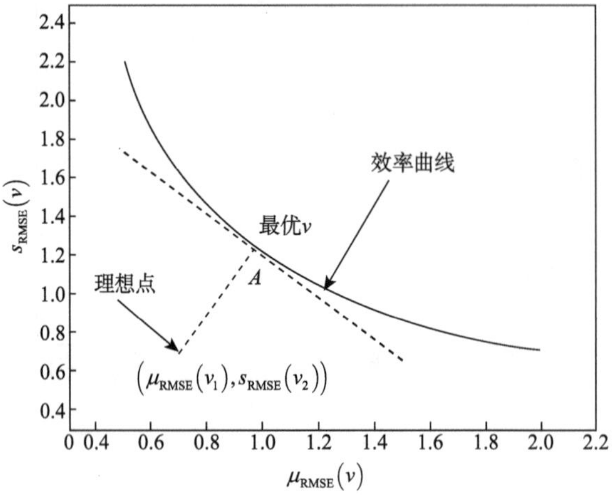

图 8-12 基于数据驱动的最优自由度

基于数据驱动的方法，我们可以得到最优的自由度，即图 8-12 中的 A 点。需要注意的是，在数据驱动方法中，主要的计算代价是由自由度 v 的值决定的。具体来说，在收集试验数据时，我们会使用不同的 v 值对试验数据进行分析，然后绘制出效率曲线。也就是说，数据驱动的方法只是对每个 v 值下的试验数据进行分析，并不会增加实验成本。因此，当使用具有多元 t 分布的 SUR 模型时，我们强烈建议工程人员使用数据驱动方法。根据此过程，假设其可行域为[2，30]时，案例研究的最优值为 5。简而言之，工程人员可以分两步使用这种方法：第一步是缩小可行区域，如图 8-12 所示；第二步是实现基于新可行域的数据驱动方法。

SUR 被证明是一种有效的质量特征相关建模技术。如上所述，非正态性和高相关性是质量设计过程中常见的现象。本章旨在建立一个 RBSUR 模型，以解决存在相关质量特性的质量建模问题。具体地说，第一步，似然的厚尾分布被融入 SUR 的构造中。然后，基于厚尾分布的变量选择在贝叶斯分层建模框架下进行。第二步，提出了一种 MCMC 采样算法来获得鲁棒的贝叶斯估计。

参考文献

[1] Ng S H. A Bayesian model-averaging approach for multiple-response optimization[J]. Journal of Quality Technology，2010，42（1）：52-68.

[2] Apley D W，Kim J. A cautious approach to robust design with model parameter uncertainty[J].

IIE Transactions，2011，43（7）：471-482.
[3] 韩云霞，马义中，欧阳林寒，等. 数据污染下的稳健设计及最优参数的置信区间估计[J]. 工业工程与管理，2019，24（1）：64-71，86.
[4] 冯泽彪，汪建均，马义中. 基于多变量高斯过程模型的贝叶斯建模与稳健参数设计[J]. 系统工程理论与实践，2020，40（3）：703-713.
[5] 万良琪，陈洪转，欧阳林寒，等. 复杂装备精密产品 Grey-PCE 多质量特性稳健优化设计[J]. 系统工程与电子技术，2018，40（2）：472-481.
[6] 陈洪转，万良琪，欧阳林寒，等. 面向复杂装备精密产品质量特性的 Kriging-RBDO 可靠性优化设计[J]. 控制与决策，2019，34（9）：1929-1936.
[7] Boylan G L，Cho B R. Robust parameter design in embedded high-variability production processes：an alternative approach to mitigating sources of variability[J]. International Journal of Production Research，2013，51（15）：4517-4538.
[8] Chipman H. Handing uncertainty in analysis of robust design experiments[J]. Journal of Quality Technology，1998，30（1）：11-17.
[9] Peterson J J. A posterior predictive approach to multiple response surface optimization[J]. Journal of Quality Technology，2004，36（2）：139-153.
[10] Miro-Quesada G，del Castillo E，Peterson J J. A Bayesian approach for multiple response surface optimization in the presence of noise variables[J]. Journal of Applied Statistics，2004，31（3）：251-270.
[11] Myers R H，Montgomery D C，Anderson-Cook C M. Response Surface Methodology：Process and Product Optimization Using Designed Experiments[M]. 3rd ed. Hoboken：John Wiley & Sons，2009.
[12] Wang J J，Ma Y Z，Ouyang L H，et al. A new Bayesian approach to multi-response surface optimization integrating loss function with posterior probability[J]. European Journal of Operational Research，2016，249（1）：231-237.
[13] He Z，Zhu P F，Park S H. A robust desirability function method for multi-response surface optimization considering model uncertainty[J]. European Journal of Operational Research，2012，221（1）：241-247.
[14] Ouyang L H，Ma Y Z，Byun J H. An integrative loss function approach to multi-response optimization[J]. Quality and Reliability Engineering International，2015，31（2）：193-204.
[15] McAdams D A，Wood K L. Tuning parameter tolerance design：foundations，methods，and measures[J]. Research in Engineering Design，2000，12（3）：152-162.
[16] Lamberti P，Tucci V. Interval approach to robust design[J]. The International Journal for Computation and Mathematics in Electrical and Electronic Engineering，2007，26（2）：280-292.

[17] Taguchi G. Introduction to Quality Engineering：Designing Quality into Products and Processes[M]. New York：Asian Productivity Organization，UNIPUB/Kraus International，White Plains，1986.

[18] Pignatiello，Jr. J J. Strategies for robust multiresponse quality engineering[J]. IIE Transactions，1993，25（3）：5-15.

[19] Vining G G. A compromise approach to multiresponse optimization[J]. Journal of Quality Technology，1998，30（4）：309-313.

[20] Ko Y H，Kim K J，Jun C H. A new loss function-based method for multiresponse optimization[J]. Journal of Quality Technology，2005，37（1）：50-59.

[21] 汪建均，马义中，欧阳林寒，等. 多响应稳健参数设计的贝叶斯建模与优化[J]. 管理科学学报，2016，19（2）：85-94.

[22] Zellner A. An efficient method of estimating seemingly unrelated regressions and tests for aggregation bias[J]. Journal of the American Statistical Association，1962，57（298）：348-368.

[23] Khattree R，Naik D N. Multivariate Data Reduction and Discrimination with SAS Software[M]. Cray：SAS Institute，2000.

[24] del Castillo E. Process Optimization：A Statistical Approach[M]. New York：Springer Science & Business Media，2007.

[25] Kleijnen J P C. Design and Analysis of Simulation Experiments[M]. New York：Springer Science & Business Media，2008.

[26] Cheng L，Wang A，Tsung F. A prediction and compensation scheme for in-plane shape deviation of additive manufacturing with information on process parameters[J]. IISE Transactions，2018，50（5）：394-406.

[27] 顾晓光，马义中，刘健，等. 基于置信区间的多元质量特性满意参数设计[J]. 系统工程与电子技术，2015，37（11）：2536-2545.

[28] Li L，Haghighi A，Yang Y. Theoretical modelling and prediction of surface roughness for hybrid additive-subtractive manufacturing processes[J]. IISE Transactions，2019，51（2）：124-135.

[29] 韩云霞，马义中，欧阳林寒，等. 基于两类因子波动下的稳健优化设计[J]. 工业工程与管理，2017，22（6）：25-31，39.

[30] del Castillo E，Montgomery D C，McCarville D R. Modified desirability functions for multiple response optimization[J]. Journal of Quality Technology，1996，28（3）：337-345.

[31] Shah H K，Montgomery D C，Carlyle W M. Response surface modeling and optimization in multiresponse experiments using seemingly unrelated regressions[J]. Quality Engineering，2004，16（3）：387-397.

[32] Costa N，Lourenço J，Pereira Z L. Responses modeling and optimization criteria impact on the optimization of multiple quality characteristics[J]. Computers & Industrial Engineering，2012，62（4）：927-935.

[33] Wang J J，Ma Y Z，Ouyang L H，et al. Bayesian modeling and optimization for multi-response surfaces[J]. Computers & Industrial Engineering，2020，142（7）：106357.

[34] Peterson J J，Miro-Quesada G，del Castillo E. A Bayesian reliability approach to multiple response optimization with seemingly unrelated regression models[J]. Quality Technology & Quantitative Management，2009，6（4）：353-369.

[35] Ouyang L H，Ma Y Z，Chen J J，et al. Robust optimisation of Nd：YLF laser beam micro-drilling process using Bayesian probabilistic approach[J]. International Journal of Production Research，2016，54（21）：6644-6659.

[36] 冯泽彪，汪建均. 考虑响应共变特性的多响应稳健参数设计[J]. 系统工程与电子技术，2019，41（9）：2048-2057.

[37] Myers R H，Montgomery D C. A tutorial on generalized linear models[J]. Journal of Quality Technology，1997，29（3）：274-291.

[38] 吴纯杰，郁森森. 混合正态分布下基于斜线截断的稳健似然比累积和控制图[J]. 系统科学与数学，2017，37（4）：1138-1155.

[39] Jeffreys H. Theory of Probability. Statistics and Computing[M]. 3rd ed. London：Oxford University Press，1961.

[40] Bayarri M J，Berger J O，Forte A，et al. Criteria for Bayesian model choice with application to variable selection[J]. The Annals of Statistics，2012，40（3）：1550-1577.

[41] Chu J T. Errors in normal approximations to the t，τ and similar types of distribution[J]. The Annals of Mathematical Statistics，1956，27（3）：780-789.

本 章 附 录

附　录　A

式（8-15）的推导：式（8-15）表示未来响应 $\tilde{y}_i(\boldsymbol{x})$ 的期望，即 $\tilde{y}_i(\boldsymbol{x})=\hat{y}_i(\boldsymbol{x})+\varepsilon_i$。因此，我们首先给出 $\tilde{y}_i(\boldsymbol{x})$ 的表达式

$$\tilde{y}_i(\boldsymbol{x})=\hat{\beta}_{i0}+\sum_{k=1}^{m}\hat{\beta}_{ik}\hat{x}_{ik}+\sum_{k=1}^{s-1}\sum_{l=k+1}^{s}\hat{\beta}_{ikl}\hat{x}_{ik}\hat{x}_{il}+\sum_{k=1}^{t}\hat{\beta}_{ikk}\hat{x}_{ik}^2+\varepsilon_i \quad (\text{A1})$$

$\hat{\boldsymbol{\beta}}_i$、$\hat{\boldsymbol{x}}$ 和 ε_i 的期望分别为 $\boldsymbol{\beta}_i$、$\boldsymbol{x}_o$ 和 0。第 k 个设计变量 $\hat{x}_k$ 的方差为 $\sigma^2_{e_{\hat{x}_k}}$。据

此，未来响应 $\tilde{y}_i(\boldsymbol{x})$ 的期望为

$$E\left[\tilde{y}_i(\boldsymbol{x})\right]=\beta_{i0}+\sum_{k=1}^{m}\beta_{ik}x_{iko}+\sum_{k=1}^{s-1}\sum_{l=k+1}^{s}\beta_{ikl}x_{iko}x_{ilo}+\sum_{k=1}^{t}\beta_{ikk}\left(x_{iko}^2+\sigma_{e_{\hat{x}_{ik}}}^2\right) \quad (A2)$$

由于 $\boldsymbol{e}_{\hat{x}}$ 和 $\boldsymbol{e}_{\hat{\beta}}$ 相互独立，式（A2）中最后一项为

$$\begin{aligned}E\left(\hat{\beta}_{ikk}\hat{x}_{ik}^2\right)&=E\left(\hat{\beta}_{ikk}\right)E\left(\hat{x}_{ik}^2\right)\\&=\beta_{ikk}\left\{\left[E\left(\hat{x}_{ik}\right)\right]^2+\mathrm{Var}\left(\hat{x}_{ik}\right)\right\}\\&=\beta_{ikk}\left(x_{iko}^2+\sigma_{e_{\hat{x}_{ik}}}^2\right)\end{aligned} \quad (A3)$$

根据三个随机变量的期望和式（A3），得到式（A2），即式（8-15）。

附　录　B

式（8-17）的推导：式（8-17）的目标为计算未来响应的协方差，即 $\tilde{\boldsymbol{y}}(\boldsymbol{x})=\left[\hat{y}_1(\boldsymbol{x}),\hat{y}_2(\boldsymbol{x}),\cdots,\hat{y}_p(\boldsymbol{x})\right]^{\mathrm{T}}+\left[\varepsilon_1,\varepsilon_2,\ldots,\varepsilon_p\right]^{\mathrm{T}}$。因此，首先须得到 $\hat{\boldsymbol{y}}(\boldsymbol{x})=\left[\hat{y}_1(\boldsymbol{x}),\hat{y}_2(\boldsymbol{x}),\cdots,\hat{y}_p(\boldsymbol{x})\right]^{\mathrm{T}}$，$\hat{\boldsymbol{y}}(\boldsymbol{x})$ 的表达式为

$$\hat{\boldsymbol{y}}(\boldsymbol{x})=\left[\hat{\boldsymbol{x}}_1^{\mathrm{T}}\hat{\boldsymbol{\beta}}_1,\hat{\boldsymbol{x}}_2^{\mathrm{T}}\hat{\boldsymbol{\beta}}_2,\cdots,\hat{\boldsymbol{x}}_p^{\mathrm{T}}\hat{\boldsymbol{\beta}}_p\right]^{\mathrm{T}} \quad (B1)$$

其中，$\boldsymbol{x}=\left[\hat{\boldsymbol{x}}_1^{\mathrm{T}},\hat{\boldsymbol{x}}_2^{\mathrm{T}},\cdots,\hat{\boldsymbol{x}}_p^{\mathrm{T}}\right]^{\mathrm{T}}$；$\hat{\boldsymbol{\beta}}=\left[\hat{\boldsymbol{\beta}}_1^{\mathrm{T}},\hat{\boldsymbol{\beta}}_2^{\mathrm{T}},\cdots,\hat{\boldsymbol{\beta}}_p^{\mathrm{T}}\right]^{\mathrm{T}}$。

由于 $\hat{\boldsymbol{y}}(\boldsymbol{x})$ 中存在两个随机变量，因此，$\hat{\boldsymbol{y}}(\boldsymbol{x})$ 的协方差可表示为

$$\boldsymbol{\Sigma}_{\hat{y}(x)}=\mathrm{cov}\left[\hat{\boldsymbol{y}}(\boldsymbol{x})\right]=\mathrm{cov}_{\mathbf{e}_{\hat{\beta}}}\left[E_{\mathbf{e}_{\hat{x}}}\left(\boldsymbol{x}^{\mathrm{T}}\hat{\boldsymbol{\beta}}\right)\right]+E_{\mathbf{e}_{\hat{\beta}}}\left[\mathrm{cov}_{\mathbf{e}_{\hat{x}}}\left(\boldsymbol{x}^{\mathrm{T}}\hat{\boldsymbol{\beta}}\right)\right] \quad (B2)$$

（1）首先，我们给出 $\mathrm{cov}_{\mathbf{e}_{\hat{\beta}}}\left[E_{\mathbf{e}_{\hat{x}}}\left(\boldsymbol{x}^{\mathrm{T}}\hat{\boldsymbol{\beta}}\right)\right]$ 的推导过程。由于 $\hat{\boldsymbol{y}}(\boldsymbol{x})$ 中存在二次效应，$E_{\mathbf{e}_{\hat{x}}}\left(\boldsymbol{x}^{\mathrm{T}}\hat{\boldsymbol{\beta}}\right)$ 可由下式计算得到［类似于式（A3）］：

$$E_{\mathbf{e}_{\hat{x}}}\left(\boldsymbol{x}^{\mathrm{T}}\hat{\boldsymbol{\beta}}\right)=\boldsymbol{x}_c^{\mathrm{T}}\boldsymbol{\beta} \quad (B3)$$

其中，$\boldsymbol{x}_c=\left[\boldsymbol{x}_{io}+\boldsymbol{s}_{x_i}\right]$；$\boldsymbol{s}_{x_i}=\left[0,0,\cdots 0,\sigma_{e_{\hat{x}_{i1}}}^2,\cdots,\sigma_{e_{\hat{x}_{it}}}^2\right]^{\mathrm{T}}$ 表示第 i 个响应模型的 t 个二次效应，数字 0 表示除二次效应外的显著效应的个数。

随后，$\mathrm{cov}_{\mathbf{e}_{\hat{\beta}}}\left[E_{\mathbf{e}_{\hat{x}}}\left(\boldsymbol{x}^{\mathrm{T}}\hat{\boldsymbol{\beta}}\right)\right]$ 等于 $\mathrm{cov}_{\mathbf{e}_{\hat{\beta}}}\left[\boldsymbol{x}_c^{\mathrm{T}}\hat{\boldsymbol{\beta}}\right]$。由于 $\hat{\boldsymbol{\beta}}$ 的协方差的估计为 $\left(\boldsymbol{X}^{\mathrm{T}}\left(\hat{\boldsymbol{\Sigma}}_{y(x)}\otimes\boldsymbol{I}_N\right)^{-1}\boldsymbol{X}\right)^{-1}$，故 $\mathrm{cov}_{\mathbf{e}_{\hat{\beta}}}\left[\boldsymbol{x}_c^{\mathrm{T}}\hat{\boldsymbol{\beta}}\right]$ 可通过下式计算得到：

$$\mathrm{cov}_{\mathbf{e}_{\hat{\beta}}}\left[\boldsymbol{x}_c^{\mathrm{T}}\hat{\boldsymbol{\beta}}\right]=\left[\boldsymbol{x}_{ci}^{\mathrm{T}}\hat{\boldsymbol{\Sigma}}_{\mathbf{e}_{\hat{\beta}_i}\mathbf{e}_{\hat{\beta}_j}}\boldsymbol{x}_{cj}\right]_{ij} \quad (B4)$$

其中，$\boldsymbol{x}_{ci}$ 和 $\hat{\boldsymbol{\Sigma}}_{\mathbf{e}_{\hat{\beta}_i}\mathbf{e}_{\hat{\beta}_j}}$ 分别表示第 i 个响应的 $\boldsymbol{x}_c$ 及 $\left(\boldsymbol{X}^{\mathrm{T}}\left(\hat{\boldsymbol{\Sigma}}_{y(\boldsymbol{x})}\otimes\boldsymbol{I}_N\right)^{-1}\boldsymbol{X}\right)^{-1}$ 中相应的分块矩阵。

（2）其次，我们给出 $E_{\mathbf{e}_{\hat{\beta}}}\left[\mathrm{cov}_{\mathbf{e}_{\hat{x}}}\left(\boldsymbol{x}^{\mathrm{T}}\hat{\boldsymbol{\beta}}\right)\right]$ 的推导过程。在计算 $E_{\mathbf{e}_{\hat{\beta}}}\left[\mathrm{cov}_{\mathbf{e}_{\hat{x}}}\left(\boldsymbol{x}^{\mathrm{T}}\hat{\boldsymbol{\beta}}\right)\right]$ 之前，我们首先给出关于随机变量 $\boldsymbol{\varphi}$ 的两个公式：

$$\mathrm{Var}\left(\boldsymbol{a}^{\mathrm{T}}\boldsymbol{\varphi}\right)=\boldsymbol{a}^{\mathrm{T}}\mathrm{cov}(\boldsymbol{\varphi})\boldsymbol{a} \tag{B5}$$

$$E\left(\boldsymbol{\varphi}^{\mathrm{T}}\boldsymbol{A}\boldsymbol{\varphi}\right)=\boldsymbol{\mu}^{\mathrm{T}}\boldsymbol{A}\boldsymbol{\mu}+\mathrm{trace}\left(\boldsymbol{A}\boldsymbol{\Sigma}_{\boldsymbol{\varphi}}\right) \tag{B6}$$

根据式（B5），我们可得到：

$$\mathrm{cov}_{\mathbf{e}_{\hat{x}}}\left(\boldsymbol{x}^{\mathrm{T}}\hat{\boldsymbol{\beta}}\right)=\left[\left(\boldsymbol{\beta}_i^{\mathrm{T}}\boldsymbol{\Sigma}_{\mathbf{e}_{\hat{x}_i}\mathbf{e}_{\hat{x}_j}}\boldsymbol{\beta}_j\right)\right]_{ij} \tag{B7}$$

对于响应的不同模型形式，$\boldsymbol{\Sigma}_{\mathbf{e}_{\hat{x}_i}\mathbf{e}_{\hat{x}_j}}$ 可有多种维度。不失一般性，对于两个完全二阶模型，可得 $\boldsymbol{\Sigma}_{\mathbf{e}_{\hat{x}_i}\mathbf{e}_{\hat{x}_j}}$ 为

$$\begin{bmatrix}
0 & 0 & 0 & 0 & 0 & 0 & 0 & 0 & 0 & 0\\
0 & \sigma_{e_{\hat{x}_1}}^2 & 0 & 0 & \sigma_{e_{\hat{x}_1}}^2 x_{2o} & \sigma_{e_{\hat{x}_1}}^2 x_{3o} & 0 & 2\sigma_{e_{\hat{x}_1}}^2 x_{1o} & 0 & 0\\
0 & 0 & \sigma_{e_{\hat{x}2}}^2 & 0 & \sigma_{e_{\hat{x}2}}^2 x_{1o} & 0 & \sigma_{e_{\hat{x}2}}^2 x_{3o} & 0 & 2\sigma_{e_{\hat{x}2}}^2 x_{2o} & 0\\
0 & 0 & 0 & \sigma_{e_{\hat{x}3}}^2 & 0 & \sigma_{e_{\hat{x}3}}^2 x_{1o} & \sigma_{e_{\hat{x}3}}^2 x_{2o} & 0 & 0 & 2\sigma_{e_{\hat{x}3}}^2 x_{3o}\\
0 & \sigma_{e_{\hat{x}_1}}^2 x_{2o} & \sigma_{e_{\hat{x}2}}^2 x_{1o} & 0 & a & \sigma_{e_{\hat{x}_1}}^2 x_{2o}x_{3o} & \sigma_{e_{\hat{x}2}}^2 x_{1o}x_{3o} & 2\sigma_{e_{\hat{x}_1}}^2 x_{1o}x_{2o} & 2\sigma_{e_{\hat{x}2}}^2 x_{1o}x_{2o} & 0\\
0 & \sigma_{e_{\hat{x}_1}}^2 x_{3o} & 0 & \sigma_{e_{\hat{x}3}}^2 x_{1o} & e_{\hat{x}_1} x_{2o}x_{3o} & b & \sigma_{e_{\hat{x}3}}^2 x_{1o}x_{2o} & 2\sigma_{e_{\hat{x}_1}}^2 x_{1o}x_{3o} & 0 & 2\sigma_{e_{\hat{x}3}}^2 x_{1o}x_{3o}\\
0 & 0 & \sigma_{e_{\hat{x}2}}^2 x_{3o} & \sigma_{e_{\hat{x}3}}^2 x_{2o} & \sigma_{e_{\hat{x}2}}^2 x_{1o}x_{3o} & \sigma_{e_{\hat{x}3}}^2 x_{1o}x_{2o} & c & 0 & 2\sigma_{e_{\hat{x}2}}^2 x_{2o}x_{3o} & 2\sigma_{e_{\hat{x}3}}^2 x_{2o}x_{3o}\\
0 & 2\sigma_{e_{\hat{x}_1}}^2 x_{1o} & 0 & 0 & 2\sigma_{e_{\hat{x}_1}}^2 x_{1o}x_{2o} & 2\sigma_{e_{\hat{x}_1}}^2 x_{1o}x_{3o} & 0 & d & 0 & 0\\
0 & 0 & 2\sigma_{e_{\hat{x}2}}^2 x_{2o} & 0 & 2\sigma_{e_{\hat{x}2}}^2 x_{1o}x_{2o} & 0 & 2\sigma_{e_{\hat{x}2}}^2 x_{2o}x_{3o} & 0 & e & 0\\
0 & 0 & 0 & 2\sigma_{e_{\hat{x}3}}^2 x_{3o} & 0 & 2\sigma_{e_{\hat{x}3}}^2 x_{1o}x_{3o} & 2\sigma_{e_{\hat{x}3}}^2 x_{2o}x_{3o} & 0 & 0 & f
\end{bmatrix} \tag{B8}$$

其中，$\sigma_{e_{\hat{x}i}}^2$ 表示 x_i 的实现误差；$a=\left(x_{1o}^2+\sigma_{e_{\hat{x}_1}}^2\right)\left(x_{2o}^2+\sigma_{e_{\hat{x}_2}}^2\right)-x_{1o}^2x_{2o}^2$；$b=\left(x_{1o}^2+\sigma_{e_{\hat{x}_1}}^2\right)\left(x_{3o}^2+\sigma_{e_{\hat{x}_3}}^2\right)-x_{1o}^2x_{3o}^2$；$c=\left(x_{2o}^2+\sigma_{e_{\hat{x}_2}}^2\right)\left(x_{3o}^2+\sigma_{e_{\hat{x}_3}}^2\right)-x_{2o}^2x_{3o}^2$；$d=2\left(\sigma_{e_{\hat{x}_1}}^2+2x_{1o}^2\sigma_{e_{\hat{x}_1}}^2\right)$；$e=2\left(\sigma_{e_{\hat{x}_2}}^2+2x_{2o}^2\sigma_{e_{\hat{x}_2}}^2\right)$；$f=2\left(\sigma_{e_{\hat{x}_3}}^2+2x_{3o}^2\sigma_{e_{\hat{x}_3}}^2\right)$。针对其他模型形式，$\boldsymbol{\Sigma}_{\mathbf{e}_{\hat{x}_i}\mathbf{e}_{\hat{x}_j}}$ 为式（B8）的分块矩阵。

根据式（B6）和（B8），可得 $E_{\mathbf{e}_{\hat{\beta}}}\left[\mathrm{cov}_{\mathbf{e}_{\hat{x}}}\left(\boldsymbol{x}^{\mathrm{T}}\hat{\boldsymbol{\beta}}\right)\right]$ 为

$$\begin{aligned}
E_{\mathbf{e}_{\hat{\beta}}}\left[\mathrm{cov}_{\mathbf{e}_{\hat{x}}}\left(\boldsymbol{x}^{\mathrm{T}}\hat{\boldsymbol{\beta}}\right)\right]&=E_{\mathbf{e}_{\hat{\beta}}}\left[\left[\left(\hat{\boldsymbol{\beta}}_i^{\mathrm{T}}\boldsymbol{\Sigma}_{\mathbf{e}_{\hat{x}_i}\mathbf{e}_{\hat{x}_j}}\hat{\boldsymbol{\beta}}_j\right)\right]_{ij}\right]\\
&=\left[\left(\hat{\boldsymbol{\beta}}_i^{\mathrm{T}}\boldsymbol{\Sigma}_{\mathbf{e}_{\hat{x}_i}\mathbf{e}_{\hat{x}_j}}\boldsymbol{\beta}_j\right)\right]_{ij}+\left[\mathrm{trace}\left(\boldsymbol{\Sigma}_{\mathbf{e}_{\hat{\beta}_i}\mathbf{e}_{\hat{\beta}_j}}\boldsymbol{\Sigma}_{\mathbf{e}_{\hat{x}_i}\mathbf{e}_{\hat{x}_j}}\right)\right]_{ij}
\end{aligned} \tag{B9}$$

因此，$\hat{\boldsymbol{\Sigma}}_{y(\boldsymbol{x})}=\left[\boldsymbol{x}_{ci}^{\mathrm{T}}\hat{\boldsymbol{\Sigma}}_{\mathbf{e}_{\hat{\beta}_i}\mathbf{e}_{\hat{\beta}_j}}\mathbf{x}_{cj}\right]_{ij}+\left[\left(\boldsymbol{\beta}_i^{\mathrm{T}}\boldsymbol{\Sigma}_{\mathbf{e}_{\hat{x}_i}\mathbf{e}_{\hat{x}_j}}\boldsymbol{\beta}_j\right)\right]_{ij}+\left[\mathrm{trace}\left(\boldsymbol{\Sigma}_{\mathbf{e}_{\hat{\beta}_i}\mathbf{e}_{\hat{\beta}_j}}\boldsymbol{\Sigma}_{\mathbf{e}_{\hat{x}_i}\mathbf{e}_{\hat{x}_j}}\right)\right]_{ij}$ 得证。

附　录　C

根据 $\boldsymbol{\beta}_\gamma$ 和 $\boldsymbol{\Sigma}$ 的先验概率和相应的似然函数，$\boldsymbol{\beta}_\gamma$、$\boldsymbol{\Sigma}$ 和 $\boldsymbol{V}$ 的联合后验分布函数是有限的，如果满足以下条件：

$$\begin{aligned}&\iiint p\left(\boldsymbol{\beta}_\gamma,\boldsymbol{\Sigma},\mathbf{V}\middle|\boldsymbol{y}\right)\mathrm{d}\boldsymbol{\Sigma}\mathrm{d}\boldsymbol{\beta}_\gamma\mathrm{d}\boldsymbol{V}\\&=\iiint\prod_{j=1}^{n}V_j^{-p/2}\left|\boldsymbol{\Sigma}\right|^{-1/2}p\left(\boldsymbol{\beta}_\gamma,\boldsymbol{\Sigma},\boldsymbol{V}\middle|\boldsymbol{y}\right)\\&\quad\times\exp\left\{-\frac{1}{2}\left(\widehat{\boldsymbol{y}}_j-\widehat{\boldsymbol{x}}_{\gamma_j}\boldsymbol{\beta}_\gamma\right)^{\mathrm{T}}\left(\boldsymbol{\Sigma}\right)^{-1}\left(\widehat{\boldsymbol{y}}_j-\widehat{\boldsymbol{x}}_{\gamma_j}\boldsymbol{\beta}_\gamma\right)\right\}\pi\left(\boldsymbol{V}\right)\left|\boldsymbol{\Sigma}\right|^{-(p+1)/2}\mathrm{d}\boldsymbol{\Sigma}\mathrm{d}\boldsymbol{\beta}_\gamma\mathrm{d}\boldsymbol{V}\\&<\infty\end{aligned}\tag{C1}$$

其中，$\widehat{\boldsymbol{y}}_j=V_j^{1/2}\boldsymbol{y}_j$；$\widehat{\boldsymbol{x}}_{\gamma_j}=V_i^{-1/2}\boldsymbol{x}_{\gamma_j}$；$\pi\left(\boldsymbol{V}\right)=\prod_{j=1}^{\gamma}f\left(V_i\right)$。$f(\bullet)$ 是 Gamma 函数或逆 Gamma 函数。我们可以得到：

$$\begin{aligned}\sum_{j=1}^{n}\left(\widehat{\boldsymbol{y}}_i-\widehat{\boldsymbol{x}}_{\gamma_j}\boldsymbol{\beta}_\gamma\right)^{\mathrm{T}}\boldsymbol{\Sigma}^{-1}\left(\widehat{\boldsymbol{y}}_i-\widehat{\boldsymbol{x}}_{\gamma_j}\boldsymbol{\beta}_\gamma\right)&=\left(\widehat{\boldsymbol{y}}-\widehat{\boldsymbol{x}}_\gamma\boldsymbol{\beta}_\gamma\right)^{\mathrm{T}}\left(\boldsymbol{\Sigma}^{-1}\otimes\boldsymbol{I}\right)\left(\widehat{\boldsymbol{y}}-\widehat{\boldsymbol{X}}_\gamma\boldsymbol{\beta}_\gamma\right)\\&=\mathrm{Vec}\left(\widehat{\boldsymbol{y}}-\widehat{\boldsymbol{X}}_\gamma\boldsymbol{\beta}_\gamma\right)\left(\boldsymbol{\Sigma}^{-1}\otimes\boldsymbol{I}\right)\mathrm{Vec}\left(\widehat{\boldsymbol{y}}-\widehat{\boldsymbol{X}}_\gamma\boldsymbol{\beta}_\gamma\right)\\&=\mathrm{tr}\left[\left(\widehat{\boldsymbol{Y}}-\widehat{\boldsymbol{X}}_\gamma^*\boldsymbol{\beta}_\gamma\right)^{\mathrm{T}}\left(\widehat{\boldsymbol{Y}}-\widehat{\boldsymbol{X}}_\gamma^*\boldsymbol{\beta}_\gamma\right)\boldsymbol{\Sigma}^{-1}\right]\end{aligned}$$

其中，$\widehat{\boldsymbol{Y}}=\left[\widehat{\boldsymbol{y}}_1,\widehat{\boldsymbol{y}}_2,\cdots,\widehat{\boldsymbol{y}}_p\right]$；$\boldsymbol{B}_\gamma=\mathrm{diag}\left(\boldsymbol{\beta}_{\gamma^1},\boldsymbol{\beta}_{\gamma^2},\cdots,\boldsymbol{\beta}_{\gamma^p}\right)$ 是一个 $q_\gamma\times p$ 的矩阵；$\widehat{\boldsymbol{X}}_\gamma^*=\left[\widehat{\boldsymbol{x}}_{\gamma^1},\widehat{\boldsymbol{x}}_{\gamma^2},\cdots,\widehat{\boldsymbol{x}}_{\gamma^p}\right]$ 是一个 $n\times q_\gamma$ 的矩阵；$\mathrm{Vec}(\bullet)$ 表示矩阵的向量化。式（C1）的联合密度函数可以写为

$$p\left(\boldsymbol{\beta}_\gamma,\boldsymbol{\Sigma},\boldsymbol{V}\middle|\boldsymbol{y}\right)\propto\prod_{j=1}^{n}V_j^{-p/2}\left|\boldsymbol{\Sigma}\right|^{-(p+2)/2}\exp\left\{-\frac{1}{2}\mathrm{tr}\left[\left(\widehat{\boldsymbol{Y}}-\widehat{\boldsymbol{X}}_\gamma^*\boldsymbol{B}\right)^{\mathrm{T}}\left(\widehat{\boldsymbol{Y}}-\widehat{\boldsymbol{X}}_\gamma^*\boldsymbol{B}\right)\boldsymbol{\Sigma}^{-1}\right]\boldsymbol{\Sigma}^{-1}\right\}\pi\left(\boldsymbol{V}\right)$$

通过对 $\boldsymbol{\Sigma}$ 积分，可以得到：

$$p\left(\boldsymbol{\beta},\boldsymbol{V}\middle|\boldsymbol{y}\right)\propto\prod_{j=1}^{n}V_j^{-p/2}\left|\left(\widehat{\boldsymbol{Y}}-\widehat{\boldsymbol{X}}_\gamma^*\boldsymbol{B}\right)^{\mathrm{T}}\left(\widehat{\boldsymbol{Y}}-\widehat{\boldsymbol{X}}_\gamma^*\boldsymbol{B}\right)\right|^{-n/2}\pi\left(\boldsymbol{V}\right)\tag{C2}$$

对于任意 $\boldsymbol{V}$，当 $n\geqslant p+\mathrm{rank}\left(\widehat{\boldsymbol{X}}_\gamma^*\right)=p+\sum_{i=1}^{p}q_i$，则 $f\left(\boldsymbol{\beta}_\gamma\middle|\boldsymbol{V},\boldsymbol{y}\right)\propto$

$\left|\left(\widehat{\boldsymbol{Y}}-\widehat{\boldsymbol{X}}_{\gamma}^{*}\boldsymbol{B}_{\gamma}\right)^{\mathrm{T}}\left(\widehat{\boldsymbol{Y}}-\widehat{\boldsymbol{X}}_{\gamma}^{*}\boldsymbol{B}_{\gamma}\right)\right|^{-n/2}$ 是一个合适的密度。然后，可以得到：

$$\int f\left(\boldsymbol{\beta}_{\gamma}\left|\boldsymbol{V},\boldsymbol{y}\right.\right)d\boldsymbol{\beta}_{\gamma}<\infty$$

$$\left(\widehat{\boldsymbol{Y}}-\widehat{\boldsymbol{X}}_{\gamma}^{*}\boldsymbol{B}_{\gamma}\right)^{\mathrm{T}}\left(\widehat{\boldsymbol{Y}}-\widehat{\boldsymbol{X}}_{\gamma}^{*}\boldsymbol{B}_{\gamma}\right)=\left(\boldsymbol{Y}-\boldsymbol{X}_{\gamma}\boldsymbol{B}_{\gamma}\right)^{\mathrm{T}}\boldsymbol{V}\left(\boldsymbol{Y}-\boldsymbol{X}_{\gamma}\boldsymbol{B}_{\gamma}\right)$$

根据统计推断可知，$\left|\left(\boldsymbol{Y}-\boldsymbol{X}_{\gamma}\boldsymbol{B}_{\gamma}\right)^{\mathrm{T}}\boldsymbol{V}\left(\boldsymbol{Y}-\boldsymbol{X}_{\gamma}\boldsymbol{B}_{\gamma}\right)\right|$ 的上下界是与 $\prod_{i=1}^{q_{\gamma}}V_{(i)}$ 成比例关系，其中，$V_{(1)}\leqslant V_{(2)}\leqslant\cdots\leqslant V_{(k)}$ 是 q_{γ} 次序的最大值。故存在一个正的有界常数依赖 $\left(\boldsymbol{Y}-\boldsymbol{X}_{\gamma}\boldsymbol{B}_{\gamma}\right)$，可以将其表示为

$$C\left(\boldsymbol{Y}-\boldsymbol{X}_{\gamma}\boldsymbol{B}_{\gamma}\right)<\infty$$

$$\left|\left(\boldsymbol{Y}-\boldsymbol{X}_{\gamma}\boldsymbol{B}_{\gamma}\right)^{\mathrm{T}}\boldsymbol{V}\left(\boldsymbol{Y}-\boldsymbol{X}_{\gamma}\boldsymbol{B}_{\gamma}\right)\right|=C\left(\boldsymbol{Y}-\boldsymbol{X}_{\gamma}\boldsymbol{B}_{\gamma}\right)\prod_{i=1}^{q_{\gamma}}V_{(i)}$$

上式表明：$\left|\left(\boldsymbol{Y}-\boldsymbol{X}_{\gamma}\boldsymbol{B}_{\gamma}\right)^{\mathrm{T}}\boldsymbol{V}\left(\boldsymbol{Y}-\boldsymbol{X}_{\gamma}\boldsymbol{B}_{\gamma}\right)\right|^{-n/2}=C^{-n/2}\left(\boldsymbol{Y}-\boldsymbol{X}_{\gamma}\boldsymbol{B}_{\gamma}\right)\left(\prod_{i=1}^{q_{\gamma}}V_{(i)}\right)^{-n/2}$。

基于上述性质，可知：

$$\begin{aligned}\int\left|\widehat{\boldsymbol{Y}}-\widehat{\boldsymbol{X}}_{\gamma}^{*}\boldsymbol{B}_{\gamma}\right|^{-n/2}\mathrm{d}\boldsymbol{B}_{\gamma}&=\int C^{-n/2}\left(\boldsymbol{Y}-\boldsymbol{X}_{\gamma}\boldsymbol{B}_{\gamma}\right)\left(\prod_{i=1}^{q_{\gamma}}V_{(i)}\right)^{-n/2}\mathrm{d}\boldsymbol{B}_{\gamma}\\&=\prod_{i=1}^{q_{\gamma}}V_{(i)}\int C^{-n/2}\left(\boldsymbol{Y}-\boldsymbol{X}_{\gamma}\boldsymbol{B}_{\gamma}\right)\mathrm{d}\boldsymbol{B}_{\gamma}<\infty\end{aligned}$$

对于式（C2）中的积分 $\boldsymbol{\beta}_{\gamma}$，可知 $p\left(\boldsymbol{V}\left|\boldsymbol{y}\right.\right)\propto\prod_{i=1}^{p_{\gamma}}V_{(i)}\left(\prod_{i=1}^{n}V_{i}\right)^{p/2}\pi\left(\boldsymbol{V}\right)$。

当 $\pi\left(\boldsymbol{V}\right)=\prod_{j=1}^{\gamma}\pi\left(V_{i}\right)$，可以通过上式得到：

$$\int_{\mathbf{R}_{+}^{n}}p\left(\boldsymbol{V}\left|\boldsymbol{y}\right.\right)\mathrm{d}\boldsymbol{V}\propto\int\prod_{i=1}^{q_{\gamma}}V_{(i)}\left(\prod_{i=1}^{n}V_{i}\right)^{p/2}\pi\left(\boldsymbol{V}\right)\mathrm{d}\boldsymbol{V}<\infty$$

其中，如果误差是多元拉普拉斯分布，则 $\pi\left(V_{i}\right)\sim\mathrm{IG}\left(\left(p+1\right)/2,1/2\right)$；如果误差是多元 t 分布，则 $\pi\left(V_{i}\right)\sim\mathrm{GA}\left(\upsilon/2,\upsilon/2\right)$。

注意到 $\int_{\mathbf{R}_{+}^{n}}p\left(\boldsymbol{V}\left|\boldsymbol{y}\right.\right)\mathrm{d}\boldsymbol{V}=\int_{\mathbf{R}_{+}^{n}}\prod_{i=1}^{q_{\gamma}}V_{(i)}\left(\prod_{i=1}^{n}V_{i}\right)^{p/2}\pi\left(V_{1}\right)\mathrm{d}V_{1}\cdots\pi\left(V_{n}\right)\mathrm{d}V_{n}$，对 $\mathbf{R}_{+}^{n}$ 的积分区域可以分解为 $n!$ 个可能的次序量 $\left\{V_{1},V_{2},\cdots,V_{n}\right\}$。然后根据富比尼定理，我们可以计算每一个积分项。

附 录 D

对式（8-33）中的 $\boldsymbol{\beta}_\gamma$ 进行积分，然后可以产生 γ_j^i，其表达式为

$$p(\boldsymbol{\gamma},\boldsymbol{\Sigma},\boldsymbol{V}|\boldsymbol{y})=\int p(\boldsymbol{\beta}_\gamma,\boldsymbol{\Sigma},\boldsymbol{V}|\boldsymbol{y})\pi(\boldsymbol{\gamma})\,\mathrm{d}\boldsymbol{\beta}_\gamma$$

$$\propto \pi(\boldsymbol{\gamma})\left|\sum_{i=1}^{n}\boldsymbol{x}_{\gamma_j}^{\mathrm{T}}\left(V_i^{-1}\boldsymbol{\Sigma}\right)^{-1}\boldsymbol{x}_{\gamma_j}\right|^{-1/2}\times\exp\left\{-\frac{1}{2}\sum\nolimits_{i=1}^{n}\boldsymbol{y}_i^{\mathrm{T}}\left(V_i^{-1}\boldsymbol{\Sigma}\right)^{-1}\boldsymbol{x}_{\gamma_j}\left(\sum_{i=1}^{n}\boldsymbol{x}_{\gamma_j}^{\mathrm{T}}\left(V_i^{-1}\boldsymbol{\Sigma}\right)^{-1}\boldsymbol{x}_{\gamma_j}\right)^{-1}\left(\sum_{i=1}^{n}\boldsymbol{x}_{\gamma_j}^{\mathrm{T}}\left(V_i^{-1}\boldsymbol{\Sigma}\right)^{-1}\boldsymbol{y}_i\right)\right\}$$

我们运用 $\boldsymbol{\gamma}$ 的条件后验分布，并采用 Metropolis-Hasting 算法来进行计算。具体来说，假设 $\pi\left(\gamma_j^i\right)$ 是 γ_j^i 的条件后验密度，并且 $s\left(\gamma_j^i\right)=\pi\left(\gamma_j^i\middle|\boldsymbol{\gamma}/\gamma_j^i\right)$ 为其条件先验密度。那么我们可以证明 γ_j^i 条件先验可以写成：

$$\pi\left(\gamma_j^i\middle|\boldsymbol{\gamma}/\gamma_j^i\right)\propto\int_0^1\alpha_i^{q_\gamma^i}\left(1-\alpha_i\right)^{p_j-q_\gamma^i}\,\mathrm{d}\alpha_i=\mathrm{Be}\left(q_\gamma^i+1,p_j-q_\gamma^i+1\right)$$

这表明：

$$\frac{\pi\left(\gamma_j^i=0\middle|\boldsymbol{\gamma}/\gamma_j^i\right)}{\pi\left(\gamma_j^i=1\middle|\boldsymbol{\gamma}/\gamma_j^i\right)}=\frac{p_j-a_\gamma^i}{a_\gamma^i+1}$$

其中，a_γ^i 为 $\dfrac{\boldsymbol{\gamma}}{\gamma_k^i}$ 向量中取值 1 元素的个数。此外，其可以表示为

$$\pi\left(\gamma_j^i=1\middle|\boldsymbol{\gamma}/\gamma_j^i,\boldsymbol{\Sigma},\boldsymbol{\upsilon},\boldsymbol{y}\right)=\frac{\pi\left(\gamma_j^i=1\middle|\boldsymbol{\gamma}/\gamma_j^i,\boldsymbol{\Sigma},\boldsymbol{\upsilon},\boldsymbol{y}\right)}{\pi\left(\gamma_j^i=1\middle|\boldsymbol{\gamma}/\gamma_j^i,\boldsymbol{\Sigma},\boldsymbol{\upsilon},\boldsymbol{y}\right)+\pi\left(\gamma_j^i=0\middle|\boldsymbol{\gamma}/\gamma_j^i,\boldsymbol{\Sigma},\boldsymbol{\upsilon},\boldsymbol{y}\right)}=\frac{1}{1+\pi_j^i}$$

其中，

$$\pi_j^i=\frac{\pi\left(\gamma_j^i=0\middle|\boldsymbol{\gamma}/\gamma_j^i,\boldsymbol{\Sigma},\boldsymbol{\upsilon},\boldsymbol{y}\right)}{\pi\left(\gamma_j^i=1\middle|\boldsymbol{\gamma}/\gamma_j^i,\boldsymbol{\Sigma},\boldsymbol{\upsilon},\boldsymbol{y}\right)}=\left(\frac{\left|\boldsymbol{A}(\gamma_1)\right|}{\left|\boldsymbol{A}(\gamma_0)\right|}\right)^{1/2}$$

$$\exp\left\{\frac{1}{2}\boldsymbol{B}(\gamma_0)\boldsymbol{A}(\gamma_0)\boldsymbol{B}(\gamma_0)-\boldsymbol{B}(\gamma_1)\boldsymbol{A}(\gamma_1)\boldsymbol{B}(\gamma_1)\right\}\frac{p_j-\alpha_\gamma^i}{\alpha_\gamma^i+1}$$

其中，$\boldsymbol{A}(\gamma)=\sum_{i=1}^{n}\boldsymbol{x}_{\gamma_j}^{\mathrm{T}}\left(\upsilon_i^{-1}\boldsymbol{\Sigma}\right)^{-1}\boldsymbol{x}_{\gamma_j}$；$\boldsymbol{B}(\gamma)=\sum_{i=1}^{n}\boldsymbol{x}_{\gamma_j}^{\mathrm{T}}\left(\upsilon_i^{-1}\boldsymbol{\Sigma}\right)^{-1}\boldsymbol{x}_{\gamma_j}\boldsymbol{y}_i$。$\gamma_0$ 和 γ_1 为 γ 之前的取值，其中 γ_j^i 分别为 0 和 1。然后，基于概率为 $1/\left(1+\pi_j^i\right)$ 的伯努利分布可以生成新的数值 γ^{new}。

附 录 E

为了说明算法的不变性，我们需要证明每个条件后验分布都具有该性质同。

假设 $\boldsymbol{D}$ 是一个正定对角矩阵，同时为了证明方便，我们用 $\boldsymbol{X}_{\gamma^i}\boldsymbol{D}$ 替代 $\boldsymbol{X}_{\gamma^i}$；用 $\boldsymbol{D}^{-1}\boldsymbol{\beta}_\gamma$ 替代 $\boldsymbol{\beta}_\gamma$，然后可以得知 $\boldsymbol{D}^{-1}\boldsymbol{\beta}_\gamma \left| \boldsymbol{\Sigma}, \boldsymbol{V}, \boldsymbol{\gamma}, \boldsymbol{y} \right.$ 的条件后验概率为

$$\sum_{i=1}^{n}\left(\boldsymbol{x}_{\gamma j}\boldsymbol{D}\right)^{\mathrm{T}}\left(V_i^{-1}\boldsymbol{\Sigma}\right)^{-1}\boldsymbol{x}_{\gamma j}\boldsymbol{D}=\boldsymbol{D}^{\mathrm{T}}\boldsymbol{\Sigma}_\gamma\boldsymbol{D}$$

其条件后验均值变为

$$\left(\boldsymbol{D}^{\mathrm{T}}\boldsymbol{\Sigma}_\gamma\boldsymbol{D}\right)^{-1}\left(\sum_{i=1}^{n}\left(\boldsymbol{x}_{\gamma j}\boldsymbol{D}\right)^{\mathrm{T}}\left(V_i^{-1}\boldsymbol{\Sigma}\right)^{-1}\boldsymbol{y}_i\right)=\boldsymbol{D}^{-1}\boldsymbol{\Sigma}_\gamma\left(\sum_{i=1}^{n}\boldsymbol{x}_{\gamma j}^{\mathrm{T}}\left(V_i^{-1}\boldsymbol{\Sigma}\right)^{-1}\boldsymbol{y}_i\right)=\boldsymbol{D}^{-1}\boldsymbol{\mu}_\gamma$$

则 $\boldsymbol{\beta}_\gamma \left| \boldsymbol{\Sigma}, \boldsymbol{V}, \boldsymbol{\gamma}, \boldsymbol{y} \right.$ 的条件后验概率具有不变性。在同样的情形下，可以得知 $\boldsymbol{\Sigma} \left| \boldsymbol{\beta}_\gamma, \boldsymbol{V}, \boldsymbol{\gamma}, \boldsymbol{y} \right.$、$\boldsymbol{V} \left| \boldsymbol{\beta}_\gamma, \boldsymbol{\Sigma}, \boldsymbol{\gamma}, \boldsymbol{y} \right.$ 和 π_j^i 依然具有不变性。当 $\boldsymbol{x}_{\gamma j}$ 被 $\boldsymbol{x}_{\gamma j}\boldsymbol{D}$ 尺度化后，我们可知：

$$\sum_{i=1}^{n}\boldsymbol{y}_i^{\mathrm{T}}\left(V_i^{-1}\boldsymbol{\Sigma}\right)^{-1}\boldsymbol{x}_{\gamma_j}\boldsymbol{D}\left(\sum_{i=1}^{n}\left(\boldsymbol{x}_{\gamma_j}\boldsymbol{D}\right)^{\mathrm{T}}\left(V_i^{-1}\boldsymbol{\Sigma}\right)^{-1}\boldsymbol{x}_{\gamma_j}\boldsymbol{D}\right)^{-1}\left(\sum_{i=1}^{n}\left(\boldsymbol{x}_{\gamma_j}\boldsymbol{D}\right)^{\mathrm{T}}\left(V_i^{-1}\boldsymbol{\Sigma}\right)^{-1}\boldsymbol{y}_i\right)=\boldsymbol{B}(\gamma)^{\mathrm{T}}\boldsymbol{A}(\gamma)\boldsymbol{B}(\gamma)$$

然后，π_j^i 和 $\boldsymbol{B}(\gamma_0)^{\mathrm{T}}\boldsymbol{A}(\gamma_0)\boldsymbol{B}(\gamma_0)-\boldsymbol{B}(\gamma_1)^{\mathrm{T}}\boldsymbol{A}(\gamma_1)\boldsymbol{B}(\gamma_1)$ 均具备不变性。

第 9 章　闭环视角下的质量更新与风险评估

基于响应曲面的设计优化已广泛用于稳健过程设计（robust process design，RPD）中，以寻求最佳过程设置，以最大限度地减小目标值附近的输出变异性，这也是离线质量设计的主要内容。随着传感器、互联网等技术在工业生产中的应用，在线数据的收集变得很容易。如何将在线数据更新离线设计结果应用在 RPD 领域引起了众多学者的兴趣。因为通过在线过程的数据反馈来连续调整过程设置，有望提供比离线 RPD 更好的性能。但是，在线 RPD 决策中如何考虑过程模型不确定和数据质量是一难题。本章旨在提出一种用于在线 RPD 的贝叶斯方法，该方法可以通过同时考虑数据质量来提供何时以及如何为在线过程设计优化而更新过程模型参数的系统决策。仿真研究和微铣削过程中的案例研究都说明了该方法的有效性。同时，在质量设计时，有效地采用失效模式与影响分析（failure mode and effects analysis，FMEA）评估质量风险和预防质量故障，是实现高质量设计的关键内容之一。因此，构建合理有效的质量风险评估方法是非常有必要的。

本章的结构如下：9.1 节在考虑数据质量的情形下，建立模型参数和过程更新机制，从而实现在线质量更新；9.2 节将从质量评价不确定的角度，采用区间概率的数据驱动方法，构建质量风险评价技术；9.3 节将从单一评价方法的不确定的角度，采用组合评价的方法，构建质量风险评价技术。

9.1　融入数据质量的在线质量更新

从离线 RPD 方法的角度，贝叶斯方法有效地考虑了模型估计不确定性对响应预测的影响[1]。考虑模型的预测性能对 RPD 的影响，可以采取不同的优化策略[2]。例如，Ouyang 等[3]基于期望损失的最优情况策略和最坏情况策略构造了位置和散度性能。

如何建立 RPD 的在线更新过程模型是当今在线质量设计的热点问题之一。del Castillo 和 Yeh[4]提出了一种用于半导体工艺质量设计的最优自适应控制器，通过在线递推模型估计和所提出的优化方法，在每一步提供过程在线更新方案。Lin 和 Wang[5]提出了一种新的利用分类观测进行模型参数估计和过程控制的在线方法。但是在以上的方法中，没有充分考虑数据质量对模型更新的影响。本节提出了一种新的在线贝叶斯闭环稳健参数设计（Bayesian closed-loop robust process design，BC-RPD）。具体来说，将使用质量较好的观测响应数据和累积误差分别更新模型参数和过程目标设置。然后，根据闭环机制来实现优化设计设置的更新。

9.1.1　过程模型假设

假设 y 为单变量过程输出，其受 $x_1,x_2,\cdots,x_r$ 的多变量 r 过程输入（设计/操作变量）影响。为了帮助证明模型假设的合理性，我们以微铣削过程为例，将在 9.1.4 节中作为案例研究进行详细讨论。在此示例中，过程响应 y 为铣削深度，它取决于 r 个设计变量，如激光功率、扫描步长和切割速度。假设制造某零件需要 n 个步骤/运行（即 n 个铣削操作步骤），在每个步骤 $t\left(t=1,2,\cdots,n\right)$ 中响应测量值为 y_t，直到步骤 t，我们可以将所有响应测量值表示为向量 $\boldsymbol{y}_t \in R^{(t\times 1)}$。在本节中，我们假设每个步骤的响应 y_t 线性依赖于设计变量，因此：

$$y_t = \boldsymbol{x}_t^{\mathrm{T}} \boldsymbol{\beta}_t + \varepsilon_t \tag{9-1}$$

其中，$\boldsymbol{x}_t^{\mathrm{T}} \in R^{r+1}$，即 $\boldsymbol{x}_t^{\mathrm{T}} = \left[1,x_1,x_2,\cdots,x_r\right]$；$\boldsymbol{\beta}_t$ 为相应的模型参数，$\boldsymbol{\beta}_t \in R^{r+1}$；并且 ε_t 为测量、制造过程、建模误差等引起的总误差[6]。在不失一般性的前提下，我们假设 $\varepsilon_t \sim \mathrm{NID}\left(0,\sigma^2\right)$。

为了进行微铣削加工，通常的做法是在每个步骤中预先设定相等的铣削深度作为目标响应值，因此 $T_i = T_0$（T_0 为常数），nT_0 等于理想的总深度，其中，n 为铣削操作的步骤数。在用于微铣削过程的传统 RPD 策略中，每个步骤的模型参数 $\boldsymbol{\beta}_t$ 和目标响应值 T_0 通常在 n 个操作步骤中都是不变的。模型参数 $\boldsymbol{\beta}_t$ 和测量数据 y_t 的数据质量不可避免地存在估计不确定性，因此这种传统的 RPD 策略可能无法保证在 n 步操作后实现总铣削深度的最终目标。

为了解决这两个影响因素，我们提出的 BC-RPD 策略旨在提供一种综合方法，根据响应测量的数据质量来确定何时需要更新过程模型参数及设计变量是否应该改变。具体而言，关于模型参数 $\boldsymbol{\beta}_t$ 的更新，采用卡尔曼滤波方法确定是否以及如何更新模型参数。同时，需要根据步骤 t 的响应值，来更新步骤 t+1 的目标响

应值$T_{t+1|t}$，从而可以考虑先前步骤累积的过程念头，即 $T_{t+1|t}$ 可能不总是设置为（t+1）T_0。因此，最好在优化策略中考虑上述属性，这些属性可以表示为[7]

$$\min_{\boldsymbol{x}_{t+1}} L\left[y_{t+1|t}\left(\boldsymbol{x}_{t+1}\right)\right]=E\left[\left(y_{t+1|t}\left(\boldsymbol{x}_{t+1},\hat{\boldsymbol{\beta}}_{t+1|t}\right)-T_{t+1|t}\right)^2\right]+\left(\boldsymbol{x}_{t+1}-\boldsymbol{x}_t^*\right)^{\mathrm{T}}\boldsymbol{A}\left(\boldsymbol{x}_{t+1}-\boldsymbol{x}_t^*\right) \tag{9-2}$$

其中，$T_{t+1|t}$ 和 $\hat{\boldsymbol{\beta}}_{t+1|t}$ 为用于确定步骤 t+1 的目标参数和模型参数的更新值，这些值是根据步骤 t 的微铣削结果的实时反馈计算得出的；$y_{(t+1)|t}$ 为步骤 t+1 产生的响应值，这是基于式（9-1）得出的估计预测。在式（9-2）中，矩阵 $\boldsymbol{A}$ 为一个成本为 $a_i\left(i=1,2,\cdots,r\right)$ 的 $r\times r$ 对角矩阵。当 a_i 数值较小时，其表示设计变量 i 易于以低成本进行在线调整，因此被称为“在线可调”变量。Dasgupta 和 Wu[8]引入了这种对设计变量进行分类的方法，以考虑用于在线调整设计变量的控制成本。

式（9-2）中的优化目标函数有两个成分：偏离目标产出造成的产品质量损失和调整设计变量产生的额外成本。具体来说，$E\left[\left(y_{t+1|t}\left(\boldsymbol{x}_{t+1},\hat{\boldsymbol{\beta}}_{t+1|t}\right)-T_{t+1|t}\right)^2\right]$的第一个分量是单变量案例的预期损失，在离线 RPD 领域被广泛使用。$\left(\boldsymbol{x}_{t+1}-\boldsymbol{x}_t^*\right)^{\mathrm{T}}\boldsymbol{A}\left(\boldsymbol{x}_{t+1}-\boldsymbol{x}_t^*\right)$的第二个组成部分是考虑在线调整设计变量以实现在线 RPD 方法的成本。因此，在从上一步的最佳设置 $\boldsymbol{x}_t^*$ 调整 $\boldsymbol{x}_{t+1}$ 的过程中，通常通过最小化二次质量损失函数来获得。

注意，$E\left[\left(y_{t+1|t}\left(\boldsymbol{x}_{t+1},\hat{\boldsymbol{\beta}}_{t+1|t}\right)-T_{t+1|t}\right)^2\right]$ 中两个重要的估计项是 $E\left(\hat{\boldsymbol{\beta}}_{t+1|t}\right)$ 和 $\mathrm{Var}\left(\hat{\boldsymbol{\beta}}_{t+1}\right)$。在线设计方法中的更新步骤是获得更准确的 $\hat{\boldsymbol{\beta}}_{t+1|t}$。然而，$\hat{\boldsymbol{\beta}}_{t+1|t}$ 对在线输出数据的质量比较敏感，因此，我们提出了考虑数据质量的更新规则。为此，本节基于新定义的$|k|$值制定了系统的更新规则，即当$|k|>1$时，我们将更新模型参数，并实施式（9-2）中的优化策略。

在式（9-2）中，该策略的主要优势在于制定规则，调整过程响应的目标设置，更新每一步的模型参数，以实现微制造过程中质量的持续改善。需要注意的是，有两种不同的信息用于执行反馈控制：一种是传入的新的在线样本$\left(\boldsymbol{x}_t^*, y_{t+1}\right)$，其中，$y_{t+1}$ 为最优输入设置 $\boldsymbol{x}_t^*$ 下第（t+1）步的响应值；另一种为累计偏差 d_t。我们需要更新目标值，即将 d_t 加到 T_0 中。下一节将详细讨论如何将这两种类型的信息整合为一种反馈控制方案，以实现在线 RPD。

9.1.2 在线优化设计方法

9.1.2.1 响应模型的贝叶斯估计

标准的非信息先验由于其不变性原理被广泛应用于贝叶斯后验分析[9]，$(\boldsymbol{\beta}_t, \log\sigma)$ 的均匀先验分布表示为

$$p\left(\boldsymbol{\beta}_t, \sigma^2 \middle| \boldsymbol{X}_t\right) \propto \frac{1}{\sigma^2} \tag{9-3}$$

其中，$\boldsymbol{X}_t$ 为设计矩阵；σ^2 为式（9-1）中误差项的方差；$\boldsymbol{\beta}_t$ 为模型参数的向量。假设 $\boldsymbol{\beta}_t$ 和 σ^2 都具有独立的先验，假设误差项正态分布下 $\boldsymbol{y}_t$ 的似然函数为

$$p\left(\boldsymbol{y}_t \middle| \boldsymbol{\beta}_t, \sigma^2, \boldsymbol{X}_t\right) = \frac{1}{(2\pi)^{n_0/2}\sigma^{n_0}} \exp\left[-\frac{\left(\boldsymbol{y}_t - \boldsymbol{X}_t\boldsymbol{\beta}_t\right)^{\mathrm{T}}\left(\boldsymbol{y}_t - \boldsymbol{X}_t\boldsymbol{\beta}_t\right)}{2\sigma^2}\right] \tag{9-4}$$

结合式（9-3）和式（9-4），可计算后验信息（$\propto$ prior × likelihood）为

$$p\left(\boldsymbol{\beta}_t, \sigma^2 \middle| \boldsymbol{y}_t, \boldsymbol{X}_t\right) \propto \frac{1}{\left(\sigma^2\right)^{n_0/2+1}} \exp\left[-\frac{\left(\boldsymbol{y}_t - \boldsymbol{X}_t\boldsymbol{\beta}_t\right)^{\mathrm{T}}\left(\boldsymbol{y}_t - \boldsymbol{X}_t\boldsymbol{\beta}_t\right)}{2\sigma^2}\right] \tag{9-5}$$

则模型参数 $\boldsymbol{\beta}_t$ 的边缘密度为

$$\begin{aligned} p\left(\boldsymbol{\beta}_t \middle| \boldsymbol{y}_t, \boldsymbol{X}_t\right) &\propto \int_0^{\infty} \frac{1}{\left(\sigma^2\right)^{n_0/2+1}} \exp\left[-\frac{\left(\boldsymbol{y}_t - \boldsymbol{X}_t\boldsymbol{\beta}_t\right)^{\mathrm{T}}\left(\boldsymbol{y}_t - \boldsymbol{X}_t\boldsymbol{\beta}_t\right)}{2\sigma^2}\right] \mathrm{d}\sigma^2 \\ &\propto \left[\left(\boldsymbol{y}_t - \boldsymbol{X}_t\boldsymbol{\beta}_t\right)^{\mathrm{T}}\left(\boldsymbol{y}_t - \boldsymbol{X}_t\boldsymbol{\beta}_t\right)\right]^{-n_0/2} \end{aligned} \tag{9-6}$$

同理，式（9-6）可以改写为

$$p\left(\boldsymbol{\beta}_t \middle| \boldsymbol{y}_t, \boldsymbol{X}_t\right) \propto \left[1 + \frac{\left(\boldsymbol{\beta}_t - \hat{\boldsymbol{\beta}}_t\right)^{\mathrm{T}} \boldsymbol{X}_t^{\mathrm{T}}\boldsymbol{X}_t\left(\boldsymbol{\beta}_t - \hat{\boldsymbol{\beta}}_t\right)}{(n_0 - r - 1)s^2}\right]^{-\left[n_0-(r+1)+(r+1)\right]/2} \left[s^2\left|\boldsymbol{X}_t^{\mathrm{T}}\boldsymbol{X}_t\right|^{-1}\right]^{-1/2} \tag{9-7}$$

其中，方差估计 s^2 和模型参数估计 $\hat{\boldsymbol{\beta}}_t$ 可分别由 $s^2 = \left(\boldsymbol{y}_t - \boldsymbol{X}_t\hat{\boldsymbol{\beta}}_t\right)^{\mathrm{T}}\left(\boldsymbol{y}_t - \boldsymbol{X}_t\hat{\boldsymbol{\beta}}_t\right)\Big/(n_0 - r - 1)$ 和 $\hat{\boldsymbol{\beta}}_t = \left(\boldsymbol{X}_t^{\mathrm{T}}\boldsymbol{X}_t\right)^{-1}\boldsymbol{X}_t^{\mathrm{T}}\boldsymbol{y}_t$ 计算得出。由式（9-7）可以看出，$\left[1 + \frac{\left(\boldsymbol{\beta}_t - \hat{\boldsymbol{\beta}}_t\right)^{\mathrm{T}} \boldsymbol{X}_t^{\mathrm{T}}\boldsymbol{X}_t\left(\boldsymbol{\beta}_t - \hat{\boldsymbol{\beta}}_t\right)}{(n_0 - r - 1)s^2}\right]^{-\left[n_0-(r+1)+(r+1)\right]/2} \left[s^2\left|\boldsymbol{X}_t^{\mathrm{T}}\boldsymbol{X}_t\right|^{-1}\right]^{-1/2}$ 在自由度 $n_0 - r - 1$ 上具有多元 t 分布的形式。那么，式（9-7）可以改写为

$$\boldsymbol{\beta}_t \middle| \boldsymbol{y}_t, \boldsymbol{X}_t \sim t_{n_0-r-1}\left[\hat{\boldsymbol{\beta}}_t, s^2\left(\boldsymbol{X}_t^{\mathrm{T}}\boldsymbol{X}_t\right)^{-1}\right] \tag{9-8}$$

同理，将式（9-5）对$\boldsymbol{\beta}_t$积分得到σ^2的边缘分布，得到逆卡方分布为

$$\sigma^2 \big| \boldsymbol{y}_t, \boldsymbol{X}_t \sim \text{Inv}\ \chi^2\left(n_0 - r - 1, s^2\right) \tag{9-9}$$

可以根据式（9-8）和式（9-9）计算后验预测密度，设$\hat{y}$为在点$\boldsymbol{x}_0$处得到的新观测值。则后验预测密度为

$$\hat{y}_{t+1} \big| \boldsymbol{y}_t \sim t_{n_0-r-1}\left[\boldsymbol{x}_0^{\mathrm{T}} \hat{\boldsymbol{\beta}}_t,\ s^2\left(1 + \boldsymbol{x}_0^{\mathrm{T}}\left(\boldsymbol{X}_t^{\mathrm{T}} \boldsymbol{X}_t\right)^{-1}\right)\boldsymbol{x}_0\right] \tag{9-10}$$

根据学生t密度的性质，$\hat{y}$的后验方差表示为

$$\operatorname{Var}\left(\hat{y}_{t+1} \big| \boldsymbol{y}_t\right) = \frac{n_0 - (r-1)}{n_0 - (r-1) - 2} s^2\left[1 + \boldsymbol{x}_0^{\mathrm{T}}\left(\boldsymbol{X}_t^{\mathrm{T}} \boldsymbol{X}_t\right)^{-1} \boldsymbol{x}_0\right] \tag{9-11}$$

由式（9-11）可以看出，方差是两个分量的和：第一个分量与s^2成比例，是固有的变异性；第二个与$s^2 \boldsymbol{x}_0^{\mathrm{T}}\left(\boldsymbol{X}_t^{\mathrm{T}} \boldsymbol{X}_t\right)^{-1} \boldsymbol{x}_0$成比例，表示模型参数的不确定性产生的方差。

9.1.2.2 在线数据分析

1）模型参数更新

例如，在微制造过程中，观测数据是基于软测量模型获得的。对于模型参数，可以通过以下公式进行更新：

$$\hat{\boldsymbol{\beta}}_{t+1|t} = \left(\boldsymbol{X}_{t+1}^{\mathrm{T}} \boldsymbol{X}_{t+1}\right)^{-1} \boldsymbol{X}_{t+1}^{\mathrm{T}} \boldsymbol{y}_{t+1} \tag{9-12}$$

其中，$\boldsymbol{X}_{t+1} = \begin{bmatrix} \boldsymbol{X}_t \\ \boldsymbol{x}_t^* \end{bmatrix}$；$\boldsymbol{y}_{t+1} = \begin{bmatrix} \boldsymbol{y}_t \\ y_{t+1} \end{bmatrix}$；$\boldsymbol{x}_t^*$为第$t$步的最优输入设置。更新$\hat{\boldsymbol{\beta}}_{t+1|t}$的最佳选择是使用$y_{t+1} = y_{\text{true}}$，而$y_{\text{true}}$在微制造过程中很少得到。因此，在更新$\hat{\boldsymbol{\beta}}_{t+1|t}$时，要考虑在线观测数据的质量。现有的在线方法总是直接使用y_{t+1}来更新模型参数，当$y_{t+1} = y_{\text{true}}$时有效。这一现象将在接下来的仿真研究中得到说明。式（9-12）可以具体改写为

$$\begin{aligned} \hat{\boldsymbol{\beta}}_{t+1|t} &= \left\{\begin{bmatrix} \boldsymbol{X}_t \\ \boldsymbol{x}_t^{*\mathrm{T}} \end{bmatrix}^{\mathrm{T}} \begin{bmatrix} \boldsymbol{X}_t \\ \boldsymbol{x}_t^{*\mathrm{T}} \end{bmatrix}\right\}^{-1} \begin{bmatrix} \boldsymbol{X}_t \\ \boldsymbol{x}_t^{*\mathrm{T}} \end{bmatrix}^{\mathrm{T}} \begin{bmatrix} \boldsymbol{y}_t \\ y_{t+1} \end{bmatrix} \\ &= \left[\boldsymbol{X}_t^{\mathrm{T}} \boldsymbol{X}_t + \boldsymbol{x}_t^* \boldsymbol{x}_t^{*\mathrm{T}}\right]^{-1}\left[\boldsymbol{X}_t^{\mathrm{T}} \boldsymbol{y}_t + \boldsymbol{x}_t^* y_{t+1}\right] \end{aligned} \tag{9-13}$$

令$\boldsymbol{P}_t = \left(\boldsymbol{X}_t^{\mathrm{T}} \boldsymbol{X}_t\right)^{-1}$，迭代更新计算为

$$\boldsymbol{P}_{t+1} = \left[\boldsymbol{X}_{t+1}^{\mathrm{T}} \boldsymbol{X}_{t+1}\right]^{-1} = \left[\boldsymbol{P}_t^{-1} + \boldsymbol{x}_t^* \boldsymbol{x}_t^{*\mathrm{T}}\right]^{-1} \tag{9-14}$$

定理 9-1　给定三个矩阵$\boldsymbol{B}$、$\boldsymbol{C}$和$\boldsymbol{D}$，存在：

$$\left(\boldsymbol{B}+\boldsymbol{C}\boldsymbol{D}^{\mathrm{T}}\right)^{-1}=\boldsymbol{B}^{-1}-\boldsymbol{B}^{-1}\boldsymbol{C}\left(1+\boldsymbol{D}^{\mathrm{T}}\boldsymbol{B}^{-1}\boldsymbol{C}\right)^{-1}\boldsymbol{D}^{\mathrm{T}}\boldsymbol{B}^{-1}$$

根据定理 9-1，可以将式（9-14）改写为更简单的表达式：

$$\boldsymbol{P}_{t+1}=\boldsymbol{P}_t-\mathrm{P}_t\boldsymbol{x}_t^* k^{-1}\boldsymbol{x}_t^{*\mathrm{T}}\boldsymbol{P}_t \tag{9-15}$$

为了便于描述，假设：

$$k=1+\boldsymbol{x}_t^{*\mathrm{T}}\boldsymbol{P}_t\boldsymbol{x}_t^* \tag{9-16}$$

引理 9-1　利用第 t+1 步的响应 y_{t+1}，更新后的模型参数 $\hat{\boldsymbol{\beta}}_{(t+1)|t}$ 与 $\hat{\boldsymbol{\beta}}_t$ 的关系为

$$\hat{\boldsymbol{\beta}}_{(t+1)|t}=\hat{\boldsymbol{\beta}}_t+\boldsymbol{P}_t\boldsymbol{x}_t^* k^{-1}\left(y_{t+1}-\boldsymbol{x}_t^{*\mathrm{T}}\hat{\boldsymbol{\beta}}_t\right) \tag{9-17}$$

因此，我们可以量化一个新的观测结果对预测性能的影响。由式（9-17）可知，$y_{t+1}-\boldsymbol{x}_t^{*\mathrm{T}}\hat{\boldsymbol{\beta}}_t$ 为第 t 步估计的模型参数 $\hat{\boldsymbol{\beta}}_t$ 的预测误差，$\boldsymbol{x}_t^{*\mathrm{T}}\hat{\boldsymbol{\beta}}_{(t+1)|t}$ 为给定设置 $\boldsymbol{x}_t^*$ 下对过程响应 $\hat{y}_{(t+1)|(t+1)}$ 的新预测，其中，$\hat{\boldsymbol{\beta}}_{(t+1)|t}$ 为获得第 t+1 步最优设计的更新模型参数。使用更新的模型参数 $\hat{\boldsymbol{\beta}}_{(t+1)|t}$ 更新的预测误差，即 $y_{t+1}-\hat{y}_{(t+1)|(t+1)}=y_{t+1}-\boldsymbol{x}_t^{*\mathrm{T}}\hat{\boldsymbol{\beta}}_{(t+1)|t}$ 称为滤波误差[10]。可以将式（9-17）改写为

$$\hat{\boldsymbol{\beta}}_{(t+1)|t}-\hat{\boldsymbol{\beta}}_t=\boldsymbol{P}_t\boldsymbol{x}_t^* k^{-1}\left(y_{t+1}-\hat{y}_{(t+1)|t}\right) \tag{9-18}$$

其中，$\hat{y}_{(t+1)|t}$ 为 $\boldsymbol{x}_t^{*\mathrm{T}}\hat{\boldsymbol{\beta}}_t$ 获得的模型预测。可以看出 $\boldsymbol{P}_t\boldsymbol{x}_t^* k^{-1}$ 为增益因子。这两个参数之间的差等于增益因子和预测误差的乘积。

引理 9-2　使用 $\hat{\boldsymbol{\beta}}_{(t+1)|t}$ 更新模型预测 $\hat{y}_{(t+1)|(t+1)}$ 和使用 $\hat{\boldsymbol{\beta}}_t$ 的 $\hat{y}_{(t+1)|t}$ 之间的关系可以称为

$$\hat{y}_{(t+1)|(t+1)}=\hat{y}_{(t+1)|t}+\boldsymbol{x}_t^{*\mathrm{T}}\boldsymbol{P}_t\boldsymbol{x}_t^* k^{-1}\left(y_{t+1}-\hat{y}_{(t+1)|t}\right) \tag{9-19}$$

根据式（9-19），滤波误差为

$$y_{t+1}-\hat{y}_{(t+1)|(t+1)}=y_{t+1}-\hat{y}_{(t+1)|t}-\boldsymbol{x}_t^{*\mathrm{T}}\boldsymbol{P}_t\boldsymbol{x}_t^* k^{-1}\left(y_{t+1}-\hat{y}_{(t+1)|t}\right) \tag{9-20}$$

然后，它产生：

$$\frac{y_{t+1}-\hat{y}_{(t+1)|(t+1)}}{y_{t+1}-\hat{y}_{(t+1)|t}}=1-\boldsymbol{x}_t^{*\mathrm{T}}\boldsymbol{P}_t\boldsymbol{x}_t^* k^{-1} \tag{9-21}$$

根据式（9-17），可以将式（9-21）改写为

$$\frac{y_{t+1}-\hat{y}_{(t+1)|(t+1)}}{y_{t+1}-\hat{y}_{(t+1)|t}}=\frac{1}{k} \tag{9-22}$$

根据 k 的值，使用以下两个推论作为更新规则，确定模型参数是否需要更新。

（1）$|k|>1$：随着收集到的新数据信息，预测误差减小，建议在步骤 t+1 使用新数据更新模型参数 $\hat{\boldsymbol{\beta}}_{(t+1)|t}$。

（2）$|k|\leqslant 1$：由于收集的新数据信息，预测误差增加（$|k|<1$）或无法改善（$|k|=1$），建议不要在步骤 $t+1$ 使用新数据来更新模型参数 $\hat{\boldsymbol{\beta}}_{(t+1)|t}$。因此，模型参数将保持不变，即 $\hat{\boldsymbol{\beta}}_{(t+1)|t}=\hat{\boldsymbol{\beta}}_t$。

2）目标设置更新

对于在第 t 步设定目标值 $T_{(t+1)|t}$ 的决策，计算时考虑到第 t 步的累计过偏差，即

$$T_{(t+1)|t}=(t+1)T_0-\sum_{t=0}^{i}y_t=T_0+d_t \tag{9-23}$$

其中，$y_0=0$；$d_t=tT_0-\sum_{t=0}^{t}$；y_t 和 T_0 为每个处理步骤的理想目标值。这种在线方法的主要思想如图 9-1 所示。

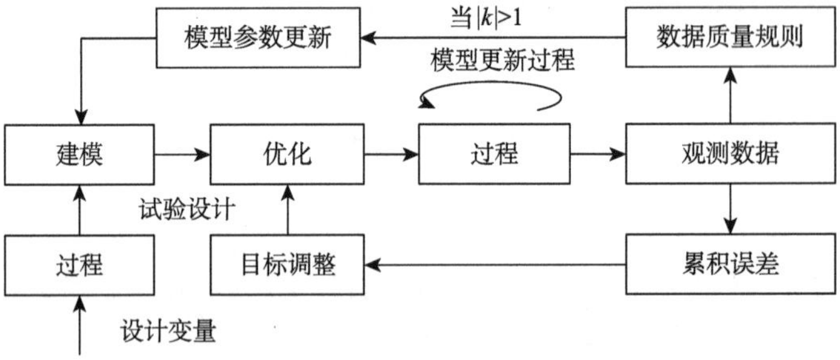

图 9-1 在线优化策略的主要思想

需要注意的是，本节的一个重要假设是，可以使用线性模型（如一阶模型或二次模型）将输出响应与设计变量联系起来。然而，在质量改进的初始阶段，工程人员通常会为过程控制识别更重要的变量。为此，我们建议首先采用筛选设计来剔除不重要的因素。对于大多数实际应用，根据 Wu 和 Hamada[11]的效应稀疏原理，重要的影响因素往往较少。这个原则也可以被称为试验设计中的 Pareto 原则，因为它关注的是“重要的少数”而不是“琐碎的多数”。当然，如果筛选试验后仍有中等或较大的过程变量，建议工程人员使用两阶段方法来检验所提在线方法。第一阶段是拟合一阶模型或包含主效应和交互效应的模型。然后，用统计检验来判断模型是否可以用于后续的优化过程。如果假设不能被接受，这意味着工程人员需要实施第二阶段。在第二阶段应增加试验运行次数以拟合二次模型。当然，本节的一个重要假设是，一个具有一阶或二阶设计变量的线性参数模型可以用来将输出响应与设计变量联系起来。

9.1.3 仿真分析

本节的主要目的是说明在在线优化设计方法中考虑数据质量的好处。在接下来的比较研究中，我们将现有的离线方法、在线方法和提出的在线方法分别表示为 L_c、L_d 和 L_p。

具体来说，传统方法指的是单变量情况下的离线设计方法，它使用以下广泛使用的预期损失函数：

$$L_c = \left[E(y_t\left(\boldsymbol{x}_t, \hat{\boldsymbol{\beta}}_t\right) - T\right]^2 + \operatorname{Var}\left[y_t\left(\boldsymbol{x}_t, \hat{\boldsymbol{\beta}}_t\right)\right] \tag{9-24}$$

在线 RPD 方法是指在线更新每一步的最优解。一般情况下，由于采用有限的试验数据估计模型参数，在估计中往往含有不确定性。在微制造过程，在线数据通常是基于软测量模型间接获得的，因此通常不能准确地获得。在这种情况下，减少观测数据质量（即软测量）对过程模型参数更新和后续优化结果的影响是必要的。

为了比较不同方法的性能，我们使用了两个标准：一个是与目标的响应偏差，在式（9-25）中记为 Dev；另一个是最优设计设置的预测方差，在式（9-26）中记为 Var。公式如下：

$$\text{Dev} = \text{abs}\left(\sum_{t=1}^{n} y_t - T\right) \tag{9-25}$$

$$\text{Var} = \frac{1}{n}\sum_{t=1}^{n}\frac{n_0 + t - (r-1)}{n_0 + t - (r-1) - 2} s_t^2 \left[1 + \boldsymbol{x}_t^{*\mathrm{T}}\left(\boldsymbol{X}_t^{\mathrm{T}}\boldsymbol{X}_t\right)^{-1}\boldsymbol{x}_t^*\right] \tag{9-26}$$

其中，abs 为绝对值函数；n 为铣削次数；y_t 为在步骤 t 处的实际铣削深度；n_0 为用于构建响应面模型的初始试验次数；T 为铣削的总目标深度；$\boldsymbol{x}_t^*$ 为步骤 t 中设计变量的最佳值。

9.1.3.1 优化性能分析

假设响应 y 的真实函数与设计变量 x_1 和 x_2 具有如下关系：

$$y_0 = \beta_0 + \beta_1 x_1 + \beta_2 x_2 + \beta_3 x_1 x_2 + \beta_4 x_1^2 + \beta_5 x_2^2 \tag{9-27}$$

目标是确定最佳的 x_1 和 x_2，以实现过程的期望目标值。为了研究所提方法的优越性，假设每一工序的目标值和铣削工序的次数分别为 T_0=3.0 和 10。

在此仿真中，采用蒙特卡罗模拟来代替在试验室中进行试验，采用如下函数收集数据：

$$y = \beta_0 + \beta_1 x_1 + \beta_2 x_2 + \beta_3 x_1 x_2 + \beta_4 x_1^2 + \beta_5 x_2^2 + \varepsilon \tag{9-28}$$

其中，误差项为 $\varepsilon \sim \mathrm{NID}\left(0, \sigma^2\right)$。在仿真试验中，假设 σ^2 等于 $\gamma \bar{y}^2$ 并且同时满足 $\boldsymbol{\beta}=\left[2.5,\ -1.5,\ 3.5,\ -2.0,\ 3.5,\ -4.5\right]^{\mathrm{T}}$，其中，$\bar{y}$ 为式（9-28）向量中响应的均值，γ 为方差系数。试验的详细设计见表 9-1。同时，假设设计变量易于改变，则式（9-2）中的矩阵 $\boldsymbol{A}$ 变为零矩阵。不失一般性，方差的尺度参数为 γ=0.5。

表 9-1 每种蒙特卡罗仿真的试验设计

轮次	x_1	x_2	y_{true}	误差	$y_{\text{observation}}$
1	−1	−1	$y_{1\text{true}}$	ε_1	$y_{1\text{true}}+\varepsilon_1$
2	1	−1	$y_{2\text{true}}$	ε_2	$y_{2\text{true}}+\varepsilon_2$
3	−1	1	$y_{3\text{true}}$	ε_3	$y_{3\text{true}}+\varepsilon_3$
4	1	1	$y_{4\text{true}}$	ε_4	$y_{4\text{true}}+\varepsilon_4$
5	−1.414	0	$y_{5\text{true}}$	ε_5	$y_{5\text{true}}+\varepsilon_5$
6	1.414	0	$y_{6\text{true}}$	ε_6	$y_{6\text{true}}+\varepsilon_6$
7	0	−1.414	$y_{7\text{true}}$	ε_7	$y_{7\text{true}}+\varepsilon_7$
8	0	1.414	$y_{8\text{true}}$	ε_8	$y_{8\text{true}}+\varepsilon_8$
9	0	0	$y_{9\text{true}}$	ε_9	$y_{9\text{true}}+\varepsilon_9$
10	0	0	$y_{10\text{true}}$	ε_{10}	$y_{10\text{true}}+\varepsilon_{10}$
11	0	0	$y_{11\text{true}}$	ε_{11}	$y_{11\text{true}}+\varepsilon_{11}$
12	0	0	$y_{12\text{true}}$	ε_{12}	$y_{12\text{true}}+\varepsilon_{12}$
13	0	0	$y_{13\text{true}}$	ε_{13}	$y_{13\text{true}}+\varepsilon_{13}$

在本节中，在线观测数据的质量对模型参数的更新起着至关重要的作用。为了说明这一问题，在仿真中基于 $y_{\text{observation}} = y_{\text{true}}(1+\mathrm{dq})$ 生成在线观测数据，其中，dq 在实际应用中是不可估计的。我们在案例中，从−10%到 10%平均选择了 11 个 dq 数值，以证明所提出的在线更新策略具有更好的鲁棒性能。选择 dq 的边界为 10%是因为软测量方法在预测误差大于 10%时不能使用。需要注意的是，选择 0 是为了进一步说明考虑数据质量问题的重要性。同时，为了说明该方法的优越性和鲁棒性，我们对一个模型进行了 100 次仿真。“Dev”（预测值与真实值偏差）的比较结果如图 9-2 所示。“Var”（预测方差）的比较结果如图 9-3 和表 9-2 所示。

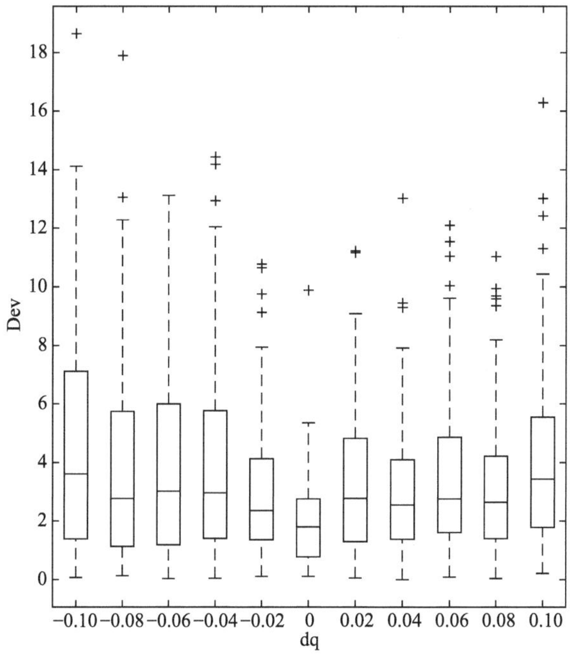

（a）L_d

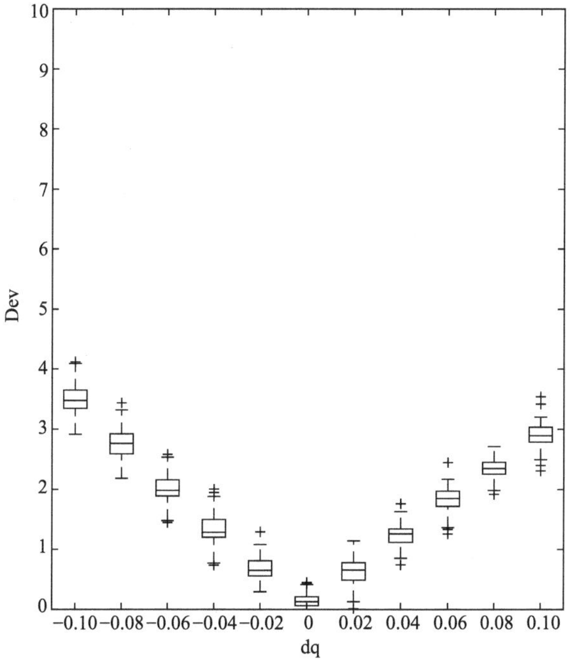

（b）L_p

图 9-2　两种在线方法的“Dev”比较

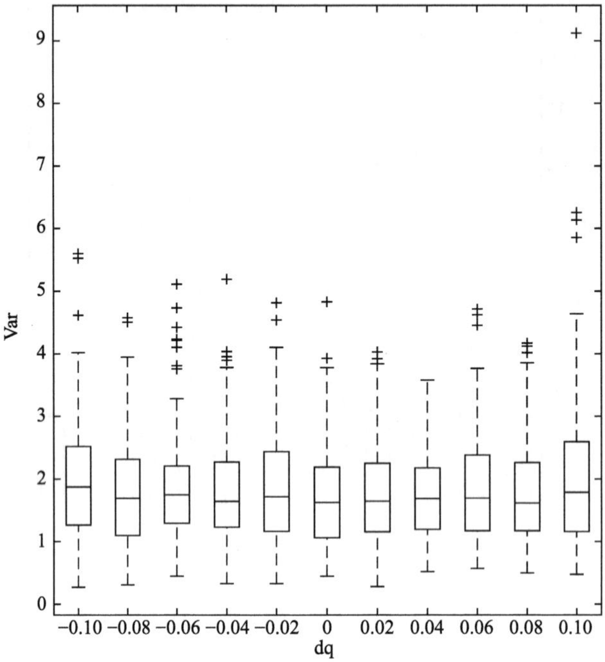

（a）L_d

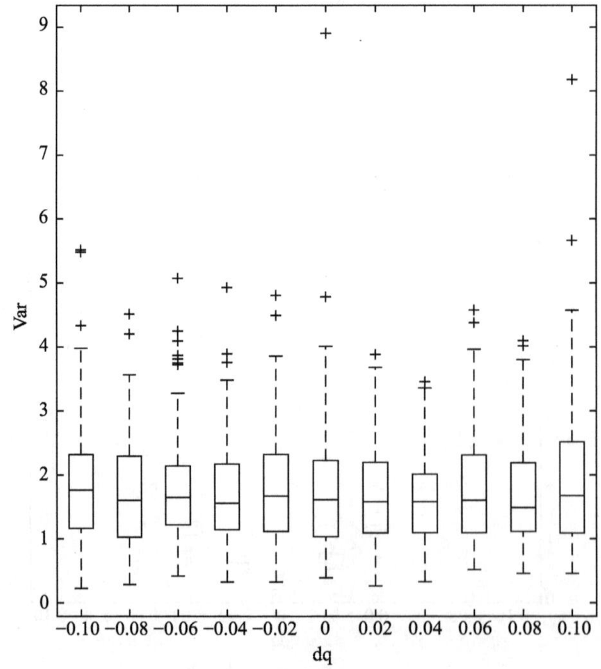

（b）L_p

图 9-3　两种在线方法的“Var”比较

表 9-2　“Var”结果比较

dq	Var		统计检验
	L_d	L_p	H_0：$L_d - L_p = 0$
	均值（标准差）	均值（标准差）	p（1.0e-05）
−0.10	1.992（1.016）	1.882（0.995）	0.000*
−0.08	1.831（0.927）	1.745（0.892）	0.001*
−0.06	1.876（0.948）	1.786（0.902）	0.003*
−0.04	1.804（0.873）	1.708（0.834）	0.001*
−0.02	1.868（0.945）	1.811（0.926）	0.022*
0.00	1.875（1.211）	1.797（1.169）	0.001*
0.02	1.794（0.851）	1.693（0.780）	0.005*
0.04	1.676（0.716）	1.601（0.688）	0.002*
0.06	1.853（0.923）	1.765（0.888）	0.000*
0.08	1.805（0.858）	1.710（0.828）	0.001*
0.10	2.109（1.374）	1.965（1.213）	0.444*

*表示相应方法的均值是否在显著性水平（双向检验）中与零显著不同

注：p 值用于检验现有方法与建议方法之间的差异

在“Dev”方面，本节所提出的方法 L_p 的性能要优于现有的在线方法 L_d。具体来说，图 9-2 说明了 dq 在[−0.1，0]和[0，0.1]之间时，选择最佳输入设置时考虑到数据质量，“Dev”平均为 58%。从图 9-2 可以看出，当 dq 从−0.1 增加到 0 时，在线方法的性能逐渐变得更好。同时，当 dq 从 0.1 减小到 0 时，也可以发现相同的现象。这种现象在方法 L_p 中尤为明显，一方面，这表明良好的数据质量可以增强在线优化设计方法的优越性；另一方面，不良的数据质量将恶化在线方法的优势。即使当 dq=0 时，所提出的方法 L_p 也比现有的在线方法 L_d 表现更好。这是因为更新目标程序对在线阶段也起着积极的重要作用，这可以被视为“双重保险”政策。“Var”的比较结果如图 9-3 所示。为了定量显示我们提出的方法 L_p 优于现有在线方法 L_d 的优势，我们还通过统计检验（即 H_0：$L_d - L_p = 0$，H_1：$L_d - L_p \neq 0$）进行了比较。比较结果如表 9-2 和图 9-3 所示。很明显，两种在线方法的性能显著性不同。

9.1.3.2　模型效应

9.1.2 节旨在使用仿真研究来显示不同模型下的性能。为此，我们使用了 50 个不同的模型对优化结果进行分析。同时，每个模型的仿真重复 50 次，从而判断该方法对不同模型的鲁棒性。其中，式（9-27）中真实参数向量 $\boldsymbol{\beta}_1=\left[\beta_0,\ \beta_2,\ \beta_4\right]^{\mathrm{T}}$ 和 $\boldsymbol{\beta}_2=\left[\beta_1,\ \beta_3,\ \beta_5\right]^{\mathrm{T}}$ 的每个元素，分别从均匀分布[2，4]和[−5，−3]中随机抽取 50 次。由于每个模型都会计算出 50 个“Dev”和“Var”值，因此 Mean_{Dev}（Std_{Dev}）和 Mean_{Var}（Std_{Var}）可用于分析方法的性能。例如，Mean_{Dev} 和 Std_{Dev} 的含义分别是准则“Dev”的平均值和标准偏差。Mean_{Var} 和 Std_{Var} 具有相似的含义。比较结果如图 9-4 和图 9-5 所示。同时，“Var”的比较结果也可以在表 9-3 中看到。

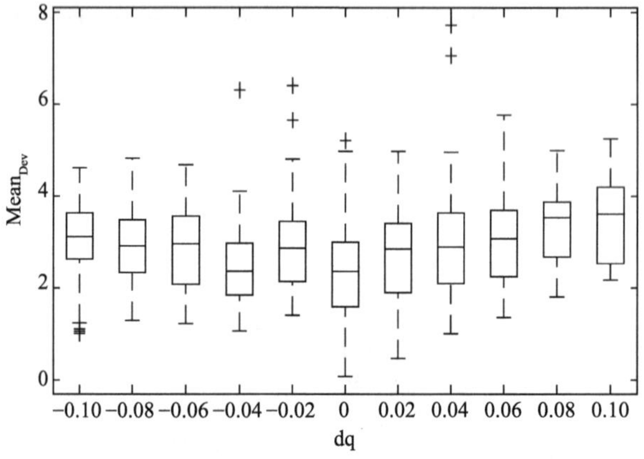

（a）L_d

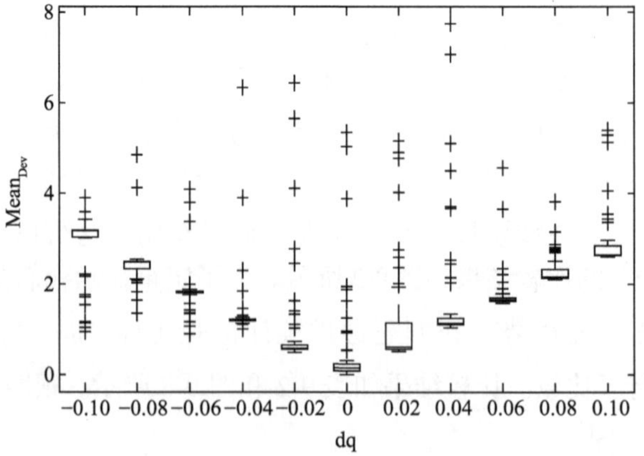

（b）L_p

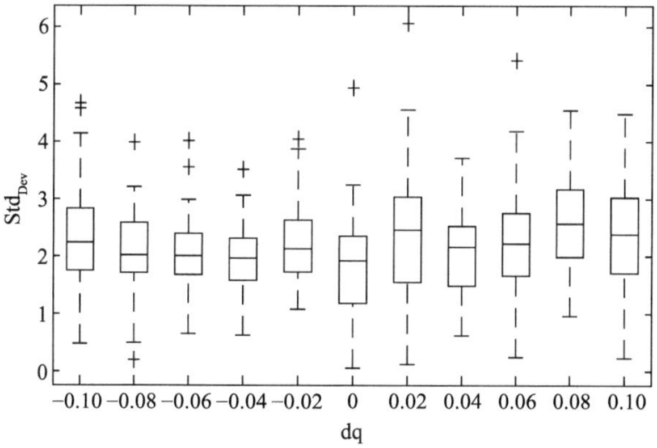

（c）L_d

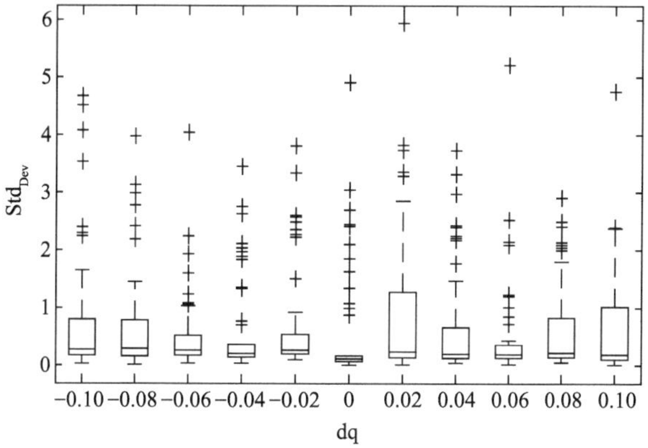

（d）L_p

图 9-4　基于 50 种模拟的两种在线方法的“Dev”比较

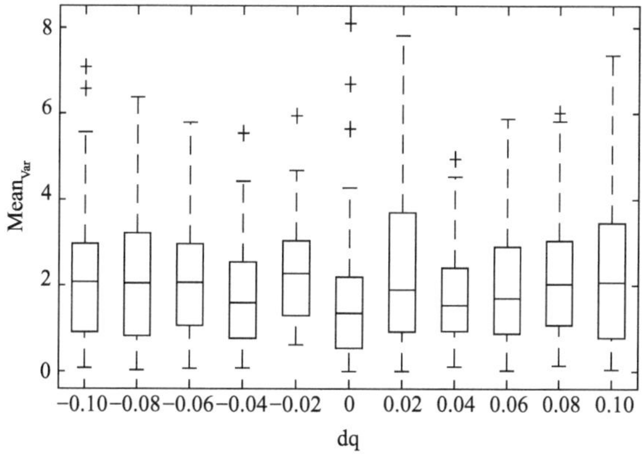

（a）L_d

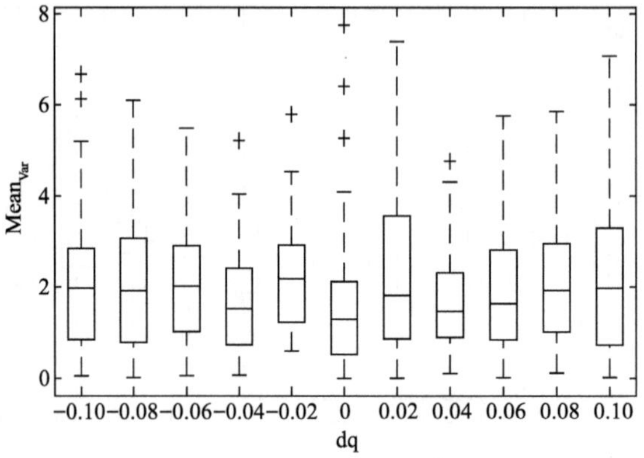

（b）L_p

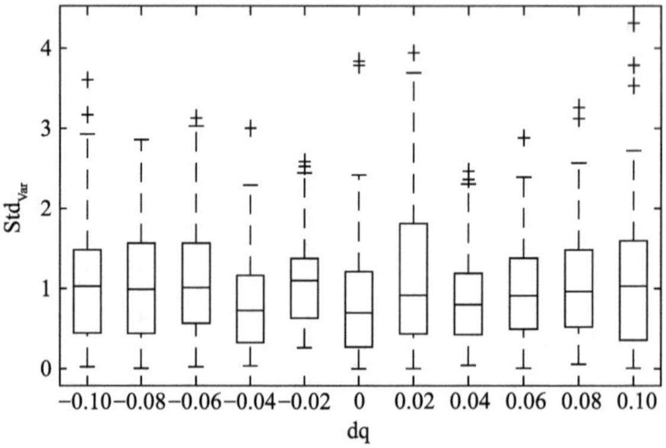

（c）L_d

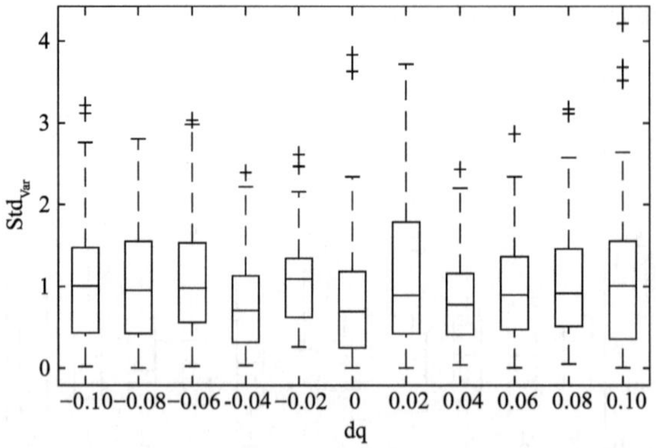

（d）L_p

图 9-5　基于 50 种模拟的两种在线方法的“Var”比较

表 9-3　基于 50 个模拟的“Var”的比较结果

dq	Mean_{Var}		Std_{Var}	
	L_d	L_p	L_d	L_p
	均值（标准差）	均值（标准差）	均值（标准差）	均值（标准差）
−0.10	2.314（1.690）	2.189（1.592）	1.139（0.842）	1.093（0.793）
−0.08	2.205（1.573）	2.102（1.505）	1.071（0.771）	1.038（0.750）
−0.06	2.215（1.475）	2.121（1.403）	1.105（0.757）	1.076（0.732）
−0.04	1.711（1.213）	1.638（1.151）	0.832（0.608）	0.802（0.558）
−0.02	2.338（1.247）	2.247（1.194）	1.131（0.598）	1.112（0.590）
0.00	1.719（1.639）	1.649（1.563）	0.865（0.813）	0.850（0.796）
0.02	2.465（1.901）	2.365（1.811）	1.213（0.929）	1.185（0.900）
0.04	1.837（1.198）	1.759（1.148）	0.926（0.634）	0.897（0.602）
0.06	2.027（1.368）	1.949（1.330）	0.996（0.663）	0.978（0.653）
0.08	2.265（1.460）	2.171（1.414）	1.113（0.754）	1.087（0.744）
0.10	2.241（1.760）	2.142（1.700）	1.141（0.978）	1.105（0.956）

从图 9-4 中可以看出，所提出的方法 L_p 相对于现有方法 L_d 具有的稳健性。“Var”的比较结果在表 9-3 和图 9-5。请注意，在 L_d 或 L_p 中的 Mean_{Var} 样本是根据不同模型计算的，因此无法在此模拟研究中进行统计检验。换句话说，样本不是来自同一样本。但是，从表 9-3 中可以看出，所提出的方法 L_p 仍然比在线方法 L_d 表现更好。根据 9.1.3 节的仿真试验，我们可以得出结论，模型参数的不确定性和数据质量对在线优化设计的效率有重大影响。考虑到这两个因素的稳健优化方法是实现质量改进的前提保证。

9.1.4　案例分析

激光束加工是最先进的制造工艺之一，几乎可以成型所有工程材料。激光束被广泛用于切割、铣削、钻孔、打标、焊接、蚀刻和热处理[12]。通过 Nd：YLF 激光束微铣削过程说明了所建议的在线优化设计方法的实施和有效性。存在三个设计变量，即激光功率（x_1）、扫描步长（x_2）和切割速度（x_3），其描述如表 9-4 所示。输出响应 y 为铣削深度。试验数据如表 9-5 所示。

表 9-4 铣削过程中的设计变量

变量	含义	单位	标准化水平		
			−1	0	1
x_1	激光功率	MW	10	30	50
x_2	扫描步长	0.001 mm	2	4	6
x_3	切割速度	$0.1\ mm \cdot s^{-1}$	4	8	1.2

表 9-5 试验数据

Run	x_1	x_2	x_3	y
1	−1	1	1	0.024
2	−1	0	0	0.010
3	−1	−1	−1	0.021
4	−1	0	1	0.007
5	−1	0	0	0.082
6	−1	0	−1	0.031
7	−1	−1	1	0.043
8	−1	0	0	0.012
9	−1	1	−1	0.006
10	0	1	0	0.026
11	0	0	0	0.028
12	0	−1	0	0.012
13	0	0	0	0.032
14	0	0	0	0.010

针对在线数据的收集，我们根据等离子亮度趋势来估算铣削深度[13]。该机制是通过更改物镜的焦点位置来计算加工深度。由于在线铣削深度是间接获得的，在实施闭环优化设计时有必要考虑数据质量的影响。

由于扫描步长和切削速度容易在线调整，而其他因素（激光功率）在铣削过程中难以改变。因此，在在线更新过程中，激光功率预设为一个常数。在实际生产中，制造步骤的数量可以通过经验模型得到。在本章研究中，计划 20 个步骤，以实现总目标铣削深度 0.8 mm，这使得每个铣削步骤的初始目标值为 0.04 mm。通过铣削过程实施三种不同的优化设计方法（即 L_c、L_d 和 L_p）；

图 9-6 分别比较了三种方法（即 L_c、L_d 和 L_p）的定量性能度量。

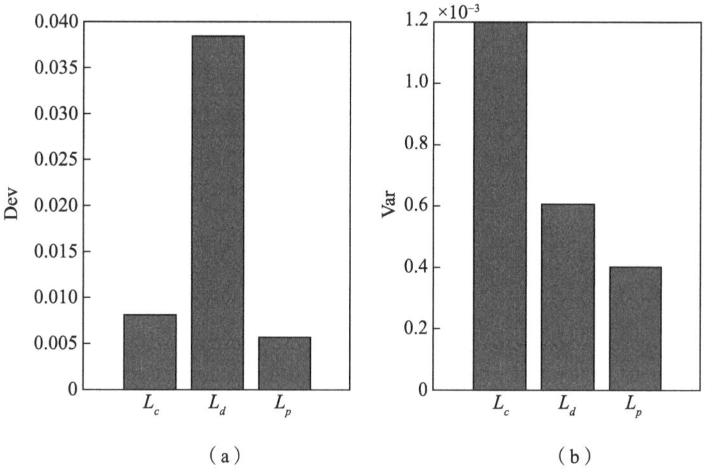

图 9-6　三种设计方法的比较结果

如图 9-6 所示，就绝对偏差（Dev）和预测方差（Var）指标而言，建议的方法 L_p 表现最佳。更具体地说，与在更新过程中忽略数据质量的在线方法 L_d 相比，绝对偏差（Dev）和预测方差（Var）分别实现了 85%和 33%的改进。在线优化方法 L_d 并不总是比离线方法 L_c 更好。与离线方法 L_c 相比，在线方法 L_d 的预测方差（Var）将提高约 50%，同时会导致绝对偏差（Dev）的增加。在任何过程中，如果使用在线方法，都存在过度调整的风险。这是因为，如果工程人员使用不正确的在线信息来调整过程，那么更新的结果将会变得更差[14]。在线 RPD 方法中的一个普遍共识是，在优化阶段中使用的回归模型具有固有的建模偏差。因此，我们提出的方法的主要优点是在考虑观测数据质量的情形下来更新模型参数。从比较结果可以看出，将数据质量纳入在线优化设计方法可以提高过程的性能。

9.1.5　方法讨论

9.1.5.1　计算成本分析

所提在线方法有两种计算成本：一种是优化过程；另一种是检查数据质量。BC-RPD 方法采用多项式回归模型。特别地，如果目标函数式（9-2）是设计变量的二次函数，使用一阶模型，将得到解析解。在上述计算中，计算成本主要体现在矩阵的逆计算中。然而，这样的计算量在当前的主流计算机上也仅需几分之一秒就可以完成。

相比之下，如果使用二阶回归模型，目标函数是设计变量的四阶函数，需要一个数值优化过程。目标函数可能不是凸的，因此解也可能不是唯一的。为了避免局部最优，在可行域中随机选取不同的起始点，重复进行优化搜索。我们选择能产生最小值的解作为全局最优解。因此，二阶过程模型的解比一阶模型的解计算量更大。同时，检查每个传入响应度量的数据质量也增加了计算成本。

为了比较基于二阶模型的在线设计方法（即 L_d 和 L_p ）的计算成本，仿真中采用了 CPU 时间指标。假设生产过程 m_0=50，100，同时，随机生成 10 个初始点进行数值优化。计算是在 2.4 GHz 时钟速度的 Intel Core i5 Due 处理器上进行的。计算时间如表 9-6 所示。

表 9-6 不同在线设计方法的平均时间摘要统计（单位：s）

变量	$m_0=50$		$m_0=100$	
	L_d	L_p	L_d	L_p
Min	0.405	0.466	0.449	0.409
Median	0.423	0.506	0.553	0.471
Mean	0.421	0.502	0.545	0.468
Max	0.442	0.665	0.858	0.648

可以发现一个有趣的现象是，当 $m_0=100$ 时，在线方法 L_p 的计算成本小于现有的在线方法 L_d 的计算成本。这是因为方法 L_d 中，模型参数在每次运行时都会更新，并且计算主要用于估计模型参数。当在更新过程中使用大多数在线数据（即 $m_0=50$ ）时，在线方法 L_d 的计算成本比在线方法 L_p 的计算成本小，因为检查每个传入响应数据的数据质量也需要额外的时间。通过计算比较可知，$m_0=50$ 时 p 值为 0.189，这表明两种在线方法之间没有显著差异。此外，$m_0=100$ 时 p 值为 0.000，这意味着在 $m_0=100$ 时所提的在线方法 L_p 不一定会增加计算成本，因为它的计算成本比在线方法 L_d 的计算成本小。重要的是，在我们的案例研究中，铣削过程的更新时间是可以接受的。因此，就平均 CPU 时间而言，所提出的在线方法 L_p 在实际过程中是可用的。

9.1.5.2 离线数据效应

通常，很难提供有关离线阶段选择试验运行次数的建议，因为这取决于模拟问题的复杂性。但是，试验运行的次数会影响建模性能和在线 RPD 性能，尤其是在更新次数为常数的情况下。此外，当确定试验的离线设计时，在线 RPD 的性能还与更新次数有关。

但是我们可以通过常用的指标来判断模型是否可用，如 R 平方和调整 R 平方，以及 F 检验的 p 值。尽管 R 平方和调整 R 平方是非常有用的指标，但是对于它们的大小没有绝对的参考单方。因此，我们强烈建议使用 F 检验的 p 值来判断该模型在 X 和 Y 之间是否具有统计上的显著关系。如果基于 F 检验可接受的模型，则将在此之后实施在线 RPD 离线阶段。对于工程人员来说，从 F 值的 p 值角度确定初始模型可能是一个可行的方法。

9.1.5.3　高维数据系统

一方面，根据效应稀疏性原理，试验中显著的预测变量往往较少，该原则类似 Pareto 原则，即强调“重要的少数”而不是“琐碎的多数”；另一方面，在制造系统中越来越多地使用高维数据。同时，我们还认为，在制造系统中使用高维数据构建软测量模型是可能的，原因在于：一是有许多有效的数据降维方法可以解决高维问题。典型的降维方法包括数据变换、特征提取、变量选择等，其目的是去除不重要的变量或信号特征以减小数据尺寸。二是在给定的成本约束下，我们可以尽可能地增加试验次数。试验运行的数量通常在减少模型估计不确定性方面起着至关重要的作用，尤其是在高维问题中。三是可以使用一些较好的非参数建模技术（如 Kriging）来处理高维问题。

在物理系统中，响应面方法主要用于以下两种情况：①为物理系统的输入-输出关系建立相对准确的模型；②“调整”或优化系统设计。RSM 通常不会精确地描述系统中的物理关系，而是通常依靠小的可行区域内的局部近似来寻找最佳解决方案。这就是RSM能够广泛应用于复杂物理系统优化设计中的原因。线性模型（如一阶模型、二次模型）的优势在于其可以在最优点的小区域内通过泰勒级数展开来近似系统关系。

9.1.5.4　模型误差假设

模型误差假设是在线设计方法中模型参数更新的一个重要问题。至于独立同分布误差假设，我们首先需要比较在线方法与其他设计方法的差异。先前的模型假设在在线过程中可能不成立。这是因为观测输出数据不仅受到系统白噪声的影响，而且还受到噪声变量的影响。针对此种情形，我们可以引入 EIV（error in variables，变量误差）模型，该模型假设 $Y_i=\alpha+\beta x_i+\varepsilon_i$ 和 $X_i=\xi_i+\delta_i$ 具有 $\varepsilon_i \sim N\left(0,\sigma_\varepsilon^2\right)$ 和 $\delta_i \sim N\left(0,\sigma_\delta^2\right)$。在该模型下，允许设计变量 X_i 中存在测量误差。因此，当设计变量中存在测量误差时，采用 EIV 模型更为合适。

本节提出了一种在线闭环优化设计的新方法。将所提出的方法 L_p 与现有的两种方法进行比较：一种是离线方法 L_c；另一种是在线方法 L_d。仿真试验和真实的微铣削案例的优化结果表明，考虑在线更新阶段中模型参数不确定性和数据质量的在线设计方法比两种传统方法具有更好的性能。

9.2 基于区间概率的质量风险评估

在当今竞争激烈的全球市场中，许多公司都努力进行技术创新，以便在未来获得竞争优势。此外，这些创新与减少产品的开发周期，向客户提供高质量、低成本的差异化产品密切相关。然而，对于大多数组织来说，满足这些要求也是一个巨大的挑战。到目前为止，许多技术已经被用来通过减少或消除潜在的错误或故障来提高服务和产品的质量。其中，FMEA 被认为是最有效的方法之一，广泛应用于服务和生产过程中[15]。

FMEA 是一种质量管理工具，用于在将产品交付给客户之前对潜在故障或错误进行定义、识别和最小化。它已被证明是防止长期应用中潜在故障的有效技术。但是，一些研究人员发现，传统的 FMEA 也有一些不可忽视的缺点[16]。具体来说，这些缺点主要可以分为两部分：风险因素的评估和风险优先数（risk priority number，RPN）的计算。首先，FMEA 本质上是一种人工评估的方法，在很大程度上取决于专家的知识和经验，因此如何消除人工评估的主观性和模糊性是一个主要问题。其次，RPN 由于其自身的缺点，受到许多专家的质疑，如下列五个方面。

（1）在大多数应用案例中，假设严重度（severity）、频度（occurrence）、不可探测度（detection）这三个风险因素权重相等，没有考虑其相对重要性，这可能导致风险评估过程中结果不准确。

（2）RPN 重复数较多，因为 S、O 和 D 的不同组合可以产生相同的 RPN 值，但潜在风险可能完全不同。

（3）RPN 不是连续的，很难解释现有 RPN 值与不可用 RPN 值之间的意义。例如，我们不能清楚地把握 RPN 值 100 和 109 之间的区别。

（4）由不同专家对风险因素进行综合评价，得到 S、O 和 D 的单一值，可能会造成有价值的信息损失。

（5）计算 RPN 的数学公式存在问题和争议。S、O 和 D 的值常常被认为是一个序数尺度，但是乘法和除法的计算在序数尺度上是没有意义的。

针对上述不足，本节提出了一种基于粗糙集和区间概率理论的改进 FMEA 方法。首先，由 FMEA 团队收集问题失效模式的相关信息。其次，将粗糙集理论推广到处理风险因素分析中固有的主观和不确定信息。FMEA 团队构建风险评估矩阵和风险因素权重矩阵后，利用粗糙集将矩阵元素转化为粗糙区间数，降低 FMEA 的主观性。结合区间数学，得到风险因子的权重和风险评价的粗略区间数。然后引入区间指数风险优先数（exponential risk priority number，ERPN）作为风险评价的指标。区间 ERPN 的计算是基于风险因子的权重和风险评价的粗略区间数。最后，利用区间概率论比较各失效模式的 ERPN，确定风险优先级。一般而言，所提的 FMEA 技术有如下优势。

（1）在 FMEA 方法中引入区间概率论，确定风险优先级顺序，利用区间数减少信息损失，在风险评估过程中提供更准确的排序结果。

（2）指数形式的 RPN 计算更合理，可以改善传统 FMEA 存在的 RPN 不连续问题和不同失效模式下 RPN 值出现重复数的可能性等缺点。

（3）将粗糙集理论应用于 FMEA 分析，可以保持原始数据的客观性，显著降低风险因素评价的模糊性和不确定性。

9.2.1　基础理论

9.2.1.1　指数风险优先数

FMEA 主要用于识别潜在的故障或错误，并评估其对产品或服务开发的影响。当一个系统、组成部分或过程有许多潜在的失败方式时，它就有多种失败模式或相互竞争的风险。FMEA 方法通过 RPN 确定失效模式的风险优先级，RPN 是将三个风险因素的数值相乘得到[17]的：

$$\mathrm{RPN} = S \times O \times D \tag{9-29}$$

其中，S 为失效影响的严重程度；O 为每种失效模式发生的概率；D 为检测到失效的概率。采用 1~10 的数值尺度来评价这三个危险因素。更重要的是，RPN 值越高的失效模式被认为越严重，应该给予更高的改进等级。

复杂系统的 FMEA 易于理解和操作。然而，由于各种原因，传统的 RPN 计算方法受到了质疑。为了改善 RPN，Chang 等[18]首先提出了 ERPN 的概念，它是风险因素指数形式的简单加法函数。ERPN 的一般形式定义如下：

$$\mathrm{ERPN} = 3^{W_S \times S} + 3^{W_O \times O} + 3^{W_D \times D} \tag{9-30}$$

其中，S、O 和 D 为传统 RPN 中定义的风险因素；而 W_S、W_O 和 W_D 分别为分配给风险因素 S、O 和 D 的权重。

9.2.1.2　粗糙集理论和粗糙数

粗糙集理论首先由 Pawlak[19]提出，作为一种新的数学工具，它在不进行任何调整和附加假设的情况下分析主观和不确定信息方面具有明显的优势。该理论以等价关系的形式处理集合或概念，被认为是数据分析中最早的非统计方法之一。上下近似是处理不确定信息的基本概念。粗糙集的基本概念如图 9-7 所示。

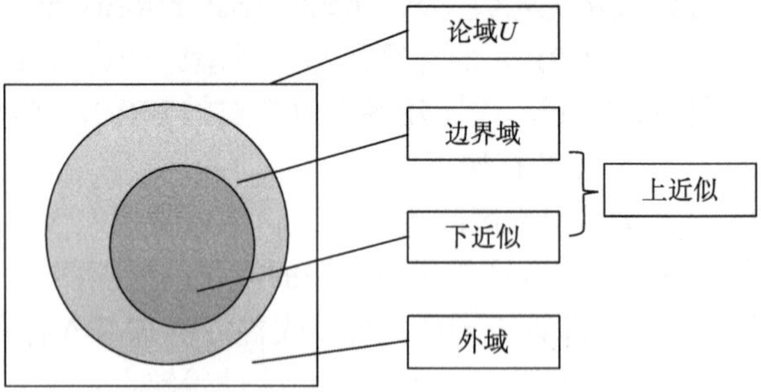

图 9-7 粗糙集理论的基本概念

假设 U 是由一个非空的有限对象集合组成的宇宙，I 称为不可分辨关系，是对 U 的等价关系，因此 (U, I) 被认为是逼近空间。

定义 9-1 设 X 是 U 的子集。X 对 I 的下近似值是可以归类为对 I 属于 X 的所有主体的集合，用 $I_*(X)$ 表示：

$$I_*(X)=\bigcup\{X\in U|I(X)\subseteq X\} \tag{9-31}$$

定义 9-2 设 X 是 U 的子集。X 对 I 的上近似是所有可能分类为对 I 属于 X 的对象的集合，用 $I^*(X)$ 表示：

$$I^*(X)=\bigcup\{X\in U|I(X)\cap X\neq\varnothing\} \tag{9-32}$$

定义 9-3 设 X 是 U 的子集。边界区域包含只属于上近似而不属于下近似的对象，这意味着这些对象的集合对于 I 既不属于 X 也不属于$-X$，它被表示为 $BN_I(X)$，即

$$BN_I(X)=I^*(X)-I_*(X) \tag{9-33}$$

边界区域的范围表示模糊程度。如果 X 的边界区域是空的，那么 X 就是一个清晰集合（crispset），否则就是一个粗糙集，即

$$BN_I(X)\neq\varnothing \tag{9-34}$$

Zhai 等[20]基于粗糙集理论的概念，将粗糙数运用到专家的主观判断和边界区间的确定中。他们扩展了下近似、上近似和粗糙边界区间来处理人类判断的模糊性。

定义 9-4 假设 $R=\{X_1,X_2,X_3,\cdots,X_n\}$ 是由 n 位专家对某对象的打分集合，其中，$X_1<X_2<X_3<\cdots<X_n$，$\forall Y\subseteq U, X_i\subseteq R \;\; i\in\{1,2,\cdots,n\}$，则 X_i 的上近似 $I^*(X)$、下近似 $I_*(X)$ 及边界域 $\mathrm{BN}_I(X)$ 定义如下：

$$I_*(X_i)=\cup\{Y\in U \mid R(Y)\leqslant X_i\} \tag{9-35}$$

$$I^*(X_i)=\cup\{Y\in U \mid R(Y)\geqslant X_i\} \tag{9-36}$$

$$\mathrm{BN}(X_i)=\cup\{Y\in U \mid R(Y)<X_i\}\cup\{Y\in U \mid R(Y)>X_i\} \tag{9-37}$$

X_i 的上限 $U(\mathrm{X}_i)$ 和下限 $L(\mathrm{X}_i)$ 定义如下：

$$L(X_i)=\frac{\sum R(Y)}{N_L}|Y\in I_*(X_i) \tag{9-38}$$

$$U(X_i)=\frac{\sum R(Y)}{N_U}|Y\in I^*(X_i) \tag{9-39}$$

其中，N_L 和 N_U 分别为 $I_*(X)$ 和 $I^*(X)$ 中值的数量，由 $L(X_i)$ 和 $U(X_i)$ 组成的粗糙数可以用于代替 R 中的任意值 C_i，边界域表示数据的精确水平。

粗糙数为

$$\mathrm{RN}_i=\left[L(X_i),\ U(X_i)\right] \tag{9-40}$$

边界域为

$$\mathrm{IBR}_i=U(X_i)-L(X_i) \tag{9-41}$$

另外，区间数学为区间计算提供了一套算术体系，本节将采用区间数学理论的加法运算和乘法运算来处理粗糙数，运算公式如下：

$$\mathrm{RN}_1+\mathrm{RN}_2=[L_1,\ U_1]+[L_2,\ U_2]=[L_1+L_2,U_1+U_2] \tag{9-42}$$

$$\mathrm{RN}_1\times\lambda=[L_1,\ U_1]\times\lambda=[\lambda L_1,\lambda U_1] \tag{9-43}$$

$$\mathrm{RN}_1\times\mathrm{RN}_2=[L_1,U_1]\times[L_2,\ U_2]=[L_1\times L_2,U_1\times U_2] \tag{9-44}$$

其中，RN_1 和 RN_2 为任意两个粗糙数；λ 为任意非零值。

需要注意的是，上下近似在不考虑数据集大小及其分布情况下，可以表达专家不精确或不确定的判断。因此，粗糙集理论在应用中可以保持原始信息的客观性。

9.2.1.3　基于区间概率的排序法

在区间数学中，区间数的可能度表示一个区间数大于或小于另一个区间数的某个程度。Jiang 等[21]将这一概率论推广到区间数的比较上，建立了基于区间数关系的可能度比较方法。

定义 9-5　假设 $\tilde{a}=\left[a^L,a^U\right]$ 和 $\tilde{b}=\left[b^L,b^U\right]$ 是两个区间数。同时，假设区间数 $\tilde{a}$ 和 $\tilde{b}$ 在其区间内是均匀分布的随机变量。随机变量 $\tilde{a}$ 大于或小于随机变量 $\tilde{b}$ 的概率表示为 $P_{\tilde{b}>\tilde{a}}$ 或 $P_{\tilde{b}<\tilde{a}}$。$\tilde{a}$ 与 $\tilde{b}$ 的关系如图 6-7 所示。

由式（6-24）可以看出，若 $P_{\tilde{b}<\tilde{a}}>0.5$，则表明区间数 $\tilde{a}$ 大于区间数 $\tilde{b}$；反之，则表明区间数 $\tilde{a}$ 小于区间数 $\tilde{b}$。与模糊集得到的可能度相比，该方法更直观地描述了区间数的可能度。

9.2.2 区间概率风险评估

本节提出了一个基于粗糙集和区间概率理论的风险评估框架，以解决传统 FMEA 的不足。本节提出的 FMEA 方法包含四个主要步骤：第一，收集制造过程中每种失效模式的失效原因和失效影响等相关信息；第二，基于粗糙集理论确定风险因素的权重；第三，将失效模式风险评估矩阵转化为粗糙数矩阵；第四，根据风险因素的权重和风险评价的粗糙数矩阵，计算失效模式的区间，并根据区间概率论对其进行排序。

在进行 FMEA 项目风险评估前，首先需组建跨部门的 FMEA 团队，团队成员一般为 5~7 人。假设 B 公司在进行装配线风险识别和评估时，FMEA 专家团队由 m 个工程师 $\mathrm{DM}_k\left(k=1,2,\cdots,m\right)$ 构成。专家团队通过对火花塞装配线进行研究后，识别出 l 个失效模式，并根据自身的知识和经验对每种失效模式进行打分。

9.2.2.1 失效模式信息

FMEA 的目的是采取措施减少或消除故障，提高过程或系统的可靠性、性能和安全性。当进行 FMEA 项目时，第一，建立一个包含跨职能专家的 FMEA 团队；第二，针对系统的当前状态，识别所有潜在的故障，分析故障的原因和影响，以便采取改进行动。

9.2.2.2 确定风险因子数值

步骤 1：获取风险因子权重矩阵。

传统 FMEA 将风险因子严重度（S）、频度（O）及探测度（D）视为同等重要，导致传统 FMEA 在实际应用中无法准确获得风险顺序数 RPN 的优先级顺序。因此，在本节所提方法中，首先要求工程师根据实际情况对风险因子进行权重评估，风险因子的权重评估值为 1~10。且权重分值越大，风险因子重要性越高。

假定由 m 名工程师评估的风险因子权重矩阵 $\boldsymbol{W}$ 表示如下：

$$\boldsymbol{W}=\begin{array}{c} \\ \mathrm{DM}_1 \\ \mathrm{DM}_2 \\ \vdots \\ \mathrm{DM}_m \end{array}\begin{array}{c} \begin{array}{cccc} \mathrm{RF}_1 & \mathrm{RF}_2 & \cdots & \mathrm{RF}_l \end{array} \\ \begin{bmatrix} w_{11} & w_{12} & \cdots & w_{1l} \\ w_{21} & w_{22} & \cdots & w_{2l} \\ \vdots & \vdots & & \vdots \\ w_{m1} & w_{m2} & \cdots & w_{ml} \end{bmatrix} \end{array} \tag{9-45}$$

其中，$w_{kj}\left(k=1,2,\cdots,m;\ j=1,2,\cdots,l\right)$ 表示第 k 名工程师对第 j 个风险因子的权重评分。

步骤 2：基于粗糙集理论计算风险因子权重。

根据步骤 1 得到的风险因子权重矩阵，基于式（9-35）~式（9-40），可以将 w_{kj} 转化为基于方程式的粗数形式：

$$\mathrm{RN}\left(w_{kj}\right)=\left[w_{kj}^{L},w_{kj}^{U}\right] \tag{9-46}$$

其中，w_{kj}^{L} 和 w_{kj}^{U} 分别为权重区间值的上限和下限，由此得到权重区间值矩阵 $\boldsymbol{W}'$ 如下：

$$\boldsymbol{W}'=\begin{array}{c} \\ \mathrm{TM}_1 \\ \mathrm{TM}_2 \\ \vdots \\ \mathrm{TM}_m \end{array}\begin{array}{c} \begin{array}{cccc} \mathrm{RF}_1 & \mathrm{RF}_2 & \cdots & \mathrm{RF}_l \end{array} \\ \begin{bmatrix} \left[w_{11}^{L},w_{11}^{U}\right] & \left[w_{12}^{L},w_{12}^{U}\right] & \cdots & \left[w_{1l}^{L},w_{1l}^{U}\right] \\ \left[w_{21}^{L},w_{21}^{U}\right] & \left[w_{22}^{L},w_{22}^{U}\right] & \cdots & \left[w_{2l}^{L},w_{2l}^{U}\right] \\ \vdots & \vdots & & \vdots \\ \left[w_{m1}^{L},w_{m1}^{U}\right] & \left[w_{m2}^{L},w_{m2}^{U}\right] & \cdots & \left[w_{ml}^{L},w_{ml}^{U}\right] \end{bmatrix} \end{array} \tag{9-47}$$

因此，根据式（9-42）和式（9-43）可得到每个风险因子权重的均值区间数如下：

$$\overline{\mathrm{RN}\left(w_{kj}\right)}=\left[L\left(w_{kj}^{L}\right),U\left(w_{kj}^{U}\right)\right] \tag{9-48}$$

$$L\left(w_{kj}^{L}\right)=\left(w_{1j}^{L}+w_{2j}^{L}+\cdots+w_{kj}^{L}\right)/k \tag{9-49}$$

$$U\left(w_{kj}^{U}\right)=\left(w_{1j}^{U}+w_{2j}^{U}+\cdots+w_{kj}^{U}\right)/k \tag{9-50}$$

其中，$L\left(w_{kj}^{L}\right)$ 和 $U\left(w_{kj}^{U}\right)$ 分别为均值区间数 $\overline{\mathrm{RN}\left(w_{kj}\right)}$ 的上限和下限。

定义 V_j 为各个风险因子的权重指数，V_j 的表达式如下：

$$V_j=\frac{L\left(w_{kj}^{L}\right)+U\left(w_{kj}^{U}\right)}{2},\ j=1,2,\cdots,l \tag{9-51}$$

风险因子的权重可表示为

$$w_j=\frac{V_j}{\sum_{j=1}^{l}V_j},\ j=1,2,\cdots,l \tag{9-52}$$

9.2.2.3　获取风险因子排序

步骤 1：由 FMEA 团队构建失效模式的风险评估矩阵。

在此步骤中，FMEA 团队需要根据他们的知识和经验，针对风险因子 S、O 和 D 评估每种失效模式的风险。

假设专家团队对生产过程进行研究后，确定了 n 个现存的或潜在的失效模式 $\mathrm{FM}s(s=1,2,\cdots,n)$，根据传统 FMEA 评分值 1~10 对各失效模式进行评分，得到风险评估矩阵 $\boldsymbol{R}$。

假设有 n 个失效模式 $\mathrm{FM}s(s=1,2,\cdots,n)$ 要由专家根据标准 $\mathrm{RF}_j\,(j=1,2,\cdots,l)$ 进行评估。选定的专家使用 1~10 的常规评分来根据标准 RF_j 评估故障模式的评分。然后将每个风险因素的风险评估矩阵表示为

$$\boldsymbol{R}=\begin{array}{c} \\ \mathrm{FM}_1 \\ \mathrm{FM}_2 \\ \vdots \\ \mathrm{FM}_n \end{array}\begin{array}{c} \begin{array}{cccc} \mathrm{TM}_1 & \mathrm{TM}_2 & \cdots & \mathrm{TM}_m \end{array} \\ \begin{bmatrix} x_{1j}^1 & x_{1j}^2 & \cdots & x_{1j}^m \\ x_{2j}^1 & x_{2j}^2 & \cdots & x_{2j}^m \\ \vdots & \vdots & & \vdots \\ x_{nj}^1 & x_{nj}^2 & \cdots & x_{nj}^m \end{bmatrix} \end{array} \tag{9-53}$$

其中，$x_{sj}^k\,(k=1,2,\cdots,m;\ s=1,2,\cdots,n;\ j=1,2,\cdots,l)$ 表示第 k 名专家对第 s 个失效模式的第 j 个风险因子评分。

步骤 2：将风险评估矩阵转换为粗糙数矩阵。

根据步骤 1 得到的风险评估矩阵，基于式（9-35）~式（9-40），可以将风险评估矩阵 $\boldsymbol{R}$ 中的 x_{sj}^k 转化为基于方程式的粗糙数的形式：

$$\mathrm{RN}\left(x_{sj}^k\right)=\left[r_{sj}^{kL},r_{sj}^{kU}\right] \tag{9-54}$$

其中，r_{sj}^{kL} 和 r_{sj}^{kU} 分别为粗糙数 $\mathrm{RN}\left(x_{sj}^k\right)$ 的下限和上限。

因此，风险因子的粗糙数矩阵可以表示为

$$\mathbf{RF}=\begin{array}{c} \\ \mathrm{FM}_1 \\ \mathrm{FM}_2 \\ \vdots \\ \mathrm{FM}_n \end{array}\begin{array}{c} \begin{array}{cccc} \mathrm{TM}_1 & \mathrm{TM}_2 & \cdots & \mathrm{TM}_m \end{array} \\ \begin{bmatrix} RN\left(x_{1j}^1\right) & RN\left(x_{1j}^2\right) & \cdots & RN\left(x_{1j}^m\right) \\ RN\left(x_{2j}^1\right) & RN\left(x_{2j}^2\right) & \cdots & RN\left(x_{2j}^m\right) \\ \vdots & \vdots & & \vdots \\ RN\left(x_{nj}^1\right) & RN\left(x_{nj}^2\right) & \cdots & RN\left(x_{nj}^m\right) \end{bmatrix} \end{array} \tag{9-55}$$

平均粗糙数 $\overline{\mathrm{RN}\left(x_{sj}^k\right)}$ 可以由式（9-42）和式（9-43）计算得出：

$$\overline{\mathrm{RN}\left(x_{sj}^k\right)}=\left[L\left(r_{sj}^{kL}\right),\ U\left(r_{sj}^{kU}\right)\right]$$

$$L\left(r_{sj}^{kL}\right)=\left(r_{sj}^{1L}+r_{sj}^{2L}+\cdots+r_{sj}^{kL}\right)/k$$

$$U\left(r_{sj}^{kU}\right)=\left(r_{sj}^{1U}+r_{sj}^{2U}+\cdots+r_{sj}^{kU}\right)/k$$

其中，$L\left(r_{sj}^{kL}\right)$ 和 $U\left(r_{sj}^{kU}\right)$ 分别为 $\overline{\mathrm{RN}\left(x_{sj}^k\right)}$ 的下界和上界，粗数矩阵可以表示为

$$
\boldsymbol{R}=\begin{array}{c} \\ \mathrm{FM}_1 \\ \mathrm{FM}_2 \\ \vdots \\ \mathrm{FM}_n \end{array}
\begin{array}{c}
\begin{array}{cccc} \mathrm{TM}_1 & \mathrm{TM}_2 & \cdots & \mathrm{TM}_m \end{array} \\
\begin{bmatrix}
\left[L\left(r_{1j}^{1L}\right),U\left(r_{1j}^{1U}\right)\right] & \left[L\left(r_{1j}^{2L}\right),U\left(r_{1j}^{2U}\right)\right] & \cdots & \left[L\left(r_{1j}^{mL}\right),U\left(r_{1j}^{mU}\right)\right] \\
\left[L\left(r_{2j}^{1L}\right),U\left(r_{2j}^{1U}\right)\right] & \left[L\left(r_{22}^{2L}\right),U\left(r_{2j}^{2U}\right)\right] & \cdots & \left[L\left(r_{2j}^{mL}\right),U\left(r_{2j}^{mU}\right)\right] \\
\vdots & \vdots & & \vdots \\
\left[L\left(r_{nj}^{1L}\right),U\left(r_{nj}^{1U}\right)\right] & \left[L\left(r_{nj}^{2L}\right),U\left(r_{nj}^{2U}\right)\right] & \cdots & \left[L\left(r_{nj}^{mL}\right),U\left(r_{nj}^{mU}\right)\right]
\end{bmatrix}
\end{array}
\tag{9-56}
$$

根据上式，风险因子的优先顺序可以采用如下步骤。

步骤 1：计算失效模式的区间 ERPN。

在此步骤中，每个失效模式的风险因子由 S、O 和 D 构成。假设 $\overline{RN\left(x_{sO}^{k}\right)}$、$\overline{RN\left(x_{sS}^{k}\right)}$、$\overline{RN\left(x_{sD}^{k}\right)}$ 是由第 k 个专家对第 s 个失效模式评估后得到的风险因子均值区间数，W_j（j=S、O、D）是每个风险因子的权重，因此区间 ERPN 可以表示为 $\mathrm{ERPN}=3^{\left(\overline{RN\left(x_{sO}^{k}\right)}\times W_O\right)}+3^{\left(\overline{RN\left(x_{sS}^{k}\right)}\times W_S\right)}+3^{\left(\overline{RN\left(x_{sD}^{k}\right)}\times W_D\right)}$。

步骤 2：根据区间概率论对区间 ERPN 排序。

根据步骤 1 可以计算失效模式的区间 ERPN，然后根据区间概率比较不同 ERPN，确定概率。从而进一步确定每种失效模式的风险优先级顺序。如果区间 ERPN 的比较概率大于 0.5，说明一种失效模式的风险优先级高于另一种失效模式。

9.2.3　火花塞总装工艺质量评估

本节以某公司的火花塞装配过程为例，说明所提出的 FMEA 方法的有效性。在这家公司，火花塞的装配过程包括装配线和装配线。本书主要调查的是在总装线上导致的失效模式，因为这个零件会产生更多的报废成本等严重后果。

9.2.3.1　问题描述

火花塞是在燃烧前点燃发动机气缸内混合燃料的电气装置，是发动机中最重要的部件之一。火花塞的质量直接关系到发动机的性能[22]。具体来说，质量差的火花塞会导致严重的问题，如冷启动问题或在加速过程中失火。更糟糕的是，发动机会因为火花塞的质量不好而损坏。由于火花塞对发动机功能的严重影响，客户对产品质量抱有很高的期望，即使不影响功能的外观缺陷也无法通过第三方检测。火花塞的结构组成如图 9-8 所示。

火花塞生产工艺复杂、质量标准高，质量缺陷难以避免。另外，根据公司的

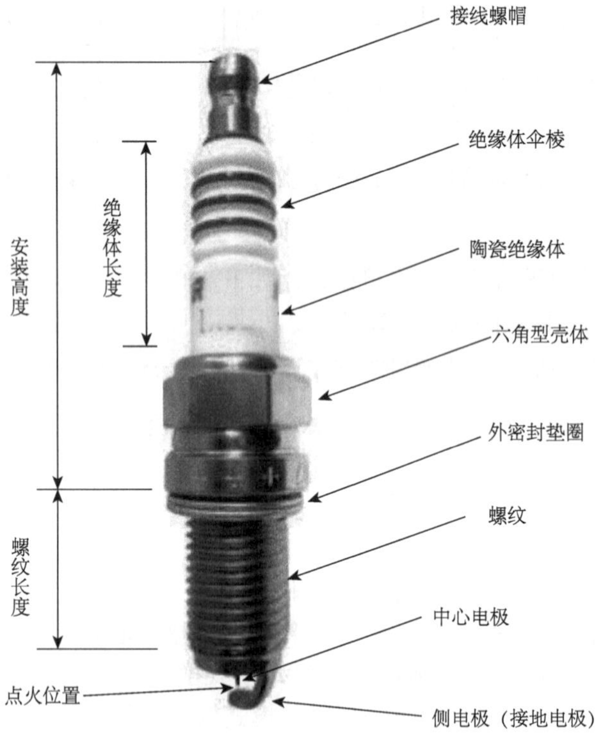

图 9-8　火花塞的组成部分

历史统计数据，火花塞的最终装配过程的内部报废成本占总成本的 35%以上，并长期保持在较高水平。因此，本节提出的 FMEA 方法可用于评估装配线的失效模式，并对失效模式进行优先排序，找出最关键的失效模式，以便采取纠正措施。最终装配过程流程如图 9-9 所示。

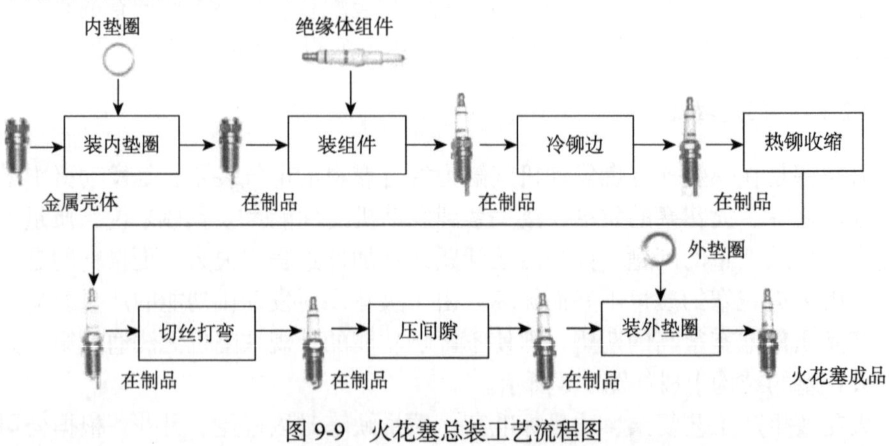

图 9-9　火花塞总装工艺流程图

9.2.3.2　方法应用

基于以下步骤，我们可以应用本节提出的 FMEA 方法对火花塞最终装配过程中可能出现的失效模式进行风险评估和优先排序。

阶段 1：识别潜在的失效模式并分析相关的失效信息。

组建 FMEA 团队，机械工程师、设备工程师、质量工程师、工艺工程师、生产工程师分别编号为 TM_1、TM_2、TM_3、TM_4、TM_5。这些专家对 FMEA 方法的应用非常熟悉，在最终的装配过程中识别出了 13 种潜在的失效模式。相关信息列在表 9-7 中。

表 9-7　失效模式及影响分析

编号	工序	失效模式	失效影响	失效主要原因
FM_1	瓷件上釉滚字	火花塞印字模糊不清	产品型号无法辨别，客户抱怨	滚字钢带被污染或滚字钢带已磨损
FM_2	加、压电阻粉	火花塞电阻值超差	抗屏蔽性能不良	玻璃粉量不合适；高温炉温度偏差
FM_3	壳体加内垫圈	侧电极损伤	侧电极断裂，发动机损坏	震动料斗与料道衔接处磨损；震动料斗旋转过快
FM_4	壳体加内垫圈	漏加或多加内垫圈	火花塞密封不良	喂料夹爪磨损或调整缺陷
FM_5	组件喂料到壳体	组件与壳体不匹配	装配错误，零件报废	零件无标识导致物流错误
FM_6	冷铆	瓷件受损，断裂	火花塞失效	冷铆压力过大或上下工装同轴度差
FM_7	热铆	火花塞内密封性不良	发动机功率下降	热铆压力不足
FM_8	热铆	火花塞膨胀槽直径过大	瓷件内部产生空隙，发动机功率下降	热铆压力过大
FM_9	上螺帽	瓷件上支撑面开裂	火花塞不点火，功能失效	螺帽旋紧扭矩过大
FM_{10}	侧电极切割	侧电极漏切	侧电极尺寸超差	感应器损坏或感应错误
FM_{11}	压间隙	侧电极预弯处损伤	侧电极断裂，发动机损坏	工装调整不当
FM_{12}	压间隙	侧电极与中心电极之间无间隙	中心电极损伤	未插入间隙片
FM_{13}	装外垫圈	火花塞外垫圈损伤	火花塞与发动机连接处不密封、发动机功率下降	压外垫圈模头磨损

阶段 2：确定风险因子 S、O 和 D 的权重。

请 FMEA 团队根据这三个风险因素在实际应用中的相对重要性，给予不同的评分。S、O、D 的评价值如表 9-8 所示。

表 9-8　危险因素的相对重要性

专家	DM_1	DM_2	DM_3	DM_4	DM_5	DM_6
严重度（S）	7	8	5	8	9	7
频度（O）	4	5	5	6	5	3
探测度（D）	6	7	3	5	4	9

然后，我们根据式（9-35）~式（9-40）确定危险因素的粗糙区间权值。根据式（9-49）~式（9-53）得到最终权重。结果如表9-9所示。

表9-9　风险因素的粗略区间权重和最终权重

专家	风险因子		
	S	*O*	*D*
TM_1	[6.25，7.33]	[4，4.6]	[5，6.5]
TM_2	[6.6，8]	[4.25，5.5]	[5.4，7]
TM_3	[6.25，7.33]	[4.25，5.5]	[4.67，5.75]
TM_4	[5，6.6]	[4，4.6]	[4.67，5.75]
TM_5	[5.5，7]	[4.6，6]	[4，5.4]
RN（r_{kj}）	[5.92，7.25]	[3.36，4.25]	[4.75，6.08]
W_j	0.39	0.28	0.33

阶段3：确定风险评价中风险因子的粗糙数矩阵。

在这一阶段，FMEA团队成员根据自己的经验和知识，根据风险因素对13种失效模式进行评估，然后构建风险评价矩阵。在式（9-35）~式（9-40）的基础上，将风险评估值转化为粗糙区间数。风险评价值和失效模式的粗略数量见表9-10和表9-11。

表9-10　风险因素的风险评价表

失效模式	*S*					*O*					*D*				
	E_1	E_2	E_3	E_4	E_5	E_1	E_2	E_3	E_4	E_5	E_1	E_2	E_3	E_4	E_5
FM_1	8	7	8	9	7	4	6	3	4	4	6	8	6	7	9
FM_2	7	6	8	5	8	5	5	7	4	6	3	5	3	4	5
FM_3	10	8	8	9	10	3	4	6	5	3	3	4	3	2	5
FM_4	8	10	8	9	9	5	4	7	5	6	8	6	7	7	9
FM_5	8	7	5	9	9	2	1	4	3	3	3	5	5	2	4
FM_6	10	9	9	7	10	3	2	5	2	3	4	7	3	6	5
FM_7	9	7	9	9	10	4	4	6	7	6	5	5	7	3	4
FM_8	8	10	9	8	9	2	1	1	3	4	3	6	4	4	3
FM_9	5	7	7	3	5	3	2	5	2	2	4	6	3	3	5
FM_{10}	9	8	10	9	9	4	6	3	3	5	7	6	6	6	8
FM_{11}	10	9	9	8	10	3	2	3	5	2	4	7	6	4	3
FM_{12}	8	9	9	8	9	6	5	7	7	5	8	6	9	10	9
FM_{13}	7	5	8	7	5	4	3	3	2	4	3	2	5	5	4

表 9-11　失效模式的粗糙区间数

失效模式	风险因子		
	S W_S=0.39	O W_O=0.28	D W_D=0.33
FM_1	[7.36，8.25]	[3.69，4.74]	[6.46，7.98]
FM_2	[6.02，7.54]	[4.75，6.08]	[3.47，4.53]
FM_3	[8.47，9.53]	[3.46，4.98]	[2.75，4.08]
FM_4	[8.36，9.25]	[4.75，6.08]	[6.75，8.08]
FM_5	[6.57，8.50]	[1.75，3.08]	[3.02，4.54]
FM_6	[8.33，9.60]	[2.40，3.67]	[4.00，6.00]
FM_7	[8.26，9.31]	[4.59，6.30]	[3.96，5.68]
FM_8	[8.36，9.25]	[1.46，2.98]	[3.40，4.67]
FM_9	[4.49，6.28]	[2.21，3.48]	[3.75，5.08]
FM_{10}	[8.65，9.35]	[3.46，4.98]	[6.17，7.06]
FM_{11}	[8.75，9.64]	[2.40，3.67]	[3.88，5.76]
FM_{12}	[8.24，8.76]	[5.47，6.53]	[7.48，9.21]
FM_{13}	[5.68，7.09]	[2.75，3.64]	[3.02，4.54]

阶段 4：基于区间概率论，求得风险因子的优先级。

首先，在阶段 2 和阶段 3 已经获得了风险因子的权重和失效模式的粗糙数，故可以直接计算出区间 ERPN，结果如表 9-12 所示。

表 9-12　故障模式的间隔风险优先级数

失效模式	ERPN
FM_1	[36.93，56.63]
FM_2	[21.01，36.95]
FM_3	[43.28，68.35]
FM_4	[51.80，77.83]
FM_5	[21.39，45.92]
FM_6	[41.83，73.03]
FM_7	[42.74，68.78]
FM_8	[40.93，60.56]
FM_9	[12.71，23.96]
FM_{10}	[52.96，72.48]
FM_{11}	[48.65，73.36]
FM_{12}	[54.57，78.30]
FM_{13}	[16.71，29.10]

其次，比较不同失效模式的 ERPN 区间，得到比较概率，从而对失效模式的风险优先级进行排序。以 FM_4 和 FM_6 为例，根据式（6-24），FM_4 的区间 ERPN 为[51.80，77.83]，而 FM_6 为[41.83，73.03]：

$$P_{FM_6 \lessdot FM_4} = \frac{77.83-73.03}{77.83-51.8} + \frac{1}{2} \times \frac{73.03-51.8}{73.03-41.83} \times \frac{73.03-51.8}{77.83-51.8} = 0.72$$

因为 $P_{FM_6 \lessdot FM_4} > 0.5$，$FM_4$ 的风险优先级高于 FM_6。类似地，表 9-13 给出了其他比较概率。

表 9-13 区间 ERPN 的比较结果

失效模式	FM_1	FM_2	FM_3	FM_4	FM_5	FM_6	FM_7	FM_8	FM_9	FM_{10}	FM_{11}	FM_{12}	FM_{13}
FM_1		1.00	0.18	0.02	0.92	0.18	0.19	0.32	1.00	0.02	0.07	0.00	1.00
FM_2			0.00	0.00	0.31	0.00	0.00	0.00	0.98	0.00	0.00	0.00	0.83
FM_3				0.21	0.99	0.45	0.51	0.70	1.00	0.24	0.31	0.16	1.00
FM_4					1.00	0.72	0.79	0.93	1.00	0.58	0.64	0.44	1.00
FM_5						0.01	0.01	0.03	0.99	0.00	0.00	0.00	0.90
FM_6							0.55	0.71	1.00	0.33	0.39	0.23	1.00
FM_7								0.69	1.00	0.25	0.31	0.16	1.00
FM_8									1.00	0.07	0.15	0.04	1.00
FM_9										0.00	0.00	0.00	0.19
FM_{10}											0.57	0.35	1.00
FM_{11}												0.30	1.00
FM_{12}													1.00
FM_{13}													

根据表 9-13 所示的比较概率，13 种失效模式的风险优先级分别如下：$FM_{12} > FM_4 > FM_{10} > FM_{11} > FM_6 > FM_3 > FM_7 > FM_8 > FM_1 > FM_5 > FM_2 > FM_{13} > FM_9$。$FM_{12}$ 是最终装配过程中最重要的失效模式，应谨慎处理。

9.2.3.3 性能分析

为了进一步证明所提出的 FMEA 方法的优点，我们将传统 FMEA、模糊 FMEA 和指数 FMEA 三种相关 FMEA 方法进行了对比分析[22]。13 种失效模式的比较结果见表 9-14。

表 9-14　不同 FMEA 方法的比较结果

失效模式	所提方法		传统 FMEA		模糊 FMEA		指数 FMEA	
	ERPN	排序	RPN	排序	RPN	排序	ERPN	排序
FM_1	[36.93，56.63]	9	96	6	4.5	9	37.98	7
FM_2	[21.01，36.95]	11	105	5	4.33	10	28.20	11
FM_3	[43.28，68.35]	6	90	7	4.75	5	56.35	2
FM_4	[51.80，77.83]	2	256	2	6.33	2	51.96	3
FM_5	[21.39，45.92]	10	72	10	4.16	11	37.04	8
FM_6	[41.83，73.03]	5	80	8	4.66	6	39.31	6
FM_7	[42.74，68.78]	7	175	3	4.58	8	31.16	10
FM_8	[40.93，60.56]	8	60	12	4.66	6	36.66	9
FM_9	[12.71，23.96]	13	42	13	3.83	13	25.27	13
FM_{10}	[52.96，72.48]	3	120	4	4.83	4	39.99	5
FM_{11}	[48.65，73.36]	4	80	8	5.16	3	50.32	4
FM_{12}	[54.57，78.30]	1	288	1	7	1	69.01	1
FM_{13}	[16.71，29.10]	12	63	11	4	12	25.96	12

由表 9-14 分析可知，由四种方法得到的失效模式排序中，风险优先级排在前两位的多为 FM_{11} 和 FM_{13}，排在最后两位的多为 FM_{10} 和 FM_1。由此可知，风险较大或较小的失效模式不易受到所选方法的影响。同时，该排序的一致性也验证了所提方法的有效性。针对其他的失效模式，所提方法与其他方法的排序则有所不同，排序差异分析如下。

（1）与传统方法相比，FM_4、FM_9、FM_7 和 FM_2 的风险优先级排序有所上升，而 FM_3、FM_5、FM_6、FM_8 及 FM_{10} 的风险优先级排序有所降低。分析原因在于：首先，所提方法根据生产实际赋予不同风险因子相应的权重，而严重度（S）的权重相对较高，因此，对于严重度分值较高的失效模式，其风险优先级排序有所上升；其次，区间概率改进的 FMEA 方法通过粗糙集理论，将传统风险顺序数转化成区间数的形式，涵盖了更多专家的观点，降低了专家评价的主观性和不确定性；最后，在获取区间 ERPN 过程中，风险因子仍以区间数的形式表示，减少了由单一值计算带来的信息损失，有效提升了分析结果的可靠性和准确性。

（2）由表 9-14 结果分析可知，所提方法与模糊 FMEA 方法的排序一致性较高。除上文指出的风险优先级排序在前两位和后两位的失效模式相同外，失效模式 FM_2、FM_5、FM_7 和 FM_8 的风险排序均相同，由此验证了本节所提方法对传统方法的改善作用。然而，两种方法的排序结果也存在一定差别，如模糊 FMEA 中

FM_4和FM_{12}的风险排序相同；FM_3和FM_9的风险排序有所上升；FM_4、FM_6的排序下降。差异原因在于，尽管模糊FMEA考虑了专家评估的模糊性和不确定性，在一定程度上提高了FMEA的准确性，但其仍然未考虑风险因子的权重问题。因此，风险排序中更易出现相同风险优先级的失效模式。另外，所提方法采用区间概率比较的形式进行失效模式风险优先级排序，不仅涵盖更多专家的观点，而且降低了模糊FMEA中单一RPN值比较带来的信息损失，提升了排序的准确性。需要指出，由模糊FMEA方法计算的RPN数值分布相对集中，不利于各失效模式风险优先级的排序。

（3）与指数FMEA方法相比，二者排序差别较大。指数FMEA中，严重度较大的失效模式风险排序有所提升，如FM_7和FM_8在所提方法中的风险排序为8和7，而在指数FMEA中的排名提升为4和3；而FM_9的风险排序由5降低到10。该差异可归结于指数FMEA对风险因子数值变化的敏感性，由于严重度获得了较大的权重，因此严重度得分高的失效模式风险排序较高。同时，指数形式的放大作用导致该排序与实际风险差别较大；另外，在计算ERPN过程中，需要将各专家意见整合成单一值，未考虑专家打分的模糊性和不确定性，在整合过程中必然导致有价值信息的损失，影响结果的准确性。

综上所述，所提方法可有效改善传统FMEA在实际运用中存在的弊端，提升失效模式风险评估的准确性和可靠性。同时，区间概率理论系在FMEA风险评估中的首次应用，一定程度上为FMEA的理论创新提供了参考。

FMEA是一种分析单个故障所带来的风险，从而确定适当的故障预防措施的有效技术。在本章研究中，我们提出了一种新的基于粗糙集和区间概率理论的FMEA方法。利用粗糙集理论获得更准确、更现实的风险因素权重和风险评价区间数，可以有效操纵专家评价的主观性。利用区间概率理论对不同失效模式的区间RPN进行比较，确定合理的风险优先级。通过火花塞最终装配过程的实例验证了该方法的可靠性和有效性。此外，我们对现有的三种方法进行了比较分析，结果表明本节提出的FMEA方法有显著的改进。综上所述，本节提出的FMEA方法可以克服传统FMEA方法的主要不足，得到更合理的结果。因此，它可以成为质量改进过程中风险评估的一种有前途的替代工具。

9.3 考虑稳健特征的质量风险评估

由于传统的FMEA存在种种缺陷，从不同角度，人们提出了大量改进的FMEA方法。总的来说，他们的理论和实践贡献是无可置疑的。然而，每种方法在不同的应用中都表现出各自的优势，因此改进后的方法确定的失效模式风险等级存在一些差异[23]。同时，FMEA 是一种面向群体的工具，通过专家评估数值或语言等级来估计失效度。近年来，可靠性工程领域的产品、过程和系统的复杂性日益提高[24]。此外，信息技术（如人工智能、物联网）的发展大大缓解了数据采集工作，但数据处理的速度却低于数据采集的速度。因此，有必要研究如何处理这样大容量的数据，并得出更有意义的结果。

从上述内容可看出，目前还没有针对最终风险的优先级，特别是在复杂系统中，没有开发出结合多种 FMEA 方法的混合算法。为此，本节提出了一种基于组合评价方法的可靠的 FMEA 模型。该方法可以实现优势互补，减少不同单一方法的偏差。目前的新方法包括三个阶段：首先，从专家那里获得风险评估值作为输入；其次，使用六种 FMEA 方法计算不同方法的 RPN；最后，采用组合评价方法，得到综合 RPN 和最终优先级。提出的方法有两种可能的意义：一方面，组合评价方法既能有效加强优先级排序的一致性部分，又能减少不一致性部分的影响；另一方面，为决策者提供可靠、合理的风险评价参考。

9.3.1　基础理论

9.3.1.1　诱导有序加权平均算子

诱导有序加权平均（induced ordered weighted averaging，IOWA）算子首先由 Yager 和 Filev[25]提出，作为有序加权平均（ordered weighted averaging，OWA）算子的扩展。IOWA 算子的显著特征是，重新排序参数由顺序诱导变量决定。IOWA 算子具有可交换性、单调性、有界性等。

定义 9-6　（Yager 和 Filev[25]）维数为 n 的 IOWA：$R^n \times R^n \to R$ 是一个具有维数为 n 的向量 $\boldsymbol{W}$ 的函数，$\boldsymbol{W}=[w_1, w_2, \cdots, w_n]$ 满足以下相关条件：$w_j \in [0,1]$ 和 $\sum_{j=1}^{n} w_j = 1$。因此：

$$\mathrm{IOWA}\left(\langle u_1, a_1\rangle, \langle u_2, a_2\rangle, \cdots, \langle u_n, a_n\rangle\right) = \sum_{j=1}^{n} w_j b_j \tag{9-57}$$

其中，a_j 为参数变量；u_j 为顺序诱导变量。$(b_1, b_2, \cdots, b_n)$ 按 u_j 值的递减顺序重新排序为 $(a_1, a_2, \cdots, a_n)$。IOWA 算子的本质是对 a_j 的重新排序，使参数 a_j 不受权重 w_j 影响，而与其在聚类中的位置相关。

9.3.1.2 诱导组合权重算子

定义 9-7 为$<u_j,a_j>$IOWA 对，$A_1,A_2,\cdots,A_q$为$<u_j,a_j>$的 q 聚类子集。$\boldsymbol{\xi}=(\xi_1,\xi_2,\cdots,\xi_q)$是密度加权向量且$\sum_{r=1}^{q}A_r=1$。$\Lambda(A_r)$是一种中间信息聚合算子。那么诱导组合权重（induced combination weight，ICW）算子可以描述为

$$\mathrm{ICW}_{\xi,\ \Theta(A_1,A_2,\cdots,A_q)}=\sum_{r=1}^{q}\boldsymbol{\xi}_r\left[\Lambda(A_r)\right] \tag{9-58}$$

诱导组合权重算子可以有效地处理密度偏好问题。此外，信息分布的一致性是基于工程人员的主观偏好来考虑的。

9.3.2 组合评估方法构建

在本节中，提出了一种基于组合评价方法的可靠 FMEA 方法。该方法分三个阶段实现，计算步骤如图 9-10 所示：单一 FMEA 方法评估（阶段 1）、组合评估处理（阶段 2）和失效模式排序（阶段 3）。

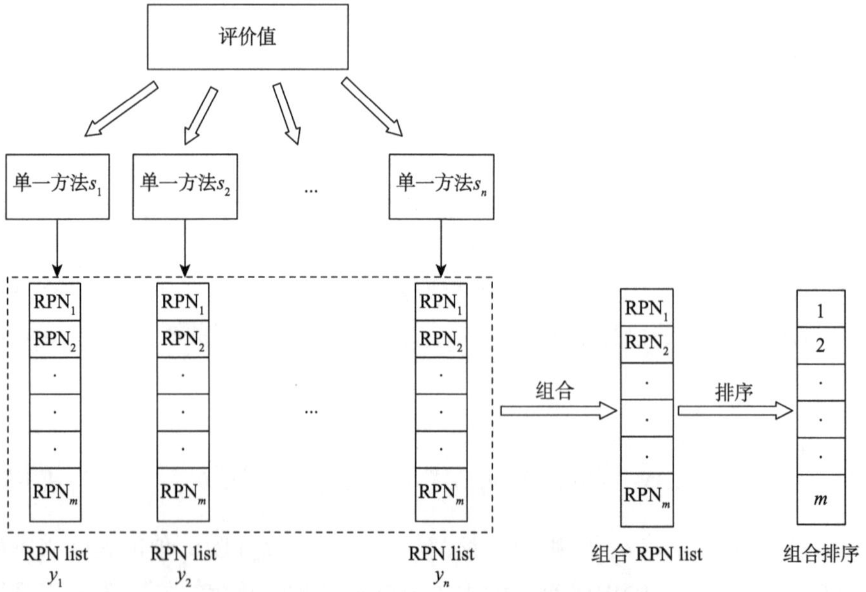

图 9-10 新提出 FMEA 方法的实施流程图

阶段 1：单一 FMEA 方法评估。选择几种有代表性的 FMEA 方法，得到 RPN 的值和优先级排序，然后采用极值法对 RPN 进行标准化，统一不同 FMEA 方法的量纲。

阶段 2：组合评估处理。根据聚类组特征，得到各 FMEA 方法的有序诱导变量，确定密度加权向量。

阶段 3：失效模式排序。根据 ICW 算子确定最终的故障模式优先级排序。

9.3.2.1　单一 FMEA 评估过程

传统的 FMEA 过程包含五个实施过程，即准备、识别、排序、降低风险和重新评估[26]。根据以往的研究，获取风险等级主要有三个步骤：一是收集所有潜在的失效模式和失效原因；二是确定风险因素或决策者的权重；三是计算每个失效模式的 RPN，并对其进行优先排序。根据不同的评价标准，不同的方法可能产生不同的 RPN 和优先级。而且，随着失效模式数量的增加，不同方法得到的优先级越来越不一致。因此，本节将传统的 FMEA、模糊 FMEA、指数法、区间概率、Topsis[15]和一般风险评估（general risk assessment，GRA）[27] 6 种单一的 FMEA 方法结合起来。首先，它们是实施中最直观、最方便、最容易理解、最有效的方法，并且可以减少计算复杂度和时间；其次，所选取的 6 种 FMEA 方法包含多种计算准则，如多准则决策（multi-criteria decision-making，MCDM）、模糊理论、粗糙集和区间概率；最后，这些方法已被广泛应用于各个领域的产品、系统和服务的风险管理。

在本节中，$\mathrm{FM}_i\left(i=1,2,\cdots,m\right)$为 m 种潜在失效模式的集合，$\mathrm{RF}_h\left(h=1,2,\cdots,p\right)$为 p 种风险因子的集合。一个由不同部门的 s 个专家组成的 FMEA 小组$\left(k=1,2,\cdots,s\right)$使用 1 到 10 的清晰数字进行风险分析。可根据不同的 FMEA 方法$s_j\left(j=1,2,\cdots,n\right)$计算最终 RPN，从而得到第 j 种单一 FMEA 方法在第 i 种失效模式下的最终 RPN 矩阵 $\boldsymbol{Y}=\left[y_{ij}\right]_{m\times n}$。

9.3.2.2　组合评价过程

组合评价处理的目的是通过对多种 FMEA 方法进行整合，从而获得更全面的优先级排序，减少随机误差和系统偏差。在组合评价处理中，首先对 RPN 矩阵进行归一化（阶段 1），其次确定有序诱导变量（阶段 2），再次实施聚类方法（阶段 3），最后计算密度权重向量（阶段 4）。

阶段 1：对 RPN 矩阵归一化。

在该阶段，分别得到 n 种 FMEA 方法的 RPN 值矩阵 $\boldsymbol{Y}=\left[y_{ij}\right]_{m\times n}$ 和优先级排序矩阵 $\boldsymbol{R}=\left[r_{ij}\right]_{m\times n}$。值得注意的是，不同方法的 RPN 数值不一定具有可比性，因为相同的 RPN 数值在不同的领域可能有不同的含义。然而，每种方法本身都是可比较的。因此，为了加强可比性，我们将各个 RPN 归一化到 0~1 的范围内。本节研究采用极值法进行归一化。

$$y_{ij}^{*}=\frac{y_{ij}-a_j}{b_j-a_j},\ i=1,2,\cdots,m;j=1,2,\cdots,n \tag{9-59}$$

其中，a_j 和 b_j 分别表示第 j 种方法下 RPN 的最小值和最大值。为简化符号，归一化 RPN 矩阵仍记为

$$\boldsymbol{Y}=\left[y_{ij}\right]_{m\times n}=\begin{array}{c} \\ \mathrm{FM}_1 \\ \mathrm{FM}_2 \\ \vdots \\ \mathrm{FM}_m \end{array}\begin{array}{c} \begin{array}{cccc} s_1 & s_2 & \cdots & s_n \end{array} \\ \begin{bmatrix} y_{11} & y_{12} & \cdots & y_{1n} \\ y_{21} & y_{22} & \cdots & y_{2n} \\ \vdots & \vdots & & \vdots \\ y_{m1} & y_{m2} & \cdots & y_{mn} \end{bmatrix} \end{array}$$

阶段 2：确定有序诱导变量。

该阶段提取单一 FMEA 方法的特征参数作为包含凝聚度 u_j^{Π} 和区分度 $u_j^{\#}$ 的序诱导变量。单一 FMEA 方法的内聚程度与其邻近元素的数量及其与这些相邻元素的加权平均距离有关。综合上述两个影响因素，第 j 种 FMEA 方法下的凝聚度 u_j^{Π} 计算公式如下：

$$\left(u_j^{\Pi},\gamma\right)=\begin{cases} e^{-\left(1+\sum_{y_l\in A_j}\theta_{jl}d\left(y_j,y_l\right)\right)/\left|A_j\right|}, & A_j\neq\varnothing \\ 0, & A_j=\varnothing \end{cases} \tag{9-60}$$

$$\theta_{jl}=\frac{e^{-d\left(s_j,s_l\right)}}{\sum\limits_{s_j\in A_j}e^{-d\left(s_j,s_l\right)}} \tag{9-61}$$

其中，$d\left(y_j,y_l\right)$ 为 s_j 和 s_l 两种方法之间的距离（欧氏距离）。$A_j=\left\{y_l\mid d\left(y_j,y_l\right)\leqslant\gamma,\ \ y_j,y_l\in A,\ \ j\neq l\right\}$，$|A_j|$ 表示集合 A_j 中元素的个数；θ_{jl} 为 $d\left(y_j,y_l\right)$ 的权重。唯一的参数 γ 是工程人员指定的相似度阈值或允许误差阈值。

区分度 $u_j^{\#}$ 计算如下：

$$u_j^{\#}=1-e_j \tag{9-62}$$

其中，e_j 为第 j 种 FMEA 方法的熵：

$$e_j=-\pi_j\ln\pi_j \tag{9-63}$$

其中，π_j 为

$$\pi_j=\frac{\delta_j}{\sum\limits_{j=1}^{m}\delta_j} \tag{9-64}$$

δ_j 计算公式为

$$\delta_j = \frac{1}{n-1}\sum_{i=1}^{n}\left(y_{ij} - \overline{y}_j\right)^2 \tag{9-65}$$

根据式（9-60）~式（9-65），有序诱导变量 u_j 可写成

$$u_j = \alpha u_j^{\Pi} + \beta u_j^{\#} \tag{9-66}$$

其中，α 和 β 表示工程人员根据制造工艺要求的偏好信息，并且满足 $\alpha+\beta=1$ 和 $0 \leqslant \alpha$，$\beta \leqslant 1$。

阶段 3：聚类分析。

（1）步骤 1：根据有序诱导变量 u_j 的值，对 $u=\left\{u_1,u_2,\cdots,u_m\right\}$ 降序排序，记为 u'。

（2）步骤 2：构造每一对有序诱导变量之间的邻近距离，记为 $\Delta u = \left(\Delta u_1, \Delta u_2, \cdots, \Delta u_{m-1}\right)\left(j=1,2,\cdots,m-1\right)$，其中：

$$\Delta u_j = \dot{u}_j - u_{j-1} \tag{9-67}$$

然后将邻近距离归一化为 $\Delta u^* = \left(\Delta u_1^*, \Delta u_2^*, \cdots, \Delta u_{m-1}^*\right)$：

$$\Delta u_j^* = \frac{\left(\Delta u_j - \min \Delta u_j\right)}{\left(\max \Delta u - \min \Delta u_j\right)},\ j=1,2,\cdots,m-1 \tag{9-68}$$

（3）步骤 3：设置阈值 ζ 作为参考，根据不等式 $0 \leqslant \Delta u^* \leqslant \zeta$ 将邻近距离 Δu^* 截断。然后将单一的 FMEA 方法分为 q 组，表示为 $A_r = \left\{s_j^r \middle| r=1,2,\cdots,q; j=1,2,\cdots,n_r\right\}$，其中，$s_j^r$ 表示 A_r 组中单一的 FMEA 方法 s_j，且 $\sum_{r=1}^{q} n_r = m$。

阶段 4：确定每个 FMEA 方法和组的权重。

各 FMEA 方法的权重可以直接表示为

$$w_j = \frac{\alpha u_j^{\Pi} + \beta u_j^{\#}}{\sum_{j=1}^{m}\left(\alpha u_j^{\Pi} + \beta u_j^{\#}\right)} \tag{9-69}$$

根据上述模型，可以得到 A_r 组中的 FMEA 方法的归一化权值如下：

$$w_j^{(r)} = \frac{w\left(s_j^{(r)}\right)}{\sum_{j=1}^{n_r} w\left(s_j^{(r)}\right)} \tag{9-70}$$

其中，$w\left(s_j^{(r)}\right)$ 为 FMEA 方法 s_j 在组 A_r 中的权重，且 $\sum_{j=1}^{n_r} w_j^r = 1$。

组的权重向量 $\boldsymbol{\xi}_r$ 由规模度 μ_r^1、衔接度 μ_r^2 和区分度 μ_r^3 决定，计算方法如下：

$$\mu_r^1 = \frac{n_r}{n} \tag{9-71}$$

$$\mu_r^2 = \frac{\left(\sum_{j=1}^{n_r}\left(u_j^{\Pi}\right)^r \Big/ n_r\right)^{\alpha}}{\sum_{r=1}^{q}\left(\sum_{j=1}^{n_r}\left(u_j^{\Pi}\right)^r \Big/ n_r\right)^{\alpha}} \tag{9-72}$$

$$\mu_r^3 = \frac{\left(\sum_{j=1}^{n_r}\left(u_j^{\#}\right)^r \Big/ n_r\right)^{\beta}}{\sum_{r=1}^{q}\left(\sum_{j=1}^{n_r}\left(u_j^{\#}\right)^r \Big/ n_r\right)^{\beta}} \tag{9-73}$$

组的权重向量$\boldsymbol{\xi}=\left(\xi_1,\xi_2,\cdots,\xi_q\right)$为

$$\boldsymbol{\xi}_r = \frac{k^{\left(\frac{\mu_r^1+\mu_r^2+\mu_r^3}{3}\right)}}{\sum_{r=1}^{q} k^{\left(\frac{\mu_r^1+\mu_r^2+\mu_r^3}{3}\right)}}\left(r=1,2,\cdots,q\right) \tag{9-74}$$

其中，α 和 β 是由专家决定的，且$\alpha+\beta=1$，$0\leqslant\alpha$，$\beta\leqslant1$。k 为密度参数，$k\in\left(0,\infty\right)$，一般取 $k=1.5$。

9.3.2.3　失效模式排序

在这个阶段，$w_j^{(r)}\left(r=1,2,\cdots,q;j=1,2,\cdots,n_r\right)$为组 A_r 中第 j 个 FMEA 方法的权值，$\boldsymbol{\xi}_r$ 为组 A_r 的权值向量。则得到 ICW 算术平均值为

$$\mathrm{ICW}_{\mathrm{WAA}}^{i} = \sum_{r=1}^{q}\boldsymbol{\xi}_r\left[\Lambda\left(A_r\right)\right] = \sum_{r=1}^{q}\boldsymbol{\xi}_r\left(\sum_{j=1}^{n_r} w_j^r y_{ij}^r\right) \tag{9-75}$$

类似地，计算 ICW 的几何平均值为

$$\mathrm{ICW}_{\mathrm{WGA}}^{i} = \sum_{r=1}^{q}\left[\Lambda\left(A_r\right)\right]^{\xi_r} = \sum_{r=1}^{q}\left(\sum_{j=1}^{n_r} w_j^r y_{ij}^r\right)^{\xi_r} \tag{9-76}$$

本节设总体评价向量$\boldsymbol{Y}^*=\left(y_1^*,y_2^*,\cdots,y_m^*\right)^{\mathrm{T}}$为上述两个 ICW 算子的加权线性组合：

$$y_i^* = \psi\times\mathrm{ICW}_{\mathrm{WAA}}^{i} + \left(1-\psi\right)\times\mathrm{ICW}_{\mathrm{WGA}}^{i} \tag{9-77}$$

其中，参数$\psi\in\left[0,1\right]$以 FMEA 实际情况为准。按降序 $y_i^*\left(i=1,2,\cdots,m\right)$排列各失效模式$\mathrm{FM}_i$ $\left(i=1,2,\cdots,m\right)$的总体优先级 $R^c=\left(r_1^c,r_2^c,\cdots,r_m^c\right)^{\mathrm{T}}$。

9.3.2.4　组合评价方法的有效性

虽然组合评价方法可以整合不同单一 FMEA 方法的优点，但不同的组合评价方法和 FMEA 方法可能会产生不一致的风险排序结果。因此，我们需要验证所提方法的优先级排序结果是否优于每一种单一方法，是否能做出更稳健的排序结果。在验证新方法的有效性之前，我们先做以下基本假设。

（1）真实情况中存在准确的优先级排序。

（2）s_j 存在概率 p_j 为准确的风险排序方法且 $p_j \neq p_l(j \neq l)$。

如上所述，假设有 n 种单一的 FMEA 方法 $s_1, s_2, \cdots, s_n$ 和 q 种组合评估方法 $z_1, z_2, \cdots, z_q$。那么，该方法的优势可以从以下两个引理体现出来。

引理 9-3　设 ε_{kj} 为比较 z_k 与 s_j 的有效性系数，p_j 与 ε_{kj} 的数学乘积记为 τ_k，当 $\tau_k \geqslant 0$ 时，则组合评价方法 z_k 是有效的，反之亦然。

引理 9-3 的证明见附录。

在引理 9-3 中可以看出组合评价方法的优点，它可以避免最坏的 FMEA 方法的影响。同时，实际中并不是所有的方法都是好的，因为它们都有一定的局限性，特别是有多种方法需要结合。

引理 9-4　设 z_k 和各 FMEA 方法之间的平均 Spearman 秩相关系数为 η_k。当 η_k 通过显著性 t 检验时，组合评价方法 z_k 是有效的，反之亦然。

引理 9-4 的证明见附录。

组合评价方法的含义和意义可以从引理 9-4 中看出。将多种相关系数较高的方法进行综合，可以得到较好的结果。因此，适当的组合方法可以增强一致性，平衡分歧。

算法 9-1　基于组合评价方法的 FMEA 方法

输入：s 个专家对 m 种失效模式的数值评估值。

输出：$Y^* = \left(y_1^*, y_2^*, \cdots, y_m^*\right)^{\mathrm{T}}$ 和 $R^c = \left(r_1^c, r_2^c, \cdots, r_m^c\right)^{\mathrm{T}}$。

步骤 1：选择 n 个单一 FMEA 方法获得 RPN 矩阵 $\boldsymbol{Y}=\left[y_{ij}\right]_{m\times n}=\left\{y_1, y_2, \cdots, y_n\right\}$，利用式（9-60）对其归一化为 $\boldsymbol{Y}=\left[y_{ij}\right]_{m\times n}$。

步骤 2：利用式（9-58）~式（9-63）计算 u_j^{Π} 和 $u_j^{\#}$，利用式（9-64）计算有序诱导量 u_j。

步骤 3：基于分类方法对 6 种 FMEA 方法进行分类。

步骤 4：根据式（9-68）和式（9-69）计算单一 FMEA 方法的权重 $w\left(s_j^{(r)}\right)$，根据式（9-70）~式（9-73）计算组权重向量 $\boldsymbol{\xi}=\left(\xi_1, \xi_2, \cdots, \xi_q\right)$。

步骤 5：计算组合评价值 $ICW_{WAA}=\left(ICW_{WAA}^1,ICW_{WAA}^2,\cdots,ICW_{WAA}^m\right)^T$ 和 $ICW_{WGA}=\left(ICW_{WGA}^1,ICW_{WGA}^2,\cdots,ICW_{WGA}^m\right)^T$，并且整合它们获得最终的组合评价值 $y_i^*=\psi\times ICW_{WAA}^i+(1-\psi)\times ICW_{WGA}^i$。

步骤 6：降序排序 y_i^*，获得最终的排序值 $R^c=\left(r_1^c,r_2^c,\cdots,r_m^c\right)^T$。

9.3.3 组合评估方法验证

为了检测所提方法的稳健性能，我们依然采用 9.2 节的火花塞案例。依据工程师对各失效模式的评估数据，分别采用传统 FMEA、模糊 FMEA、指数法、区间概率法、Topsis 和 GRA 记为 s_1,s_2,s_3,s_4,s_5,s_6 计算 RPN。表 9-15 显示了使用 6 种 FMEA 方法的 13 种失效模式的初始 RPN。

表 9-15 不同 FMEA 方法的初始 RPN 值

失效模式	初始 RPN 值					
	s_1	s_2	s_3	s_4	s_5	s_6
FM_1	[36.93，56.63]	96	4.5	37.98	0.55	0.64
FM_2	[21.01，36.95]	105	4.33	28.20	0.42	0.54
FM_3	[43.28，68.35]	90	4.75	56.35	0.41	0.63
FM_4	[51.80，77.83]	256	6.33	51.96	0.64	0.80
FM_5	[21.39，45.92]	72	4.16	37.04	0.32	0.47
FM_6	[41.83，73.03]	80	4.66	39.31	0.42	0.63
FM_7	[42.74，68.78]	175	4.58	31.16	0.51	0.70
FM_8	[40.93，60.56]	60	4.66	36.66	0.36	0.57
FM_9	[12.71，23.96]	42	3.83	25.27	0.26	0.40
FM_{10}	[52.96，72.48]	120	4.83	39.99	0.54	0.72
FM_{11}	[48.65，73.36]	80	5.16	50.32	0.42	0.65
FM_{12}	[54.57，78.30]	288	7	69.01	0.72	0.92
FM_{13}	[16.71，29.10]	63	4	25.96	0.29	0.43

9.3.3.1 组合评价过程

首先，不同的 RPN 不一定具有可比性，因为它们是根据不同的 FMEA 方法得到的，所以我们根据式（9-59）对 RPN 进行标准化，以提高可比性。对应的归一化矩阵 $\boldsymbol{Y}$ 如表 9-16 所示。

表 9-16　组合评价结果

失效模式	s_1	s_2	s_3	s_4	s_5	s_6	ICW_{WAA}	ICW_{WGA}	ICW	排序
FM_1	0.591 4	0.219 5	0.211 4	0.290 6	0.623 4	0.448 7	0.382 1	2.174 1	1.278 1	7
FM_2	0.221 3	0.256 1	0.157 7	0.067 0	0.352 9	0.274 2	0.213 2	1.765 3	0.989 3	10
FM_3	0.779 2	0.195 1	0.290 2	0.710 6	0.315 7	0.445 2	0.453 0	2.253 6	1.353 3	5
FM_4	0.966 3	0.869 9	0.788 6	0.610 2	0.835 0	0.758 0	0.785 4	2.766 6	1.776 0	2
FM_5	0.318 5	0.122 0	0.104 1	0.269 1	0.128 3	0.137 3	0.177 6	1.653 5	0.915 6	11
FM_6	0.812 8	0.154 5	0.261 8	0.321 0	0.353 0	0.434 3	0.363 8	2.124 7	1.244 2	8
FM_7	0.778 1	0.540 7	0.236 6	0.134 7	0.551 9	0.566 1	0.434 0	2.262 7	1.348 3	6
FM_8	0.673 8	0.073 2	0.261 8	0.260 4	0.211 0	0.317 3	0.277 8	1.921 3	1.099 5	9
FM_9	0.000 0	0.000 0	0.000 0	0.000 0	0.000 0	0.000 0	0.000 0	0.000 0	0.000 0	13
FM_{10}	0.922 8	0.317 1	0.315 5	0.336 5	0.616 1	0.601 5	0.487 5	2.359 7	1.423 6	3
FM_{11}	0.887 1	0.154 5	0.419 6	0.572 7	0.347 2	0.480 7	0.460 5	2.276 7	1.368 6	4
FM_{12}	1.000 0	1.000 0	1.000 0	1.000 0	1.000 0	1.000 0	0.999 3	2.999 3	1.999 3	1
FM_{13}	0.095 0	0.085 4	0.053 6	0.015 8	0.069 3	0.060 2	0.059 0	1.160 4	0.609 7	12

其次，提取各FMEA方法的序诱导变量u。基于式（9-57）和式（9-58），参数γ=0.83，凝聚度计算为u_j^{Π}=（0，0.683 7，0.743 7，0.578 3，0.686 2，0.744 7）。同时，根据式（9-60）~式（9-63），可得区分度$u_j^{\#}$=（0.668 4，0.694 8，0.718 6，0.707 2，0.706 1，0.723 9）。假设决策者对凝聚度和区分度都没有偏好。这意味着$\alpha=\beta=0.5$。因此，由式（9-64）可得各 FMEA 方法的有序诱导变量 u=（0.334 2，0.689 2，0.731 2，0.642 8，0.696 1，0.734 3）。

再次，根据阶段 3 得到分组。根据有序诱导变量的值，我们将诱导对降序排列为u'={0.734 3，0.731 2，0.696 1，0.689 2，0.642 8，0.334 2}。得到每一对序诱导变量之间的距离为Δu={0.003 1，0.035，0.006 9，0.046 4，0.308 6}，归一化为Δu^*=（0，0.104 5，0.012 3，0.141 8，0.895 5）。设定ζ=0.03，Δu_1^*和Δu_3^*满足条件$0\leqslant\Delta u^*\leqslant\zeta$。这样，将单一 FMEA 方法依次分为三组，分组结果为$A_1=\{s_6\}$，$A_2=\{s_3,s_5\}$，$A_3=\{s_2,s_4,s_1\}$。图 9-11 中的箭头表示分组的位置。

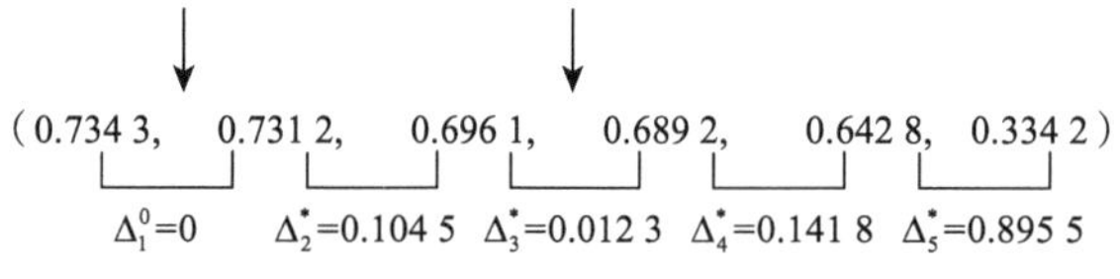

图 9-11　分组过程

最后，计算每个 FMEA 方法和组的权重。根据式（9-70），各 FMEA 方法的权重可计算为ω=（0.087 3，0.180 1，0.191 0，0.167 9，0.181 9，0.191 8）。那么，根据式（9-70）和式（9-74），可以得到各组 FMEA 方法的权重为

$w^1 = w(s_6) =$（1），$w^2 = w(s_3, s_5) =$（0.512 2，0.487 8），$w^3 = w(s_2, s_4, s_1) =$（0.413 7，0.385 7，0.200 6）。接下来，设置$\alpha=\beta=0.5$，μ_r^1、μ_r^2和μ_r^3可以根据式（9-70）~式（9-72）计算，分别为$\mu_r^1 =$（0.166 7，0.333 3，0.5），$\mu_r^2 =$（0.366 1，0.358 7，0.275 2），$\mu_r^3 =$（0.337 0，0.333 0，0.330 0）。因此，本节假设 $k=1.5$，则根据式（9-71）构造组的权重向量为$\boldsymbol{\xi} =$（0.352 8，0.321 9，0.325 4）。

根据式（9-73）和式（9-74）分别计算$\mathrm{ICW}_{\mathrm{WAA}}^i$和$\mathrm{ICW}_{\mathrm{WGA}}^i$。令$\psi=0.5$，式（9-75）为$y_i^* = 0.5\mathrm{ICW}_{\mathrm{WAA}}^i + 0.5\mathrm{ICW}_{\mathrm{WGA}}^i \ (i = 1,2,\cdots,13)$，并且计算结果在表 9-17 中。基于$y_i^*$，这 13 个失效模式的排序为$R^c =$（7，10，5，2，11，8，6，9，13，3，4，1，12）^{T}（$\mathrm{FM}_{12} > \mathrm{FM}_4 > \mathrm{FM}_{10} > \mathrm{FM}_{11} > \mathrm{FM}_3 > \mathrm{FM}_7 > \mathrm{FM}_1 > \mathrm{FM}_6 > \mathrm{FM}_8 > \mathrm{FM}_2 > \mathrm{FM}_5 > \mathrm{FM}_{13} > \mathrm{FM}_9$）。因此，在总装过程中最应注意的失效模式是$\mathrm{FM}_{12}$，其次是$\mathrm{FM}_4$和$\mathrm{FM}_{10}$。

9.3.3.2 性能分析

为了进一步说明所提出的 FMEA 方法的有效性和优点，我们在上述案例研究中与其他方法进行了对比分析。本节提出的 FMEA 方法集成了 6 种 FMEA 方法，克服了传统 FMEA 方法的不足。因此，本节比较了 6 种 FMEA 方法，探讨了本节所提方法的优点。表 9-17 给出了 6 种 FMEA 方法和本节方法中 13 种失效模式的风险排序。图 9-12 为 6 种方法的优先级对比图。本节所提方法与 6 种 FMEA 方法的 Spearman 相关系数分别为 0.95、0.57、0.94、0.88、0.82 和 0.97（表 9-18）。

表 9-17 不同 FMEA 方法的对比结果

失效模式	排序						
	s_1	s_2	s_3	s_4	s_5	s_6	本节所提方法
FM_1	9	6	9	7	3	6	7
FM_2	11	5	10	11	7	10	10
FM_3	6	7	5	2	9	7	5
FM_4	2	2	2	3	2	2	2
FM_5	10	10	11	8	11	11	11
FM_6	5	8	6	6	6	8	8
FM_7	7	3	8	10	5	4	6
FM_8	8	12	6	9	10	9	9
FM_9	13	13	13	13	13	13	13
FM_{10}	3	4	4	5	4	3	3
FM_{11}	4	8	3	4	8	5	4
FM_{12}	1	1	1	1	1	1	1
FM_{13}	12	11	12	12	12	12	12

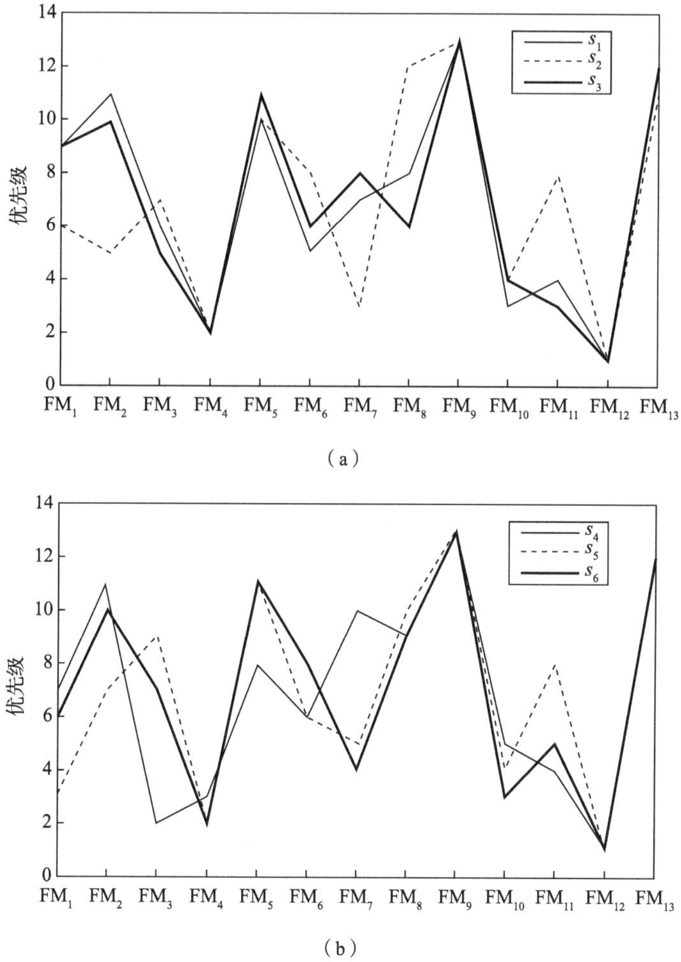

图 9-12　潜在失效模式的排序比较

表 9-18　Spearman 等级相关系数

方法	s_1	s_2	s_3	s_4	s_5	s_6	$\bar{\eta}_j$	p_j
s_1	1.00	0.71	0.97	0.89	0.76	0.91	0.87	0.174 4
s_2	0.71	1.00	0.64	0.60	0.91	0.87	0.79	0.157 6
s_3	0.97	0.64	1.00	0.89	0.70	0.87	0.85	0.168 7
s_4	0.89	0.60	0.89	1.00	0.63	0.77	0.80	0.159 2
s_5	0.76	0.91	0.70	0.63	1.00	0.90	0.82	0.162 9
s_6	0.91	0.87	0.87	0.77	0.90	1.00	0.89	0.177 1
本节所提方法	0.95	0.57	0.94	0.88	0.82	0.97	0.86	

从图 9-13 可以看出，本节所提方法的排序结果可以分为两类：一类是优先级

相近的排序；一类是优先级相平衡的排序。在优先级相似的集合中，组合风险优先级与其他 6 种单一方法相似，这意味着组合模型的结果与多数一致。相比之下，在平衡优先级集合中，6 种方法的风险优先级差异很大。因此，需要平衡这些差异，以确定更精确的风险关系。具体分析如下。

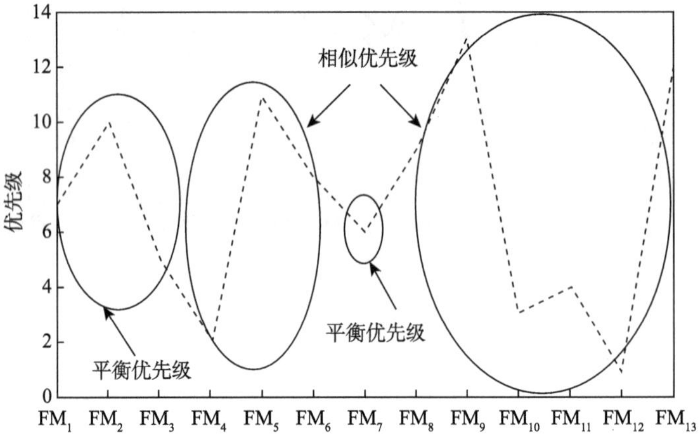

图 9-13 所提方法的失效模式排序

首先，从图 9-12 可以清楚地看出，本节方法的风险排序大部分与其他 6 种方法的风险排序一致。例如，根据 7 种 FMEA 方法，风险排序第一的失效模式 FM_{12} 和最后一种 FM_9 保持一致。这表明我们所选择的方法对极端失效模式的影响很小。而且，该方法得到的优先级与 GRA 方法得到的优先级基本一致。具体而言，本节提出的方法与 GRA 方法的 Spearman 秩相关系数为 0.97，说明 GRA 方法是 6 种 FMEA 方法中最具影响力的评价方法。然而，一些有趣的现象值得注意。例如，FM_6 在模糊 FMEA 方法中与 FM_8 具有相同的优先级排序，但在传统 FMEA 方法中与 FM_{11} 具有相同的优先级排序。FM_6、FM_8、FM_{11} 的 RPN 值分别为 80、60、80。虽然它们之间的得分差距很小，但在实际情况中并没有表现出相同的风险。这种不一致性产生的原因是传统方法和模糊方法忽略了三个危险因素的权重。同时，模糊 FMEA 方法在转换过程中难以保持初始的语言评价信息。区间概率可以准确识别出它们之间的风险关系，其中 FM_{11} 比 FM_6 和 FM_8 之后排名更高。区间概率的优越性在于将 5 位专家的评价值转化为包含更多有用信息的粗糙区间数，从而获得更准确、真实的风险因素权重。因此，该方法可以通过捕获多样性评估信息来区分 FM_6、FM_8 和 FM_{11} 的优先级。因此，它们之间的等级关系是 $FM_{11} > FM_6 > FM_8$，可以准确地反映现实情况。

其次，本节提出的方法和 6 种方法的排序结果存在一定的差异。例如，我们可以发现，本节方法推导出的 FM_1、FM_2、FM_3、FM_7 的优先级与图 9-12 中其他方法的优先级不一致。这种差异是由于 6 种 FMEA 方法在概念和计算过程上存在差异。组合评价方法可以很容易地将 6 种 FMEA 方法的优先级排序进行聚合，得到更加一致的结果，更能反映实际情况。因此，一些有趣的现象值得关注，如 FM_1 在 6 种单一方法中的优先级排名分别为 9、6、9、7、3、6。不难发现，Topsis 方法与其他方法的排序差异更大。产生这种显著差异的主要原因是使用 Topsis 方法可能会导致初始信息丢失。相比之下，指数法的计算结果更能反映实际情况。这种一致性可以用 ERPN 的形式来解释，ERPN 对风险因素的值很敏感。事实上，FM_1 的检测度和发生度都很低，其中，O、S 和 D 分别为 8、3 和 4。因此，应当接受较低的风险等级以采取纠正措施。然而，ERPN 的计算形式仍然存在一些缺点，特别是对于较高的严重度值，如 FM_3，风险因子值分别为 9、2、5，但指数法的优先级排序为 2。在实际中，虽然 FM_3 的严重度值较高，但传统 FMEA 计算的 RPN 值为 90。RPN 值较低，说明 FM_3 不是很重要，应该给予较低的优先级。FM_2 和 FM_7 也发现了类似的情况。这些现象表明，本节提出的方法不仅具有多种优点，减轻了过度依赖单一方法的单边影响，而且为后续措施的改进提供了更加可靠可信的信息。

回顾 9.3.2.4 节，有两个关键引理证明了所提方法的有效性。基于引理 9-3 的证明，可以计算出期望相对有效性 $\tau_k = 0.04 > 0$，说明本节方法是有效的。根据引理 9-4，假设 $\alpha = 0.01$，通过高显著性 t 检验，可以计算检验统计量 $t_k = 5.475$。因此，拒绝原假设，这表明基于本节方法的最终结果与 6 种单一 FMEA 方法的结果高度一致。如上所述，该方法在风险评估过程中具有较高的可靠性和有效性。

最后，组合评价方法对质量管理也具有一定的指导意义。传统的 FMEA 过程主要在故障模式和故障原因的识别和分析阶段采用头脑风暴法。虽然头脑风暴法提供了一个自由开放的环境，鼓励每个人参与，但它只关注如何获得失效模式对每个风险因素的评估值，而很少讨论评估方法的组合。随着大数据和工业 4.0 的快速发展，产品和制造系统的复杂性不断增加，数据的收集也高速增长，各种数据提供了更多的信息来解决问题及提供更好的服务。然而，在管理决策的过程中，分析数据比收集数据更重要，那么如何处理这些数据来获得更精确和有意义的结果是一个必要的步骤。面对众多的数据处理方法，当前的主要挑战是如何选择最佳的模型来处理各种大容量数据。在集成法和头脑风暴法的启发下，本节提出了方法头脑风暴的概念。这个新概念的含义是每个决策者可以利用自己的信息偏好来评估每种失效模式，然后选择一些合理的风险排序方法，以获得更全面、更准确的风险优先级。这种头脑风暴法不仅可以得出一个更合理的优先级排序，也可以为质量管理过程的实践者提供有意义的参考。

识别失效模式并采取有效的应对策略是制造业面临的两个关键问题。以往的研究已经提出了一些改进的 FMEA 方法，但还没有综合的方法来整合不同的

FMEA 方法。为此，本节提出了一种基于组合评价方法的可靠的 FMEA 方法，该方法可以综合各种 FMEA 方法的优点，减少传统 FMEA 方法的缺陷。该方法提供了一个处理 FMEA 问题的三阶段过程。以火花塞装配过程为例，验证了所提出的 FMEA 方法的有效性和适用性。通过与 6 种 FMEA 方法的比较，验证了该方法的可靠性。

综上所述，所提方法加强了 FMEA 方法的可靠性。所提出的 FMEA 方法不仅能有效地包含更多风险管理过程中的信息，而且克服了传统 FMEA 的缺点，使用多种 FMEA 方法可以更准确地确定优先级排序。对比结果也表明本节提出的 FMEA 方法有以下贡献和发现。

（1）所提出的 FMEA 方法综合了不同 FMEA 方法的优点，生成最终的排序结果。同时，它不局限于任何给定的方法，可以获得更稳定、客观的风险优先结果。

（2）所提出的 FMEA 方法使用有序诱导变量来计算各 FMEA 方法的权重，并考虑它们之间的相互作用。它既能反映 FMEA 方法的相对重要性，又能弱化来自专家的偏倚信息。

（3）在质量管理应用中具有意义和适用性。方法头脑风暴可以将多种 FMEA 方法融合成小组评估，获得更全面的结果。

参 考 文 献

[1] Ouyang L H，Chen J X，Park C，et al. Bayesian closed-loop robust process design considering model uncertainty and data quality[J]. IISE Transactions，2020，52（3）：288-300.

[2] 张旭涛，何桢. 基于似无关回归的多元稳健损失函数方法[J]. 数理统计与管理，2017，36（5）：802-809.

[3] Ouyang L H，Ma Y Z，Chen J X，et al. Robust optimization of Nd：YLF laser beam micro-drilling process using Bayesian probabilistic approach[J]. International Journal of Production Research，2016，54（21）：6644-6659.

[4] del Castillo E，Yeh J Y. An adaptive run-to-run optimizing controller for linear and nonlinear semiconductor processes[J]. IEEE Transactions on Semiconductor Manufacturing，1998，11（2）：285-295.

[5] Lin J，Wang K B. A Bayesian framework for online parameter estimation and process adjustment using categorical observations[J]. IIE Transactions，2012，44（4）：291-300.

[6] 冯泽彪，汪建均，马义中. 基于多变量高斯过程模型的贝叶斯建模与稳健参数设计[J]. 系

统工程理论与实践，2020，40（3）：703-713.
[7] 卓德保，胥京波，张浙. 基于非对称质量损失函数的分段参数设计[J]. 系统管理学报，2016，25（6）：993-1000，1008.
[8] Dasgupta T，Wu C F J. Robust parameter design with feedback control[J]. Technometrics，2006，48（3）：349-359.
[9] Jeffreys H. An invariant form for the prior probability in estimation problems[J]. Proceedings of the Royal Society of London A：Mathematical，Physical and Engineering Sciences，1946，186（1007）：453-461.
[10] Jin J H，Ding Y. Online automatic process control using observable noise factors for discrete-part manufacturing[J]. IIE Transactions，2004，36（9）：899-911.
[11] Wu C F J，Hamada M S. Experiments：Planning，Analysis，and Optimization[M]. Hoboken：John Wiley & Sons，2009.
[12] Chang G，Tu Y L. Closed-loop control in ultrafast laser milling process using laser triggered plasma[J]. International Journal of Machine Tools and Manufacture，2012，60（9）：35-39.
[13] Chen J X，Zhou X L，Lin S W，et al. A prediction-correction scheme for microchannel milling using femtosecond laser[J]. Optics and Lasers in Engineering，2017，91（4）：115-123.
[14] Vanli O A，Zhang C，Wang B. An adaptive Bayesian method for semiconductor manufacturing process control with small experimental data sets[J]. IEEE transactions on semiconductor manufacturing，2011，24（3）：419-431.
[15] Song W Y，Ming X G，Wu Z Y，et al. A rough TOPSIS approach for failure mode and effects analysis in uncertain environments[J]. Quality and Reliability Engineering International，2014，30（4）：473-486.
[16] Qazi A，Quigley J，Dickson A，et al. Exploring dependency based probabilistic supply chain risk measures for prioritising interdependent risks and strategies[J]. European Journal of Operational Research，2017，259（1）：189-204.
[17] Liu H C，Wang L E，You X Y，et al. Failure mode and effect analysis with extended grey relational analysis method in cloud setting[J]. Total Quality Management & Business Excellence，2019，30（7/8）：745-767.
[18] Chang K H，Chang Y C，Lai P T. Applying the concept of exponential approach to enhance the assessment capability of FMEA[J]. Journal of Intelligent Manufacturing，2014，25（6）：1413-1427.
[19] Pawlak Z. Rough sets[J]. International Journal of Computer & Information Sciences，1982，11（5）：341-356.
[20] Zhai L Y，Khoo L P，Zhong Z W. A rough set enhanced fuzzy approach to quality function deployment[J]. International Journal of Advanced Manufacturing Technology，2008，37（5/6）：

613-624.

[21] Jiang C，Han X，Liu G R，et al. A nonlinear interval number programming method for uncertain optimization problems[J]. European Journal of Operational Research，2008，188（1）：1-13.

[22] Ouyang L H，Zheng W，Zhu Y G，et al. An interval probability-based FMEA model for risk assessment：a real-world case[J]. Quality and Reliability Engineering International，2020，36（1）：125-143.

[23] 黄佳. 复杂不确定环境下 FMEA 改进及应用研究[D]. 上海大学博士学位论文，2019.

[24] 聂文滨. 小批量定制生产的 PFMEA 风险评估理论及其应用研究[D]. 南昌大学博士学位论文，2019.

[25] Yager R R，Filev D P. Induced ordered weighted averaging operators[J]. IEEE Transactions on Systems，Man，and Cybernetics，Part B（Cybernetics），1999，29（2）：141-150.

[26] Wang W Z，Liu X W，Qin J D，et al. An extended generalized TODIM for risk evaluation and prioritization of failure modes considering risk indicators interaction[J]. IISE Transactions，2019，51（11）：1236-1250.

[27] Lo H W，Liou J J H. A novel multiple-criteria decision-making-based FMEA model for risk assessment[J]. Applied Soft Computing，2018，73：684-696.

本 章 附 录

证明引理 9-3：

根据 Spearman 等级相关系数 $p_j = \frac{\overline{\eta}_j}{\sum_{j=1}^{n} \overline{\eta}_j}$ 计算概率 p_j，其中，$\overline{\eta}_j = \frac{1}{n-1}\sum_{l=1,l\neq j}^{n} \eta_{lj}$，$\eta_{jl} = 1 - \frac{6\sum_{i=1}^{m} \rho_i^2}{m\left(m^2-1\right)}$；$\rho_i$ 为第 i 种失效模式 s_j 与 s_l 之间的等级偏差；m 为失效模式个数。$v_j\left(0 \leqslant v_j \leqslant m\right)$ 和 $v_k\left(1 \leqslant k \leqslant p\right)$ 分别表示 $s_y\left(y=1,2,\cdots,n, y\neq j\right)$ 和 z_k 关于 s_j 的相同优先级排序的个数。s_j 与 z_k 之间的有效性系数为 $\varepsilon_{kj} = \frac{v^k - v_j}{n}$。那么，期望相对可靠性 τ_k 可以计算为 $\tau_k = \sum_{j=1}^{n} p_j \varepsilon_{kj}$。因此，如果 $\tau_k \geqslant 0$，那么 z_k 是有效的。证明完毕。

证明引理 9-4：

H_0：第 k 种组合方法独立于原 n 种单一方法。H_1：第 k 个组合方法与 n 个单一方法密切相关。若 $m<10$，那么 $\eta_k=\frac{1}{n}\sum_{j=1}^{n}\eta_{jk}$，若 $m\geqslant 10$，那么 $t_k=\eta_k\sqrt{\frac{m-2}{1-\eta_k^{\ 2}}}$，$k=1,2,\cdots,q$，$t_k$ 服从 $m-2$ 自由度的 t 分布。根据以上计算，如果拒绝原假设 H_0，则基于 z_k 的最终结果与 n 个单一评价方法的结果高度一致，即具有较高的可靠性和有效性。证明完毕。